10 cent. la Livraison. — 50 cent. la Sér[ie]

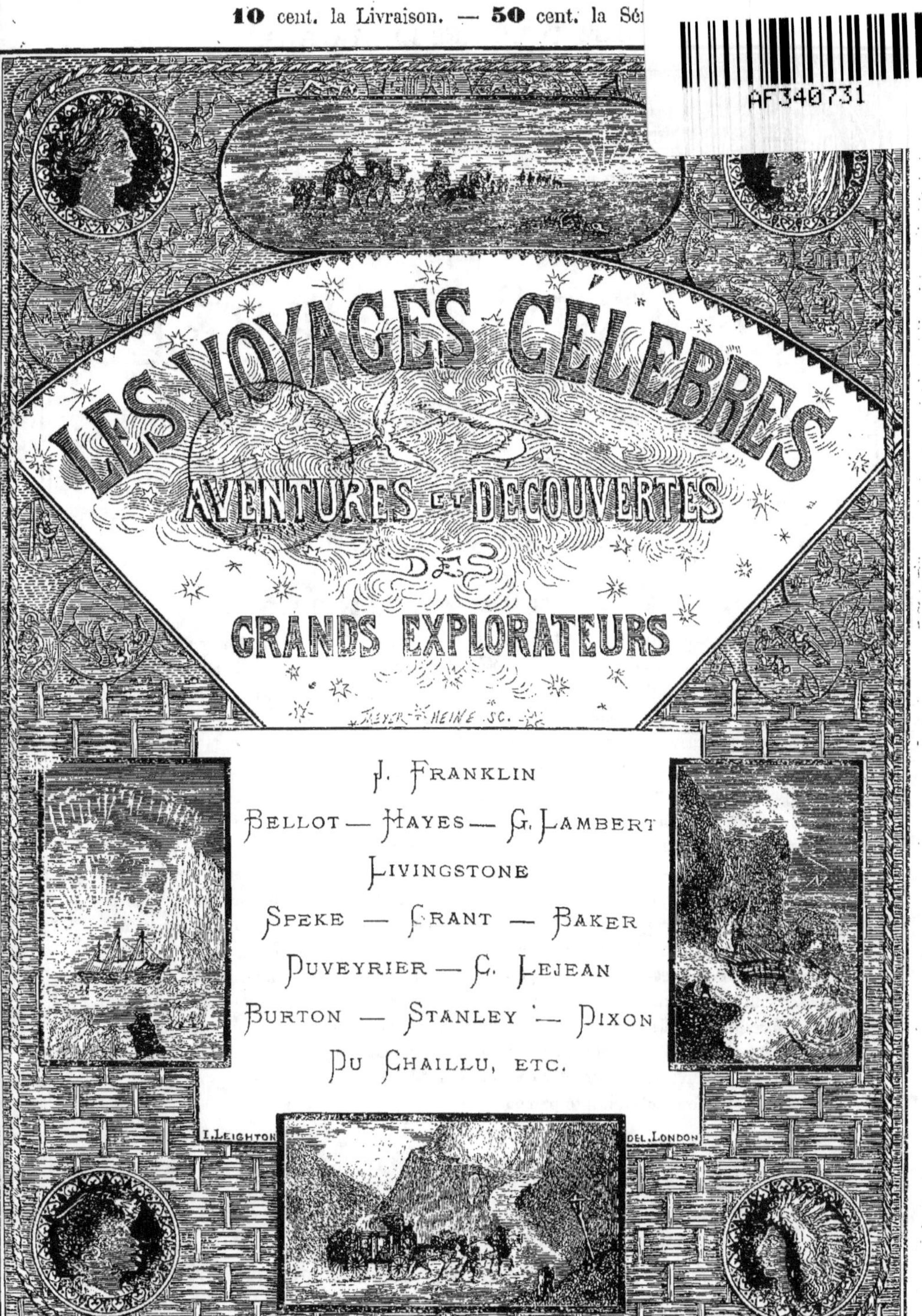

F. POLO, éditeur, 16, rue du Croissant, au bureau de L'ÉCLIPSE

PARIS. — TYPOGRAPHIE DE ROUGE, DUNON ET FRESNÉ,
rue du Four-Saint-Germain, 43.

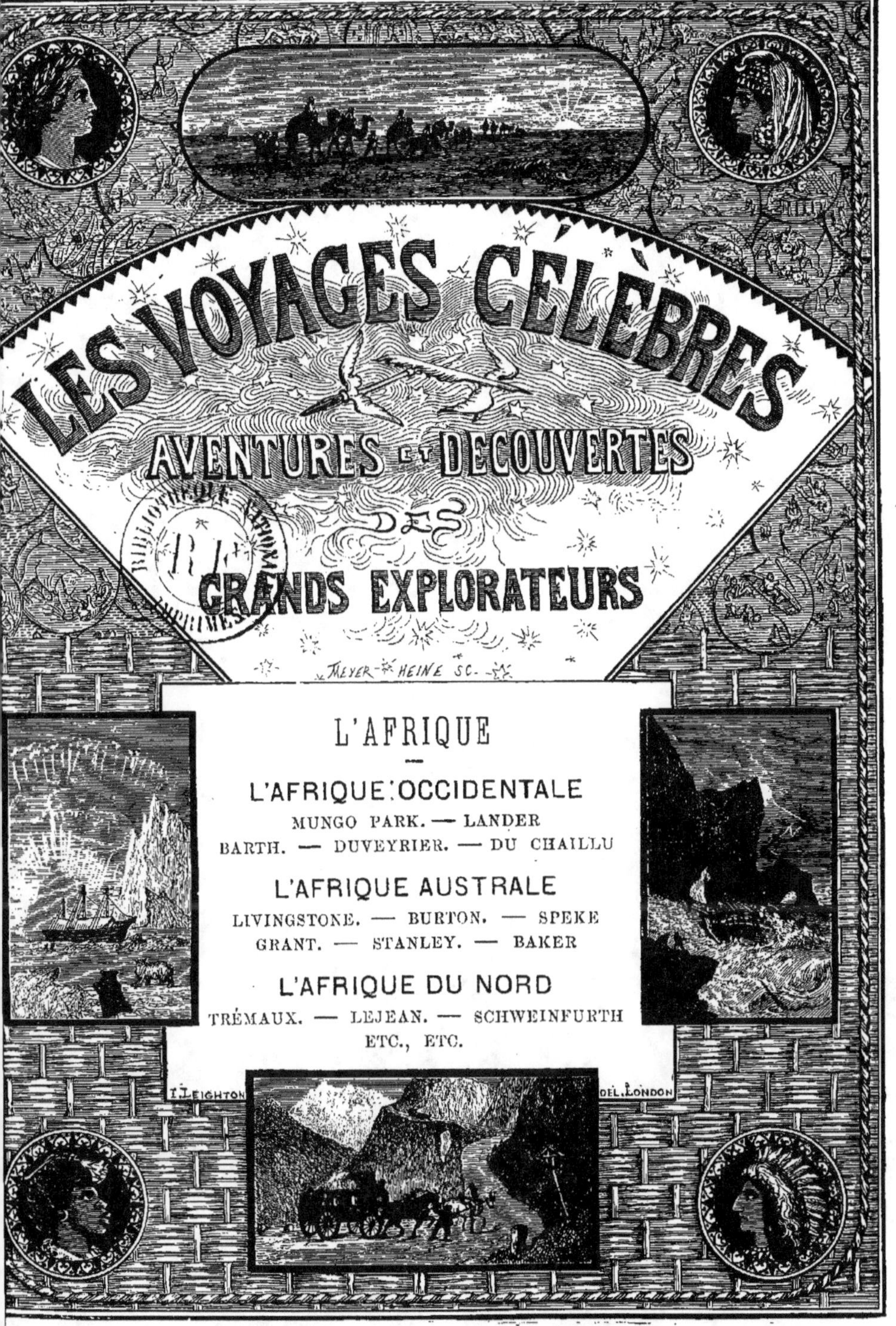

Bureau de vente, 16, rue du Croissant

VOYAGES CÉLÈBRES

CHAPITRE PREMIER

LES PREMIERS VOYAGES DE DÉCOUVERTES.

L'Afrique des anciens. — Les jardins des Hespérides et les îles Fortunées. — Les connaissances des Grecs et des Romains. — Les premières explorations européennes. — Les Portugais. — Expéditions organisées par le prince Henri. — Leurs résultats. — Barthelemy Diaz. — Les découvertes aux seizième et dix-septième siècles. — Commencement des explorations scientifiques dans la seconde moitié du dix-huitième siècle. — James Bruce. — Formation en Angleterre

L'Afrique n'a pas d'histoire générale. L'Egypte, il est vrai, et toute la côte baignée par la Méditerranée, occupent, depuis la plus haute antiquité, une place importante dans les annales du monde ; mais de si faibles liens rattachaient ces contrées au continent dont elles font partie, qu'elles n'étaient même pas toujours regardées comme y appartenant.

Nous ne possédons que des histoires particulières, contenant les merveilleuses vicissitudes de chacune de ces contrées : l'antique civilisation égyptienne, sortie de la Nubie pour finir aux Ptolémées ; l'empire de Carthage anéanti par une rivalité fatale, après avoir produit de grands hommes et fait de grandes choses ; la domination romaine, civilisatrice du pays, qu'elle étonne encore par ses ruines gigantesques, renversée à son tour par l'invasion gothique et vandale ; puis le grand mouvement islamique, qui semblait devoir emporter le monde et qui fit du nord de l'Afrique comme son quartier général ; enfin, dans des temps plus modernes, les conquêtes des Turcs et des Européens.

Cependant les Grecs eurent la notion de ce continent méridional, qu'ils nommèrent Lybie. L'Egypte, suivant eux, n'en faisait pas partie ; découverte par des voyageurs asiatiques, elle fut, à défaut d'indications naturelles suffisantes, considérée longtemps comme appartenant à l'Asie. Du temps même de Strabon, le Nil était généralement regardé comme la séparation de la Lybie et de l'Asie, et c'est à l'époque de Ptolémée seulement que la mer Rouge et l'isthme de Suez furent définitivement assignés pour limite à ces deux continents.

Dans le même temps, les colonnes d'Hercule (détroit de Gibraltar) qu'Homère croyait être les bornes du monde, étaient franchies et les découvertes se poursuivaient avec activité le long des côtes occidentales de l'Afrique. Là, s'offraient aux regards des objets faits pour agir puissamment sur l'imagination vive et poétique des Anciens. Elle s'exalta surtout à la vue de ces oasis, de ces îles de verdure qui élevaient leurs fronts, toujours ombragés, au milieu des sables brûlants du désert, et créa ces jardins des Hespérides, ces îles Fortunées, ces champs Elyséens, fictions ingénieuses, peintures animées du plus brillant coloris, qui forment la partie la plus séduisante de la mythologie ancienne.

La situation exacte de ces lieux célèbres est douteuse. La principale difficulté qui s'est, de tout temps, présentée dans leur recherche, c'est que leurs descriptions diverses peuvent être appliquées avec une égale précision à plusieurs endroits différents. Toutefois, il paraît que les jardins des Hespérides ont d'abord été placés à l'extrémité occidentale de la Lybie, terme des découvertes vers ce côté.

Le fréquent spectacle d'une végétation admirable, isolée au milieu du désert, dut faire une vive impression sur l'âme ardente des Anciens et leur donner l'idée d'un véritable paradis terrestre sous la forme d'îles créées par une imagination fantastique. Offerts trop souvent aux regards, ces beaux lieux perdirent tour à tour leur beauté fabuleuse sans que la douce chimère dont ils étaient l'ouvrage perdît rien de son charme. Un lieu succédait à l'autre, et chaque voyageur, à mesure qu'il découvrait une nouvelle portion de cette côte fertile, se persuadait qu'il était parvenu aux îles du bonheur, objet si longtemps désiré de ses recherches.

Après avoir parcouru vainement le continent, ils tournèrent toutes leurs espérances vers l'Océan, et cela s'explique par les idées d'îles, enracinées dans leur esprit. Les Canaries, qu'ils n'ont jamais dépassées, jamais parfaitement connues, conservèrent toujours le nom d'îles Fortunées, à cause, non de la fertilité du sol et de la beauté du climat, mais à raison de leur éloignement et de l'ignorance qui ouvraient une vaste carrière à l'imagination. Horace en fait la plus séduisante peinture et les représente comme un asile offert aux mortels contre les malheurs et les peines qui les poursuivaient dans toutes les autres parties du monde.

C'est avec la seule aide de ces traces incertaines et fugitives, qu'on suit les pas des Anciens le long des côtes septentrionales de l'Afrique. A l'époque la plus rapprochée de l'histoire authentique, toute la partie de cette côte connue par les peuples méridionaux de l'Europe forma pour ainsi dire corps avec eux, et les noms d'Egypte, de Lybie, de Carthage reparaissent dans les ouvrages, aussi fréquemment que ceux de la Grèce et de Rome; au Midi, au contraire, un espace immense de terre et de mer resta inexploré.

Cependant, les Romains, aux prises avec les Carthaginois, avaient déjà adopté le nom d'Afrique, et décoré de celui d'*Africain* l'un des plus grands de leurs généraux. Ces guerres puniques, celle contre Jugurtha, la conquête du royaume de l'usurpateur et successivement des États de ses voisins en Numidie et Mauritanie, l'envahissement de l'Égypte par César, joints aux recherches savantes de Polybe et aux expéditions de Ptolémée-Philadelphe, avaient considérablement étendu la connaissance jusqu'alors si bornée de ce continent. Sous Auguste et sous Néron, des voyages de découvertes furent entrepris, mais ne produisirent encore que de faibles résultats.

On ignore dans quel état l'empire romain légua aux Barbares et aux Sarrasins le soin de continuer leurs investigations; toujours est-il que ces derniers ne tardèrent pas à répandre leur religion et quelques-uns de leurs usages fort avant dans l'Afrique. La science y gagna de toutes façons : les savants Arabes s'empressèrent de publier des descriptions de cette partie du monde si nouvelle pour eux. Toutefois ce fut particulièrement la côte orientale de l'Afrique qu'ils apprirent à connaître, et il paraît que leurs conquêtes s'étendirent un moment jusqu'à l'île de Madagascar.

Les découvertes des Européens ont

été tardives. En 1364, rapporte la tradition, des marchands de Dieppe et de Rouen envoyèrent des expéditions jusqu'au delà de Sierra-Leone, et fondèrent à l'embouchure du Rio-dos-Cestos le comptoir du Petit-Dieppe; l'année suivante ils poussèrent leurs explorations jusqu'à la Côte-d'Or, et échelonnèrent successivement leurs établissements depuis le cap Vert jusqu'à La Mine où ils bâtirent une église en 1383.

Cependant il était réservé aux Portugais de faire connaître les côtes occidentales de l'Afrique. A la fin du quatorzième siècle ils n'avaient pas dépassé encore le cap Noun : ce qui se trouvait au delà, on se le représentait comme un monde d'horreurs dont un chrétien ne pouvait raisonnablement s'approcher. Il fallut un homme tel que l'infant Henri, surnommé le Navigateur, pour braver ces préjugés et tous les obstacles nés d'une semblable superstition.

Quatrième fils du roi Jean Ier, né en 1394, le prince Henri avait commencé par se couvrir de gloire à la prise de Ceuta, en 1415. Le Portugal jouissait alors d'une heureuse tranquillité; la nation était active et entreprenante, et dans toutes les classes de la société dominait l'esprit de conquêtes et de découvertes.

Plus que personne, le prince partageait ces idées. Les sciences, et surtout les mathématiques, l'astronomie, la navigation, avaient à ses yeux encore plus d'attraits que la gloire des armes.

A la mort de son père, il choisit pour séjour la ville de Sagres, dans l'Algarve non loin du cap Saint-Vincent, et continua vigoureusement la guerre contre les Maures; il inquiétait continuellement leur côtes, et, par suite de ces expéditions, ses marins s'aventurèrent dans des parages de l'Océan que les navigateurs de ce temps-là avaient pendant longtemps regardés comme impénétrables.

Ce qu'il avait surtout en vue, c'était de découvrir des pays encore inconnus. Versé dans la connaissance de la géographie, il ne négligea, pendant ses diverses campagnes en Afrique, aucune occasion de tirer des Maures le plus de renseignements possible sur les contrées limitrophes de l'Egypte, et de s'informer s'il y avait possibilité, en faisant le tour de la côte occidentale de l'Afrique, de trouver un chemin conduisant aux trésors de l'Inde.

Il construisit à Sagres un observatoire, auquel il adjoignit un établissement dans lequel on initiait de jeunes gentilshommes à toutes les connaissances nécessaires pour faire un bon navigateur; et plus tard il envoya les élèves sortis de cette école faire des voyages de découvertes sur les côtes des Berbères et sur celles de la Guinée.

Toutefois, ces diverses expéditions restèrent sans résultats bien importants, jusqu'à l'époque où les Portugais s'étant établis dans les îles Canaries, un naufrage jeta deux de leurs navires sur la côte du cap Bojador. Le redoutable cap Noun se trouva ainsi tout à coup franchi. Sans perdre de temps, le prince Henri envoya d'autres navires dans la même direction; en 1420, l'île de Madère fut découverte.

Dès lors, les côtes de la Guinée fixèrent

toute son attention ; mais il ne fallut pas moins que son courage et sa constance à toute épreuve pour triompher des difficultés d'une telle entreprise. Sans se soucier des railleries et des critiques dont ses plans si hardis étaient l'objet, il fit partir ses plus habiles gens de mer. En 1442, une quantité considérable de poudre d'or fut rapportée des pays nouvellement reconnus ; aussitôt une association fut formée dans la ville de Lagos, située non loin de la résidence du prince Henri, pour la recherche du précieux métal.

Jusqu'à la mort du prince Henri, chaque année fut marquée par un pas en avant. Cette mort, qui arriva en 1463, interrompit durant plusieurs années, la suite des explorations. Elles ne furent reprises qu'en 1471. Avançant de plus en plus vers le midi, les Portugais découvrirent le Congo, Angola, Benguela. A mesure qu'on approchait de l'extrémité probable du continent africain, telle que l'indiquaient les cosmographes et les planisphères du savant Fra Mauro, l'impatience d'atteindre enfin ce terme suprême de tant d'efforts redevenait plus impérieuse.

Une expédition, composée de trois bâtiments sous les ordres de Barthelemy Diaz, mit à la voile vers la fin du mois d'août 1486 et cingla droit au sud. Arrivé à 360 milles du point où s'était arrêté le dernier explorateur, Diaz se détermina à prendre le large, où la navigation devait être plus facile, et à courir une bordée considérable avant de se rapprocher de terre ; il arriva de là que lorsqu'il mit le cap à l'est pour revenir vers la côte, il avait notablement dépassé au sud la pointe extrême du continent. L'endroit où il vint atterrir se trouvait à 40 lieues à l'est du cap tant désiré, qu'il avait laissé derrière lui sans l'avoir aperçu.

Ce fut seulement au retour, après s'être encore avancé à l'est de quelques journées, que Diaz et son équipage, avec une joie difficile à décrire, virent se dresser l'imposant promontoire qui forme la pointe australe de l'Afrique. Une tempête dont ils furent assaillis, faillit changer en un jour de deuil cette heure d'allégresse.

Impatient, cependant, d'annoncer la grande nouvelle, Diaz revint en toute hâte à Lisbonne. En souvenir de la tourmente qu'il avait essuyée en doublant le promontoire, il lui avait donné le nom de cap des Tempêtes ; mais, par une heureuse inspiration, le roi Jean II ne voulut pas accepter ce nom de triste augure. « Ce cap nous ouvre la route de l'Asie, dit-il, il sera nommé le cap de Bonne-Espérance.... [1] »

Les contours de l'Afrique se trouvèrent ainsi connus ; on dirigea alors les explorations vers l'intérieur, où les obstacles à surmonter étaient plus nombreux. Pendant le seizième et le dix-septième siècles, les progrès furent assez faibles ; quelques relations des marchands ou des marins et des missionnaires furent les seuls documents qu'on eût sur l'Afrique ; les unes ne s'éloignaient nulle part de la côte, les autres, instructives sur les mœurs des peuples, étaient encore abso-

[1] Vivien de Saint-Martin. *Histoire de la Géographie*. (Lib. Hachette et Comp.)

lument dépourvues de tout caractère intéressant pour la géographie.

Ce fut vers le milieu du dix-huitième siècle que l'esprit scientifique commença à se manifester dans les explorations. Le voyageur ne foula plus, à partir de cette époque, d'un pied rapide les pays où le portait le désir d'ajouter quelque chose aux connaissances acquises. Géologue et naturaliste, astronome et physicien, antiquaire et philologue, il éclaira tour à tour de la lumière de chacune de ces sciences les tableaux qu'il retraça.

En Afrique, le nom qui attire tout d'abord l'attention, c'est celui de Bruce. La relation de ce voyageur, qui prétendit avoir découvert les sources du Nil, souleva des jugements contradictoires. Accueillie avec enthousiasme à son apparition, il se fit bientôt dans l'opinion une réaction violente. Quelques faits équivoques ou évidemment controuvés avaient donné l'éveil à la critique; on alla jusqu'à contester la réalité même d'une partie au moins du voyage. C'est qu'en effet le livre de Bruce est de nature à justifier en bien et en mal, ces opinions excessives. Aujourd'hui une appréciation plus calme et mieux éclairée permet de lui assigner sa véritable place.

Tout en reconnaissant la vanité puérile du voyageur en une foule de circonstances; tout en faisant la part de sa fausse érudition et de son penchant aux grandes hypothèses historiques et étymologiques, qui était la maladie du temps; tout en stigmatisant comme elle doit être stigmatisée l'intention partout manifeste d'atténuer ou de dénaturer tous les titres antérieurs aux siens; on

ne peut méconnaître non plus ce qu'il y a d'ardeur scientifique, de courage, d'entraînement et de persévérance dans son esprit et dans son caractère. Ceux qui sont revenus après lui sur le théâtre de ses courses, ont rendu justice à sa puissance d'observation, à ses facultés naturelles et acquises, à son sang-froid dans les moments difficiles, à son intrépidité dans les circonstances périlleuses[1].

Bruce ne publia sa relation qu'en 1788, longtemps après son retour. Cette même année un événement se produisit, qui eut une grande influence sur la suite des explorations, ce fut la formation à Londres de l'*Association africaine*.

Formée d'hommes éminents par le rang, la fortune, et plus encore par leur zèle ardent pour la science et l'humanité, cette Association trouva immédiatement les sommes considérables dont elle avait besoin, grâce à la position et à la générosité de ses membres dont chacun s'imposa une contribution annuelle. Les explorations entrèrent dans une ère nouvelle; elles furent menées avec plus de suite et une tendance plus uniformément dirigée vers un but fixe et dont on s'était d'avance rendu compte. Les observations des voyageurs, prirent un caractère essentiellement scientifique; à l'histoire naturelle et à la description toujours un peu superficielle des populations, ils joignirent une étude plus générale et mieux coordonnée de la conformation du pays et des autres conditions climatologiques. Enfin une étude nouvelle, celle des idiomes, fut pour ainsi dire créée, et

[1] Vivien de Saint-Martin. *Histoire de la Géographie.*

cette étude a conduit depuis à des résultats complétement inattendus pour la distribution des races qui se partagent l'Afrique.

Les premiers voyages faits au nom de l'Association ne donnèrent pas de bien grands renseignements, mais ces insuccès relatifs furent promptement compensés.

John Ledyard fut le premier agent de l'Association africaine.

Cet intrépide voyageur était né en Amérique ; poussé dès ses premiers ans par le désir d'explorer des contrées inconnues et d'étudier les mœurs des sauvages, il avait longtemps vécu parmi les Peaux-Rouges. Plus tard il s'était plié, pendant plusieurs années, au rôle et aux fonctions de caporal de marine, afin de pouvoir, à ce prix, faire partie de la troisième expédition du capitaine Cook autour du monde. Au retour de ce voyage si fatal au grand navigateur[1], Ledyard forma le projet de parcourir les vastes régions de l'Amérique du Nord, d'un Océan à l'autre, depuis la côte occidentale où il avait abordé avec Cook, jusqu'aux rivages orientaux du Canada qu'il connaissait déjà. Son dessein arrêté, il chercha à partir avec une expédition commerciale qui se rendait alors aux îles de Nouka ; n'ayant pu parvenir à se faire admettre à bord, il n'hésita pas et prit, par terre et à pied, la route du détroit de Behring.

Après mille péripéties qui auraient découragé un autre voyageur, Ledyard arriva à Londres presque sans vêtements, et se rendit aussitôt chez Joseph Banks,

secrétaire de l'Association africaine, qu'il trouva occupé à rédiger des instructions pour un voyage en Afrique. Notre intrépide Ledyard se proposa sur-le-champ pour les remplir, et deux mois après il débarquait en Égypte où, suivant les ordres qu'il avait reçus, il devait prendre son point de départ pour traverser de l'est à l'ouest le diamètre entier de l'Afrique, par la latitude présumée du Niger. Parvenu au Caire, le 19 août 1788, il avertissait l'Association que ses premières dépêches seraient datées du Sennaar. Peu de jours après, il expirait. L'Égypte de cette époque était loin d'être ce qu'elle est devenue depuis : une annexe de l'Europe civilisée. Une anarchie sans frein, celle des Mamelucks, une ignorance abjecte, des préjugés soupçonneux et cupides, y semaient d'obstacles et d'embûches les pas du voyageur. Ces entraves et les délais interminables apportés au départ de la caravane à laquelle Ledyard devait se joindre, allumèrent dans son sang une fièvre bilieuse qui termina son aventureuse carrière.

Dans le même temps, un autre agent de l'Association, Lucas, ancien chargé d'affaires d'Angleterre au Maroc, s'efforçait de pénétrer dans l'intérieur de l'Afrique par la voie de Tripoli et du Fezzan. Arrêté à quelques journées de Tripoli par une guerre civile acharnée qui armait les unes contre les autres toutes les tribus de la Régence, il rapporta du moins en Angleterre des renseignements dont les voyages postérieurs ont constaté l'exactitude.

L'attention de l'Association africaine se porta alors vers la Sénégambie, comme

---

[1] *Les Voyages célèbres*, tome 1, page 36.

offrant à un voyage de découvertes de meilleurs points de départ que l'Égypte ou la côte de la Méditerranée. En 1791, elle dirigea de ce côté le major Hougton, qui, longtemps consul à Maroc, s'était familiarisé avec les mœurs, la langue et le caractère des Musulmans. Hougton prit terre à Pisania, petit village sur la rivière Gambie, où ses compatriotes avaient alors un comptoir. De là, il marcha au nord-est, à travers les royaumes de Woulli, de Bondou, de Bambouk, et franchit le Sénégal dans celui de Kasson [1].

Au delà de ce fleuve, une pacotille de marchandises, dont il s'était embarrassé en dépit des conseils de ses amis d'Angleterre, devint un sujet de perpétuelle convoitise pour les naturels du pays, d'embarras et de danger pour lui. A Jarra, ville nègre dans la dépendance des Maures du Ludamar, il céda aux sollicitations de quelques marchands maures qui, moyennant un fusil et un peu de tabac, s'engagèrent à le conduire à Tichit, lieu situé en plein Sahara. Se trompa-t-il lui-même sur la véritable route, ou voulut-on l'attirer perfidement dans le désert? Toujours est-il qu'au bout de deux jours, soupçonnant la bonne foi de ses guides, il voulut revenir sur ses pas, et que les Maures, sur son refus de les suivre plus loin, l'abandonnèrent après l'avoir pillé. Seul, à pied, manquant de tout, il s'en revint à travers le désert. A grand'peine, il se traîna jusqu'à Jarra où il expira, victime de la barbarie des habitants qu'on accuse de l'avoir assassiné,

ou, tout au moins, de l'avoir laissé mourir de faim.

La triste fin du major Hougton, qui avait pénétré dans l'intérieur de l'Afrique plus avant qu'aucun de ses prédécesseurs européens, ne découragea pas l'Association de Londres. Elle s'occupa sans délai de chercher un autre explorateur et fut assez heureuse pour en trouver un : c'était Mungo Park.

Né à Fowlshiels, près de Selkirk, en Écosse, le 10 septembre 1771, le jeune Mungo était destiné à l'état ecclésiastique; mais il préféra étudier la médecine. A l'âge de vingt et un ans, il était puissamment recommandé à la Compagnie des Indes, et celle-ci lui faisait faire un voyage dans l'île de Sumatra.

A son retour, en 1792, il se présenta pour reprendre et accomplir la tâche de Hougton, et affronter une mort certaine, ou tout au moins des fatigues, des peines et des maux inouïs, afin d'enrichir d'une certitude nouvelle la science géographique. Jeune, actif, entreprenant, il avait toutes les qualités physiques et scientifiques pour accomplir cette mission. Elle lui fut confiée, et le 21 juin 1795, un navire britannique le déposait sur les rives de la Gambie.

Après s'être muni de tous les renseignements qui pouvaient l'aider pour son voyage, le jeune Mungo Park quitta l'établissement anglais de Pisania, au delà duquel étaient des contrées où il ignorait l'accueil et le sort qui l'attendaient : quelques effets, quelques armes, quelques instruments pour déterminer la longitude et la latitude des pays qu'il traversait, deux domestiques nègres,

[1] F. de Lanoye. *Le Niger*, introduction (Lib. Hachette et Comp.)

MUNGO PARK

connaissant les idiomes de ces régions, un cheval et deux ânes constituaient tout son équipage. Il arriva sans encombre, mais un peu dépouillé, un peu volé, dans les États du roi de Kaarta, après avoir traversé, dans la direction de l'est et du nord-est, des peuplades hospitalières et inoffensives, pour lesquelles la vue d'un blanc était un spectacle nouveau.

Ce roi, qui eut pour lui les égards les plus affectueux, était en guerre avec celui de Bambara ; il conseilla à Mungo Park d'attendre la fin de la guerre, avant de s'engager dans les États de celui-ci, qui pourrait le prendre pour un espion ; mais la saison des pluies approchait, et pouvait arrêter la marche du hardi voyageur, impatient d'atteindre son but. Il ne tint donc pas compte des avertissements de son hôte, et s'engagea sur la route de Ludamar, pays maure, gouverné par un roi nommé Ali, l'allié de celui de Bambara, et qui avait fait dire à Park qu'il l'autorisait à traverser ses États ; deux jours encore, et il en était sorti, lorsque tout à coup il fut assailli, dépouillé, pillé par les Maures, qui le conduisirent à leur souverain, à son camp de Benoun, puis à un autre camp, au milieu des brûlantes solitudes du désert.

Traité par ce roi et par les Maures avec la plus révoltante barbarie, en proie à une fièvre dévorante, Mungo Park subit la plus cruelle captivité. « Ma patience, ma résignation, écrit-il dans l'intéressante relation de son voyage, ne purent désarmer les Maures ; depuis le lever du soleil jusqu'à son coucher, j'étais obligé de souffrir, d'un air tranquille, les insultes des sauvages les plus brutaux du monde. » Une femme cependant, la femme d'Ali, eut pitié des souffrances de l'infortuné Européen, et grâce à elle il obtint enfin une nourriture suffisante. Ali l'emmenait à Djarra, où il se rendait, lorsque Mungo Park réussit à se soustraire à ses persécuteurs. Il se trouvait seul dans des déserts inconnus, n'ayant que quelques effets, sa boussole et son cheval, car Ali lui avait enlevé son nègre Demba, et l'autre, Johnson, avait regagné la Gambie. « J'étais, dit-il, au milieu d'un désert ; il avait perdu à mes yeux son aspect horrible : je n'avais

d'autre crainte que celle de rencontrer quelques Maures errants, qui m'auraient ramené dans le pays des bandits et des assassins d'où je venais de m'enfuir. »

Cette crainte se réalisa en partie ; un détachement de Maures trouvèrent Mungo Park, mais ils se contentèrent d'achever de le dépouiller. Le voilà donc continuant sa marche dans le désert, mourant de faim et de soif, réduit à mâcher des feuilles amères et desséchées : son cheval était, comme lui, exténué de fatigue et de privations. Il dut la vie à la rencontre de quelques nègres errants et fugitifs, qui lui donnèrent quelques secours en échange desquels il n'avait plus à leur offrir que les boutons de son habit.

Tant de souffrances devaient avoir leur récompense, et le 20 juillet 1796, Mungo Park découvrait les rives si ardemment désirées du Niger, large comme la Tamise, et coulant majestueusement vers l'est ainsi qu'on l'avait supposé. « Je courus au bord du fleuve, dit-il, et après avoir bu de son eau, j'adressai à Dieu de ferventes actions de grâces. »

C'est près de Sego, capitale du roi de Bambara, que Mungo Park était arrivé ; il se disposait à se rendre dans cette ville, en traversant le Niger sur un bac, quand le roi lui fit dire qu'il ne pouvait le recevoir sans connaître le motif de son voyage, et l'invita à aller se loger dans un village à quelque distance.

Mungo Park s'y rendit ; mais les habitants furent effrayés à la vue d'un blanc, et pas un ne consentit à lui donner l'hospitalité. Cependant le vent s'élevait et menaçait d'un orage ; morne et abattu, le voyageur s'assit au pied d'un arbre. A ce moment, une femme qui revenait des champs, l'aperçut; émue de compassion, elle prit la bride et la selle du cheval qui paissait près de là, et dit à Mungo Park de la suivre; puis elle le conduisit dans sa cabane, lui donna du poisson grillé et l'invita à reposer sur une natte. Elle-même se mit à filer du coton avec quelques autres femmes, et toutes ensemble, pendant ce travail qui dura une partie de la nuit, elles se récréèrent en chantant.

« L'une des chansons fut improvisée, dit le voyageur, et je m'en trouvai l'objet; une femme chantait seule, puis les autres se joignaient à elle pour former le chœur. L'air en était doux et plaintif; voici le sens des paroles : « Les vents « mugissaient et la pluie tombait. Le « pauvre blanc, faible et fatigué, vint « et s'assit sous notre arbre. Il n'a pas de « mère pour lui apporter du lait, point « de femme pour moudre son grain. » Et le chœur reprenait ; « Ayons pitié de « l'homme blanc qui n'a pas de mère et « qui n'a pas de femme ! » Emu jusqu'aux larmes d'une bonté si inespérée, je ne pus dormir. Le matin je donnai à ma généreuse hôtesse deux des quatre boutons de cuivre qui restaient à ma veste; c'était le seul don que j'eusse à lui offrir pour témoignage de ma reconnaissance. »

Deux jours après, le roi faisait dire à Mungo Park de s'éloigner sur-le-champ, en lui envoyant un sac de 5000 cauris, environ 25 francs, pour payer ses dépenses.

Mungo Park, obligé d'abandonner son cheval à Sansanding, sur les bords du Niger, descendit le cours du fleuve jusqu'à Silla ; pousser plus loin, dans l'état où il se trouvait, demi-nu, en proie à la fièvre, c'eût été plus que de la témérité, c'eût été de la folie. Il revint donc par la rive opposée du fleuve, pour regagner la Gambie par l'ouest, retrouva son cheval, fit un long détour pour éviter Sego, parce qu'il avait appris que le roi de Bambara, à l'instigation des Maures sans doute, avait donné l'ordre de l'arrêter. Il avait quitté le fleuve sacré des noirs à l'endroit où il cesse d'être navigable en se rapprochant de sa source.

Deux jours après, de nouvelles angoisses venaient assaillir Mungo Park; des nègres pillards lui enlevaient son cheval et le peu qui lui restait : il n'avait plus qu'à mourir ! Mais son courage ne l'abandonna pas dans cette cruelle situation ; il se remit en marche, recouvra miraculeusement ses effets et son cheval, donna ce compagnon de toutes ses misères, en témoignage de sa reconnaissance, au chef d'un village hospitalier, et parvint enfin à gagner, le 16 septembre, le village de Kamalia.

La maladie et le temps l'y retinrent jusqu'au 19 avril 1797 ; mais grâce aux soins touchants d'un marchand d'esclaves, qui lui avait promis de le ramener dans la Gambie dès que cela lui serait possible, le 12 juin 1797, il regagnait en effet ce pays, et le 22 septembre suivant il arrivait en Angleterre.

Le voyage de Mungo Park donna les premiers renseignements précis sur le Niger, dont l'existence avait été mentionnée par les anciens géographes Pomponius Méla, Pline et Ptolémée ; mais qui était resté l'objet de nombreuses hypothèses. Vers quelle mer coulait ce fleuve dont les sources paraissaient situées dans l'une des contrées de la Guinée occidentale? Où se trouvait son embouchure? Ne devait-on pas voir dans ce grand cours d'eau la partie la plus reculée du Nil, qui, après avoir parcouru l'Afrique dans la moitié de sa longueur, la traversait ainsi dans sa largeur presqu'entière? Telles furent les questions que s'adressa la science géographique jusqu'à la fin du dix-huitième siècle.

Pendant que Mungo Park illustrait ses efforts vers l'ouest, un autre voyageur s'acquérait, vers l'est, aux yeux de la science et des hommes, des titres non moins recommandables ni moins glorieux. C'était Georges Browne qui, depuis 1792, avait pénétré jusqu'à Syouah et reconnu les ruines de Jupiter-Ammon. Ramené en Égypte par l'état de sa santé, retenu dans sa course par les discussions politiques du pays, il n'avait pu pénétrer dans l'Abyssinie et s'était tourné vers le Darfour, pays jusqu'alors inconnu aux Européens. Echappé, comme par miracle, à mille dangers, il reparaissait au bout de trois ans, en 1796, avec la connaissance exacte du Darfour et d'un grand nombre d'Etats voisins. Enfin, Harneman, sous les auspices également de l'association africaine, explorait les provinces de Tripoli et du Fezzan et cherchait à pénétrer de ce côté dans l'intérieur de l'Afrique; les informations transmises par ce voyageur, en 1799, sont encore une des principales sources d'étude sur la grande oasis qui borde au sud la Tripolitaine.

A la fin du dix-huitième siècle, les connaissances sur l'Afrique ne se bornaient donc encore qu'aux contrées voisines des côtes. De grandes questions géographiques étaient seulement soulevées par les découvertes incomplètes des derniers voyageurs. Ces questions, il était réservé au dix-neuvième siècle de les résoudre en grande partie.

Après les guerres qui, pendant vingt années, tinrent l'Europe préoccupée, une foule d'hommes entreprenants, à l'imagination aventureuse, s'élancèrent vers tous les points du continent africain avec une incroyable ardeur.

La terre classique des monstres et des merveilles fut abordée par tous ses côtés à la fois. Anderson, Livingstone, Magyar pénétrèrent dans les régions du Congo et dans les grandes vallées qui s'étendent au nord de la Cafrerie; les missions protestantes du Zanguebar révélèrent l'existence des volcans et des grands lacs intérieurs que visitèrent bientôt Speke et Burton; dix voyageurs luttèrent à qui arriverait aux hauts plateaux du Nil; l'intrépide Barth nous fit connaître les grands empires du Soudan. Ce sont ces actives et fructueuses investigations que nous nous proposons de résumer.

CHAPITRE II

L'AFRIQUE OCCIDENTALE. — LE NIGER.

Le bassin du Niger. — Mungo Park. — Son second voyage. — Dangers et obstacles sans nombre. — Il revoit les rives du Niger. — Construction d'un bateau à Sansanding. — Embarquement pour l'est. — Disparition de Mungo Park. — Voyages à sa recherche. — Récits d'Amadi-Fatouma et de Terrasso-Wia. — Les successeurs de Mungo Park. — Insuccès de leurs tentatives. — Voyage du major Laing. — Curieux détails de mœurs. — Voyage du major Denham, du capitaine Clapperton et du docteur Oudney. — Ils traversent le Sahara. — Découverte du lac Tchad. — Mort du docteur Oudney. — Retour de Denham et de Clapperton. — Second voyage du capitaine Clapperton. — Sa mort. — Retour de son domestique Richard Lander. — Résumé des vingt-cinq premières années du siècle.

Le continent africain peut être divisé en trois grandes régions, suivant les différents buts que se sont proposés les explorateurs : la région occidentale, comprenant l'immense bassin du fleuve Niger, la région australe, située au-dessous de l'équateur et renfermant les grands lacs intérieurs récemment découverts, enfin la région orientale ou région du Nil.

C'est dans la première de ces régions, celle du Niger, qu'eurent lieu les premiers voyages du dix-neuvième siècle.

L'existence d'un grand fleuve, situé dans une contrée, le Soudan, qui devait offrir, disait-on, à l'œil ravi les merveilles d'une végétation des plus vigoureuses et des plus variées, était restée longtemps douteuse. Les anciens avaient fait mention de ce fleuve, mais on ignorait sa position ; on avait seulement recueilli de la bouche de quelques savants arabes des renseignements peu précis, d'où l'on était parti à conclure qu'il avait son cours de l'ouest à l'est. S'il prenait réellement cette direction, on ne pouvait manquer, en abordant par le nord, c'est-à-dire par le désert du Sahara, le pays qu'il arrose, d'arriver sur ses bords. Ces notions déterminèrent, comme nous l'avons vu, la route que suivirent vainement les premiers voyageurs de l'Association africaine.

Bientôt les plans de l'Association changèrent ; la recherche du Niger eut lieu par les côtes de l'Océan atlantique, et Mungo Park fut assez heureux pour toucher aux rives de ce fameux fleuve. La relation de son voyage produisit en Angleterre une vive sensation que ne purent atténuer les grands événements politiques qui agitaient alors le monde. On entrevit aussitôt dans le Niger, roulant ses vastes ondes dans l'intérieur de l'Afrique équatoriale, une voie nouvelle promise au commerce des peuples civilisés et à la diffusion des richesses des nations.

En 1804, le gouvernement anglais organisa une expédition scientifique dont il confia de nouveau la direction à Mungo Park; celui-ci fit agréer le plan qu'il méditait depuis longtemps et qui consistait à aller, non plus seul, mais avec une escorte suffisante, reprendre l'exploration du Niger au point même où il avait dû l'abandonner en 1797; puis, après avoir construit en cet endroit une embarcation capable de le porter ainsi que toute sa suite, à s'y abandonner au cours du fleuve. A cette époque, les bouches du Niger n'étaient pas encore connues; on pensait bien que ses eaux se jetaient dans l'Océan atlantique, mais on regardait la bouche immense du fleuve Zaïre ou Congo comme l'estuaire du fleuve du Soudan.

Mungo Park partit le 30 janvier 1805 accompagné de son beau-frère, M. Anderson. Il avait été arrêté qu'il ne prendrait de troupes d'escorte qu'à l'île de Gorée, où résidait alors une légion africaine. Au commencement de mars, il jeta l'ancre dans la baie de Praya, de l'île de Santiago, l'une des îles du cap Vert. De là il se dirigea, plein d'espérance, vers l'île de Gorée, où il trouva tous les soldats de la légion on ne peut mieux disposés à le suivre. Le lieutenant Martyn ayant offert ses services, Mungo Park s'empressa de les accepter: mais tout ce qu'il put faire pour engager un certain nombre de nègres à faire partie de l'expédition fut inutile. Le

6 avril, il fit embarquer son escorte, au nombre de trente-cinq hommes, et réunit tout son monde à Kayi, petite ville située sur la Gambie. Il y fit connaissance d'un prêtre du pays, nommé Isaac, accoutumé depuis longtemps à faire de longs voyages dans l'intérieur pour trafiquer, lequel consentit à l'accompagner et à lui servir de guide.

La caravane se mit en marche le 27 avril dans l'ordre suivant : le guide Isaac, en tête, le lieutenant Martyn et M. Anderson au centre et Mungo Park à la queue. Aucune expédition aussi bien organisée n'avait encore pénétré en Afrique; aucune ne devait être aussi malheureuse. Dès les premiers pas, tout lui devient obstacle : ses riches bagages, qui éveillèrent la cupidité des petits rois africains et l'avidité de leurs sujets; ses nombreuses bêtes de somme, qui attirèrent sur leur piste les animaux de proie; la composition de son escorte, tout européenne et par conséquent peu habituée aux fatigues du sol et du climat; enfin, et surtout, l'arrivée prématurée de la saison des pluies.

A la première étape, le fils du roi de Woulli, ancien ami de Mungo Park, vint au-devant de lui et lui fit part que les habitants voyaient son voyage de mauvais œil. Les présents que Mungo Park s'empressa d'offrir furent refusés comme étant trop peu considérables, et le voyageur dut payer l'eau nécessaire aux besoins de la caravane. A l'étape suivante, les femmes de l'endroit, ayant eu connaissance de ce fait, conçurent l'idée d'extorquer, elles aussi, quelques présents aux hommes blancs. Elles vidèrent tous les puits du village, et l'expédition, à son arrivée, les trouva encore occupées à retirer l'eau au fur et à mesure qu'elles la voyaient sourdre du sein de la terre. Fâchés de ce contretemps, les voyageurs eurent recours à un stratagème qui leur réussit. L'un d'eux ayant laissé tomber, comme par accident, son bidon dans le plus grand des puits, ses camarades lui attachèrent une corde autour du corps, et l'ayant descendu dedans, il y remplit tous les bidons de l'escorte, au grand déplaisir des femmes, qui se virent ainsi obligées de renoncer au plaisir de se parer des colliers d'ambre et des grains de verroterie qu'autrement elles eussent obtenus en échange de leur eau.

Un peu plus loin, quelqu'un des naturels ayant vu un des soldats manger des fruits d'un arbre appelé Nitta, le chef du village vint à lui en colère, et essaya de lui prendre des mains ceux qu'il tenait encore. Toutefois, n'ayant pas réussi, il tira son couteau et ordonna à la caravane entière de recharger les ânes et de quitter le village. Cette injonction n'ayant pas été plus écoutée que la première, il finit par se calmer. Quand ensuite il apprit que les soldats ignoraient la cause d'une aussi singulière restriction, et qu'à l'avenir ils n'y contreviendraient plus, il dit que la chose en elle-même n'eût été que d'une légère importance si elle n'avait pas eu lieu en présence des femmes ; et il ajouta que, comme en temps de disette ce fruit est la seule ressource qu'ils aient, on jette un charme sur les nittas, pour empêcher les femmes et les enfants d'y toucher.

Ce fut au delà de la rivière Falémé que commencèrent pour les voyageurs les plus rudes épreuves. A peine eurent-ils franchi cette rivière, qu'ils furent assaillis par un ouragan terrible, bientôt suivi d'autres plus violents : c'était le commencement de la saison des pluies.

Dans cet endroit de sa relation, Mungo Park, effrayé de l'effet subit que produisirent ces ouragans sur ses compagnons, laisse voir un certain découragement.

« Je m'étais flatté, dit-il, d'atteindre le Niger en n'éprouvant que de légères pertes ; mais dès que nous fûmes dans la saison des pluies, je tremblai en songeant que nous n'étions encore qu'à moitié chemin. » En trois jours, douze hommes tombèrent malades.

L'effet des orages tropicaux sur l'organisation humaine étant un besoin presque irrésistible de sommeil, Mungo Park vit bientôt ses hommes se coucher çà et là sur les bagages humides, ou même sur la terre imprégnée d'eau, et refuser d'aller plus loin ; pour beaucoup aussi ce sommeil ne tarda pas à être le dernier, et il se passait à peine un jour sans que la mort enlevât un des hommes de la caravane.

Les naturels remarquant la situation difficile des voyageurs, ne se faisaient pas faute non plus de profiter de la circonstance pour leur dérober tout ce qui n'était pas soigneusement gardé. Plus d'une fois, même, ils passèrent de la filouterie cachée au brigandage ouvert.

Au village de Gimbra, les habitants s'armèrent de leurs arcs et barrèrent le passage à la caravane, disant qu'elle n'irait pas plus loin, à moins qu'elle n'en obtint la permission du douty, ou chef. Ils firent alors retourner les ânes; et l'un d'eux alla même jusqu'à saisir par la bride le cheval d'un soldat; mais il la lâcha lorsqu'il vit que celui-ci armait son pistolet. La troupe ayant aussitôt chargé les armes et mis la baïonnette au canon, cette démonstration intimida les habitants. Les soldats se saisissant à l'instant même des ânes, les poussèrent dans le lit d'un torrent qu'ils avaient à traverser.

Toutefois, le douty semblait persister à ne pas laisser passer la caravane, car il ne répondit aux observations que lui fit Mungo Park qu'en montrant une trentaine d'hommes armés. Sur quoi Mungo lui demanda en riant s'il croyait réellement que de telles gens fussent capables de l'arrêter, ajoutant que s'il voulait en faire l'essai, il n'avait qu'à essayer d'enlever un des ballots. Le douty jugea à propos de se refuser à cette épreuve, et laissa Mungo Park continuer son chemin.

Quelques jours plus tard, Mungo Park parvenu au sommet d'une chaîne de montagnes, contempla encore une fois avec ravissement le Niger, roulant ses eaux dans la plaine. Un instant ce spectacle paya les peines du voyageur; mais cet instant fut court. « Lorsque je réfléchis, dit la relation, que nous avions perdu dans notre marche les trois quarts de nos soldats, et que, pour surcroît de malheur, nous n'avions point de charpentiers pour construire les bateaux qui devaient nous porter à de nouvelles découvertes, la perspective de l'avenir me parut fort sombre. »

Arrivé à Marabou, petite ville sur la rive droite du Niger, Mungo Park, malade de la dyssenterie, qui avait été funeste à un si grand nombre de ses compagnons, s'y arrêta quelque temps. Il dépêcha en avant son guide Isaac, auprès du roi de Ségo, nommé Mansong, afin d'obtenir de ce potentat la permission de traverser le pays.

Plusieurs jours s'écoulèrent sans réponse. Les craintes que l'on avait conçues sur la non réussite de la mission d'Isaac furent enfin dissipées par l'arrivée d'un personnage, nommé Boukary, chanteur et poëte de Mansong, qui amenait avec lui six canots pour transporter à Ségo la caravane et son bagage. Le roi était très-satisfait de la valeur des présents offerts par Mungo Park, mais il ne voulait les recevoir qu'à Ségo. Tout en déclarant constamment qu'il permettait à la caravane de traverser ses États, il n'avait pas témoigné une seule fois le désir de voir quelqu'un de ceux qui la composaient. Loin de là, chaque fois qu'Isaac lui racontait quelque événement de leur voyage, il traçait devant lui des signes cabalistiques, comme pour écarter des maléfices imaginaires.

Le lendemain, d'autres envoyés du roi arrivèrent. Ils dirent à Mungo Park qu'ils venaient pour s'informer des motifs de son voyage, et lui donnèrent vingt-quatre heures pour méditer et formuler sa réponse. Mungo Park était trop pressé de partir pour profiter de ce délai. Il exposa aussitôt quel était le but de son voyage. Il rappela la bienveillance que Mansong lui avait témoignée lors de son premier voyage, et combien la nation

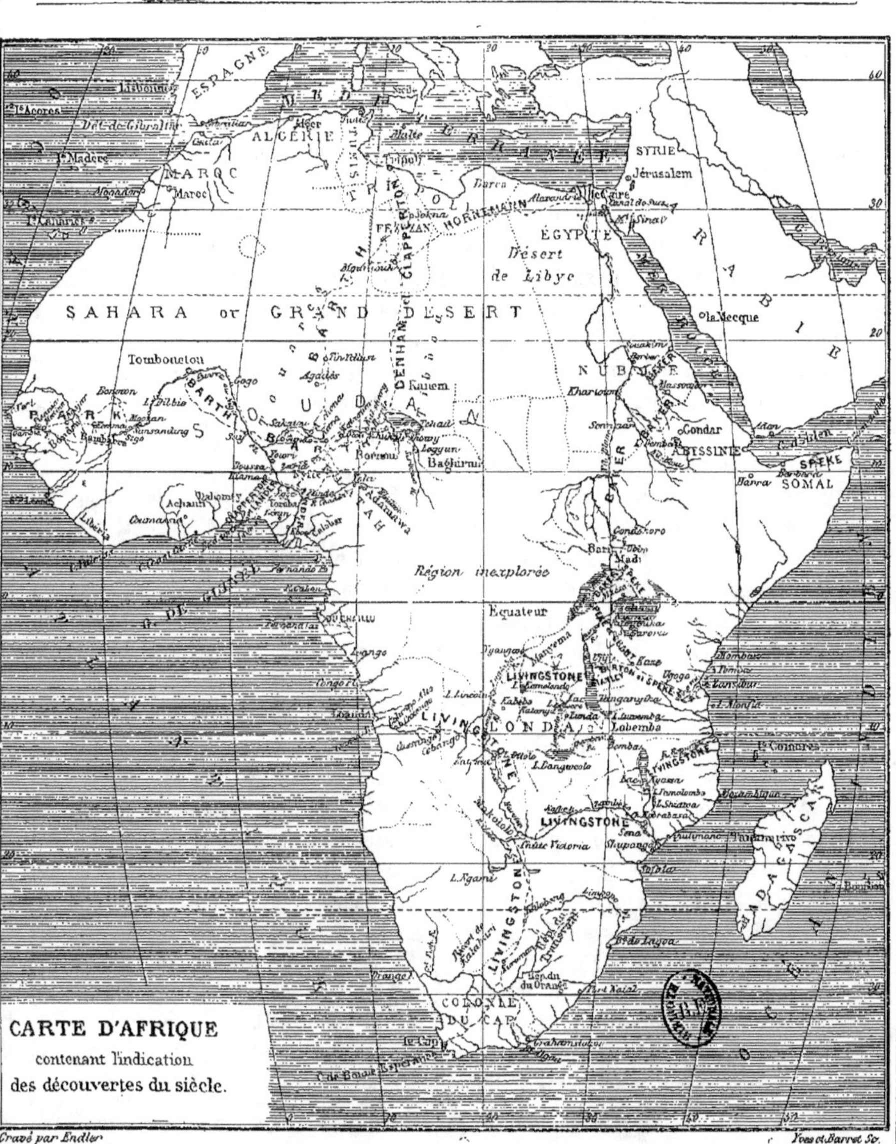

Gravé par Endler   Yves et Barret Sc.

anglaise était reconnaissante de sa générosité.

« Vous savez tous, ajouta-t-il, que le peuple blanc est un peuple commerçant, et que tous les objets de prix apportés à Ségo sont fabriqués par lui. Si l'on vous présente un bon fusil, qui l'a fait? le peuple blanc. Si l'on vous offre un bon pistolet ou un sabre, une pièce d'écarlate ou de taffetas, des colliers ou de la poudre, qui les a faits? le peuple blanc. Nous les vendons aux Maures, les Maures les apportent à Tombouctou, où ils les vendent très-cher. Les habitants de Tombouctou vous les vendent encore plus cher. Le roi du peuple blanc désire trouver une voie par laquelle nous puissions vous apporter directement nos marchandises, et vous les vendre bien au-dessous de ce qu'elles vous coûtent actuellement. Si donc le roi Mansong veut m'accorder le passage libre à travers ses États, je me propose de descendre le grand fleuve jusqu'au lieu où il se mêle avec l'eau salée, et si les rochers ou d'autres obstacles ne s'opposent pas à la navigation, les vaisseaux des blancs remonteront le fleuve et viendront trafiquer à Ségo. Vous ne confierez, j'espère, ce que je viens de vous dire qu'au roi; car si les Maures étaient instruits de mon projet, je serais certainement tué par eux. »

Cet habile discours produisit un merveilleux effet. Les envoyés de Mansong prièrent le ciel de protéger Mungo Park; ils reçurent chacun un présent et trouvèrent que ceux qui étaient destinés à leur souverain étaient dignes de lui. Cependant ils firent observer que différents rapports ayant été faits au roi sur l'importance des bagages de la caravane, il avait désiré qu'ils s'assurassent de ce qui en était. Lorsqu'ils eurent visité tous les ballots, ils déclarèrent ne rien voir qui fût *mauvais*, et se retirèrent.

Le jour suivant la réponse de Mansong arriva : « Mansong vous protégera, dit l'envoyé; une route vous est partout ouverte aussi loin que sa main peut s'étendre; si vous voulez aller à l'est, personne ne vous fera de mal de Ségo à Tombouctou; si vous désirez aller à l'ouest, le titre d'étranger de Mansong vous protégera; si vous voulez construire vos bateaux à Sami ou à Ségo, à Sansanding ou à Djinnie, nommez la ville et Mansong vous y fera conduire. » Mungo Park fit choix de la ville de Sansanding.

Sansanding, rapporte le voyageur, était alors une ville de onze mille habitants environ. Elle ne renfermait aucun édifice public, excepté des mosquées. On y comptait plusieurs places servant de marchés.

Le roi avait promis deux grands canots à Mungo Park; mais comme l'effet de cette promesse se faisait longtemps attendre, Mungo Park s'occupa des moyens de s'en passer. Il ouvrit une boutique brillante où il exposa un assortiment de marchandises d'Europe. Les acheteurs s'étant bientôt présentés en grand nombre, les marchands de Sego en conçurent beaucoup de jalousie et offrirent de riches présents à Mansong pour obtenir de lui la mort ou le renvoi immédiat des blancs. Mansong, à son éloge, rejeta ces propositions.

Enfin le roi tint en partie sa promesse en envoyant un canot; mais il était à moitié pourri et Mungo Park dut passer plusieurs jours à le mettre en état.

Mungo Park touchait à la fin de son travail, le canot allait être prêt, lorsqu'il fut atteint de la plus grande douleur qu'il pût éprouver : son ami, son parent, Anderson mourut, le 28 octobre 1805.

« Jusqu'au moment, dit le voyageur, où je mis Anderson dans le tombeau, aucun des événements sinistres de ce voyage n'avait laissé d'ombre mélancolique sur mon âme. Mais alors il me sembla que, pour la seconde fois, je me trouvais seul et sans ami dans les solitudes de l'Afrique. »

Cependant, son courage ne fléchit point. Le 14 novembre, l'embarcation se trouva terminée, et le 16, après avoir remis son journal à Isaac, qui devait le porter à Sego, l'intrépide voyageur mit à la voile.

« Je m'embarque pour l'est, écrit-il au ministère anglais ; je m'abandonne au courant du Niger avec la ferme résolution de découvrir son embouchure, ou de périr dans cette entreprise. Tous ceux qui sont avec moi dussent-ils mourir, fussé-je moi-même à demi-mort, je poursuivrais ma course ; et si je n'atteins pas le but de mon voyage, le Niger, du moins, me servira de tombeau. »

On fut quelque temps sans nouvelles ; puis des bruits fâcheux commencèrent à se répandre sur le sort de Mungo Park, et prirent de la consistance d'année en année. Le gouvernement anglais s'en émut et ordonna des recherches. Personne ne paraissait plus propre à une semblable mission que le guide Isaac. On réussit à le déterminer à entreprendre un voyage dans ce but. En conséquence, il partit du Sénégal le 7 janvier 1810.

Arrivé à Sansanding à la fin de septembre, il eut le bonheur de rencontrer un nègre nommé Amadi-Fatouma, que Mungo Park avait pris comme guide pour descendre le Niger. A la vue d'Isaac, ce nègre se mit à pleurer, et ses premières paroles furent : « Ils sont tous morts ! » Interrogé sur ce qui avait eu lieu, il fit le récit suivant :

« Nous partîmes, comme vous savez, dans un canot, et en deux jours nous parvînmes à Silla, où Mungo Park avait terminé son premier voyage. Sans descendre à terre, le chef y acheta un esclave pour aider à la manœuvre du canot. Nous étions, à bord, neuf personnes en tout : le chef, M. Martyn, trois autres blancs, trois esclaves et moi, guide et interprète. Deux jours plus tard nous atteignîmes Jenné, et nous poursuivîmes notre route après avoir donné au chef une belle pièce d'étoffe. Sur le lac Dibbie, trois canots nous suivirent ; ceux qui les montaient étaient armés de lances, de javelots, d'arcs et de flèches, mais ils n'avaient point d'armes à feu. Persuadés de leurs intentions hostiles, nous leur ordonnâmes de reculer ; mais ce fut en vain, et nous fûmes obligés de les repousser par la force. Devant Kabra et plus loin, après Tombouctou, d'autres canots essayèrent de nous couper le passage ; mais nous les repoussâmes vigoureusement. Beaucoup de naturels périrent dans ces attaques successives. Après avoir dépassé ensuite, sans particularités remarquables, plusieurs villes, nous entrâmes dans la contrée de Haoussa, où finissait mon engagement. J'en avertis le chef, et je pris congé de lui, après avoir porté de sa part, au chef du village d'Yowri, de fort beaux présents, tant pour lui que pour le roi du pays, qui demeure non loin de là.

Le jour suivant, le chef continua sa route; je couchai dans le village d'Yowri, et dès le lendemain matin j'allai voir le roi. En entrant au palais, je trouvai deux cavaliers dépêchés par le chef d'Yowri. Ils dirent au roi :

« Nous sommes envoyés par le chef d'Yowri, pour vous informer que les hommes blancs sont partis sans rien donner, soit pour vous, soit pour lui. Ils ont une grande quantité de choses avec eux et nous n'en avons rien reçu; et cet Amadi-Fatouma, ici présent, est un méchant homme qui s'est également joué de vous. »

Le roi me fit sur-le-champ charger de fers et dépouiller de tout ce que je possédais; quelques-uns de ses conseillers opinèrent pour ma mort, d'autres pour qu'on m'infligeât quelque châtiment moindre.

Le lendemain, de grand matin, le roi envoya des troupes au village de Boussa, situé sur les bords du fleuve. Devant ce village, un roc élevé traverse le fleuve dans toute sa largeur; il ne s'y trouve qu'une large ouverture, en forme de porte, par où les eaux peuvent passer, et le courant y est très-rapide. Les troupes prirent position au-dessus de cette ouverture. Mungo Park, qui n'arriva qu'après coup, entreprit de forcer le passage. Aussitôt, les ennemis l'attaquèrent et firent pleuvoir sur lui une grêle de traits, de lances, de flèches et de pierres. Mungo Park se défendit longtemps; deux de ses esclaves furent tués à la poupe du canot; il fit jeter dans le fleuve toute la cargaison, tout en continuant de faire feu sur les assaillants; mais enfin, succombant au nombre et à la fatigue, ne pouvant plus tenir contre la force du courant, et n'entrevoyant aucune possibilité de s'échapper, il saisit l'un de ses compagnons blancs et s'élança dans l'eau avec lui; M. Martyn fit de même, et tous se noyèrent en s'efforçant de se sauver à la nage » [1].

Ce récit d'Amadi-Fatouma fut, pendant longtemps, tout ce qu'on put savoir sur le sort de l'expédition de Mungo Park. On croyait généralement que l'infortuné voyageur et ses compagnons avaient péri sur les rochers de Boussa, lorsqu'en 1846, un Anglais se trouvant dans ces parages, apprit par hasard qu'un témoin oculaire du fatal événement vivait encore dans une ville lointaine; il se mit aussitôt à sa recherche et finit par le découvrir; c'était un vieillard du nom de Terrasso-Wia. Le récit de cet homme se trouva quelque peu en désaccord avec celui d'Amadi-Fatouma, et représenta même ce dernier comme l'instrument, sinon comme l'auteur principal de la catastrophe.

Terrasso-Wia raconta « qu'il était un tout jeune homme, établi à Yowri, auprès du roi de cette ville, ainsi que trois autres prêtres musulmans, ses compatriotes, lorsqu'un homme blanc, de haute taille et de noble apparence, descendit le Niger dans un large canot. Il avait avec lui plusieurs hommes de sa couleur. Ce voyageur était Mungo Park, qui avait à son bord un homme des environs de

[1] F. de Lanoye. *Le Niger*. (Lib. Hachette et Comp.)

Yowri, nommé Amadi-Fatouma. Ayant accompagné quelque temps auparavant une caravane de marchands jusqu'à une ville très-éloignée, dans le haut de la rivière, il y avait rencontré Mungo Park, qui l'avait engagé comme guide. Arrivé à Yowri, sa patrie, il quitta le canot, mais non sans avoir reçu préalablement le prix de son engagement.

Nourrissant de perfides desseins, Amadi-Fatouma engagea les voyageurs à s'arrêter à Yowri, où, suivant lui, par son intermédiaire, ils pourraient se procurer à bon compte toutes les provisions dont ils avaient besoin pour continuer leur route. En conséquence, Mungo Park prit terre devant la ville, eut une audience du roi, qui lui vendit tout ce qui était nécessaire à l'approvisionnement de l'embarcation, et qui fut intégralement payé de ses fournitures.

Cette affaire réglée, Mungo Park regagnait son canot et se préparait à quitter la rive, lorsqu'il vit accourir un messager du roi, qui l'avertit qu'Amadi-Fatouma venait de porter plainte à son maître contre les étrangers, accusant Mungo Park de lui avoir refusé le salaire convenu entre eux, et de ne lui avoir donné que des coups en retour de ses services. Le héraut noir termina sa harangue en signifiant à Mungo Park qu'il était chargé de le retenir, jusqu'à ce qu'il eût fait droit aux réclamations du guide.

Mungo Park repoussa l'accusation avec une indignation bien naturelle; et, déterminé à ne pas se soumettre à une si grossière avanie, il regagna immédiatement son bord avec tout son monde. Là,

il invita le messager à retourner vers son maître, et engager Amadi-Fatouma à venir lui faire sa réclamation en personne. Amadi vint avec un malam, ou chef du culte, qu'accompagnait le narrateur Terrasso-Wia.

Le nègre renouvela effrontément la demande de ses gages, soutenant que la convention qu'il avait faite avec les blancs n'avait pas été exécutée à son gré et selon son droit, quoique tous les gens de Mungo Park déclarassent hautement qu'ils avaient vu leur chef solder à Amadi ce qui lui revenait, et lui remettre même une gratification en sus. Selon l'opinion de Terrasso-Wia, il n'est pas douteux que le roi du pays, despote sans foi ni loi, n'ait encouragé et même poussé Amadi à élever cette frauduleuse requête, et cette manière de voir était celle d'un grand nombre des assistants qui, dit le témoin, croyaient aux paroles de l'homme blanc.

Néanmoins, le roi ayant ordonné que force restât à ses résolutions, quand les gens de Mungo Park eurent détaché le câble qui amarrait leur barque à un arbre de la rive et voulurent gagner le milieu du fleuve, un des officiers du roi, saisissant le canot par un des anneaux du plat-bord, s'efforça de le retenir, en appelant à l'aide la foule présente. Mungo Park ayant alors abattu d'un coup de sabre la main de ce malheureux, quelques-uns des naturels, exaspérés, commencèrent, au milieu d'affreux hurlements, à faire pleuvoir sur les voyageurs une grêle de traits et de pierres. Forcé de se défendre, Mungo Park fit feu sur cette multitude et en tua un bon nombre.

Jusque-là, il n'y avait pas eu dans l'attaque des nègres ensemble et animosité ; beaucoup même d'entre eux se fussent déclarés en faveur des étrangers, s'ils n'avaient été retenus par la crainte. Mais pendant qu'ils étaient encore hésitants, Mungo Park tomba mort, ou si grièvement blessé, qu'il expira dès qu'on l'eut transporté en présence du roi, qui prétendit regretter beaucoup d'avoir été contraint de recourir à une telle extrémité pour faire rendre justice à son sujet. Avec Mungo Park périrent tous ceux qui montaient l'embarcation.

Terrasso-Wia, témoin de toute cette scène, déclara que, dans son opinion, Mungo Park aurait pu s'échapper sans autre accident que quelques coups de pierres, si, après avoir blessé l'officier, il avait immédiatement poussé son canot au large. Il affirma à plusieurs reprises que Mungo Park avait été enlevé encore vivant de son canot, mais qu'il ne pouvait déjà plus parler quand on l'amena devant le roi. Toute la cargaison du bateau fut saisie par celui-ci, qui en distribua une petite partie à ses courtisans. Quant aux papiers de l'infortuné voyageur, Terrasso-Wia affirma encore qu'une portion d'entre eux, et la plus importante, renfermée dans un rouleau de fer-blanc, avait été achetée à haut prix par un marchand venu de Tripoli, trente-six mois après l'événement, et que le reste avait été partagé entre plusieurs malams qui en fabriquèrent des amulettes [1] ».

Si cette version met en pleine lumière des circonstances qu'Amadi-Fatouma avait intérêt à cacher, elle n'apprend nullement pourquoi le peuple et le gouvernement de Boussa n'ont jamais repoussé l'hypothèse qui fait périr le voyageur anglais en vue de leur ville, et ne soulève que partiellement le voile mystérieux jeté sur cette catastrophe.

Les successeurs de Mungo Park sur le sol africain ne furent pas plus heureux, et leurs noms ne forment pour ainsi dire, pendant une vingtaine d'années, qu'une liste nécrologique.

L'Anglais Nicholls, en 1805, soupçonnant avec raison que la vraie route à suivre était celle du golfe de Benin, se fit débarquer sur la côte du vieux Calabar. On fondait un grand espoir sur sa mission, lorsqu'on apprit qu'il avait succombé aux fièvres.

En 1809, l'Allemand Rœntgen de Neuwield périt également en se rendant à Tombouctou. Son cadavre trouvé sur la route, et plusieurs de ses effets saisis entre les mains d'un Maure, ne laissèrent aucun doute sur sa fin, causée par la cupidité de ses compagnons de voyage.

L'ordre des dates nous conduit ensuite au matelot américain Robert Adams, nommé aussi Benjamin Rose, dont les récits, faux ou vrais, sont tellement pleins d'exagération, que ses compatriotes mêmes ne voulurent pas y ajouter foi. L'Américain Riley, qui naufragea sur la côte ouest de l'Afrique, et devint esclave du prince maure Sidi-Hamet, obtint de lui d'importants renseignements sur Tombouctou, mais il ne put revoir sa patrie.

[1] F. de Lanoye. *Le Niger*, page 104.

Les Anglais Peddie et Campbell, auxquels s'était joint le Saxon Adolphe Kummer, suivirent le Rio-Nunez pour pénétrer dans l'intérieur. Le second réussit à arriver assez près de Timbo; mais tous trois vinrent augmenter le nombre des martyrs de l'amour de la science et périrent victimes du climat au milieu des sables.

En 1816, le capitaine anglais Tuckey, envoyé par l'amirauté et l'Association africaine pour vérifier l'identité supposée du Niger et du Zaïre ou Congo, périt misérablement au bout de trois mois avec ses dix-sept compagnons.

Le major Gray, successeur de Peddie ou de Campbell, réorganisa en 1817 les débris de leur malheureuse expédition et se mit en campagne. La cupidité des peuplades de la région, éveillée par les voyages précédents et par les bénéfices qu'elles en avaient tirés, opposa à chaque pas de la caravane des obstacles qui contraignirent le major Gray à brûler tous ses bagages et à venir chercher, avec tout son monde, un refuge sous le canon du fort français de Bakel. Il mourut avant d'avoir regagné une terre anglaise.

Après lui succombèrent successivement le Français Rouzey, l'Italien Belzoni et le jeune et ardent Anglais Bodwich. En 1820, Dupuis et Hutton, envoyés dans le pays des Achantis, ne dépassèrent pas la capitale de ce royaume; en revanche, la découverte des sources du Sénégal fut obtenue par le Français G. Mollien qui, dès 1818, avait remonté le cours de ce fleuve et du Rio-Grande, jusque non loin de Timbo.

G. Mollien est le seul explorateur africain de cette époque qui ait revu sa patrie. Déjà, il avait eu le rare bonheur de se tirer vivant du naufrage de la *Méduse*. Il pénétra dans l'intérieur de l'Afrique occidentale, accompagné d'un marabout parlant l'arabe et plusieurs autres dialectes. Le 26 avril 1818, après avoir pénétré dans un bouquet d'arbres touffus, il trouva, l'un au-dessus de l'autre, deux bassins d'où l'eau sortait en bouillonnant; c'étaient les sources du Sénégal que les naturels appellent fleuve noir. Quelques-uns des peuples que visita Mollien pratiquaient la polygamie; un homme pouvait avoir autant de femmes qu'il était capable d'en nourrir. Il ordonnait à celle qu'il avait choisi pour la nuit de préparer le souper. Aussitôt, la joie éclatait sur la figure de l'élue; elle se hâtait, et quand le repas était prêt, elle amenait toute glorieuse le mari, tandis que les autres femmes rentraient confuses dans la case, en attendant que leur étoile les favorisât à leur tour.

Vers la fin de l'année 1821, le gouverneur général anglais de l'Afrique occidentale, résidant à Sierra-Leone, ayant appris qu'il existait entre deux rois du pays une guerre assez sérieuse, dont les conséquences étaient l'interruption de tout commerce avec les Européens, jugea à propos d'envoyer une ambassade aux belligérants afin de les décider à la paix. Le major Laing fut chargé de cette mission, et profita de l'occasion pour rechercher les sources du Niger.

Accompagné de plusieurs guides, Laing arriva à une haute montagne en pain de sucre, située à quelques lieues de la ville de Falaba. C'est, suivant lui, de cette montagne, appelée la Loma, que descend le Niger. « La source de ce plus grand des fleuves du monde nègre, rapporte Laing, est entourée de nombreuses traditions : bien qu'elle n'ait qu'un pied et demi de large, si quelqu'un, dit-on, voulait essayer de la franchir en sautant, il y tomberait et serait englouti ; mais on peut le faire avec sûreté en enjambant posément. Il est défendu de prendre de l'eau à cette source, et si quelqu'un le tente, sa calebasse lui est arrachée par un pouvoir invisible, et il peut même avoir le bras cassé. »

Le fleuve, à sa source, se nomme *Tembié*, mot qui signifie eau dans le dialecte des indigènes. Il court au nord pendant plusieurs milles ; puis il prend une direction à l'est et perd le nom de Tembié pour celui de *Djoliva*, ou grande rivière, qu'il porte jusqu'à Tombouctou.

Laing donne aussi sur les peuples, au milieu desquels il vécut, des détails de mœurs assez curieux.

Il semble que les hommes et les femmes ont tout à fait changé de sexe, en ce qui touche aux travaux domestiques. A l'exception des semailles et de la moisson, les soins de l'agriculture sont entièrement confiés aux femmes, tandis que les hommes s'occupent de la laiterie et traient les vaches. Les femmes bâtissent les maisons, enduisent les murs, font office de barbiers, de chirurgiens, tandis que les hommes, ainsi qu'en Egypte, cousent et souvent lavent le linge.

Les femmes sont très-libres dans leurs mœurs, comme dans les autres parties de l'Afrique, et cela peut être attribué au peu d'égards que leur montrent les hommes. Leur costume est assez simple : elles portent avant le mariage une étroite pièce d'étoffe, nommée *tutungué*, ou quelques chapelets de grains réunis, appelés *patié*, qu'elles attachent par devant et par derrière à une bande d'étoffe, ou à quelques rangs de chapelets qui leur ceignent les reins. Après le mariage, elles déposent le patié et le tutungué, et les remplacent par un vêtement plus décent, composé de deux aunes de cotonnade bleue, attaché autour du corps comme un jupon. Elles aiment à se parer la tête, le cou, les poignets et le dessus des chevilles de chapelets. Les grains qu'elles estiment le plus pour cet usage sont le petit corail et une graine jaune composée, connue parmi eux sous le nom de *masarabunto*.

On n'emploie pas dans ce pays beaucoup de temps à faire la cour. Si un homme vient à former un attachement, ou pour mieux dire peut-être, à sentir un caprice pour une fille, on ne regarde comme nullement nécessaire qu'il sache si le sentiment est réciproque. Il porte à ses parents une jarre de vin de palme, ou un peu de rhum s'il peut s'en procurer, et leur expose l'objet de sa visite. Si sa demande est accueillie, il est invité à revenir, et alors une autre jarre de vin, quelques kolas, quelques brassées d'étoffe et de chapelets terminent la négociation : le jour du mariage est aussitôt fixé, et la fiancée apprend quel doit être son mari. Si, au contraire, les parents font des observations relatives

L'AFRIQUE OCCIDENTALE. — Types touaregs.

aux moyens d'existence du poursuivant, il s'éloigne et travaille jusqu'à ce qu'il se procure ce qu'il faut pour satisfaire ces exigences; mais si dans l'intervalle un meilleur parti se présentait, la fille peut le prendre avant le retour du galant. Aucun chagrin et aucun abattement ne sont le résultat de ces malencontres. Les cérémonies nuptiales ne sont remarquables ni par leur singularité ni par leur éclat. Les danses commencent le matin de bonne heure, et les mariés s'y joignent tout aussitôt. A leur départ pour la couche nuptiale, une salve de mousqueterie a lieu; alors vient une scène de débauche et d'orgie qui continue plusieurs jours, si les parties sont en position d'y suffire.

Les femmes ont un privilége étrange: elles peuvent quitter leurs maris pour leurs amants, pourvu qu'elles restituent la somme primitivement donnée pour elles à leurs parents. Quand l'infidélité est prouvée, elles ne peuvent remplir la condition ci-dessus ; elles ont alors la tête rasée et sont tenues en mépris, tandis que l'amant devient l'esclave du mari trompé.

Les coutumes superstitieuses qui précèdent l'inhumation des morts sont très-nombreuses, et quand une mort arrive, on emploie divers moyens pour apaiser la colère des mauvais esprits. Pendant que Laing était à Ma-Bung, une jeune fille mourut subitement, et avant son enterrement, il fut témoin des pratiques suivantes :

Au moment où la vie quitta le corps, un profond hurlement sortit du gosier de cent personnes environ, qui s'étaient réunies pour assister aux dernières luttes de la nature : après cela, une troupe de quelques centaines de femmes s'élancèrent par la ville, prenant possession de tous les objets mobiliers qu'elles trouvaient hors des portes des maisons : Laing ne put se faire expliquer l'origine de ce privilége.

Peu d'heures après la mort de la jeune fille, les anciens et les gris-gris de la ville s'assemblèrent dans la salle du palaver, et firent une longue consultation ou enquête sur la cause probable de la mort. On s'enquit si durant sa vie quelqu'un l'avait menacée, et longtemps on soupçonna qu'elle avait été tuée par sorcellerie ; mais enfin, après trois jours de continuelles consultations, le *magi* ou sorcier décida que la mort avait pour cause l'action du diable.

Durant les deux premières nuits de ces trois journées, de grandes bandes parcouraient la ville, criant, hurlant, battant des mains pour écarter la colère des gris-gris : la troisième nuit, celle où le cadavre fut mis en terre, des présents considérables de riz, de cassave, d'étoffes et de vin de palme furent déposés aux maisons des gris-gris, pour calmer les mauvais esprits, et les supplier de ne plus tuer personne. A minuit, cinq ou six individus, vêtus de costumes très-singuliers et très-bizarres, firent leur apparition, et, emportant les présents, déclarèrent que les mauvais esprits étaient satisfaits, et que de longtemps personne ne mourrait dans la ville. Alors commencèrent les danses et les festins, qui ne finirent que longtemps après le jour venu. Il est très-remarquable que, dans ces fêtes, les femmes sont autorisées à faire dans leurs danses des gestes indécents.

La manière de se saluer est assez originale : deux hommes qui se rencontrent appliquent leurs mains droites paume contre paume, puis les portent au front et de là au cœur, pour signifier que tant que la tête est droite, le cœur est sincère. Quand ils approchent d'un homme supérieur par le rang ou l'âge, ils ôtent leurs chaussures avant de le saluer, et ils témoignent au roi leur respect en lui embrassant l'épaule gauche.

En 1827, le major Laing fit un nouveau voyage qui lui coûta la vie : il fut assassiné dans le voisinage de Tombouctou. On eut, plus tard, des renseignements sur cette cruelle catastrophe.

A quelques journées au nord de Tombouctou, la caravane dont le major Laing faisait partie avait été arrêtée sur la route de Tripoli, par les Touaregs, et, selon d'autres, par les Berbiches, tribu nomade voisine du Dhioliba. Laing, reconnu pour chrétien, fut horriblement maltraité : on ne cessa de le frapper avec un bâton que lorsqu'on le crut mort. Un autre chrétien, probablement son domestique, périt sous les coups.

Les Maures de la caravane de Laing le relevèrent et parvinrent, à force de soins, à le rappeler à la vie. Dès qu'il eut repris connaissance, on le plaça sur son chameau, où il fallut l'attacher, tant il était faible et incapable de se soutenir. Les brigands lui avaient presque tout enlevé.

Rendu à Tombouctou, Laing guérit de ses blessures au moyen d'un onguent qu'il avait apporté d'Angleterre. Sa convalescence fut longue, mais rarement troublée par des vexations, grâce aux lettres de recommandation que des Tripolitains lui avaient données, et surtout à son hôte, Tripolitain lui-même, à qui on l'avait confié. Laing avait conservé le costume européen, et levé le plan de Tombouctou. Pendant son séjour dans cette ville, on avait souvent voulu le forcer à convenir qu'il n'y a qu'un seul Dieu, et que Mahomet est son prophète : il se bornait à répondre : « Il n'y a qu'un seul Dieu, » sans rien ajouter ; aussi le traitait-on de cafir, d'infidèle, sans pourtant l'outrager autrement ; on le laissait libre de penser et de prier à sa manière, tolérance qui s'explique en se rappelant que les Maures domiciliés à Tombouctou y sont venus de Tripoli, d'Alger ou de Maroc, et qu'ayant eu occasion de voir des Européens, ils sont moins prompts à s'effaroucher de leur culte.

Laing comptait se rendre par Sego vers les comptoirs français du Sénégal ; mais les Foulahs l'ayant menacé de lui faire un mauvais parti s'il osait traverser leur pays, le major voyant qu'il n'y avait rien à obtenir de ces fanatiques, choisit la route d'El-Araouan et du Grand-Désert. Après avoir marché cinq jours au nord de Tombouctou, la caravane qu'il avait rejointe rencontra le chef de la tribu de Zaouat, lequel arrêta Laing, sous prétexte qu'il était entré sur son territoire sans sa permission. Il voulut l'obliger à reconnaître Mahomet pour le prophète de Dieu et à faire le salam. Le major, trop confiant dans la protection du pacha de Tripoli, qui l'avait recommandé à tous les sheiks du désert, refusa d'obéir. Alors, des esclaves noirs étranglèrent l'infortuné voyageur anglais, dont le corps devint la pâture des corbeaux et des vautours du désert.

Tandis que le major Laing accomplissait son premier voyage aux sources du Niger, trois autres Anglais, le capitaine Clapperton, le docteur Oudney et le major Denham débarquaient à Tripoli pour, de là, se mettre à travers le désert du Sahara, à la recherche du cours du Niger.

Au mois de mars 1822, ils quittèrent Tripoli et se rendirent à Sokna, ville du Fezzan, à mi-chemin entre leur point de départ et Mourzouk, ville située sur les confins du désert. En approchant de Sokna, les voyageurs virent venir à leur rencontre le gouverneur et les principaux habitants, accompagnés de plusieurs centaines de gens de la campagne, qui ne tardèrent pas à les entourer, leur baisèrent les mains et les accueillirent, selon les apparences, avec sincérité et satisfaction.

Ils entrèrent dans la ville au milieu de ce cortége et aux cris mille fois répétés de Inglesi! Inglesi! que poussait la multitude. Une telle réception leur causa d'autant plus de joie qu'ils étaient les premiers voyageurs anglais en Afrique qui eussent refusé de croire qu'un déguisement fût nécessaire, et qu'ils avaient résolu de voyager sous leur véritable caractère, c'est-à-dire comme citoyens de la Grande-Bretagne.

La population de Sokna s'élève, au dire des voyageurs, à plus de trois mille âmes; la ville elle-même est ceinte de murs qui ont un mille environ de circonférence: on y entre par huit portes, et généralement elle présente un aspect de grande propreté.

Les femmes y sont fort jolies, et, paraît-il, remarquables par leur amour de l'intrigue; mais les voyageurs n'eurent pas l'avantage de pouvoir vérifier par eux-mêmes si cette imputation est vraie ou fausse. Toutefois, les preuves de leur bienveillance et de leur amabilité ne leur manquèrent pas.

Un matin que deux d'entre eux se promenaient dans les rues, deux dames de haut parage les invitèrent à entrer dans une maison où, dirent-elles, une belle femme, une *marazene*, désirait les voir. Ils consentirent à les suivre, et, introduits dans une habitation de belle apparence, ils ne tardèrent pas à être entourés d'une demi-douzaine au moins d'autres dames, la plupart très-âgées, qui les accablèrent de questions, et qui, reconnaissant à leurs réponses qu'ils n'étaient pas dangereux, en appelèrent quelques autres plus jeunes, lesquelles n'attendaient évidemment pour se montrer que la permission des vieilles.

Les voyageurs furent alors, eux et leurs vêtements, minutieusement examinés: les boutons jaunes de leurs habits et leurs montres produisirent le plus vif étonnement. Un large pantalon blanc que portait le major Denham, et dans les poches duquel il mit par hasard les mains, excita la curiosité à un point extraordinaire. Trois ou quatre dames à la fois voulurent aussi y mettre leurs mains; d'autres suivirent leur exemple, et toutes demandèrent avec un si horrible vacarme à en faire autant, que le major eut toute les peines du monde à s'arracher de leurs bras et à se sauver dans la rue.

L'habillement des femmes de Sokna ressemble beaucoup à celui des femmes de Tripoli: elles portent des chemises rayées de soie ou de toile, de larges boucles d'oreilles d'argent, avec des bracelets et des ornements de jambes du même métal. Chez les femmes pauvres, ces parures sont simplement de verre ou de corne.

De Sokna, les voyageurs se rendirent à Mourzouk. Durant le trajet, ils eurent à essuyer un terrible ouragan. Le vent souleva le sable fin qui couvrait le sol, et bientôt il fut impossible de distinguer à quelques pas seulement. Le soleil et les nuages se trouvèrent complétement voilés, et les tourbillons furent pendant quelque temps si épais qu'ils présentaient une espèce de résistance à la marche. Le vent ayant enfin changé de direction, le calme se rétablit, et la caravane arriva en vue de Mourzouk sans autre perte qu'un mouton.

On fit halte pour donner le temps à la petite troupe de rassembler les voyageurs voulant entrer dans la ville avec une certaine pompe. Cette fois cependant personne ne vint à leur rencontre, sauf quelques enfants nus et un mélange de Tibbous, de Touaregs et de Fezzanais, à l'air fort peu agréable. Un esclave fut envoyé pour annoncer l'arrivée de la caravane; au bout d'une demi-heure d'attente, le sheik El-Blad, gouverneur de la ville, se montra enfin, et pria les voyageurs, au nom du sultan, de vouloir bien l'accompagner à la maison qu'on avait préparée pour eux; il ajouta, à leur grand étonnement, que le consul anglais y était déjà logé. Ce fameux consul n'était autre qu'un des domestiques, un juif qui avait précédé le reste de la caravane et était entré tout seul dans la ville, où il ne s'était nullement fait prier pour recevoir les hommages qu'il avait trouvé tout le monde prêt à lui rendre. On pense si, plus tard, nos voyageurs firent gorge-chaude de la méprise de ces braves musulmans, qui s'étaient prosternés devant un israélite, espèce d'homme qu'ils détestent profondément.

Le projet de l'expédition était de visiter le Bornou, et le pacha de Tripoli s'était engagé à en faciliter l'exécution. A Mourzouk, devait se trouver une nombreuse escorte ; mais soit malentendu, soit mauvais vouloir de la part du gouverneur, elle fit défaut et les voyageurs durent séjourner pendant un temps assez long dans la ville ; ils en profitèrent pour étudier les mœurs et les coutumes des indigènes et pour explorer les environs. Ils eurent la chance d'être témoins du mariage d'un des plus riches habitants de Mourzouk. Les cérémonies qui ont lieu dans ces circonstances offrent quelque chose de si bizarrement chevaleresque, qu'elles méritent une description.

Le matin du jour où doit s'accomplir la cérémonie nuptiale, c'est-à-dire la dernière des cérémonies qui constituent le mariage, car les époux sont en général fiancés un an d'avance, la musique de la ville ou de la tribu, consistant d'ordinaire en une cornemuse et deux petits tambours, va donner une sérénade à la jeune fille d'abord, ensuite au jeune homme, qui, selon l'usage, se promène par les rues, splendidement habillé, avec une partie de la population à ses talons.

Pendant ce temps, toutes les femmes, parées de leurs plus beaux atours, se rendent à la maison de la future, et, se plaçant aux différents trous de la muraille qui servent de fenêtres, regardent dans la cour. Quand elles sont ainsi placées, et que la future est en face d'une des fenêtres avec la figure entièrement cachée par son voile, l'usage veut que les habits de noce, chemises de soie, châles, pantalons, voiles, pour montrer l'opulence des futurs époux, soient suspendus du haut en bas de la maison. Alors on permet aux jeunes chefs arabes de venir présenter leurs hommages ; ils sont précédés depuis la porte par leur musique, et une ou deux femmes, dansant avec beaucoup de dignité un pas lent, s'avancent au centre de la cour, sous la fenêtre de la fiancée ; là, les dames saluent leurs visiteurs par des cris de joie, et ceux-ci rendent le salut en posant leur main droite sur leur poitrine, tandis qu'on les promène autour du cercle que forment les dames.

On leur laisse tout le temps désirable pour examiner les beautés qui les environnent, et il y en a peu qui en ces occasions soient assez cruelles pour tenir leur voile tout à fait baissé. Il est rare de voir dans aucun autre pays un pareil assemblage d'yeux noirs et brillants, de larges pendants d'oreilles et de dents blanches.

Après avoir fait le tour du cercle, chaque homme remet son cadeau entre les mains de la principale danseuse qui le montre à la compagnie, et les assistants applaudissent plus ou moins, suivant que la valeur en est plus ou moins considérable. Avant leur départ, tous les visiteurs déchargent leurs pistolets, puis les dames les saluent par de nouveaux cris.

Lorsque cette cérémonie est terminée, l'épouse, un peu avant le coucher du soleil, se prépare à quitter la maison de son père ; on lui envoie à cet effet un chameau, sur le dos duquel est une espèce de fauteuil d'osier, recouvert de fourrures et de châles achetés dans le Soudan, au Caire ou à Tombouctou. Elle y monte, et se place de manière à voir devant elle, et néanmoins à cacher tout à fait sa figure aux yeux des autres. On la conduit de cette façon hors de la ville, où sont réunis en foule des gens à pied et à cheval, porteurs d'armes à feu. Tous ces tirailleurs, par petits détachements de trois ou quatre, passent et repassent avec vitesse près du chameau de la jeune fille, déchargeant leur arme à ses oreilles.

On fait de cette manière trois fois le tour de la ville ; et ce qui n'égaye pas le moins cette scène, c'est que, de temps en temps, l'amoureux cherche à approcher du chameau de sa belle, qui est entourée de négresses, lesquelles se mettent à crier et à le repousser dès qu'elles l'aperçoivent, au grand amusement des spectateurs. Enfin les cavaliers, sans que les décharges de mousqueterie discontinuent, la conduisent au milieu d'eux à la demeure de son futur. Étant arrivée, il faut toujours qu'elle paraisse fort surprise, et refuse de descendre de sa monture ; les hommes hurlent, les femmes battent des mains, et elle finit par se décider à entrer dans la maison : alors, quand elle a reçu un morceau de sucre dans sa bouche de la main de son fiancé, et qu'elle lui en a mis un autre dans la sienne, la cérémonie est achevée, et ils sont déclarés mari et femme.

Dans leurs excursions à travers la contrée, les voyageurs furent accompagnés par des Arabes dont ils n'eurent qu'à se louer. Grands, minces et maigres, ces fiers habitants du désert ne ressemblaient en rien aux habitants des villes et des villages : tapageurs et bruyants, leur conversation ordinaire paraissait n'être qu'une continuelle dispute ; ils étaient, d'ailleurs, braves, éloquents et vivement sensibles à la honte. L'un deux refusa de manger quatre jours de suite, parce que, dans une escarmouche, sa carabine n'avait pas fait feu. « J'ai le cœur malade, disait-il, ma carabine a menti et m'a déshonoré en public ! »

Les principales villes que visitèrent les voyageurs étaient habitées par les Touaregs. Ce sont des gens dont la figure respire l'indépendance. Ils examinent avec soin tout ce qu'ils voient, et ne se font aucun scrupule pour demander les objets qui leur plaisent. Des histoires incroyables furent racontées aux voyageurs, sur le vorace appétit de ces indigènes : il leur fut dit que deux hommes avaient mangé trois moutons en un seul repas ; qu'un seul avait avalé tout un tonneau de dattes broyées, avec une semblable quantité de lait ; qu'un autre encore, pour rassasier sa faim, avait eu besoin d'engloutir dans son estomac une centaine de pains de la grosseur de nos pains à deux sous.

Ces braves Africains s'inquiétèrent beaucoup de la condition des femmes blanches. C'était parmi eux une opinion reçue qu'elles mettaient toujours au monde plus d'un enfant, et portaient plus de neuf mois. Lorsqu'on leur apprit qu'elles ressemblaient sous ce rapport à celles des autres pays, ils parurent enchantés. Ils demandèrent aussi comment elles étaient gouvernées ; si elles étaient enfermées comme les femmes Maures, ou bien pouvaient sortir à leur volonté. Sur ce point, les femmes Touaregs jouissent d'une entière indépendance et s'estiment fort heureuses d'un pareil avantage.

Le plus grand nombre des Touaregs mène une vie nomade, passant d'un lieu dans un autre, pourvu qu'ils trouvent des pâturages. Ils semblent rechercher les endroits solitaires, et les montagnes sont souvent leur résidence. Les tentes qu'ils habitent sont faites de peaux de chameau, et ont, pour la forme, quelque chose de celles des Arabes.

Il n'est pas nécessaire, parmi les Touaregs, que la femme apporte une dot à son mari ; néanmoins, elle est généralement dotée ; mais l'usage veut que l'homme paye au père une valeur égale pour la permission d'épouser sa fille. Le prix, lorsque les familles sont riches, est ordinairement de six chameaux.

Partout les indigènes paraissaient contents de l'arrivée des voyageurs ; la vaste tente de ceux-ci était aussitôt entourée de malades, qui réclamaient des remèdes, et les femmes n'étaient pas moins nombreuses que les hommes ; quelques-unes, fort jolies et fort bien faites, d'une taille au-dessous de la moyenne, vives et aimables, étaient vêtues de haillons, ce qui n'empêchait pas que leurs cheveux et leurs bras ne fussent chargés d'ornements.

Le chant est en usage parmi les femmes Touaregs, et une de leurs principales récréations. Le soir, quand la besogne est faite, elles quittent leur logis, restent tard en plein air, à chanter ou à dire des histoires, reviennent chez elles, soupent et vont se coucher.

L'expédition revint à Mourzouk refaire ses provisions, et en partit définitivement à la fin de novembre 1822, pour se rendre à Kuka, dans le Bornou. Le trajet ne présenta rien de particulier. Le 16 février 1823, les voyageurs campèrent à une heure de marche de la ville; un messager vint les prier, au nom du sheik, d'attendre jusqu'au lendemain, attendu que les huttes qu'on leur préparait n'étaient pas encores prêtes.

« Nous passâmes tout ce temps dans une impatience facile à concevoir, dit la relation; en effet, nous touchions au moment de faire connaissance avec un peuple que les Européens n'avaient encore jamais vu, et dont ils avaient à peine entendu parler; nous allions pénétrer dans une ville dont l'existence et la véritable position avaient été jusqu'alors une espèce de problème. Puis on ne saurait imaginer combien les gens de notre escorte variaient dans leurs récits sur le sheik, avec lequel nous devions entrer en relations; au point que le lendemain, quand nous avançâmes vers Kuka, nous ne savions pas si nous rencontrerions le gouverneur de cette ville à la tête de plusieurs milliers d'hommes en armes, ou s'il nous recevrait assis sous un arbre, entouré de quelques esclaves nus. Mais notre incertitude ne tarda guère à cesser; car nous eûmes à peine marché dix minutes, que nous aperçûmes soudain en face de nous une ligne formidable de cavaliers qui s'étendait à droite et à gauche, aussi loin que nous pouvions voir. A notre aspect, ils poussèrent un cri général; puis vinrent à notre rencontre, au son d'une bruyante musique. Tandis que le corps principal marchait lentement et en bon ordre, trois petits corps détachés s'élancèrent au grand galop vers nous, s'approchèrent jusqu'à quelques

pas de nos chevaux, nous crièrent dans leur langue nationale que nous étions les bienvenus, et s'en retournèrent aussi vite qu'ils étaient arrivés, pour recommencer plusieurs fois de suite le même manége. Pendant qu'ils exécutaient ces évolutions, les deux extrémités de la grande ligne de cavalerie se rejoignirent peu à peu, et bientôt notre petite troupe se trouva entourée de toutes parts par des guerriers dont les compliments semblaient une sorte d'insulte à sa faiblesse. Bientôt nous fûmes serrés de si près, qu'il nous fut impossible de faire un pas: nous étouffions.

Notre guide, Boo-Khaloom, était furieux, et criait de toute sa force: « Mais à quoi bon? » A ses cris, les cavaliers ne répondaient qu'en criant de leur côté : « Salut ! salut ! » Enfin, cependant, cette embarrassante situation cessa : le premier général du sheik, Barca-Gana, nègre d'une noble figure, vétu d'une robe de soie à personnages, et monté sur un beau cheval, fendit la foule et ordonna qu'on nous laissât passer. Malgré cet ordre, nous ne pûmes encore avancer qu'au petit pas.

Les nègres du sheik, comme on les appelle, c'est-à-dire *les chefs* et *les favoris noirs*, tous élevés à ce rang par quelque acte de valeur, portaient des cottes de mailles en fer qui les couvraient depuis le cou jusqu'aux genoux, et qui, ouvertes par derrière, retombaient sur les flancs de leur monture. Ils avaient, la plupart, des casques ou plutôt des calottes de même métal, garnies d'ornements en porcelaine, et assez solides pour parer un coup de lance. La tête de leur cheval

L'AFRIQUE OCCIDENTALE. — Une ville dans le Bornou.

était aussi défendue par des plaques de fer, de cuivre et d'argent, qui ne laissaient à découvert que les yeux de l'animal.

Lorsque nous parvînmes enfin à la ville, il n'y eut que nous, Boo-Khaloom et une douzaine de ses gens, à qui on permit d'entrer. Nous traversâmes, entre une double haie de cavaliers et de fantas-sins, une large rue qui conduisait à la demeure du sheik : devant la porte, la cavalerie était formée sur trois rangs. Là, nouvelle halte au soleil, pendant laquelle les chefs venaient tour à tour nous présenter leurs hommages. Boo-Khaloom commençait à perdre toute patience, et jurait par la tête du pacha qu'il allait retourner vers sa tente si on tardait encore à l'introduire, lorsque Barca-Gana parut de nouveau, et d'un signe l'invita à descendre de cheval. Nous suivions déjà son exemple, mais l'avis qu'il serait introduit seul nous fit demeurer en selle. Une autre demi-heure au moins s'écoula sans que nous eussions aucune nouvelle de ce qui se passait dans l'intérieur de l'édifice; après quoi, les trois Anglais seulement furent appelés. Comme nous mettions le pied sur le seuil, les noirs de service nous barrèrent sans cérémonie le passage, et ne nous laissèrent monter que l'un après l'autre un escalier en haut duquel les piques croisées de plusieurs gardes nous arrêtèrent encore. Boo-Khaloom sortit alors d'un appartement voisin, et nous demanda si nous consentions à saluer le sheik comme nous avions salué le pacha. Oui! Oui! répondîmes-nous. Cette salutation consistait à incliner la tête et à poser la main droite sur le cœur. Il nous conseilla de la mettre aussi sur notre tête; mais nous répliquâmes que la chose était impossible, que nous n'avions qu'un mode de salut pour toute personne qui n'était pas notre souverain.

Il alla rendre notre réponse, mais revint au bout d'une ou deux minutes; et nous fûmes admis en présence du sheik des Lances. Nous le trouvâmes dans une petite chambre obscure, assis sur un tapis, et simplement vêtu. Deux nègres munis de pistolets se tenaient à ses côtés, et lui-même en avait une paire à portée de sa main. D'autres armes à feu, cadeaux réputés d'une valeur inappréciable dans le pays, et qu'il avait reçus, soit du pacha, soit de Mustapha l'Achmar, sultan du Fezzan, étaient suspendues en divers endroits de l'appartement. L'illustre personnage en question avait un air prévenant, une physionomie expressive, un bienveillant sourire, et ne paraissait âgé que de quarante-cinq ou quarante-six ans. Nous lui remîmes la lettre du pacha; et quand il en eut pris lecture, il nous demanda quel était le but de notre voyage. Nous répondîmes que notre seul but était d'examiner en détail la contrée, afin de pouvoir ensuite transmettre nos observations à notre sultan, qui désirait connaître toutes les parties du globe. Il répliqua que nous étions les bienvenus; qu'il se ferait un plaisir de nous donner autant de renseignements qu'il le pourrait; que des huttes avaient été bâties pour nous dans la ville, que nous étions libres de nous y rendre, et que quand nous serions remis des fatigues de notre longue route, il s'estimerait heureux de nous revoir.

Alors, il nous fit conduire vers l'endroit de la ville où des logements nous avaient été préparés. Dans un enclos quadrangulaire, divisé en plusieurs compartiments par des nattes de paille, s'élevait un grand nombre de petits bâtiments ronds en terre : un de ces compartiments nous fut assigné ; les autres furent mis à la disposition des marchands étrangers qui accompagnaient la caravane. »

Le sheik de Kuka, aussi intelligent qu'affable, s'employa tout entier à satisfaire les désirs des voyageurs. Ceux-ci visitèrent d'abord les environs de la ville et firent quelques excursions sur les bords du grand lac Tchad qu'ils venaient de découvrir. La saison des pluies les mit dans l'obligation de séjourner à Kuka depuis le mois de juillet jusque vers la fin de l'année 1823. Pendant ce long intervalle de repos forcé, ils recueillirent des détails de mœurs pleins d'intérêt.

Un jour les dames du lieu, par suite, sans doute des rapports défavorables qui avaient été faits au sheik sur la conduite de la plupart d'entre elles durant l'absence de leurs maris, reçurent l'ordre de s'assembler toutes devant son palais : il faut savoir que ce prince était fort sévère envers le beau sexe, punissait avec une extrême rigueur et quelquefois même de mort les plus légères fautes que commettaient les femmes, enfin se vantait d'avoir introduit une notable amélioration dans toutes leurs manières depuis qu'il résidait parmi elles. On ne peut nier en effet que depuis cette époque les maris des villes voisines ne les proposent sans cesse à leurs épouses comme des modèles à suivre. La somme de leurs offenses, en cette occasion, paraissait se réduire à ce qu'elles s'étaient montrées trop souvent dans les rues, et la figure non voilée, tandis que leurs seigneurs et maîtres avaient suivi une expédition. Ces derniers se plaignaient aussi généralement de ce qu'elles avaient pris la mauvaise habitude de parler haut, arguant de là qu'elles devaient avoir beaucoup parlé pendant leur absence. Le sheik, après les avoir rudement sermonées, les congédia, et fit défendre qu'aucune femme mariée qui avait des esclaves sortit à l'avenir de sa maison ou y reçût des visiteurs : celles sans mari, et à cause de la fréquence des divorces elles sont nombreuses, réclamèrent contre une pa-

reille défense, disant que pour trouver à se marier il fallait bien qu'elles reçussent des hommes chez elles ; mais le kadi leur répliqua très-sensément « que comme une femme ne pouvait épouser qu'un homme, elles n'avaient pas besoin d'en recevoir plusieurs dans sa maison, et qu'en conséquence elles n'en recevraient qu'un à la fois, pas davantage. » Le kadi fut cependant interrompu par le sheik qui, dans sa plus grande sagacité, comprit que des inconvénients encore plus graves pourraient résulter de semblables tête-à-tête, quand il serait impossible que rien les troublât. « Non, non! dit-il, je ne veux pas d'une telle prohibition. S'opposer à ce qu'une femme ouvre sa porte aux gens qui viennent lui faire la cour, c'est entraver le mariage, chose contraire à la loi du prophète; mais il ne faut pas que ces visites aient lieu à des heures indues de la nuit, il ne faut pas non plus qu'il y ait de préférence, et qu'une personne soit admise au préjudice d'une autre; car si on trouve une fois la porte d'une femme fermée à l'intérieur, soyez sûrs que Satan est en train de lui arracher un cheveu; or, quand Satan nous a pris un cheveu, il faut bientôt lui abandonner toute la tête. »

Souvent, dans la soirée, une assemblée nombreuse se réunissait devant la porte du sheik, et alors de vigoureux esclaves venaient lutter en présence de leurs maîtres et du sheik lui-même, qui se postait ordinairement à une petite fenêtre au-dessus de la principale porte du palais. Barca-Gana, Ali-Gana, et tous les principaux chefs, s'asseyaient d'habitude sur des nattes au premier rang des spectateurs, et généralement les voyageurs prenaient place parmi eux. Souplesse et force étaient les qualités qui assuraient la victoire aux combattants; ils luttaient avec un acharnement qui peut à peine avoir été surpassé dans les combats avec armes des gladiateurs romains, et qui était vivement soutenu par les voix de leurs maîtres, qui les exhortaient à déployer toutes les ressources dont ils étaient capables. Une rauque trompette, qui n'était autre qu'une corne de buffle, sonnait l'attaque; les combattants entraient nus dans l'arène, à l'exception d'une ceinture de cuir qu'ils portaient autour des reins; et ceux qui, en de précédentes occasions, avaient été victorieux, étaient reçus avec de bruyantes acclamations par les spectateurs. Des esclaves de toutes nations étaient d'abord opposés les uns aux autres : dans le nombre, les naturels du Soudan étaient les moins robustes, et rarement vainqueurs. Les luttes les plus chaudes avaient lieu entre les Mangowiens et les nègres du Baghirmi : quelques-uns de ces esclaves, et particulièrement les derniers, se faisaient remarquer par leurs belles formes et leur stature gigantesque; mais les exploits du jour se terminaient habituellement par le combat de deux Baghirmis l'un contre l'autre; et souvent, de ces engagements entre compatriotes, résulte une fracture de quelques membres, ou même la mort. Ils commencent par poser leurs mains sur les épaules l'un de l'autre; ils ne font aucun usage de leurs pieds; mais ils se baissent fréquemment, et recourent à mille artifices pour mettre l'adversaire hors

de ses gardes. Celui qui peut y parvenir l'empoigne par les hanches, et, après l'avoir élevé très-haut en l'air, le précipite contre terre avec une telle violence, qu'il demeure sur la place baigné de sang et incapable de continuer la lutte. Un vainqueur de ce genre est salué par de longs cris de joie; des vêtements lui sont jetés de toutes parts par les spectateurs; et quand il va s'agenouiller aux pieds de son maître, ce qui termine toujours le triomphe, il est souvent revêtu par les esclaves, qui entourent celui-ci, d'une tunique valant trente ou quarante dollars; ou ce qui est regardé comme une marque de faveur encore plus grande, le possesseur de l'esclave victorieux se dépouille de la tunique qu'il porte, et la lui met sur le dos.

Un chef tirera un pistolet, jurera par le Koran que son esclave ne survivra pas un instant à sa défaite, et en même temps lui promettra une vaste récompense s'il triomphe; or, ces promesses, ces menaces, sont quelquefois trop fidèlement exécutées. Un jour, un pauvre malheureux qui avait soutenu pendant plus de cinquante minutes les attaques d'un nègre colossal de quelque contrée au sud du Mandara, et deux fois plus fort que lui, s'aventura un instant à implorer du regard la pitié de son maître qui ne cessait de le menacer: cet instant si court où il s'était pour ainsi dire oublié causa sa ruine. Son adversaire en profita pour le lâcher des épaules et l'empoigner à hauteur des hanches, lui appuya le genou contre la poitrine, et tomba de tout son poids sur l'esclave qui eut les reins cassés. Une seule défaite détruit tout le mérite de nombreuses victoires précédemment remportées; ainsi un esclave que son maître refuserait aujourd'hui de vendre au prix de cent dollars, sera demain, s'il se laisse vaincre, vendu presque pour rien, sur la place du marché, tout estropié qu'il est, à qui voudra l'acheter.

Dès que les pluies eurent cessé, le major Denham explora les rives occidentales du lac Tchad et le pays des Baghirmis. De leur côté, le capitaine Clapperton et le docteur se rendirent de Kuka à Sakatou. Durant le trajet, la science du docteur fut souvent mise à contribution. Ce n'étaient pas seulement des malades qui venaient le consulter, mais des hommes et des femmes de tout genre; ceux-ci voulaient des remèdes à leur impuissance, celles-là à leur stérilité.

Il y en avait d'autres qui venaient solliciter des préservatifs contre des calamités simplement éventuelles et possibles : cherchant dans leur tête tous les maux auxquels la vie est exposée, ils s'adressaient à lui avec la confiance et l'espoir qu'il était capable de les en garantir. Les femmes surtout ne tarissaient pas en consultations de ce genre; elles l'importunaient sans cesse pour qu'il leur donnât la recette de conserver l'affection de leurs amants ou la tendresse de leurs maris, et quelquefois, ce qui était odieusement mal, le moyen de causer la mort d'une rivale préférée.

Malheureusement, le docteur Oudney dut bientôt cesser ses consultations à cause du mauvais état de sa santé. Le 11 janvier 1824, sa triste situation devint telle que son compagnon, le capitaine Clapperton, perdit presque l'espoir qu'il pût survivre à la journée du lendemain.

« Hélas! mes craintes n'étaient que trop fondées, dit la relation. Le 12, en effet, le docteur but une tasse de café, et demanda lui-même qu'on se mît en route. Je l'aidai à se vêtir, et soutenu par son domestique, il sortit de sa tente; mais avant que nous eussions eu le temps de le placer sur son chameau, je remarquai sur sa figure la pâleur de la mort, et je le fis aussitôt replacer dans sa tente. Là, je m'assis à son côté, et au bout de quelques instants j'eus l'affreuse douleur de le voir s'éteindre... Ainsi mourut à trente-deux ans M. Walter Oudney, docteur-médecin, homme non moins remarquable par sa modestie, sa bonté, son courage et sa persévérance, que par son savoir, sa vertu et sa religion, enfin le meilleur de mes amis. En tout temps, en tout lieu, la perte d'un tel ami m'eût été extrêmement douloureuse; qu'on imagine donc si elle dut m'accabler de tristesse et de chagrin, moi son camarade de voyage, moi dont la santé était aussi chancelante, moi qui dès lors me trouvais seul au milieu de nations étrangères, et dans un pays dont le pied d'un Européen n'avait encore jamais foulé le sol!... La dernière marque d'attachement que je pus témoigner à mon malheureux compatriote fut de lire près de son cadavre le service funèbre de l'Église d'Angleterre, et de l'ensevelir dans une fosse assez profonde pour que les bêtes féroces ne vinssent pas le déterrer. »

Le capitaine Clapperton continua sa route vers Sakatou. Le 20 février, il atteignit la ville de Kano, capitale d'une province du même nom ; il y resta jusqu'au 23 février, afin d'étudier les mœurs des habitants.

Kano est renommé dans toute l'Afrique occidentale pour la teinture en bleu, et possède de nombreux établissements où on l'exécute. L'indigo ne s'y prépare pas tout à fait de même que dans les Indes et dans l'Amérique. Quand la plante est mûre, on coupe le haut des jeunes tiges vertes qu'on jette dans un baquet large d'un pied et demi et profond d'un pied, pour les y écraser et les laisser fermenter. Lorsqu'il est sec, cet indigo ressemble à de la terre mêlée d'herbe sèche, conserve la forme du baquet, et se porte au marché par trois ou quatre gros pains attachés ensemble. L'appareil à teindre consiste en un vaste pot d'argile profond de neuf pieds et large de trois, enfoncé dans la terre. On y jette l'indigo, mêlé aux cendres d'une espèce de lie qu'une précédente opération de teinture a laissée sur les parois du vase. Cette lie est soigneusement ramassée, pétrie, exposée au soleil, puis brûlée. On n'emploie jamais l'eau que froide. Les objets qui doivent être teints restent dans le pot trois ou quatre jours, sont fréquemment remués avec un bâton ; mais chaque soir on les en retire pour les tordre et les faire sécher jusqu'au matin suivant.

Les femmes de ce pays, de même que les Bornowiennes, se peignent en bleu les cheveux, les mains, les pieds, les jambes et les sourcils ; mais ce n'est pas précisément d'indigo qu'elles se servent : elles préfèrent une peinture obtenue de la manière suivante. Elles prennent une vieille tunique, la coupent en morceaux, et la font teindre une seconde fois à la manière ordinaire ; creusent un trou dans la terre, qu'elles ont eu soin d'arroser copieusement, y mettent la vieille tunique bien imprégnée de fiente de mouton et bien trempée d'eau, puis le rebouchent avec de la terre mouillée. Au bout de sept ou huit jours on retire ces lambeaux d'étoffe presque pourris, et on les fait sécher au soleil pour s'en servir à l'usage indiqué plus haut. C'est au moyen d'un petit morceau de cette singulière composition délayée dans une coquille, que les dames, une plume d'une main et leur miroir de l'autre, passent des heures entières à embellir leurs noirs appas. Les mains et les jambes ainsi peintes semblent être recouvertes de gants et de bottes bleus.

Les nègres qu'on rencontre par la ville sont excessivement polis et cérémonieux, surtout ceux qui sont avancés en âge. Pour se saluer entre eux, ils mettent la main sur la poitrine, inclinant le corps, et se demandent l'un à l'autre : « Comment vous portez-vous ? Bien, je pense !.. Comment avez-vous supporté la chaleur du jour ? » Cette dernière question, dans leur climat, répond à celle que les braves gens de nos pays adressent à une personne de connaissance : « Avez-vous fait une bonne nuit ? »

Jusqu'à l'époque de leur mariage, les jeunes gens et les jeunes filles, esclaves ou libres, portent par décence un long tablier bleu et blanc, avec une bordure dentelée d'étoffe de laine rouge. Il s'attache par deux larges bandes, ornées de même façon, qui retombent par derrière jusqu'aux talons. Les hommes et les femmes se colorient les dents et les lèvres avec les feuilles de goerjie ou celles du tabac qui donnent une teinte rouge de sang, ce qui est ici réputé pour une grande beauté.

Le plaisir favori des indigènes consiste à mâcher des noix gooras ou du tabac mêlé de carbonate de soude. Cet usage du tabac n'est pas limité dans l'Haussa aux hommes seuls, de même que chez les Bornowiens qui le défendent à leurs femmes. On ne prise que rarement, comme chez nous ; mais en revanche tout le monde fume, Nègres et Maures. Aux femmes cependant est interdit ce plaisir fashionable.

Les gens qui, dans cette contrée, pratiquent l'art de guérir y exercent aussi, comme jadis en Europe, la profession de barbiers, et sont fort habiles... en cette dernière qualité, du moins.

La cécité est une maladie dominante. Il y a dans l'enceinte de la cité un district ou village à part pour les gens atteints de cette infirmité, qui reçoivent une certaine pension du gouverneur, mais qui en outre mendient dans les rues et sur la place du marché. Leur petite ville est d'une propreté merveilleuse, et les huttes y sont bien bâties. Sauf les esclaves, personne, à moins d'être aveugle, n'a permission d'y établir sa demeure, et les borgnes eux-mêmes ne sont que rarement admis dans la communauté.

Lorsqu'une fiancée est pour la première fois conduite à la demeure du futur, elle est accompagnée d'un grand nombre d'amis et d'esclaves portant la dot, laquelle consiste en graisse fondue, miel, blé, vêtements. Tout le long du chemin elle se lamente : « Oh ! ce soir, ce soir ! Que deviendrai-je ce soir ! » Malgré cette lamentation, l'amant a d'ordinaire empiété près de sa femme sur les droits du mari quelque temps avant le mariage. La cérémonie conjugale, qui se borne à la lecture du premier chapitre du Koran faite en présence des époux, ne peut avoir lieu qu'après qu'ils sont restés quelques jours enfermés, et que pendant ce temps ils se sont plusieurs fois teints les pieds et les mains. La fiancée visite elle-même son futur, et prend la peine de le teindre.

Chacun est enterré sous le plancher de sa propre maison, sans que rien d'extérieur le rappelle toutefois au souvenir des vivants. Aussi la maison parmi le peuple continue-t-elle d'être habitée comme cidevant ; mais parmi les grands il y a plus de décorum, et elle est à jamais abandonnée. Quand le cadavre est lavé, on lit en faveur du mort le Fatah, et l'enterrement a lieu le jour même. Les corps des esclaves sont jetés hors de la ville, et laissés comme pâture aux vautours et aux bêtes féroces. A Kano, on ne se fatigue même pas à les porter hors des murs : on les lance dans le marais ou dans les étangs que renferme l'enceinte de la ville.

Le 15 mars, le capitaine fit son entrée dans Sakatou au milieu d'une foule avide de le voir. Il fut reçu avec la plus grande bienveillance par le gouverneur, qui lui remit une lettre pour le roi d'Angleterre, avec des assurances mille fois répétées de ses sentiments affectueux pour la nation anglaise. Dans les premiers jours de juillet, le capitaine Clapperton fut de retour à Kuka ; il y retrouva son compagnon, le major Denham, et, tous deux, ils reprirent le chemin de Tripoli, à travers le Sahara. Au mois de juin de l'année 1825, ils revoyaient l'Angleterre.

Dans la lettre que le capitaine Clapperton remit au roi d'Angleterre de la part du gouverneur de Sakatou, le sultan Bello, celui-ci témoignait le désir que des relations de commerce et d'amitié s'établissent entre les sujets du roi et les siens ; que différents objets de fabrication anglaise lui fussent envoyés à la côte de la mer où il possédait un vaste port appelé Funda ; enfin qu'un consul et un médecin anglais vinssent résider dans un autre de ses ports qu'il nommait Raka. De son côté, il se déclarait disposé à faire tout ce qui serait en sa puissance pour empêcher son peuple de se livrer à la traite des noirs.

Cette lettre produisit un immense effet en Angleterre. Le gouvernement croyant ne devoir négliger ni cette bonne occasion de se mettre en rapport avec les nations du centre de l'Afrique, ni celle de porter sans doute un coup fatal au trafic des noirs dont le golfe de Benin est le principal théâtre et d'ajouter en même temps aux connaissances géographiques de cette partie du monde, chargea le capitaine Clapperton de tenter une nouvelle expédition.

Celui-ci quitta Portsmouth le 27 août 1825. Comme, lors de son précédent voyage, il avait pour parvenir à Sakatou, pris un point de départ sur la côte d'Afrique que baigne la Méditerranée, il voulut, pour retourner à cette capitale,

en prendre un sur la portion presque opposée de celle que baigne l'Océan atlantique, de façon à pouvoir dire, s'il réussissait dans sa seconde tentative, qu'il avait entièrement traversé l'Afrique dans la direction du sud-ouest au nord. Ce fut d'après cette considération scientifique, et aussi pour satisfaire aux vœux du sultan Bello, qu'après avoir touché à Ténériffe et à Santiago, il navigua vers la côte de Sierra-Léone.

Le 26 novembre, il arriva dans le golfe de Benin. Mais là, lorsqu'il s'enquit auprès des indigènes de la position des ports désignés par le sultan, personne ne sut ce dont il voulait parler. On sait en effet aujourd'hui que Funda, capitale d'un royaume de ce nom, est à cent cinquante milles au moins des côtes de la mer, et que Raka est situé plus encore dans l'intérieur des terres. Était-ce par ignorance ou à dessein que Bello avait indiqué la position si erronée de ces deux villes ? Néanmoins, la contrée était connue de nom, et comme Clapperton avait lui-même déterminé la situation géographique de Sakatou, il ne fut pas en peine pour savoir de quel côté il dirigerait ses pas. Le 7 décembre, il s'embarqua dans des canots que lui avait prêtés le roi de Badagarry, remonta la rivière de Lagos et arriva bientôt à la capitale de l'Yoruba, que les naturels appellent Katunga. Là, il fut obligé de séjourner pendant près de deux mois, par suite des difficultés que fit le roi du pays pour le laisser traverser le Niger qui coule à quelque distance.

Durant ce temps, le capitaine Clapperton recueillit sur le pays quelques ren-

L'AFRIQUE OCCIDENTALE. — Marchands mandingues.

seignements. La religion des Yorubaniens consiste en l'adoration d'un seul Dieu, auquel ils offrent des sacrifices de chevaux, de vaches, de moutons, de chèvres et de volailles. Il y a chaque année une grande fête, lors de laquelle plusieurs de tous ces animaux sont immolés dans les maisons consacrées aux fétiches, où l'on verse un peu de sang à terre. On fait ensuite cuire les viandes, que le roi et tout son peuple, hommes et femmes, sont contents de se partager. On dit qu'alors tous mangent de compagnie et dans un état de nudité absolue, faisant de copieuses libations avec une espèce de boisson appelée *pitto*; mais on ajoute que le moindre acte indécent, commis en pareille circonstance, serait aussitôt puni de mort. Il dépend d'ailleurs de la seule volonté du prêtre que ce soit une créature humaine qu'on immole en place d'une vache ou de tout autre animal. Dans le cas où la victime doit être un homme, c'est toujours un criminel qu'on choisit, et jamais on n'en sacrifie plus d'un par fête. L'endroit ordinaire où de telles solennités ont lieu est une vaste plaine en face de la demeure du roi, ombragée d'arbres magnifiques, sous lesquels s'élèvent deux ou trois bâtiments en l'honneur des fétiches.

Pour donner la sépulture à leurs morts, les Yorubaniens creusent un trou profond, mais étroit, dans lequel on place le corps dans l'attitude d'une personne assise, avec les bras entre les genoux. Les pauvres sont enterrés sans aucune cérémonie ; mais on tire des salves de mousqueterie sur la tombe des riches, et les amis avec les gens de leur suite font, dans la maison, une énorme consommation de rhum. Lorsqu'un roi d'Yoruba meurt, le cabocier ou chef de Jannah, trois autres cabociers principaux, quatre femmes, et un grand nombre d'esclaves favoris et autres, sont obligés de prendre du poison que leur donnent les prêtres dans un œuf de perroquet. Si ce poison ne produit pas d'effet sur quelqu'une des victimes désignées, on lui remet une corde pour qu'elle aille se pendre dans la maison.

Quand un homme veut épouser une femme, il lui faut l'acheter des père et mère, qui la lui vendent proportionnément à sa fortune. Trois jours après la conclusion du marché, il va avec ses amis la chercher chez ses parents, la ramène dans sa propre maison, où il régale ses connaissances de quelques coups de pitto, et toute la cérémonie nuptiale se termine là.

Le capitaine Clapperton reçut enfin la visite du roi, qui vint lui annoncer que les gens envoyés dans différentes directions pour explorer quelle route serait la plus sûre, étaient de retour. Il fit en conséquence ses préparatifs de départ, et le 5 mars 1826, il se remit en marche pour se rendre à Boussa, sur le Niger, où, suivant le récit d'Amadi-Fatouma, avait péri Mungo Park. Dans cette ville, Clapperton chercha vainement à se procurer des renseignements sur la catastrophe ; le Sultan et les principaux habitants se montrèrent fort peu communicatifs ; mais tous parurent mal à leur aise aux questions de Clapperton, et se contentèrent de répondre que l'événement était trop ancien pour qu'ils pussent s'en souvenir. Un vieillard seul consentit à avouer que la chaloupe qui portait les infortunés voyageurs s'était engagée entre deux rocs et avait été brisée.

Le 2 avril, Clapperton quitta la ville de Boussa. Au mois d'octobre suivant, il revit Sakatou et le sultan Bello. Celui-ci le reçut d'une façon assez étrange, et fut loin de lui témoigner la même bienveillance que lors du premier voyage. « Vous ne me tromperez pas, lui dit-il ; ce n'est pas vers moi que vous a envoyé votre maître ; votre but est de parvenir jusqu'au sheik de Bornou. Or, je suis en guerre avec le sheik ; peu m'importe que vous soyez venu en ce pays par ordre du roi d'Angleterre, je ne vous permettrai pas d'aller vers mon ennemi. Vous avez, d'ailleurs, pour retourner dans votre patrie, trois routes à choisir : je vous donnerai une escorte qui vous accompagnera par celle que vous choisirez. » Le sultan demanda ensuite à voir la lettre adressée au sheik, et, quand elle lui fut remise, à l'ouvrir. Clapperton protesta que c'était chose impossible ; il rappela au sultan avec toute l'énergie dont il fut capable que ce serait indigne à lui, lorsqu'il avait promis l'année précédente aide et protection, de manquer à ses promesses, de violer sa parole et de pousser l'audace jusqu'à prendre connaissance du contenu d'une lettre adressée à un autre. Mais, sans presque l'écouter, le sultan brisa le cachet et fit signe à Clapperton de sortir.

La vive contrariété que le courageux voyageur éprouva de se voir arrêté à moitié chemin altéra profondément sa santé déjà éprouvée par les fatigues du voyage et les pernicieuses influences du climat. Le 11 mars 1827, il cessa d'écrire son journal ; ce fut son fidèle domestique, Richard Lander, dont le nom est devenu si célèbre, qui le continua.

Le 13 avril, Clapperton rendit le dernier soupir ; il n'était âgé que de trente-huit ans.

Le sultan se montra véritablement affligé de la mort de cet Européen pour lequel, malgré ses craintes et ses susceptibilités récentes, il éprouvait une véritable affection ; aussi permit-il à Lander de célébrer avec toute la pompe possible les funérailles de son malheureux maître.

Ce triste devoir accompli, Lander obtint la permission de retourner dans son pays ; mais il résolut de se rendre à Funda, sur le Niger ; déjà il était parvenu à la hauteur de cette ville, après avoir franchi des régions nouvelles bordées par de longues chaînes de montagnes, lorsqu'il fut rejoint par des cavaliers que le roi de Zeg-Zeg envoyait à sa poursuite.

Ce chef africain fit comparaître le voyageur en sa présence ; il se montra satisfait des explications que celui-ci dut lui donner avec une grande adresse sur le but que se proposent les Européens, amis de la science, en envoyant en Afrique des explorateurs, et il lui fit même présent d'une jeune négresse. Cette entrevue avait détourné Lander de la route qu'il comptait suivre. Ce courageux jeune homme, que son intelligence et les hautes qualités de son esprit avaient fait sortir de sa basse condition et rendu l'égal du grand voyageur Clapperton, se vit pour le moment forcé de renoncer à son dessein ; il regagna le port de Badagarry, en novembre 1827. Trois mois après il était de retour en Angleterre, d'où il repartit bientôt, comme nous le verrons, pour continuer les recherches et les périlleux travaux de son maître.

Les différents voyages accomplis pendant les vingt-cinq premières années du siècle, quoique ayant fait faire à la géographie de grands progrès, laissaient encore irrésolus les problèmes importants soulevés au siècle dernier : le cours du Niger restait inconnu et la ville de Tombouctou, signalée par les naturels; demeurait pour le monde savant une cité mystérieuse.

Mais l'élan était donné et les succès relatifs de ces premiers voyages firent naître d'autres entreprises dont les résultats jetèrent une vive lumière sur les contrées déjà en partie explorées. Les indigènes eux-mêmes, se familiarisant de plus en plus avec les Européens qui venaient les visiter, contribuèrent par leurs renseignements aux progrès rapides des connaissances géographiques sur cette partie du continent africain.

CHAPITRE III

VOYAGE DE RÉNÉ CAILLIÉ A TOMBOUCTOU. (1827-1828.)

Réné Caillié. — Sa vie. — Ses premiers voyages. — Départ de Kakondy. — Les porteurs. — Le pays de Touma. — Détails de mœurs. — Le pays de Kankan. — Séjour à Bagaraya. — Le mariage chez les Mandingues. — Danses guerrières. — Arrivée sur les bords du Niger. — La ville de Kankan. — Son marché. — La fête de Salam. — Le pays de Ouassoulo. — Timé, ville du Bambara. — Mœurs et usages des habitants. — Triste condition des femmes. — Une cérémonie funèbre. — Arrivée à Jenné. — Séjour dans cette ville. — Embarquement sur le Niger. — Premier aspect de Tombouctou. — Audience du roi. — Détails sur les habitants. — Départ de Tombouctou. — Entrée dans le désert. — Pénible traversée. — Arrivée à Tanger. — Retour en France.

L'Angleterre semblait avoir le monopole des difficiles et glorieuses expéditions d'Afrique, lorsqu'un Français, Réné Caillié, entra à son tour dans la lice.

Réné Caillié naquit en 1800 à Mauzé, département des Deux-Sèvres. Issu de parents pauvres, il les perdit de bonne heure, et ne put recevoir qu'une éducation très-élémentaire dans son village; elle se bornait à savoir lire et écrire. Il apprit ensuite un métier; mais il avait lu les *Aventures de Robinson Crusoé*, et contracta bien vite le goût des voyages. Il se sentait dévoré par l'ambition de faire des découvertes, et il lui tardait de pouvoir courir les hasards des Mungo Park. On lui prêta des livres de géographie et des cartes; celles d'Afrique présentaient des lacunes, il ambitionnait la gloire d'en combler une partie.

Le jeune Caillié avait un oncle, il lui parla de son désir de voyager. Cet oncle eut beaucoup de peine à laisser partir son neveu; mais le penchant était irrésistible, et à force de prières, il obtint la permission de s'embarquer pour le Sénégal. On était en 1816.

Caillié ne possédait alors pour toute fortune que soixante francs; c'est avec de si faibles ressources qu'il partit de Rochefort sur la gabarre *la Loire*, qui faisait voile pour Saint-Louis du Sénégal. Ce bâtiment marchait de conserve avec *la Méduse*, à bord de laquelle se trouvait M. Mollien, qui devait bientôt découvrir les sources du Sénégal. Arrivé à Saint-Louis, Caillié se rendit au Cap-Vert, d'où il revint au bout de quelques mois dans la rivière même du Sénégal, après la reddition de la colonie par les Anglais aux Français.

De Saint-Louis, Caillié partit pour la Guadeloupe à bord d'un navire marchand où il avait obtenu le passage gratuit. Il ne resta qu'environ six mois dans cette île, d'où il revint à Bordeaux pour de là retourner au Sénégal, où il reparut à la fin de 1818, avec une bourse bien légère, mais avec une ardeur plus vive que jamais de pénétrer dans l'intérieur du continent africain.

Il profita de l'expédition dirigée par M. Partarrieu, compagnon du major Gray, et partit le 5 février 1819 du Cayor, royaume voisin du Sénégal, et parvint bientôt dans celui des Ghiolof. Il eut ensuite à franchir un désert, et souffrit cruellement de la soif. Il atteignit Boulibaba, village habité par des Foulahs pasteurs, lesquels vivent de lait assaisonné du fruit du baobab. Ici le voyageur trouva des sources limpides, et put s'y désaltérer à loisir. Il marcha ensuite vers le Fouta-Toro. Après quelques jours de marche, et arrivée dans le Bondou, la caravane rencontra le major Gray.

L'almamy, ou roi de Bondou, força les voyageurs à rebrousser chemin. Les Français furent obligés de se séparer des Anglais, et Caillié parvint à gagner la rive gauche du Sénégal près de Bakel, d'où il descendit le fleuve jusqu'à Saint-Louis, et revint en France, rétablir sa santé délabrée.

En 1824, il s'embarqua de nouveau pour le Sénégal avec une petite pacotille, et toujours avec le projet de visiter l'intérieur de l'Afrique. En arrivant à Saint-Louis, notre voyageur obtint de la philanthropie éclairée de M. le baron Roger, alors gouverneur des possessions françaises dans ces parages, l'autorisation de voyager sous les auspices du gouvernement. M. Roger lui accorda quelques marchandises pour aller vivre chez les Bracknas, apprendre parmi eux la langue arabe et les pratiques du culte des naturels. C'est ici que commence véritablement le voyage de Caillié, et nous allons le suivre dans sa traversée hardie du continent africain, depuis l'embouchure du Rio-Nunez, sur la côte de Sénégambie, jusqu'au détroit de Gibraltar, en passant par le Bambara et Tombouctou, puis par le Sahara et le Tafilet, dans l'empire de Maroc; traversée ou trajet que le voyageur accomplit en moins de deux années, car le jour du départ pour son grand voyage ne data que du 19 avril 1827. Nous passerons sous silence les détails qu'il a recueillis pendant son séjour parmi les Bracknas et chez quelques autres peuples voisins de la côte, et nous partirons avec lui du Rio-Nunez pour aller trouver le Niger, et descendant ce fleuve jusqu'à Jenné et Tombouctou, franchir ensuite le grand désert de l'Afrique centrale.

A l'embouchure du Rio-Nunez, Caillié fut mis en rapport avec les Mandingues de Kakondy, village situé sur le bord de ce fleuve, à cinquante lieues au nord de Sierra-Leone, et où il n'existait pas d'établissements européens. Notre voyageur, qui possédait environ deux mille francs, fruit de son industrie, les convertit partie en argent, partie en marchandises. Il employa mille sept cents francs à acheter de la poudre, du papier, du tabac, des verroteries, de l'ambre, du corail, des mouchoirs de soie, des couteaux, des ciseaux, des miroirs, des clous de girofle, trois pièces d'étoffe Guinée bleue et un parapluie, tous ces objets pesant un peu moins de cent livres. Les trois cents francs restant, moitié en argent et moitié en or, furent mis dans une ceinture. Il avait de plus reçu de quelques amis, à Sierra-Leone, divers médicaments.

Muni de tout cela et de deux boussoles de poche, vêtu d'un costume arabe, dont les poches étaient remplies de feuillets d'un Koran déchiré, Caillié, qui aux yeux des Mandingues, se donna pour un Égyptien retournant vers sa patrie, partit donc de Kakondy, en compagnie d'une caravane. C'était le 20 avril 1827.

On suivit la rive gauche du Rio-Nunez. La caravane se composait de cinq Mandingues libres, de trois esclaves, d'un pasteur Foulah spécialement attaché à la personne de Caillié, d'un guide nommé Ibrahim et de sa femme. A l'exception de ces deux derniers et de Caillié, tous les autres portaient des charges énormes.

Après deux heures de marche, on atteignit la factorerie Bethmann, dont le jardin renferme les restes du major Peddie et de plusieurs autres voyageurs anglais, martyrs de leur amour des découvertes. La campagne était couverte de nédé, espèce de mimosa dont le fruit contient une substance féculeuse qui sert de nourriture aux nègres de cette partie de l'Afrique.

A douze milles vers l'est on fit halte, et la femme du guide de Caillié prépara le souper; car dans toute l'Afr que les marchands ont adopté l'usage d'emmener une de leurs femmes pour préparer les repas de la caravane. Ces malheureuses ne marchent que chargées de pots en terre, de calebasses, de sel, etc. ; elles portent les plus lourds fardeaux tandis que les maris ne s'embarrassent de rien. Seulement les Foulahs et les Mandingues portent sur la tête un fardeau d'environ 200 livres pesant, ce qui ne les empêche pas de marcher avec une grande vitesse, et de franchir avec une agilité merveilleuse les montagnes d'Irnanké, un bâton à la main pour les aider à soutenir leur charge contenue dans une corbeille longue de trois pieds sur un de large, et faite de morceaux de bois minces et flexibles. Quand les porteurs sont fatigués, ils posent un bout de cette corbeille entre les branches d'un arbre, et soutiennent l'autre avec leur bâton. Ils vont ainsi chargés jusque dans le Kankan pour vendre leur sel.

Caillié prit station à l'ombre d'un superbe bombax, sous lequel on lui prépara un lit de feuilles sèches, après lui avoir donné des fruits du nédé, ressource habituelle des voyageurs, parce qu'il est très-nourrissant, et qu'il sert à économiser le riz que l'on réserve pour acheter du sel. Les Foulahs, auxquels on avait dit que Caillié était Arabe, eurent pour lui une grande vénération : ils le plaignaient d'avoir une si longue route à faire pour retourner dans son pays, et surtout d'être souvent obligé comme eux de dormir sur les pierres. Il avait grand soin de se cacher d'eux pour écrire ses notes, car il eût été imprudent d'éveiller leurs soupçons.

Continuant sa route vers l'est, notre voyageur traversa le ruisseau de Tankilita, que ses compagnons lui déclarèrent être le Rio-Nunez. On passa près du village d'Oréouss, habité par des Foulahs qui élèvent beaucoup de troupeaux. Le village est situé sur le penchant d'une haute montagne couverte de la plus belle végétation. De là, on fit plusieurs milles à l'est, et on arriva près d'un village dont les habitants se livraient à l'agriculture. Caillié remarque que tous les villages de cette partie de l'Afrique ont une dénomination à peu près commune, lorsque les habitants s'y adonnent aux mêmes travaux. Le nom de ce village est Sancoubadialé. Il est environné de grands arbres. En le quittant Caillié continua sa route vers l'est, et se trouva bientôt à l'ombre des forêts. Il vit beaucoup de figuiers sauvages et des pruniers que les nègres nomment *kaura*.

Le village que l'on trouva ensuite fut celui de Daour-Kiwar, peuplé d'environ quatre cents habitants, partie Foulahs, partie Mandingues : il est situé auprès d'une mare d'eau très-salubre. Cette mare est entourée de bombax, de pruniers et de nancléas.

On atteignit ensuite le village de Coussotami, situé dans une belle vallée couverte de gras pâturages. On passa un ruisseau qui va rejoindre le Rio-Nunez. Le 24 avril on franchit une montagne, au delà de laquelle on trouva un gros ruisseau que les naturels nomment *Bangala* : ensuite on se rendit au village de Dongol, endroit où les propriétaires mènent leurs esclaves pour cultiver les champs.

Le 25 avril on franchit une chaîne de montagnes que les naturels nomment *Lentégué*, puis on séjourna dans le village de ce nom, d'où l'on passa à celui de Pandeya, peuplé de Foulahs pasteurs, et situé au pied d'une montagne.

Le 29 avril on était dans le pays de Touma, qui sépare l'Irnanké d'avec le Fouta-Dhialon. Ce pays est hérissé de hautes montagnes, et habité par des Foulahs pasteurs dont les troupeaux font la principale richesse. Ces Foulahs ont le teint couleur marron un peu clair, la figure belle, le front un peu élevé, le nez aquilin, les lèvres minces et la forme de la tête presque ovale. Le seul trait de ressemblance qu'ils aient avec les Mandingues se trouve dans leurs cheveux crépus. Ils se tiennent en général très droits, et conservent en marchant un air de dignité ; ils se croient bien supérieurs aux autres nègres.

Leurs costumes, comme ceux des Mandingues, sont de la plus grande simplicité : ils consistent en une coussabe ou chemise de toile blanche du pays et une culotte. Cette culotte est faite de grosse toile ; elle est très-large, arrêtée seulement à la ceinture par une coulisse ; elle descend jusqu'à moitié des jambes sans y être arrêtée ; le bonnet est de la même étoffe. En voyage, les armes sont l'arc, les flèches empoisonnées et les lances. Ils se graissent le corps avec du beurre, qu'ils prodiguent surtout à la tête, ce qui lui donne une mauvaise odeur.

Les femmes se distinguent par le soin qu'elles ont de leur coiffure ; elles ornent les tresses de leurs cheveux avec diverses verroteries, et portent de l'ambre au cou en forme de collier ; elles sont, en général, vives et jolies.

Il y a aussi dans ces montagnes beau-

L'Afrique occidentale. — Forêt du Bambarra.

coup de Dhialonkis, anciens possesseurs du pays de Fouta-Dhialon, conquis très-antérieurement par les Foulahs, qui soumirent une partie de ces peuples au mahométisme; ceux qui persistèrent à rester dans l'idolâtrie devinrent les tributaires de l'almamy, ou chefs du pays; ils payent leur tribut en bestiaux. Ces peuples sont très-doux, obligeants envers les étrangers qui traversent continuellement leur pays montagneux. Ils ont un idiome particulier que les Foulahs n'entendent pas bien; mais, en général, ils parlent tous mandingue.

Poursuivant sa route vers l'est, Caillié traversa, le 29 avril, un petit plateau compris dans la province de Timbi, dont Boulibané est la ville principale. Il passa dans plusieurs villages, dont le plus gros, appelé *Lelewel*, pouvait contenir cinq cents habitants.

Il s'arrêta un moment à Bouma, autre village situé près d'un joli ruisseau argenté coulant au sud-est. La campagne était couverte d'une magnifique végétation. Caillié descendit une petite montagne au pied de laquelle se déroule le Cocoulo, rivière qui, dans cet endroit, a environ quarante-cinq pieds de largeur, offrant une cataracte de plus de soixante pieds de profondeur.

Le 1er mai, notre voyageur était à Gnéré-Temilé, village de trois cent cinquante habitants; et le 2, à Popoco, autre village de trois cents habitants, situé dans une plaine de sable noir de la plus grande fertilité, à deux journées de Timbo, capitale du Fouta-Dhialon.

Le 5 mai, on fit halte à Foucouba, village d'environ cinq cents habitants; le 6, à Courou, au pied d'une petite montagne et à l'entrée d'une plaine fertile et pittoresque; le 7, à Bady, joli village de quatre cents âmes, agréablement situé sur le bord d'un ruisseau, qu'il fallut passer à gué, ayant de l'eau jusqu'à la ceinture. On atteignit ensuite Doudé, puis Couraco, puis Coulinco, village de six cents habitants; puis Cagnola, beau village situé près d'une montagne qu'il fallut gravir pour arriver sur un plateau d'où l'on découvrit une chaîne d'autres montagnes très-élevées, où le Ba-Fing, autrement dit Sénégal, prend sa source. Ces dernières montagnes donnent naissance à différentes rivières plus ou moins considérables; le paysage est ici ravissant.

Le 8 mai, notre voyageur arriva au bord même du Ba-Fing, nommé la *Rivière-Noire*, parce qu'il coule sur un lit de roches noires. C'est le principal affluent du grand fleuve qui, près de Saint-Louis, débouche dans l'Atlantique, à cinq ou six cents lieues de sa source. Près de celle-ci il a une centaine de pas de largeur et un pied et demi de profondeur moyenne; Caillié le traversa un bâton à la main, non sans beaucoup de peine, attendu sans doute la rapidité du courant. Sur la rive droite, il trouva quelques misérables cabanes de forgerons.

Continuant sa route vers l'est-sud-est, il atteignit Langoué, village d'environ quatre cents habitants, situé dans une plaine un peu élevée, d'où l'on aperçoit, dans toutes les directions, de très-hautes montagnes et de jolis hameaux habités par des esclaves cultivateurs.

Le 10 mai, Caillié arriva auprès du Tankisso, gros ruisseau qui vient d'ouest-sud-ouest, et coule à l'est en faisant mille détours dans les montagnes. Notre voyageur apprit des Mandingues, qui avaient fait plusieurs voyages à Timbo, que ce ruisseau sort du Ba-Fing, un peu au-dessous de cette capitale, qu'il va se perdre dans le Dhioliba, et que Bouré, pays fertile en mines d'or, est situé sur la rive gauche du Tankisso, à demi-journée ou trois quarts de jour de Dhioliba. Le Tankisso, après avoir couru dans les montagnes, vient se précipiter en cascades et serpente dans la plaine, qu'il fertilise par ses débordements.

Après avoir passé le Tankisso, ayant de l'eau jusqu'à la ceinture, Caillié partit pour le Kankan ; mais avant de l'y suivre nous devons dire quelques mots sur le Fouta-Dhialon, qu'il vient de traverser.

Le Fouta-Dhialon, suivant notre voyageur, est gouverné par un almamy que nomment les principaux de l'État ; ils se rassemblent à cet effet, et ont également le droit de le déposer, si le peuple n'est pas content de sa conduite ; le gouvernement est théocratique.

Les Foulahs de Fouta sont en général grands et bien faits ; leur contenance est noble et fière ; leur teint marron clair est un peu plus foncé que celui des Foulahs nomades ; ils ont les cheveux crépus comme les nègres, le front un peu élevé, les yeux grands, le nez aquilin, la figure un peu allongée ; en un mot, les traits se rapprochent de ceux des Européens.

Ils sont tous mahométans et très-fanatiques ; ils ont en horreur les chrétiens, et sont persuadés qu'ils veulent s'emparer des mines d'or situées à l'est du Fouta : c'est pourquoi ils mettent tant de soin à leur fermer cette route. Ils ne font pas, comme les Mandingues, de grands voyages ; ils préfèrent demeurer paisibles habitants de leur pays, et veiller sur leurs esclaves, qui sont une partie importante de leur fortune.

Ils sont jaloux et envieux, exercent souvent des actes de rigueur envers les marchands étrangers qui traversent leur pays, surtout quand ces derniers sont riches. Cependant, ils sont assez hospitaliers et secourent généreusement leurs compatriotes, car on ne voit pas de mendiants parmi eux. Ils cultivent dans leurs montagnes beaucoup de riz, de gros maïs et de petit mil, le coton qui leur sert à fabriquer leurs étoffes, dont les lés n'ont que cinq pouces de large ; ces bandes couvrent leur nudité.

Le principal commerce du pays consiste en sel et en étoffes ; cependant ils vont vendre à Kakondy des cuirs, du riz, de la cire et du mil, qu'ils échangent contre le sel qu'ils transportent ensuite à Kankan et à Sambatilika, pour avoir des étoffes. Il y a aussi quelques Foulahs qui font des voyages à Bouré, où ils achètent de l'or qu'ils viennent échanger à la côte pour des fusils, de la poudre, des verroteries et diverses autres marchandises, avec lesquelles ils achètent des esclaves.

Les Foulahs sont belliqueux et pleins de l'amour de la patrie. En temps de guerre, ils partent tous indistinctement ; il ne reste que les vieillards et les femmes dans les villages. Beaucoup sont armés de fusils et de sabres ; mais la majeure partie se servent de l'arc et de la lance ; ils ont tous des poignards dont la lame est droite et qui paraissent fabriqués dans le pays. Le vêtement est la coussabe et la culotte citées plus haut. Ils portent aussi une pagne qu'ils se passent autour du corps, des sandales et un bonnet rouge ; leurs cheveux sont tressés, et ils y mettent du beurre. Rarement ils sortent sans avoir plusieurs lances à la main. Du reste, leurs vêtements sont toujours très-propres, ainsi que leur corps.

Il y a dans tous les villages des écoles publiques pour les enfants. Les esclaves se tiennent en plein air, soir et matin, à la clarté d'un grand feu. Lorsqu'on sait lire le Koran on est regardé comme très-instruit. Tous les parents sont trèsindulgents pour leurs enfants, et ceux-ci très-obéissants et très-doux. Les Foulahs de cette partie de l'Afrique ne laissent pas leurs enfants nus, ils ont une espèce de coussabe. Ils font beaucoup usage de tabac à priser, mais ils ne fument pas.

Les femmes sont vives, jolies et très-douces ; elles ont l'habitude de se frotter les dents avec du tabac en poudre. Leur costume est simple et toujours très-propre. Elles montrent une grande docilité aux volontés de leurs maris, et ne se permettent jamais la moindre plaisanterie avec eux. Ils peuvent en avoir quatre chacun, mais les pauvres n'en prennent ordinairement que deux.

Elles sont chargées des soins du ménage, et cultivent aussi un petit jardin près de leurs cases. Elles ont un logement particulier et font leur ordinaire à part ; rarement elles mangent ensemble, et elles font tour à tour le souper de leur mari. On leur donne à chacune une vache qu'elles ont soin de traire soir et matin. Ces femmes sont très-gaies, peu jalouses les unes des autres, et le mari ne donne jamais quelque chose à l'une sans donner également quelque chose à l'autre.

Leur petit ménage consiste en quelques calebasses pour conserver le lait et les mets tout préparés, deux ou trois pots en terre, et une grande jarre pour mettre le riz sec. On pratique autour de la case, intérieurement, une petite élévation de six à huit pouces, sur un pied de large, qui sert à placer tous les ustensiles du ménage. Dans chaque case, quatre piquets plantés en terre soutiennent une espèce de plafond fait de bambous, pour la garantir de la suie dont le toit est couvert.

Les Foulahs nourrissent beaucoup de bestiaux, bœufs, moutons, cabris ; ils ont des chevaux d'une petite espèce, peu d'ânes, quelques chiens, et ils élèvent beaucoup de volailles. Ils font souvent des voyages à Sierra-Leone, où ils vont vendre des bœufs pour l'approvisionnement de cette colonie. Leur pays fournit abondamment tout ce qui est nécessaire à la vie, riz, mil, ignames, cassaves, choux, caraïbes, oranges, bananes, etc.

Ces peuples sont fiers et menteurs ; on les accuse d'être paresseux et enclins au vol ; ils sont sobres, supportent les plus grandes privations avec courage ; ils sont braves et superstitieux ; ils ont beaucoup de confiance en leurs grigris, et lorsqu'ils vont à la guerre ils en sont couverts.

Quant aux Mandingues, chacun d'eux est un chef révéré dans sa famille ; sa case est placée au milieu de celle de ses femmes ; on n'y voit aucun ustensile de ménage, seulement deux grandes jarres contenant des provisions de graminées pour l'année, que le mari donne par portions à ces mêmes femmes. Il n'a d'autre meuble que la peau de bœuf sur laquelle il couche ; ses armes sont le seul ornement de sa case.

Lorsque le maître va aux champs soigner ses esclaves, ses femmes ont soin de lui porter son dîner. En prenant leurs repas, ils ont l'habitude d'inviter les passants à le partager avec eux. Si l'invité ne s'assied point auprès de la calebasse, le chef prend une poignée de riz qu'il tourne longtemps dans sa main, puis il la trempe dans la sauce, et la donne à celui qu'il a invité; cette politesse ne doit jamais se refuser, sous peine de faire injure à l'hôte.

Le 30 mai 1827 Caillié prit congé des Foulahs, traversa sur un pont de bois le Tankisso, et atteignit de bonne heure Bagaraya, village habité par des Dhialonkès et des Mandingues, au nombre d'environ quatre cents. Il y a une mosquée particulière pour les femmes, car elles ne peuvent entrer dans celle des hommes.

Notre voyageur fut obligé de rester à Bagaraya toute la journée du 31 mai, pour attendre quelques marchands Mandingues qui se proposaient de faire route avec lui; pour arriver à Baleya, il fallait traverser des forêts et il était nécessaire de n'y passer qu'en nombre suffisant pour se défendre.

Dans le cours de cette journée, Caillié reçut la visite de plusieurs habitants qui disaient qu'ils étaient bien contents de posséder chez eux un shérif [1] qui allait à la Mecque. Le soir eut lieu le mariage du chef; c'était sa quatrième femme.

Plusieurs femmes du voisinage allumèrent un grand feu; les amis du chef s'étaient chargés d'envoyer leurs esclaves chercher le bois pour l'alimenter. On mit sur ce feu deux énormes pots en terre qui pouvaient avoir dix-huit à vingt pouces de hauteur et douze ou quatorze de diamètre : dans l'un on fit cuire du riz, dans l'autre un mouton. D'autres femmes vinrent pour aider leurs camarades; elles allumèrent également du feu pour le souper particulier destiné aux amies de la future épouse.

La cuisine se faisait en plein air; les cuisinières tenaient chacune à la main une grande spatule avec laquelle elles remuaient le riz et la viande; chacune venait remuer à son tour. Le riz étant cuit, on apporta d'énormes calebasses dans lesquelles elles l'arrangèrent; elles étaient au moins une douzaine pour chaque plat; elles donnèrent au riz la forme d'un pain de sucre, en y posant les mains et l'arrosant légèrement avec de l'eau froide pour le bien niveler.

Il y avait à manger au moins pour deux cents nègres, car la majeure partie des habitants devaient assister à la fête. Ainsi préparées, on enleva les calebasses, qu'on mit dans la case du chef.

Les mariages sont faciles chez les Mandingues. Après avoir vu la personne qui leur convient pour épouse, ils gagnent les bonnes grâces des parents en leur faisant des cadeaux, ainsi qu'à leur fille. On convient du prix que le prétendu doit mettre à la possession de celle qu'il désire : ce prix consiste en un, deux ou trois esclaves, suivant la beauté et les qualités de la future. Ces esclaves sont donnés à sa mère, qui pour ce prix consent au mariage de sa fille. Le mari fait tous les frais de la fête qui d'ordinaire se célèbre la nuit; puis, sans aucune formalité religieuse on consomme le mariage.

Le 1er juin, on fit route au sud-est à travers les montagnes dont les gorges présentaient en abondance le cé ou arbre à beurre, l'indigo et le nédé.

Le 3 on passa le Ba-Ndiégué (rivière

---

[1] Les shérifs sont les descendants du prophète; ce sont les nobles des Arabes.

aux Poissons), ruisseau qui arrose le Balaya et va se perdre dans le Tankisso. Les esclaves travaillaient au son du tambour, car dans quelques parties de ce vaste pays on ne fait rien qu'au son de la musique. Les naturels offrirent du lait à Caillié, qui reçut également du chef une poule. Il s'arrêta au village de Sateya, peuplé d'environ huit cents âmes, et entouré de murs comme celui de Sancougnan, dont le mansa ou chef accueillit notre voyageur, après un petit présent de ce dernier.

Le 10 juin il franchit le gros village de Siraléa, peuplé de huit cents nègres et entouré de belles cultures; puis il gagna celui de Bacocouda, dernier village du Balaya, pays qui a pour limites à l'ouest le Fouta, à l'est le petit pays d'Amana, au sud le Sangaran, où passe le Niger, et au nord quelques forêts. Tous les villages de cette contrée sont entourés d'un double mur en terre ayant des créneaux. Les habitants sont guerriers et cultivateurs; ils fabriquent des toiles blanches qu'ils échangent avec leurs voisins, pour du sel; ils font aussi de la poterie. Ils sont moins zélés musulmans que les Foulahs leurs ancêtres, car ils boivent en secret une espèce de bière composée de mil et de miel. Les femmes se frottent la tête avec du beurre, et n'ont pour vêtement qu'une bande de toile de cinq pieds de long et de deux de large qu'elles se tournent autour dès reins; pendant les jours de fêtes, elles en mettent une seconde qu'elles passent sur leurs épaules, et se couvrent le sein; elles portent aussi des sandales. C'est à peu près le cos-

tume général des femmes de la Nigritie.

A Bacoconda, Caillié fut témoin de danses guerrières. Les hommes du village dansaient au son de deux tambours, ayant chacun un bâton de quatorze pouces, dont ils appuient une extrémité au fond et l'autre sur le bord; ils sont tenus par des cordes faites en boyau de mouton, et ressemblent un peu à une guitare; à l'extrémité de ce bâton, il y a nombre de grelots, de boucles et de petits morceaux de fer, qui font entendre un cliquetis accompagnant le son du tambour. Les musiciens chantent en frappant avec la main sur le tambour; ils excitent par leurs chants le courage des guerriers et les exhortent à bien se battre et à détruire les infidèles.

Les acteurs de ces petites guerres tiennent un sabre nu à la main, et sont armés d'arcs et de fusils; ils sautent et dansent au son des instruments, font des gestes menaçants, comme s'ils voulaient tuer leurs adversaires, tirent des coups de fusil et lancent des flèches; puis tout à coup, comme s'ils étaient vainqueurs, ils font des sauts en signe de réjouissance, et mille autres grimaces.

Le 11 juin, Caillié atteignit Couroussa, village d'Amana, entouré d'un grand mur en terre, peuplé de cinq cents habitants, et situé sur la rive gauche du Niger. Il s'arrêta un moment pour contempler ce fleuve mystérieux, qui avait si longtemps exercé l'érudition des savants d'Europe; il ne pouvait se lasser de l'admirer. Il apprit des nègres que le Niger commence ici à déborder en juillet, et qu'alors ils vont en pirogues l'espace de trois milles dans la plaine, où ils cultivent beaucoup de riz. Ces nègres sont Dhialonkès, la plupart idolâtres; ils ne voyagent pas, ils vivent paisiblement en cultivant leurs petits champs, que fertilisent les débordements du fleuve, lequel aussi leur fournit beaucoup de poissons, qu'ils prennent avec des hameçons que leur donnent les voyageurs venant de la côte. Bouré, pays à mine d'or, est à cinq journées de là, en descendant le fleuve en pirogue.

Le 13 juin, Caillié traversa le Niger dans une pirogue de vingt-cinq pieds de long sur trois de large et un de profondeur. Pendant le passage, il vit une quantité de femmes et de jeunes filles se baigner dans le fleuve; elles étaient toutes nues, et paraissaient ne faire aucune attention aux hommes qui les regardaient; elles s'en retournèrent au village avec une calebasse sur la tête et une pagne autour des reins.

Le Niger franchi, on fit route au sud-est, puis à l'est; on passa au village de Sambarala, situé sur les bords du fleuve, et entouré de nédés et de cés; on atteignit ensuite le village Counancodo, ombragé par de beaux orangers. Le 14 juin on était à Fessadougou, village de quatre cents âmes, situé sur les bords d'une jolie rivière appelée *Yendan*, et coulant du sud au nord pour aller rejoindre le Niger vers la limite du Sangaran.

Le 17 juin, Caillié arriva dans la ville chef-lieu du Kankan, située à deux portées de fusil de la rive gauche du Milo, jolie rivière qui vient du sud et arrose le pays de Kissi, où elle prend sa source; elle coule au nord-est et se perd dans le Niger, à deux ou trois journées de Kankan; elle est large, profonde et susceptible de porter des embarcations tirant de six à sept pieds d'eau; dans les mois d'août et de septembre, elle déborde et fertilise le pays qu'elle arrose. La ville de Kankan est entourée d'un belle haie vive très-épaisse, qui la défend mieux qu'un mur en terre; elle a deux portes, une à l'ouest, l'autre à l'est; elle contient environ six mille habitants; elle est située dans une belle plaine fertile, terminée par des monticules dans le lointain. On aperçoit dans toutes les directions de jolis villages désignés sous le nom générique d'*ourandés;* c'est là qu'on envoie les esclaves pour cultiver les terres. On récolte l'igname, le maïs, le riz, le foigné, l'oignon, la pistache et le gombo, qui y viennent en abondance.

Les habitants de Kankan sont gouvernés par un chef qu'ils appellent *dougoutigus;* mais ce chef ne décide jamais rien sans assembler le conseil des vieillards, dans lequel règne le plus profond silence. Les décisions ne sont jamais prises qu'avec une extrême circonspection; toujours on craint de se tromper : aussi les délibérations durent-elles longtemps. On professe ici le mahométisme, et on porte une haine mortelle aux païens ou infidèles.

Il y a à Kankan un marché qui se tient trois fois par semaine. On y apporte toutes sortes de marchandises et les choses les plus utiles à la vie. Il est toujours bien garni de marchandises d'Europe, apportées de la côte par les marchands Mandingues : elles consistent en fusils, poudre, pierres à feu, indienne de couleur, guinée blanche et bleue, ambre, corail, verroteries et quincailleries. On vend aussi à ce marché du bois de chauffage; ce sont les esclaves qui font ce commerce pour se procurer une petite provision de sel, qui est un objet très-cher et le premier article d'échange.

Tous les marchands sont porteurs de petites balances, faites dans le pays, et qui sont très-justes; ils n'ont d'autres poids que les graines d'un arbre du pays. Ces graines sont noires et lourdes, le poids en or de deux graines équivaut à six francs.

Pendant que Caillié se trouvait encore à Kankan, la fête du Salam eut lieu; elle est toujours célébrée avec beaucoup de magnificence par les musulmans. Des vieillards vénérables, recouverts d'un petit manteau court fait d'écarlate, dont les bords étaient garnis d'une étoffe de coton à fleurs jaunes, pour imiter des galons en or, se promenaient de tous côtés, suivis d'une nombreuse escorte; ils chantaient et leurs paroles étaient répétées par leur suite qui grossissait à chaque instant. Ils tenaient à la main droite une lance, et avaient sur la tête un bonnet rouge.

Dans une grande plaine à l'est du village se trouvait réunie une nombreuse assemblée habillée de diverses manières; la majeure partie était en costume du pays, qui consiste en une coussabe, une culotte, un bonnet de forme pointue, et une paire de sandales. Plusieurs étaient affublés de vieux habits rouges de soldats anglais, qu'ils s'étaient procurés à Sierra-Leone ou à Gambie, et d'autres couverts de vieux manteaux européens, de diverses couleurs, avec un chapeau à l'européenne, et mille haillons de ce genre; enfin chacun avait pris ce qu'il croyait avoir de plus beau, et tout le monde était en parure. Ils étaient tous armés de fusils, de lances, d'arcs et de flèches.

A chaque instant des vieillards à manteaux rouges arrivaient, suivis d'une foule d'habitants. Peu après parut le chef à cheval, escorté de deux ou trois cents Mandingues formant une haie à ses côtés; il faisait porter devant lui un pavillon de taffetas rose. L'almamy ou chef de la religion, magnifiquement vêtu d'un manteau de belle écarlate, garni de franges et de galons en or, arriva à son tour, accompagné d'une nombreuse escorte portant un pavillon de taffetas blanc, avec un morceau rose au milieu, en forme de cœur.

La musique de la fête consistait en deux grosses caisses ou tambours. L'almamy fit la prière avec beaucoup de piété; c'était un spectacle frappant que de voir une aussi grande assemblée se prosterner. Après la prière, les vieillards revêtus de manteaux formèrent un dais avec des pagnes blanches. L'almamy se plaça sur un petit siége apporté exprès et lut une longue prière. Le chef prononça ensuite une harangue; il avait à ses côtés un homme qui répétait à haute voix ce qu'il disait, afin que tout le monde pût entendre.

Cette cérémonie terminée, on alla tuer l'agneau pascal pour se régaler le reste du jour. Les nègres n'ont pas de plus grande jouissance que celle des grands repas. A l'heure du souper, les femmes se rassemblèrent entre elles pour se di-

L'AFRIQUE OCCIDENTALE. -- Mode de salutation.

vertir; elles sautaient, dansaient dans la case et, dans la cour, tenant à la main un morceau de viande dans lequel elles mordaient d'une manière dégoûtante.

Les habitants de Kankan sont d'une extrême propreté dans leur ménage, et toujours vêtus de linge très-blanc. Ils fabriquent de belles toiles avec le coton que filent leurs femmes. Chaque famille a son petit entourage en paille ou en épines. Les rues sont larges et tenues proprement; la ville est ombragée par des dattiers, papayers, bombax et boababs.

Le 16 juillet 1827, Caillié s'éloigna de Kankan et traversa diverses contrées, notamment le Ouassoulo, pays arrosé par la rivière du Sarano et plusieurs gros ruisseaux qui fertilisent le sol.

Les habitants sont doux, humains et très-hospitaliers ; mais, en général, sales et mal vêtus. Ils tressent leurs cheveux, portent des boucles d'oreilles en petite verroterie, et des colliers au cou, des bracelets en fer aux bras et aux jambes, comme les femmes. Ils semblent n'avoir aucun culte. Les jeunes gens se rasent la tête comme les mahométans et sont en général très-adroits à tirer de l'arc. Les femmes n'ont d'autre vêtement qu'une pagne qu'elles se passent autour des reins ; elles ont à la tête une petite bande de toile qui leur sert de coiffure.

Il y a dans ce pays des tisserands et des forgerons. Les femmes fabriquent des pots en terre ; elles emploient de la terre glaise grise qu'elles se procurent sur les bords des ruisseaux : elles pétrissent cette vase et en extrayent tous les corps étrangers ; quand elle a pris de la consistance, elle s'emploie plus facilement. Alors les ouvrières lui donnent la forme convenue et la polissent avec les mains. Lorsque les vases sont montés, on les met à l'ombre pour qu'ils sèchent lentement, car la trop grande chaleur du soleil les ferait fendre. Quand ils sont à moitié secs, on les polit de nouveau avec un morceau de bois fait exprès pour cet usage, ce qui leur donne une espèce de lustre ; puis on les remet au séchoir. Mais avant qu'ils aient pris toute leur consistance, on les expose à un soleil très-doux, et, huit ou dix jours après, on les soumet à la cuisson, qui s'opère en mettant les pots l'un sur l'autre, entre deux couches de paille de mil, auxquelles on met le feu.

Le 3 août, Caillié atteignit Timé, village habité par des Mandingues mahométans et situé dans la partie sud du Bambarra. Là il tomba dangereusement malade ; il fut atteint du scorbut et blessé aux pieds. Pendant le long intervalle que dura sa maladie, il reçut les soins d'une vieille négresse et ce fut à elle qu'il dut son rétablissement.

Il crut bien des fois ne plus jamais revoir le sol natal ; seul en un pays sauvage, couché sur la terre humide, n'ayant d'autre oreiller que le sac de cuir contenant son bagage, il passa ainsi plus de quatre mois entre la vie et la mort, soutenu par un peu de riz que la vieille négresse lui apportait dans sa hutte enfumée. Il n'entra en convalescence que vers le 15 décembre. Tout aussitôt il chercha à se procurer un guide pour se rendre à Jenné.

Les indigènes de Timé sont naturellement paresseux et se reposent sur leurs esclaves du soin des cultures. Ils aiment beaucoup les réunions ; dans la belle saison, un peu après la prière du soir, ils se rassemblent avec tout le voisinage pour prendre leur souper en commun. Ces repas sont toujours très-gais. Ils médisent de ceux qu'ils appellent les infidèles ; ils rient beaucoup et s'amusent aux dépens des absents. Les femmes ne sont point admises à ces réunions ; elles mangent dans leurs cases avec leurs enfants ; à l'âge de dix ans ceux-ci mangent avec leur père. Le repas fini, chaque femme vient reprendre ses ustensiles de ménage.

Ces nègres prennent autant de femmes qu'ils peuvent en nourrir. Ils ne les épousent pas toutes en même temps, et même ce n'est qu'à des époques éloignées, quelquefois à trois ou quatre ans de distance. Chaque femme qu'ils prennent est pour eux un objet de dépense considérable, à laquelle ils ne peuvent suffire qu'après avoir acquis quelques bénéfices dans leur commerce pour acheter les esclaves qu'ils sont obligés de donner aux parents de leur fiancée ; autrement, ils ne trouveraient pas à se marier.

Cette espèce de dot varie beaucoup : si la fille est de bonne famille, qu'elle soit jolie, qu'on lui reconnaisse des qualités, les parents exigent trois ou quatre esclaves, qui sont toujours la propriété de la mère ; si la fille est d'un rang peu distingué ou d'une figure désagréable, on ne donne que deux esclaves. D'ailleurs, belles ou laides, les filles se marient toutes.

Le prétendu est obligé de livrer la dot avant de posséder la fille, à laquelle il fait encore quelques petits cadeaux ; de plus, il lui envoie tous les jours de grandes calebasses pleines de riz. Deux mois avant le mariage, la future est toujours en fête, et sa mère invite les voisins à venir y prendre part. Quand le jeune homme a fait toutes les libéralités et rempli toutes les formalités exigées, si la fiancée ou même ses parents se refusent à terminer le mariage, ils sont obligés de lui rembourser toutes les dépenses qu'il a faites ; si, au contraire, le refus vient de la part de l'homme, soit par jalousie ou tout autre motif, il perd tout ce qu'il a donné ; et quand il s'élève une discussion entre le mari et la famille de sa future, si les arrangements viennent à se rompre, la femme est tenue de rendre tout ce que ses parents ont reçu.

Ces conditions sévères font que, parmi un peuple intéressé et même avide, les premiers engagements se rompent très-rarement. Les femmes en sont souvent les victimes, car les hommes, les regardant comme leur étant très-inférieures, sont toujours maîtres absolus dans leurs ménages.

Ces malheureuses peuvent être assimilées aux esclaves pour les travaux pénibles auxquels on les oblige : elles vont chercher l'eau et le bois à des distances très-éloignées ; leurs maris les envoient faire les semences, arracher les mauvaises herbes ou faire la récolte. Lorsqu'elles suivent les caravanes, ce sont elles qui portent les fardeaux sur leur tête, et les maris suivent gravement à cheval. Ils les grondent sévèrement pour la moindre faute qu'elles commettent ; alors elles crient, tempêtent et courent dans le village, en se plaignant à haute voix ; mais ils n'y font pas beaucoup attention, car ils ne croient jamais avoir tort ; et la dispute se termine par des coups de fouet donnés à la femme, qui se lamente jusqu'à ce que les anciennes du village arrivent à son secours et rétablissent la paix dans le ménage.

Sous le rapport des souffrances physiques, les femmes sont très-courageuses : elles se livrent aux travaux les plus pénibles pendant tout le temps et jusqu'au dernier moment de leur grossesse ; elles accouchent sans se plaindre, et dès le lendemain, reprennent une partie de leurs occupations.

Les enfants naissent blancs jaunâtres, et noircissent progressivement jusqu'au dixième jour; ils sont alors tout à fait noirs. Les mères ont une tendresse et des soins extrêmes pour leurs enfants; elles les confient rarement à des étrangères; elles les nourrissent elles-mêmes, et les portent partout sur leur dos, attachés avec leur pagne. Les garçons sont circoncis à l'âge de quinze à vingt ans, et les filles subissent une opération du même genre quand elles sont nubiles.

Les cases de Timé ne sont ni aussi grandes ni aussi propres que celles de Kankan, quoiqu'elles soient construites dans la même forme, entourées de même d'un mur en terre de six pieds de haut sur cinq pouces d'épaisseur. Les femmes sont chargées du soin d'enduire ce mur de bouse de vache qu'elles se procurent au marché pour quelques colats. Ces cases sont recouvertes en paille; on n'y voit aucun meuble, seulement quelques nattes tendues par terre pour s'asseoir dans le jour et se coucher la nuit, des pots en terre pour la cuisine, des plats en bois, des calebasses, des spatules et une jarre en terre pour mettre l'eau. Les femmes placent leur bois dans un coin de la case, dans la crainte que les paresseuses ne le prennent pour s'éviter la peine de s'en procurer.

L'arbre à beurre ou cé est très-répandu dans les environs de Timé; il y croît spontanément et vient à la hauteur du poirier dont il a le port. Quand l'arbre est jeune, ses feuilles sont longues de six pouces; elles viennent par touffes, et sont supportées par un pétiole très-court, elles sont terminées en rond; quand l'arbre a atteint une certaine vieillesse, les feuilles deviennent plus petites et ressemblent à celles du poirier de Saint-Jean. Il fleurit à l'extrémité des branches, et les fleurs réunies en bouquet sont très-petites; elles ont des pétales blancs et beaucoup d'étamines à peine perceptibles à l'œil nu.

Le fruit venu à maturité est gros comme un œuf de pintade, un peu ovale et égal des deux bouts; il est recouvert d'une pellicule de couleur vert-pâle; en ôtant cette pellicule, on trouve une pulpe de trois lignes d'épaisseur, verdâtre, farineuse et très-agréable au goût : les nègres l'aiment beaucoup. Sous cette pulpe, il y a une seconde pellicule très-mince, ressemblant à la peau blanche qui tapisse intérieurement la coquille de l'œuf; elle couvre l'amande, qui est couleur café au lait clair : le fruit, ainsi dégagé des deux pellicules et de la pulpe, est couvert d'une coque aussi mince que celle de l'œuf; l'amande seule est grosse comme un œuf de pigeon.

On expose ce fruit au soleil pendant plusieurs jours pour le faire sécher; puis on le pile dans un mortier. Réduit en farine, il devient couleur de son de froment. Quand il est pilé on le met dans une grande calebasse, puis on jette de l'eau tant soit peu tiède dessus, jusqu'à consistance d'une pâte claire que l'on pétrit avec les mains. Quand on veut connaître si elle est assez manipulée, on y jette un peu d'eau tiède : si l'on voit les parties grasses se détacher du son et monter sur l'eau, on y met à plusieurs reprises de l'eau tiède ; il faut qu'il y en ait assez pour que le beurre, détaché du son, puisse flotter. On le ramasse avec une cuiller en bois pour le mettre dans une calebasse ; puis on le fait cuire sur un grand feu ; ou l'écume bien pour enlever le son qui y est resté attaché ; quand il est bien cuit, on le verse dans une calebasse avec un peu d'eau au fond, pour le rendre plus facile à enlever ; ainsi préparé, on l'enveloppe dans des feuilles de l'arbre, et il se conserve deux ans sans se gâter.

Ce beurre est d'un blanc cendré et a la consistance du suif. Les habitants en font commerce ; ils en mangent, s'en frottent le corps et s'en servent aussi pour leur éclairage ; ils prétendent que c'est un remède souverain pour les douleurs et pour les plaies.

La veille du départ de Caillié, la ville de Timé se trouva en fête : un jeune Mandingue célébrait les funérailles de sa mère, décédée il y avait à peu près quinze jours. Des musiciens étaient rangés dans la cour de la défunte. Plusieurs petits enfants, le corps couvert de feuilles d'arbre assez bien arrangées, ayant sur la tête quelques plumes d'autruche, tenaient dans chaque main un panier rond, dans lequel il y avait des morceaux de fer et des cailloux ; ils accompagnaient la musique en sautant en cadence et en agitant leurs paniers, ce qui produisait un cliquetis d'un effet bizarre. Il y avait deux chefs de musique qui réglaient les moments où l'on devait jouer. Ils étaient couverts d'un manteau en réseau de coton très-blanc, avec une frange autour ; ils avaient un bonnet noir, bordé d'écarlate et garni de quelques plumes d'autruche.

L'assemblée était nombreuse, et tout le monde proprement habillé. Les hommes s'étaient affublés de tout ce qu'ils avaient de plus beau. Les uns étaient armés de fusils et les autres d'arcs et de flèches comme s'ils allaient au combat ; ils portaient aussi de grands chapeaux de paille ronds, fabriqués dans le pays.

Ils faisaient tous ensemble le tour de l'assemblée, en sautant et en dansant au son de la musique. De temps à autre ils paraissaient furieux, tiraient des coups de fusil et couraient de tous côtés en jetant des regards menaçants ; les hommes armés d'arcs simulaient également la fureur : ils couraient comme s'ils allaient se jeter sur l'ennemi, et faisaient semblant de lancer des flèches.

Ces hommes étaient suivis d'une quantité de femmes proprement habillées, ayant chacune sur le cou une pagne blanche, qu'elles tournaient de côté et d'autre en marchant au son de la musique. Les premiers qui se trouvaient fatigués se retiraient et étaient bientôt remplacés par d'autres.

Vers le milieu de la fête, tous les hommes parents de la défunte parurent habillés de blanc. Ils étaient en file sur deux rangs et tenaient chacun à la main un morceau de fer plat sur lequel ils frappaient avec un autre plus petit. Ils firent le tour de l'assemblée en observant la mesure et en chantant un air triste ; les femmes répétaient le même chant en chœur et en frappant des mains par intervalle. La fête finit par un grand repas qui fut très-gai.

De Timé, notre voyageur gagna Jenné, ville située sur le Niger; il y arriva le 10 mars 1828. Il avait fait route avec une caravane composée de quarante-cinq à cinquante Mandingues, portant des charges sur leur tête, d'environ trente-cinq femmes également chargées et de huit chefs conduisant une quinzaine d'ânes. Ces chefs avaient leurs esclaves et leurs femmes qui portaient les bagages et faisaient la cuisine pendant les haltes.

D'ordinaire les femmes prennent les devants et les hommes viennent après: le bruit qu'ils font avec leurs sonnettes prévient de leur approche. Les Mandingues aiment beaucoup les sonnettes dont le tintement les distrait en route; ils en fabriquent eux-mêmes avec du fer et du cuivre. A leur arrivée dans un village, les femmes vont puiser de l'eau, et pilent le mil pour préparer le dîner de tout le monde; elles font ensuite chauffer, dans de grands vases qu'elles empruntent, de l'eau qui est destinée pour le bain des hommes, et recommencent à piler le mil pour le souper. Les esclaves sont chargés d'aller à la recherche du bois pour faire la cuisine.

Les hommes arrivent, se couchent en attendant qu'on leur donne à manger; puis, après s'être reposés, ils visitent les charges; ils vont ensuite se promener et vendre des étoffes fabriquées dans leur village. Ils s'occupent aussi de régler les droits de passe, car tous les marchands étrangers, quel que soit leur nombre, sont obligés solidairement de payer, dans chaque lieu où ils stationnent, une petite rétribution qui varie quelquefois, mais est communément fixée à vingt colats par charge, environ vingt sous de France.

Lorsque la caravane est nombreuse, ce qui arrive souvent parce qu'elle se grossit en route, un homme peu chargé prend les devants pour arriver le premier au village, afin de retenir des logements pour ses compagnons. Il dépose son fardeau, et revient à la rencontre de la caravane pour lui indiquer les cases.

Ceux qui ne prennent pas cette sage précaution sont exposés à chercher pendant une heure dans le village pour trouver un logement, et souvent sont obligés d'aller plus loin.

Le 10 mars 1828, Caillié entra dans la ville de Jenné, située dans une île au milieu du Niger. Cette ville, dit le voyageur, peut avoir deux milles et demi de tour; elle est entourée d'un mur en terre assez mal construit, ayant 10 pieds d'élévation et 14 pouces d'épaisseur. Il y a plusieurs portes, mais elles sont toutes petites.

Les maisons sont en briques cuites au soleil; elles sont aussi grandes que celles des villages européens. La plupart ont un étage, toutes sont à terrasses; elles n'ont pas de fenêtres à l'extérieur et les chambres ne reçoivent d'air que par une cour intérieure. Leur unique entrée, d'une grandeur ordinaire, est fermée en planches assez épaisses et sciées; cette porte ferme en dedans avec une double chaîne de fer, et en dehors avec une serrure en bois ou en fer. Les chambres sont toutes longues et étroites; les murs, surtout à l'extérieur, sont très-bien crépis en sable, car il n'y a pas de chaux.

Chaque maison a un escalier pour conduire sur la terrasse. Il n'y a pas de cheminée, et assez souvent les esclaves font leur cuisine en plein air.

Les rues de Jenné ne sont point alignées, mais assez larges pour un pays où l'on ne connaît pas l'usage des voitures ; on peut y passer huit ou neuf personnes de front ; elles sont très-propres et balayées presque tous les jours.

Les environs de Jenné sont marécageux et entièrement dénués d'arbres. On aperçoit cependant à des distances très-éloignées, sur de petites élévations, des bouquets de ronniers ; les plaines sont labourées avant les pluies et toutes ensemencées en riz, qui croît avec les eaux du fleuve ; les esclaves sont chargés de la culture ; sur les bords du Niger ils récoltent un peu de gombo, de tabac et des giraumonts. Dans la saison des pluies on récolte aussi des choux et des carottes, dont les graines ont été apportées du Tafilet. On coupe dans les marais une espèce de fourrage qu'on fait sécher au soleil, pour nourrir les bestiaux. Dans les endroits qui ne sont pas exposés aux débordements du fleuve on ne cultive que du mil et du maïs.

La ville de Jenné est bruyante et animée ; tous les jours il part et arrive des caravanes nombreuses de marchands qui apportent toutes sortes de productions utiles. Jenné a une grande mosquée en terre dominée par deux tours massives et peu élevées ; elle est grossièrement construite, bien que très-grande ; elle est abandonnée à des milliers d'hirondelles, dont les nids produisent une odeur infecte. Les abords de cette mosquée sont obstrués par des mendiants et des vieillards aveugles ou infirmes. La ville est ombragée de quelques baobabs, mimosas, dattiers et ronniers.

Jenné contient beaucoup d'étrangers établis, Mandingues, Foulahs, Bambaras et Maures. On y parle les langues propres à ces quatre tribus, et de plus un dialecte particulier, appelé *kissour*, qui est la langue adoptée jusqu'à Tombouctou. La population peut s'élever à huit ou dix mille habitants.

La résidence du chef ou roi se trouve sur la rive droite du fleuve : c'est un musulman fanatique, pour lequel Jenné paraissait trop mondaine ; il a établi dans sa nouvelle ville plusieurs écoles publiques où tous les enfants vont étudier gratis. Ce chef exige des cadeaux du commandant particulier de Jenné, à cause du commerce que les marchands viennent y faire.

Les habitants de Jenné sont très-industrieux, intelligents, faisant travailler leurs esclaves par spéculation, tandis que parmi les hommes libres, les riches s'adonnent au commerce et les plus pauvres à divers métiers. On trouve ici des tailleurs qui font des habits que l'on envoie à Tombouctou, des forgerons, des maçons, des cordonniers, des portefaix, des emballeurs et des pêcheurs ; ici tout le monde se rend utile. On se sert, pour emballer les marchandises, de nattes faites en feuilles de ronnier ; on recouvre ce premier emballage d'un second en cuir de bœuf.

Tous les habitants de Jenné sont mahométans ; les Foulahs sont les plus fanatiques, ils ne permettent pas l'entrée de leur ville aux infidèles, et quand les Bambaras idolâtres viennent à Jenné, ils sont obligés de faire la prière, sans quoi ils seraient impitoyablement maltraités par les Foulahs, qui forment la majeure partie de la population. Du reste, les habitants sont très-affables et très-doux envers les étrangers, du moins ceux de leur religion; ils facilitent même aux marchands le débit de leurs marchandises.

Les Jennéens ont plusieurs femmes, et ils ne les maltraitent point comme les nègres des pays situés plus au sud; elles sortent sans être voilées; cependant jamais elles ne mangent avec leurs maris, ni même avec leurs enfants mâles. Les Jennéens ne connaissent d'autre écriture que celle des Arabes, presque tous peuvent la lire, mais peu en comprennent la signification. Lorsque les enfants savent lire le Koran, ils passent pour des hommes savants.

La nourriture des Jennéens se compose de riz, qu'ils font cuire avec de la viande fraîche, car il y en a tous les jours au marché; ils font, avec le petit miel, du couscous qu'ils mêlent avec du poisson frais ou sec très-abondant. Ils assaisonnent les mets avec du piment ou du sel. Un morceau de viande de la valeur de 40 cowries ou 20 centimes, suffit pour le repas de quatre personnes. On en fait deux par jour, en se mettant autour du même plat, où l'on mange en puisant avec la main, comme tous les peuples de l'intérieur de l'Afrique.

Les maisons ne sont pas meublées; on a des sacs en cuir pour mettre les effets. On couche par terre sur des nattes ou des peaux de bœufs tendues, aussi est-on sujet aux douleurs rhumatismales à cause de l'humidité du sol et de la rareté du bois.

Les enfants comme les grandes personnes sont habillés très-proprement, ils portent le pantalon et une chaussure qui ressemble aux pantoufles de l'Europe. La coiffure est un bonnet rouge recouvert d'un grand morceau de mousseline arrangé autour de la tête en forme de turban. Les femmes comme les hommes portent la coussabe, mais elles mettent une pagne par-dessous.

Comme il n'y a pas d'auberge dans ce pays, les étrangers prennent un logement chez les particuliers, pour lequel ils payent en marchandises. Ils achètent du bois au marché pour faire leur cuisine.

Le 13 mars 1828, Caillié s'embarqua pour Tombouctou sur une pirogue montée par des nègres, et descendit ainsi le Niger. Il arriva le 2 avril parmi de grandes îles qui se trouvent non loin de l'embouchure du lac Débo. Le fleuve, en cet endroit, est divisé par plusieurs îles qui le partagent en plusieurs branches étroites, mais très-profondes. Il y en a deux plus grandes que les autres, et sur l'une d'elles sont des cases de pêcheurs et de bergers. Le fleuve, en sortant du lac Débo, peut avoir environ six milles de largeur. Plus bas il se rétrécit jusqu'à un mille. Plus bas encore il se divise en deux branches, c'est-à-dire un peu avant d'arriver à Cabra, qui est le port de Tombouctou.

Ce fut le 19 avril 1828, c'est-à-dire un an après son départ de Kankondy sur

L'AFRIQUE OCCIDENTALE. — Les bords du Niger.

la côte, que Caillié se trouva devant Cabra, village situé sur une petite montagne qui le préserve de l'inondation ; il est entouré de marais qui, dans la saison des pluies, sont couverts de dix pieds d'eau, moment où il est alors facile aux grosses embarcations d'aller mouiller devant Cabra. Un petit canal conduit à ce village ; mais il n'y a que des embarcations moyennes qui puissent entrer dans le port.

Caillié arrivé à Cabra, vit quantité de cases en paille habitées par des esclaves marchands, et près desquelles mûrissaient les fruits du nénufar. Il remarqua dans les rues un grand concours de peuple et de marchands. Les maisons de Cabra, en général, sont construites en terre et à terrasses ; elles n'ont que le rez-de-chaussée. Il y en a peu de bien bâties ; ce sont en partie des cahutes, car les personnes riches habitent de préférence Tombouctou, centre du commerce. Cabra, qui se trouve à une lieue de cette ville, contient environ mille à douze cents habitants, tous occupés à travailler, soit pour débarquer les nombreuses marchandises qui viennent de Jenné, soit pour les conduire à Tombouctou, au moyen d'ânes et de chameaux, le chemin qui mène à cette ville étant un sable mouvant sur lequel la marche est très-pénible. Il y a tous les jours, à Cabra, un marché approvisionné des marchandises du Soudan. Le port de Cabra s'étend de l'est à l'ouest sur une longueur d'un demi-mille et une largeur de soixante-dix pas. Il offre toujours un grand concours d'hommes et de femmes pour charger et décharger les marchandises.

Le 20 avril, Caillié partit de Cabra pour Tombouctou à trois heures et demie après midi, et arriva dans cette ville au moment où le soleil touchait à l'horizon.

Tombouctou n'offre, au premier aspect, qu'un amas de maisons en terre mal construites. La chaleur étant excessive, le marché ne se tient que le soir. Caillié vit exposés en vente beaucoup de fusils doubles français, des verroteries, de l'ambre, du corail, du soufre et des dents d'éléphant. Tombouctou est habitée par des nègres de la nation Kissour. Le roi est un nègre que rien ne distingue des autres ; il n'a pas plus de luxe dans son logement que les Maures commerçants ; il est marchand lui-même. Sa dignité est héréditaire. Il ne perçoit aucun tribut sur le peuple ni sur les marchands étrangers ; cependant, on lui fait des cadeaux. Il n'a pas non plus d'administration ; c'est un père de famille qui gouverne ses enfants avec les mœurs douces et simples des anciens patriarches.

Ce prince reçut le voyageur au milieu de sa cour, il était assis sur une belle natte avec un riche coussin. Il pouvait avoir cinquante-cinq ans ; ses cheveux étaient blancs et crépus ; il était de taille ordinaire, avait une belle physionomie, le teint noir foncé, le nez aquilin, les lèvres minces, une barbe grise et de grands yeux. Ses habits, comme ceux des Maures, étaient faits en étoffes d'Europe ; il portait un bonnet rouge avec un grand morceau de mousseline autour, en forme de turban.

Il y a beaucoup de Maures établis à Tombouctou ; ils ont les plus belles maisons de la ville. Le commerce les enrichit promptement : on leur envoie en consignation des marchandises d'Adrar et de Tafilet ; il leur en vient aussi de Taouat, Ardamas, Tripoli, Tunis, Alger ; ils reçoivent beaucoup de tabac et de marchandises d'Europe, qu'ils expédient par des embarcations sur la ville de Jenné. Tombouctou peut être considéré comme le principal entrepôt de l'Afrique ; on y dépose tout le sel provenant des mines de Toudeyni ; ce sel est apporté par des caravanes à dos de chameau. Les Maures de Maroc et ceux des autres pays qui font les voyages du Soudan, restent de six à huit mois à Tombouctou, pour exercer leur commerce et attendre un nouveau chargement pour leurs chameaux.

La ville de Tombouctou peut avoir

trois milles de tour; elle forme une espèce de triangle; les maisons sont grandes, peu élevées, et n'ont qu'un rez-de-chaussée; dans quelques-unes est un cabinet au-dessus de la porte d'entrée. Elles sont construites en briques de forme ronde, roulées dans les mains et séchées au soleil; à la hauteur près, les murs ressemblent à ceux de Jenné. Les rues sont propres et assez larges pour y passer trois cavaliers de front; en dedans et en dehors on voit beaucoup de cases en paille, de forme presque ronde, comme celles des Foulahs pasteurs; elles servent de logement aux pauvres et aux esclaves qui vendent des marchandises pour le compte de leur maître.

Tombouctou renferme sept mosquées, dont deux grandes, qui sont surmontées chacune d'une tour en brique, dans laquelle on monte par un escalier intérieur.

Cette ville mystérieuse, sur laquelle l'érudition s'est exercée depuis des siècles, et dont la population a été singulièrement exagérée, de même que la civilisation et son commerce avec l'intérieur du Soudan, est située dans une immense plaine de sable blanc et mouvant, où il ne croît que de faibles arbrisseaux rabougris, tels que le mimosa *ferruginea*, qui ne vient qu'à la hauteur de trois à quatre pieds. Elle n'est fermée par aucune clôture; on peut y entrer de tous côtés. On remarque, dans son enceinte et autour, quelques balanites et un palmier doum situé au centre. La population est d'environ douze mille habitants, tous commerçants, en y comprenant les Maures établis. Il y vient souvent beaucoup d'Arabes amenés par les caravanes qui séjournent dans la ville et augmentent momentanément la population.

Au loin, dans la plaine, il croît quelques chardons et graminées, dont les chameaux se nourrissent; le bois à brûler est très-rare, on va le chercher près de Cabra; on en fait un objet de commerce, et les femmes le vendent au marché; les riches seuls en brûlent. Les pauvres font usage de viande de chameau. L'eau se vend également sur le marché; les femmes en donnent une mesure d'environ un demi-litre pour un cauris.

Tombouctou, bien que l'une des plus grandes villes de l'Afrique vues par Caillié, n'a, selon lui, d'autres ressources que son commerce de sel, le sol n'étant aucunement propre à la culture. C'est de Jenné qu'elle tire ses approvisionnements alimentaires, comme riz, mil, beurre végétal, coton, étoffes du Soudan, bougies, savon, piment, oignons, poissons secs, pistaches, etc. Si les flottilles venant à Cabra étaient arrêtées en route par les Tuaricks, les habitants de Tombouctou pourraient être réduits à la plus affreuse disette. C'est afin d'éviter ce malheur, qu'ils ont soin que leurs magasins soient toujours amplement fournis de toute espèce de comestibles; cette considération empêche aussi les flottes qui descendent le Niger jusqu'au port de Cabra de lutter avec les Tuaricks, malgré tout ce qu'ils ont à souffrir de leurs exigences.

Les habitants de Tombouctou ne fument pas; mais les Maures nomades qui habitent aux environs font usage de la pipe. Les esclaves puisent l'eau avec des calebasses; ils remplissent des sacs de cuir qu'ils mettent sur le dos de leurs ânes, et l'apportent ainsi chez leurs maîtres, dans des jarres, où elle se rafraîchit et perd une partie de son mauvais goût.

Les nègres et les Maures ne s'occupent absolument que de leur commerce. Les Maures de Tripoli et ceux d'Ardamas font des échanges avec le Haoussa, ville où ils conduisent des marchandises d'Europe; ils viennent ensuite à Tombouctou avec des pacotilles d'étoffes.

Comme les environs de Tombouctou sont tous dépourvus de pâturages, puisque les chameaux y trouvent à peine de quoi paître, on trouve à Cabra beaucoup de fourrage, que les habitants récoltent dans les marais, et qu'ils font sécher, pour le vendre aux personnes de la ville qui ont des bestiaux à nourrir, tels que chevaux, bœufs, moutons et cabris; ce fourrage est serré sur le toit des maisons. Tombouctou et ses environs offrent un aspect très-aride et très-monotone.

Tous les habitants natifs de Tombouctou sont de zélés mahométans; leur costume est le même que celui des Maures, et ils ont quatre femmes, comme les Arabes, mais ils n'ont pas, comme les Mandingues, la cruauté de les battre; elles sont cependant chargées de même des soins du ménage. Les femmes à Tombouctou ne sont pas voilées, comme dans l'empire de Maroc; elles sortent quand elles veulent, et sont libres de voir tout le monde. Les habitants sont doux et affables envers les étrangers; ils sont industrieux et intelligents dans le commerce, qui est leur unique ressource; la plupart des habitants sont riches et ont beaucoup d'esclaves. Les hommes sont de taille ordinaire, bien faits, se tenant très-droits, ayant la démarche assurée; leur teint est d'un beau noir foncé; ils ont le nez un peu plus aquilin que chez les Mandingues, et, comme eux, les lèvres minces et de beaux yeux. Caillié a vu à Tombouctou des femmes qui pourraient, dit-il, passer pour très-jolies.

A Tombouctou on se nourrit bien; on mange du riz et du couscous fait de petit mil cuit avec de la viande ou du poisson sec. On fait par jour deux repas. Les riches déjeunent avec du pain de froment, du thé et du beurre de vache; la classe inférieure mange du beurre végétal.

En général, les nègres ne sont pas aussi bien logés que les Maures; ceux-ci ont sur les premiers un magnifique ascendant, et se croient eux-mêmes bien supérieurs. Du reste, les habitants de Tombouctou sont d'une grande propreté dans leurs vêtements et l'intérieur de leurs maisons, où l'on voit pour ustensiles de ménage des calebasses et quelques plats de bois. On ne connaît pas l'usage des cuillers ni des fourchettes, on prend les mets avec les doigts. Les nattes forment tout le mobilier; le lit se compose de quatre piquets fichés en terre à une extrémité de la chambre, et sur lesquels on tend une natte ou peau de bœuf. Les riches ont un matelas en coton, et une couverture fabriquée chez les Maures des environs de Tombouctou avec le poil des chameaux et la laine des moutons.

Nous avons dit que les habitants de Tombouctou ont chacun plusieurs femmes : beaucoup y adjoignent leurs esclaves.

Les Maures ne prennent pas d'autres femmes que celles-ci ; ils les occupent à promener les marchandises dans les rues; elles vont aussi au marché étaler une petite boutique, pendant que la favorite reste à la maison afin de surveiller celles qui sont chargées de faire la cuisine pour tout le monde ; elle seule prépare tous les repas de son maître.

Toutes ces femmes sont vêtues fort proprement : leur costume consiste en une coussabe comme celle des hommes, excepté qu'elle n'a pas de grandes manches ; elles portent aussi des souliers en maroquin. Leurs cheveux sont tressés avec beaucoup d'art, et on y mêle des ornements de corail et d'ambre faux. Ces femmes ont aussi l'habitude de se graisser la tête et le corps : la grande chaleur augmentée par le grand vent brûlant de l'est rend cette habitude nécessaire. Les femmes riches ont une grande quantité de verroteries au cou et aux oreilles ; elles portent comme à Jenné un anneau aux narines ; celles qui ne sont pas assez riches remplacent cet anneau par un morceau de soie rouge. Les esclaves femelles des gens riches ont quelques parures en or au col, et de petites plaques en forme de collier aux oreilles.

Les Tuaricks gênent beaucoup le commerce de Tombouctou : ces sauvages nomades ont rendu tous les nègres tributaires, et ils exercent envers eux le plus affreux brigandage. Ils ont, comme les Arabes, de beaux chevaux qui facilitent leurs excursions vagabondes. A Tombouctou on ne laisse pas sortir les esclaves de la ville après le coucher du soleil, de peur qu'ils ne soient enlevés par les Tuaricks, lesquels s'emparent de vive force de ceux qui leur tombent sous la main, et rendent bien plus déplorable la condition de ces malheureux. Les Foulahs du voisinage de Tombouctou ne sont point toutefois soumis à ces barbares, auxquels ils font bien souvent la guerre.

Les Tuaricks ne se battent qu'avec la lance et le poignard ; ils sont toujours à cheval : ils ne font point usage de l'arc, l'embarras de leurs boucliers les empêcherait de s'en servir utilement. Ces peuples nomades portent les cheveux un peu longs ; ils ont le teint brun comme les Maures, le nez aquilin, de grands yeux, une belle bouche, la figure longue, le front élevé ; l'expression de la physionomie est sauvage et barbare. Ce sont eux qui se réunissent en nombre pour attaquer les caravanes ; mais heureusement ils craignent les armes à feu.

La grande mosquée de Tombouctou a une tour, du haut de laquelle on découvre à une très-grande distance une plaine immense de sable blanc. Cet édifice est construit en briques séchées au soleil ; il y a trois galeries soutenues chacune par des arcades, aussi bien bâties que si elles avaient été construites par un homme de l'art. Ces arcades ont dix pieds de large et six de hauteur. Les murs de la mosquée ont vingt-cinq pieds de hauteur et six d'épaisseur. Le toit est en terrasse ainsi que le haut de la tour, qui est de plus environné d'un parapet de dix-huit pouces de haut.

Le 4 mai 1828 M. Caillié quitta la célèbre Tombouctou, située par 17 degrés 50 minutes latitude nord et 6 degrés longitude ouest, ville dans le sein de laquelle il venait de passer quatorze jours. Il fit route au nord vers le désert, sur un sable presque mouvant et entièrement aride. A deux milles de la ville on vit quelques arbustes semblables aux genévriers et des bouquets de mimosa *ferruginea* assez hauts, donnant un peu de gomme de mauvaise qualité. Les habitants de Tombouctou envoient des esclaves jusque-là pour couper du bois à brûler. La chaleur était accablante et les chameaux allaient fort lentement, parce qu'ils broutaient en cheminant des chardons et quelques herbes flétries éparses çà et là dans ces plaines stériles. La caravane, composée de près de six cents chameaux, fit halte dans un ravin, où elle passa la nuit.

Le 5 mai elle continua sa marche vers le nord. On trouvait de distance en distance de chétifs buissons tout rabougris et quelques pieds de salvadora, que les chameaux dévoraient. On rencontra des Tuaricks allant à El-Araouan, et qui servirent d'éclaireurs à la caravane ; ils étaient montés sur des chameaux et portaient au bras un bouclier en cuir, au côté un poignard et à la main droite une pique. Il fallut au bout de trois jours se débarrasser de ces pillards, bien dignes de leur nation.

Caillié nous apprend qu'il calculait la route au moyen de sa boussole de poche, en se réglant le jour sur le soleil et le soir sur l'étoile polaire. Cette étoile est le fanal des Arabes dans leurs courses à travers le désert ; les plus anciens guides vont en avant pour indiquer la route aux autres ; une dune, un rocher, la différence de la couleur du sable, quelques touffes d'herbes, sont pour eux des signes infaillibles auxquels ils se reconnaissent. Sans boussole et sans autre moyen d'observation, ils ont une telle habitude de remarquer les plus petites choses, qu'ils ne s'égarent jamais, quoiqu'il n'y ait aucune trace marquée, aucune route tracée, et que les pas des chameaux soient en un instant comblés et effacés par le vent.

La direction était toujours au nord et l'on faisait environ deux milles à l'heure. Caillié dit que le désert n'offrait pas toujours le même aspect, bien que ce fût une plaine de sable ou de roche ; néanmoins l'Arabe se trompe rarement dans le trajet, et il calcule tellement juste les distances, que l'on arrive à une demiheure près aux endroits qu'il a indiqués le matin. Ces endroits sont en général des puits, tous ou presque tous comblés par le sable, et que les chameaux devinent d'assez loin : on les déblaie en y arrivant.

Le 6 mai la caravane continua sa route au nord, et trouva partout la même aridité, la même uniformité que dans les jours précédents. La température était extrêmement pesante et la chaleur extrême. L'eau manquait, bien entendu ; à mesure qu'on s'éloignait du sud le pays devenait de plus en plus aride, on n'apercevait même plus de chardons, et tout se réunissait pour attrister la vue au milieu d'une nature aussi affreuse. C'était une véritable image des ondulations de l'Océan, peut-être du fond d'une mer sans eau. En effet, les vents creusent les sables du désert en sillons ondulés, comme la brise fait des vagues de la mer, lorsqu'elle en trouble légèrement la surface.

A la halte du soir on trouva quelques mimosas très-rabougris, sur lesquels on étendit des couvertures, car ces arbustes dépouillés de feuilles ne présentaient aucun ombrage. Les chameaux broutèrent quelques herbes desséchées, tandis que les voyageurs dormaient sur le sable. On repartit au milieu de la nuit, comme le temps le plus agréable pour voyager. Il faut se rappeler que les caravanes qui traversent le désert n'obéissent point à un seul commandement, chacun y est maître de la conduite de ses chameaux: les uns en ont quinze, les autres dix, d'autres moins; les plus riches nourrissent les plus pauvres, qui rendent d'autres services en échange. Les chameaux ne marchent pas à la file, mais vont dans tous les sens, par groupes ou seuls, sans toutefois trop s'écarter de la route qu'ils suivent comme par instinct. La charge d'un chameau est de 500 livres, et le transport de Tombouctou à Tafilet coûte 10 à 12 mitkhals d'or que l'on paie d'avance. Le mitkhal en or est évalué 12 francs; mais le mitkhal en argent ne vaut que 4 francs. Les marchandises consistent en plumes d'autruche, étoffes en pièces ou en habits, esclaves, provision d'eau et de riz. Lorsque la caravane s'arrête, les troupes de chameaux sont tenues à deux cents pas de distance les unes des autres pour éviter la confusion.

Caillié fait remarquer que quand les Maures retournent dans leur pays, ils n'emportent pas seulement des plumes d'autruche et de l'ivoire, mais aussi beaucoup d'or, adressé aux marchands de Tafilet par leurs correspondants de Tombouctou, en retour des marchandises expédiées par les premiers, et que ceux-ci ont vendues pour leur compte. Pendant les haltes dans le désert, Caillié voyait souvent les Maures occupés à peser leur or dans de petites balances semblables aux nôtres et que l'on fabrique à Maroc. L'or que portent les Maures, véritables commis voyageurs du désert, est renfermé précieusement dans des morceaux de toile, avec une étiquette où est écrit le poids de ce métal et le nom de la personne à laquelle il appartient.

Vers onze heures du soir, la caravane continua sa route, en se dirigeant sur l'étoile polaire. Les chameaux, suivant Caillié, connaissent si bien le désert qu'aussitôt qu'ils sont chargés, ils prennent par instinct la route du nord, comme s'ils étaient conduits par le souvenir des puits qu'on doit y trouver. Caillié pense qu'un voyageur, étant seul, n'aurait pas besoin de guide pour arriver. Les chameaux, ajoute-t-il, ne forcent jamais leur pas qui est naturellement un peu allongé; lorsqu'ils ont hâte d'arriver, ils avancent le cou, dont les mouvements suivent ceux des jambes; des piétons les dirigent; occupation très-fatigante qui les oblige de se relever de deux heures en deux heures.

Le 8 mai on fit halte par une chaleur insupportable, sur un sable uni, et sans que la vue rencontrât aucune trace de végétation. Tout le monde était mourant de soif, et l'on but avec délice une eau tiède et de mauvais goût que renfermait les outres. Caillié aperçut des corbeaux et quelques vautours, les seuls habitants, dit-il, de ces immenses déserts, qui font leur pâture des chameaux crevés ou que leurs maîtres ont abandonnés.

Le 9 mai au matin on fit halte dans une plaine sablonneuse, où l'on trouva un peu d'herbe pour les pauvres chameaux. C'était le lieu où le major Laing avait été assassiné; plusieurs Maures de la caravane avaient été témoins de ce tragique événement. Le puits de cette halte procura de l'eau en abondance.

Après le dîner, qui consistait en riz bouilli, pain dur, un peu de miel et du beurre, on fit route sur un sol très-sablonneux, parsemé de quelques herbes, et le soir on arriva vers neuf heures à El-Araouan, célèbre entrepôt de commerce, ville située dans un bas-fond, entourée de hautes dunes de sable qui se plongent à l'ouest. Les rues de cette ville sont plus larges et plus propres que celles de Tombouctou; les maisons construites dans le même genre, sont beaucoup plus basses et moins solides; les toits sont en terrasse, mais les petits morceaux de bois qui entrent dans la construction des toits de Tombouctou sont remplacés par des couvertures faites avec les tiges d'un jonc très-dur et piquant; de faibles chevrons en bois de ronnier supportent ces tiges, qui sont couvertes légèrement de sable. Les magasins sont très-étroits. Il peut y avoir cinq cents maisons, toutes peu solides, et chacune peut contenir six habitants. Les devants de portes sont crépis avec du sable jaune. El-Araouan n'a, comme Tombouctou, aucunes ressources

par lui-même; il est l'entrepôt des sels de Toudeyni, qui s'exportent à Sansanding, sur les bords du Niger. Son sol est encore plus aride que celui de Tombouctou; à quelque distance que la vue puisse s'étendre, on n'aperçoit pas la moindre trace de végétation. Les chameaux des nombreuses caravanes vont très-loin pour trouver du fourrage; le bois est si rare, qu'on ne brûle que du crottin de chameau; les esclaves le ramassent très-soigneusement, car il n'y a pas d'autre combustible pour faire la cuisine. Les Maures vont tous les six jours chercher leurs chameaux pour les mener boire aux puits qui sont dans les environs de la ville, et qui ont environ soixante pas ordinaires de profondeur. On se sert d'un chameau pour tirer le seau qui est en cuir, et pour cela on fait usage d'une poulie. L'eau de ces puits est saumâtre, très-malsaine et toujours chaude; les sources sont toujours très-abondantes. Quoique dans les maisons l'eau soit toujours exposée à un courant d'air, elle est constamment tiède, ce qui la rend désagréable à boire.

El-Araouan n'est pas aussi commerçant que Tombouctou, d'où il est obligé de tirer toutes ses provisions, vu que Sansanding est plus éloignée, se trouvant à plus de vingt-cinq jours de marche dans l'ouest.

El-Araouan, quoique habité par des Maures de Zaouat et des divers pays des bords de la Méditerranée, n'a pas de marché. Caillié pense qu'il n'existe pas de séjour plus triste. Il y a des cases en paille pour loger les esclaves. Chaque famille tue un bœuf de temps à autre, et

L'AFRIQUE OCCIDENTALE. — Traversée du désert.

conserve la viande après l'avoir fait sécher au soleil; on la mange avec le riz ou le couscous.

El-Araouan est le point d'arrivée des caravanes qui viennent de Tafilet, du cap Mogador, du Drah, de Taouat, des villes d'Aghdamas et de Tripoli. Elles apportent des marchandises des manufactures d'Europe, telles que des armes à feu, de la poudre à tirer, des étoffes et quelques productions de leur pays, comme tabac, dattes, etc. Dans la saison des pluies les Tuaricks viennent dresser leurs tentes aux environs d'El-Araouan, et percevoir les droits qu'ils imposent au commerce de cette ville.

Caillié quitta cet horrible pays, car c'est ainsi qu'il le nomme, le 19 mai 1828 à six heures du matin. La caravane se composait alors de quatorze cents chameaux portant diverses provisions du Soudan, comme or, esclaves, ivoire, gomme, plumes d'autruche, étoffes en pièces ou en habits confectionnés. Après avoir fait six milles sur un terrain entrecoupé de dunes de sable mouvant, où l'on ne voit aucune trace de végétation, on atteignit Mourat, petit village composé de cinq maisons construites en briques de sable, lieu plus triste encore qu'El-Araouan, mais dont les puits entourés de chameaux présentaient un tableau assez animé au milieu de ces vastes solitudes.

D'un côté on voyait les chameaux et les ballots de marchandises, de l'autre les nègres, femmes et enfants qu'on allait vendre dans les marchés de Maroc; plus loin étaient les Maures à genoux qui invoquaient la protection du prophète. On se remit en route, afin de traverser les immenses solitudes qui séparent le Soudan des régions de l'Afrique septentrionale.

On se dirigea au nord et un peu à l'ouest. La soif dévorait tout le monde, mais on ne put boire qu'une fois dans la journée. A l'exemple des Maures, notre voyageur se mit une bande de toile de coton sur les yeux, et une autre sur la bouche, pour se garantir du vent qui lui envoyait du sable, et de l'air qui desséchait les poumons. A dix heures du soir on fit cuire du riz que l'on mangea avec du beurre fondu, et malgré la soif chacun s'endormit.

Le 20 mai de grand matin on fit route au nord. Vers midi la chaleur étant accablante, on s'arrêta pour tendre le varois, espèce de couverture en peau de mouton tannée qui sert de tente. Chacun reçut une calebasse d'eau contenant près de trois bouteilles, que l'on avala d'un seul trait; cette eau était tiède, et remplissait l'estomac sans désaltérer le voyageur. Le vent d'est souleva beaucoup de sable, et tout le monde souffrait horriblement. La caravane devait bientôt manquer d'eau, et il fallut réduire la ration de chacun pour les jours suivants.

Le 23 mai, le vent d'est souffla avec plus de violence que jamais, et à tout moment la caravane craignait d'être engloutie sous les montagnes de sable que le vent soulevait; et pour comble de malheur, la provision d'eau diminuait de plus en plus, car la sécheresse de l'air en absorbait toujours une grande partie. De pauvres petits esclaves demandaient à boire en pleurant; ces malheureux tombaient à terre sans pouvoir se relever, et les Maures les prenaient rudement par la main, puis les traînaient avec violence en les frappant à grands coups de fouet jusqu'à ce qu'ils eussent rejoint à la course leurs chameaux qui étaient déjà bien loin. Ajoutez que les trombes de sable ne cessaient de traverser la caravane, en la faisant tournoyer comme un brin de paille, et renversant les voyageurs pêle-mêle les uns sur les autres. On ne distinguait souvent rien à un pied de distance, car le sable, comme un brouillard épais, enveloppait de noires ténèbres toute la caravane, alors plongée dans la consternation. On n'entendait de tous côtés que des lamentations ; chacun se recommandait à Dieu en criant de toutes ses forces : « Il n'y a qu'un seul Dieu et Mahomet est son prophète! » Au milieu des cris et des prières des voyageurs, mêlés au mugissement du vent d'est, on distinguait par intervalles les gémissements sourds et plaintifs des chameaux, non moins effrayés et bien plus à plaindre que leurs maîtres, puisque depuis plus de quatre jours ils n'avaient rien mangé.

Enfin, le 26 mai, on put atteindre les puits du Télig et se remettre un peu de tant de privations. Chacun se précipitait vers ces puits, les chameaux se disputaient les auges jusqu'à la dernière goutte. La première nécessité un peu satisfaite, l'eau devenant commune, on fit cuire du riz que l'on mangea avec du beurre ; c'était le premier repas que l'on eût fait depuis huit jours.

Après avoir rempli d'eau toutes les outres, on leva le camp et l'on fit route au nord-ouest. C'était le 28 mai. On fit halte, le 29, dans un endroit où l'on trouva un peu de végétation. En traversant le désert, Caillié apercevait dans l'éloignement de grandes étendues de terrain qui lui semblaient être des lacs et des rivières, au milieu desquels s'élevaient comme des îles de sable, et qui montraient à l'horizon cette plaine désolée comme un lieu propre à se désaltérer ; mais en approchant il se trouvait toujours bien cruellement déçu : au lieu de l'eau qu'il espérait trouver, il ne découvrait plus qu'un sable mouvant et dont les grains brûlants l'aveuglaient à toute

heure. Une pareille illusion redoublait ses tourments et les rendait bien plus affreux. Il faut, dit-il, avoir vu par soi-même de semblables mirages pour s'en faire une juste idée.

Le 1er juin on fit halte aux puits de Trasas ou Trarzas, situés dans une plaine entourée de dunes de sable jaune. Ces puits, en assez grand nombre, ont de 7 à 8 pieds de profondeur ; l'eau en est salée et détestable, mais elle fut trouvée délicieuse dès qu'on eut pu les déblayer. La caravane trouva ici les Maures Tajacantes, et Caillié obtint d'eux quelques gouttes d'eau salée.

Le 12 juillet on atteignit le territoire d'El-Harib, situé à deux jours à l'ouest de celui d'El-Drah, et à une journée à l'est de la contrée des Tajacantes ; il se trouve entre deux chaînes de petites montagnes qui se prolongent de l'est à l'ouest et le séparent de l'empire de Maroc, dont il est tributaire. Les habitants sont des tribus nomades qui élèvent des chameaux dont le lait les nourrit, et qui forment leur principale richesse. Tous les Maures d'El-Harib font le voyage du Soudan ; ils vont à Tomboctou, à El-Araouan et à Sansanding ; les négociants du Tafilet, d'El-Drah et du Soueyrah leur donnent des marchandises qu'ils vont ainsi vendre, en y joignant quelques petits articles pour leur propre compte. Ces Maures sont continuellement harcelés par les Berbers, qui en exigent des tributs, bien qu'ils soient déjà si pauvres.

Les Maures d'El-Harib sont vêtus comme ceux des bords du Sénégal, excepté qu'ils mettent par dessus leur coussabe une couverture de laine fabriquée dans le pays d'El-Drah ou du Tafilet. Ils n'ont qu'une femme, et, comme les Braknas, ils en changent souvent. Ils sont tous musulmans; mais ils ne s'adonnent pas comme les marabouts à l'étude du Koran, et ils n'apprennent pas à écrire : aussi un marabout est très-considéré chez eux. Ils sont généralement détestés de tous leurs voisins, qui les traitent de cafirs ou infidèles. Ces Maures, hommes et femmes, sont très-sales et très-puants; ils mangent les chameaux crevés. Pendant que les hommes voyagent, les femmes s'occupent à faire des cordes avec de l'herbe, pour attacher les bagages et pour tirer l'eau des puits dans le désert; elles filent le poil de leurs chameaux, avec lequel elles tissent l'étoffe pour faire leurs tentes; elles travaillent le cuir, le tannent, et en font des sandales pour leurs maris; comme tous les musulmans, elles ne mangent pas avec les hommes.

Le 13 juillet, la caravane entra dans le pays d'El-Drah, dont elle traversa le premier village, celui de Zaouat, dont les maisons à terrasses n'ont que le rez-de-chaussée. Ce lieu est entouré de forêts de dattiers qui élèvent majestueusement leurs cimes dans les nues. Sous ces arbres, les habitants d'El-Drah cultivent du froment, de l'orge et quelques légumes.

Ils distribuent leurs terres en petits carrés pour y faire séjourner l'eau des puits; quand ils jugent qu'elle n'y est plus nécessaire, ils l'amènent par des conduits aux pieds de leurs dattiers. Chaque propriétaire a, au milieu de son champ, un puits dont l'eau est claire et bonne à boire.

Le 20 juillet, on se remit en route, et le 27 on atteignit le pays de Ghourland, parsemé de dattiers. Le 29, on partit pour Fez, en traversant le Tafilet, petit arrondissement faisant, comme El-Drah, partie des États de l'empereur de Maroc; les habitants payent quelques impôts à ce souverain, qui y entretient un bacha ou gouverneur, lequel fait sa résidence à Ressant, ville ayant une grande porte entourée de petits carreaux en faïence de diverses couleurs, placés symétriquement sur le mur.

Caillié dépeint ce pays comme agréable. Les habitants font, dit-il, un grand commerce avec le Soudan et El-Araouan; ils y envoient du tabac en feuilles qu'ils récoltent chez eux; ils expédient aussi des marchandises d'Europe.

La population est divisée en nobles et esclaves, dont quelques-uns sont affranchis. Ici on tanne le cuir, on fait un beau maroquin très-estimé dans le commerce, et qui trouve à Fez un prompt débouché. Dans les marchés, on aperçoit des couvertures de laine, des coussabes, des cuirs tannés, des pagnes, des souliers, des dattes, des plats en bois, et divers objets travaillés dans le pays, qui, du reste, abonde en Juifs, très-malheureux, allant presque nus, et constamment insultés par les Maures.

Le 12 août, Caillié arriva à Fez, ville importante de l'empire de Maroc, sur laquelle il donne les renseignements suivants :

Fez ou *El-Fez* est située dans une sorte d'entonnoir formé par de hautes montagnes bien boisées, d'où descendent plusieurs gros ruisseaux qui arrosent la campagne et fournissent la ville de très-bonne eau ; dans toutes les mosquées il y a des jets d'eau, et dans plusieurs rues des fontaines destinées à désaltérer les passants. On y remarque plusieurs moulins à eau pour moudre les grains. La ville a environ quatre milles de tour ; elle est enveloppée d'un double mur en briques, ayant de distance en distance des pignons qui lui servent d'ornement. Ce mur a treize pieds de haut. On entre dans la ville par une grande porte formant un arc de triomphe. Dans l'enceinte du premier mur, il y a quelques jardins et de petites maisons basses : c'est ce qu'on appelle les *faubourgs*. Les maisons, construites à terrasses avec des briques bien faites et cuites au four, ont en général un étage au dessus du rez-de-chaussée, et ne reçoivent le jour que par une cour intérieure. Ces maisons, toutes blanchies à la chaux, sont mal entretenues et n'ont que de très-petites fenêtres carrées et bien grillées sur les rues, qui, elles-mêmes, sont pavées, très-étroites, tortueuses, sombres et de la plus grande malpropreté ; ces rues ne sont que de longues galeries couvertes par des treilles ou de la maçonnerie, ce qui empêche l'air d'y circuler et rend la ville très-malsaine.

On fabrique à Fez des couvertures de laine et de la poudre à canon. Il y a des ouvriers qui font des charrues et des pelles de bois pour travailler la terre ; il y a aussi des serruriers, des couteliers, cordonniers, tailleurs, maçons et armuriers.

Dans la plupart des quartiers de Fez on trouve des boutiques garnies de toutes sortes de denrées, où les voyageurs achètent du pain, de la viande, du beurre, de la pâtisserie et des fruits. On apporte au marché de Fez beaucoup de dattes et de cuirs tannés du Tafilet.

Pour la sûreté des boutiques, on lâche toutes les nuits des chiens dans les rues du marché ; ces animaux, dressés exprès, font leur service avec une telle ardeur, que si des hommes couchés à proximité ne les surveillaient pas, ils dévoreraient les passants que le hasard ou quelques affaires conduiraient vers le lieu confié à leur garde.

Fez a beaucoup de mosquées ; elles sont toutes surmontées d'une tour carrée d'environ cent pieds de haut, sur laquelle on arbore un pavillon blanc au moment de la prière. Ces mosquées sont de grands bâtiments carrés longs, où l'on remarque plusieurs galeries formées par des arcades. Une très-belle fontaine est placée près de la grande mosquée de Fez, et désaltère les étrangers qui, tous les jours, viennent y dormir au frais. Comme il n'y a ni auberge ni hôtellerie à Fez, ces mêmes étrangers vont prendre d'ordinaire leurs repas à la mosquée.

Hors de la ville, sur deux montagnes, on voit deux petits forts avec des embrasures, mais il n'y a point de canons. Les environs de la ville, à deux ou trois milles à la ronde, sont bien cultivés ; il y croît beaucoup d'oliviers, de figuiers, de poiriers et de pommiers ; près des murs sont des mûriers qui s'élèvent très-haut.

Le gouvernement de la ville est confié à un bacha, lequel a sous lui un certain nombre de magistrats chargés de la police. La garnison se compose d'environ cinq mille soldats à la solde du sultan. Fez a une population d'environ vingt mille habitants, tous ouvriers ou marchands.

Le 14 août 1828, Caillié quitta la ville de Fez, son sac de cuir sur le dos, et partit pour Méquinaz, où il arriva le même jour.

Il dit que les rues de cette ville sont aussi sales et aussi étroites que celles de Fez. Ne trouvant point à se loger, il dut se réfugier à la mosquée, asile accoutumé des malheureux, et encore en fut-il bientôt chassé par le portier du temple, ce qui l'obligea de dormir à la belle étoile.

Le 15, il se mit en route à pied pour aller à Rabat, ville voisine de la mer, au sud-ouest du détroit de Gibraltar. Il y arriva le 18. Il espérait y trouver le terme de ses maux, en se présentant chez le consul de France; mais ce consul était un juif, qui fit la sourde oreille, et le 2 septembre, Caillié dut s'éloigner de Rabat pour tâcher d'arriver jusqu'à Tanger, où il était sûr de trouver des secours chez le consul de sa patrie, qu'il savait être Français. Il entra dans cette ville le 7 septembre 1828. Malheureusement, il ne put trouver sur-le-champ accès auprès du consul, M. Delaporte, et ce ne fut qu'après quelques jours d'anxiété qu'il parvint auprès de lui et fut recueilli dans sa maison.

Il y resta jusqu'au 28 septembre, jour où, grâce à M. Delaporte, Caillié put s'embarquer sur une goëlette française, qui le ramena à Toulon, où il prit terre le 10 octobre suivant, pour venir recevoir à Paris le grand prix annuel de la Société de Géographie, récompense qu'on avait promise au premier voyageur qui serait parvenu à Tombouctou en partant de la Sénégambie.

Le voyage de Caillié, commencé le 20 avril 1827, à Kakondy, à l'embouchure du Rio-Nunez, en Sénégambie, sur l'Atlantique, et terminé à Tanger, sur le détroit de Gibraltar, le 7 septembre 1828, avait duré environ seize mois et demi, dont neuf pour les séjours faits en dix-huit endroits différents, et le restant en journées effectives de marche. Caillié a été, nous le répéterons avec orgueil pour la France, le premier voyageur européen qui ait vu Tombouctou et en soit revenu, car l'infortuné major Laing, qui était arrivé dans cette ville, avait péri d'une façon tragique peu de jours après l'avoir quittée.

CHAPITRE IV

VOYAGES DES FRÈRES LANDER (1830-1831), ET DU DOCTEUR HENRI BARTH (1850-1855)

Voyage de Richard et de John LANDER : — Ils débarquent à Badagarry. — Audience du roi. — Prétentions ridicules de ce personnage. — Le gouverneur de Jenna. — Sacrifice d'une veuve. — De Jenna à Katunga et à Boussa. — Séjour forcé dans le pays. — La ville de Wowow. — Descente du Niger. — Rencontre d'un navire anglais. — Retour. — Fin malheureuse de Richard Lander. — Voyage du docteur BARTH : — Départ de Tripoli. — Traversée du désert. — Arrivée à Kano. — De Kano à Kuka. — Un collectionneur original. — Visite au lac Tchad. — Excursion dans le Baghirmi. — Mésaventures. — En route pour le Niger. — Arrivée à Say. — De Say à Tombouctou. — Séjour dans cette ville. — Sus au chrétien ! — Retour à Kuka. — Nouvelle traversée du désert. — Arrivée à Londres.

Le lecteur a vu, dans les chapitres précédents, que le Niger, ce grand fleuve du Soudan, avait été suivi depuis sa source jusqu'à Boussa, lieu où le courageux Mungo Park termina tragiquement sa carrière. La relation du capitaine Clapperton, rapportée en 1827 par son fidèle serviteur Richard Lander, annonçait que le même fleuve coulait vers l'ouest depuis Boussa, et qu'il devait, selon toutes les apparences, aboutir à l'Océan Atlantique. La précision des détails fournis par Clapperton et confirmés par Lander qui, dans son trajet pour revenir seul en Angleterre, avait souvent entendu parler du Niger comme descendant vers l'Océan, détermina le gouvernement britannique à ordonner, vers la fin de 1829, une expédition dans le but de descendre le fleuve depuis Boussa jusqu'à la mer.

L'infatigable Richard Lander offrit ses services qui furent acceptés avec empressement, et le 9 janvier 1830 il partit de Portsmouth, en compagnie de son frère John Lander.

Les deux voyageurs descendirent dans la rade de Badagarry, ainsi que l'avait fait Clapperton. Leur premier soin fut d'aller rendre visite au roi du pays, le terrible Adouley, qu'ils trouvèrent en train de manger des oignons crus.

Ce prince était nonchalamment assis sur une vieille table ; il se montra plein de bienveillance et promit aux voyageurs de leur fournir les moyens de traverser le pays en toute sécurité. Mais comme condition à leur départ, il voulut visiter les objets qu'ils emportaient afin de s'as-surer qu'il n'y en avait aucun qui pût leur être préjudiciable dans la suite. C'était une manière adroite de se réserver un choix parmi ces objets.

Le lendemain, en effet, le roi Adouley vint à la case des voyageurs. Deux hommes le portaient dans un palanquin. Son habillement consistait en une chemise de toile anglaise, un manteau espagnol, une calotte avec un turban, et des sandales. Sa suite se composait simplement de trois jeunes garçons à demi-nus qui se placèrent l'un devant l'autre aux pieds de leur maître, selon leur habitude. Le premier portait une longue épée, le second un pistolet, et le troisième un sac rempli de tabac.

Les voyageurs présentèrent au roi une espèce de bière aussi spiritueuse que le vin. Il en but une quantité considérable avec un plaisir extrême.

Il fuma presque tout le temps qu'il passa dans la case; cependant à chaque malle que l'on ouvrait, il retirait doucement sa pipe de sa bouche et observait avec une grande curiosité chaque article soumis à son examen.

Tout objet qui, dans son opinion, requérait une attention plus particulière, ou pour mieux dire, se trouvait à son gré était, sur sa demande, remis entre ses mains; mais comme si c'eût été une infraction capitale à la politesse que de le rendre après l'avoir souillé par le contact de ses doigts, il le faisait passer à un de ses pages couchés à ses pieds, qui le cachait soigneusement entre ses jambes.

Le roi, comme bien on pense, ne se gênait pas, aussi fût-ce sans surprise, mais non sans chagrin, que les voyageurs virent les principaux objets renfermés dans les malles passer de ses mains dans celles de ses favoris. Il n'y avait malheureusement rien à objecter.

Il était fort tard lorsque Adouley se retira, emportant un habit écarlate, un manteau, des armes à feu et des munitions, des pièces de coton, des pipes, des boîtes à tabac, des canifs, des plumes, du papier, de l'encre et même plusieurs malles; mais il oublia de remercier.

Deux jours après, les voyageurs reçurent enfin l'invitation de se rendre à la résidence du roi pour régler définitivement les mesures relatives à leur voyage dans l'intérieur des terres. Ils furent reçus avec la politesse et la courtoisie ordinaires.

Adouley leur annonça qu'il avait l'intention de les retenir quelques jours de plus parce que la route n'était pas encore assez sûre et que sa réputation ne lui permettait pas de les exposer à un péril évident, ce qui serait infailliblement arrivé sans les précautions qu'il avait adoptées. Après cette déclaration si pleine d'intérêt, il pria les voyageurs de dresser par écrit la promesse de lui faire remettre quelques objets qui lui seraient envoyés soit du fort du cap Coast, soit directement d'Angleterre, en retour de sa protection.

Entre autres articles, Adouley demanda quatre uniformes semblables à ceux que portait le roi d'Angleterre et quarante moins magnifiques à l'usage de ses gardes, cinquante mousquets, vingt barils de poudre à canon, quatre épées

L'AFRIQUE OCCIDENTALE. — Danse en l'honneur de la lune.

de première qualité, quarante coutelas, deux barils de rhum, des outils de charpentier, de l'huile et des pinceaux, une demi-douzaine de fusées à la Congrève, un obusier pour les lancer et un soldat qui fût en état de le manœuvrer, enfin le remboursement des dépenses qu'il avait faites pour repousser les attaques de plusieurs tribus voisines, attaques dont, paraît-il, l'expédition du capitaine Clapperton avait été la cause.

Les voyageurs demandèrent alors au roi si, outre ces objets de peu de valeur, il ne désirait pas autre chose. Celui-ci réfléchit un instant, s'entretint à voix basse avec quelques-uns des chefs qui se trouvaient dans la case, et répondit qu'il avait encore besoin d'une large ombrelle, de quatre caisses de boulets, et d'un baril de pierres à feu. Ces différents objets furent couchés par écrit à la suite des précédents, et la liste, close et dûment paraphée, fut remise au roi, qui devait se charger de la faire porter par un de ses capitaines au fort du cap Coast, où ledit capitaine resterait jusqu'à la remise de tous les objets.

« S'il en a été ainsi, écrit un des voyageurs, j'imagine que le capitaine a fait un long séjour au fort du cap Coast. »

Dans la soirée, le roi s'étant ravisé, envoya dire aux voyageurs qu'à la place des quatre caisses de boulets, il préférait une chaloupe canonnière montée par cent marins anglais, plus quelques pipes ordinaires pour son usage personnel.

John Lander, dont l'esprit était naturellement porté à la gaieté, répondit qu'il serait fait comme le roi le désirait, et joignit à sa réponse la promesse d'envoyer, aussitôt de retour en Angleterre, quarante onces d'or à titre de cadeau gracieux pour remercier Adouley de sa discrétion et de sa bienveillance.

Ces diverses affaires réglées à la satisfaction de tout le monde, nos voyageurs purent enfin partir de Badagarry.

Quelques jours après, ils arrivèrent à Jenna. Le chef de cette ville, tributaire du roi de Katunga, capitale du Yoruba, était mort depuis plusieurs mois, et on avait choisi pour le remplacer le dernier de ses esclaves; ce choix avait été dicté par la pensée qu'à une si grande distance de la capitale, un personnage d'un rang élevé qui posséderait du talent et du courage pourrait facilement déterminer les habitants à se rendre indépendants.

Il était donc politique d'élever à la dignité de gouverneur de la ville un homme simple et sans ambition; c'est ce qui avait été fait: le chef de Jenna poussait, au dire des voyageurs, la simplicité jusqu'à l'idiotisme.

Dans ce pays, quand un gouverneur vient à mourir, une ou deux de ses femmes doivent se donner la mort le même jour, afin que le défunt ait quelque agréable compagnie dans sa nouvelle demeure. Les fidèles épouses du dernier gouverneur, pour des raisons à elles particulières, n'avaient eu ni l'ambition ni le goût de suivre leur vénérable époux dans la tombe. Elles s'étaient échappées avant la fin des cérémonies funèbres, et depuis cette époque étaient restées soigneusement cachées.

Mais pendant le séjour de nos voyageurs à Jenna, une de ces infortunées fut découverte et mise en demeure d'observer la coutume; on lui laissa seulement, comme faveur, l'alternative de prendre du poison ou d'avoir la tête brisée par la massue du prêtre. Elle opta pour le premier genre de mort.

La malheureuse victime voulut passer ses dernières heures en compagnie de ses esclaves. Quand celles-ci eurent appris le malheur qui menaçait leur maîtresse, elles brisèrent leurs fuseaux, abandonnèrent la préparation du maïs, laissèrent leurs chèvres, leurs moutons, leurs volailles errer en liberté, et se livrèrent avec emportement à leur douleur.

Tout le long du jour, des femmes vinrent pour consoler leur vieille amie et pleurer avec elle; les hommes les plus considérables de la ville vinrent aussi pour offrir leurs derniers hommages ; on n'entendait que des gémissements et des sanglots.

Malgré les représentations et les remontrances du ministre du culte, malgré les prières de la victime, qui demandait à ses dieux la fermeté nécessaire pour subir sa cruelle destinée, le courage lui manqua plusieurs fois. Elle s'avançait, résolue à mourir dans les bras de ses esclaves, puis repoussait tout à coup la coupe fatale pour se promener encore, et admirer une dernière fois la splendeur du soleil et la magnificence des cieux. Elle ne pouvait supporter la pensée de renoncer pour toujours à la vie.

A chaque instant arrivaient de longues processions de femmes, l'air consterné et les yeux en pleurs, qui venaient gémir sur la mort prochaine de la veuve : elles se lamentaient, se frappaient la poitrine, s'arrachaient les cheveux, poussaient des sanglots, et exprimaient par tous les moyens possibles la douleur que leur causait cette perte inévitable. La femme qui ouvrait la marche du cortége poussait de temps en temps un cri auquel répondaient les autres femmes ; ce chant de douleur commençait sur un ton sourd et monotone, et se terminait par un cri aigre et perçant.

Cependant, on apprêtait le tombeau et on disposait tout pour la veillée des funérailles ; la victime devait être enterrée dans une hutte dès que l'esprit aurait quitté le corps, ce dont les indigènes s'assurent d'ordinaire, en frappant la terre sur laquelle le défunt est couché : si on n'aperçoit aucun mouvement, au-

cune convulsion, la mort est considérée comme complète.

Mais la veuve ne pouvait se décider à boire le poison dont il est fait usage dans ces circonstances, et qui donne la mort en moins de dix minutes.

Alors, les habitants de la ville trouvant qu'elle retardait par trop le moment du sacrifice, envoyèrent un exprès à ses parents pour leur annoncer que, si leur fille refusait plus longtemps de subir son destin, ils seraient réduits en esclavage et leur demeure serait brûlée, conformément à une ancienne loi encore en vigueur ; ils les engageaient en conséquence, tant dans leur intérêt personnel que dans celui du public, de faire tous leurs efforts pour décider leur fille à en finir courageusement et honorablement.

Le bruit se répandit, sur ces entrefaites, que la victime avait séduit plusieurs des principaux habitants, au moyen de riches présents, et que, par leur intermédiaire, elle avait obtenu du roi l'autorisation d'attendre le terme naturel de ses jours. A cette nouvelle le peuple, frappé d'horreur par tant d'impiété, se leva en masse et mit lui-même à exécution la vieille loi du pays.

Le 7 avril 1830, nos voyageurs quittèrent les scrupuleux habitants de Jenna pour se rendre à Katunga. Le trajet ne présenta rien de bien remarquable, si ce n'est la rencontre de nombreuses femmes portant sur la tête des petites figures d'enfants grossièrement sculptées dans du bois ; c'étaient des mères en deuil. Toutes les fois qu'elles prenaient leur nourriture, elles ne manquaient jamais d'en présenter une partie devant la bouche de ces statuettes, comme elles auraient fait à un enfant vivant.

A Katunga, capitale du Yoruba, où ils parvinrent le 13 mai, les voyageurs furent reçus avec beaucoup de bienveillance par le roi Mansolah ; pour leur témoigner toute son estime et son affection, il leur donna, par ordonnance, le droit de faire couper la tête à quiconque les importunerait. Il va sans dire qu'ils n'usèrent pas de ce singulier privilége ; ils préférèrent obtenir la faculté de partir de suite pour Boussa, où ils devaient s'embarquer sur le Niger.

Ce fameux fleuve ne leur parut ni majestueux ni imposant ; ils le remontèrent jusqu'à la ville de Yowri, où ils furent retenus, pendant plusieurs semaines, par le souverain, sous le plus ridicule des prétextes.

Ce personnage envoya aux voyageurs quelques plumes sans aucune valeur, arrachées à une autruche vivante, avec promesse d'en donner d'autres, de façon à former un cadeau digne d'être offert en son nom au souverain de l'Angleterre. Mais comme, suivant lui, il n'était pas prudent pour la vie de l'animal de lui enlever d'une seule et même fois tout son plumage, il pria les voyageurs d'attendre que les plumes déjà arrachées eussent repoussé avant de dépouiller l'autre partie du corps de l'oiseau, ajoutant qu'il était d'ailleurs tout disposé à faire les frais de beurre nécessaires pour activer cette pousse.

Cette singulière idée fut peu goûtée par les voyageurs, comme bien on pense, et déjà ils commençaient à craindre qu'on ne voulût les retenir à tout jamais lors-

que fort heureusement un envoyé du roi de Boussa vint les délivrer. Le 2 août ils purent reprendre leur voyage, mais pour revenir sur leurs pas et regagner Boussa où ils étaient attendus par le souverain, qui voulait à toute force consulter le Niger afin de savoir s'il était prudent que les Anglais s'embarquassent ou non.

Tant de sollicitude parut, avec raison, très-peu naturelle aux voyageurs. A peine étaient-ils arrivés, en effet, que la reine, dont l'influence sur l'esprit de son mari était sans borne, leur conseilla d'aller voir un roi voisin, celui de Wowow, sous prétexte qu'ils trouveraient chez lui des canots bien plus solides et qui leur seraient vendus bien moins cher. Or, ce roi de Wowow n'était autre que le propre frère de la reine de Boussa, et celle-ci voulait le faire profiter de la visite des étrangers.

Les voyageurs ne furent pas dupes de cette petite ruse ; cependant ils suivirent le conseil qui leur était donné, quoique pour satisfaire la curiosité flatteuse du frère de la reine, il dût leur en coûter encore des cadeaux. Ils se rendirent donc à Wowow où ils furent d'ailleurs bien reçus.

A Wowow, de même qu'à Boussa, les personnes des premières classes de la société, après leur mort, sont enterrées dans la cour de la maison où elles ont demeuré pendant leur vie ; tandis que les gens du commun reçoivent la sépulture dans un lieu exclusivement réservé à cet usage, situé à quelque distance de la ville, dans une épaisse forêt, et répondant comme on voit aux cimetières de nos pays. Les amis du défunt, lorsque celui-ci appartient à un rang élevé, courent à sa demeure aussitôt qu'on vient leur annoncer qu'il a rendu le dernier soupir, et ne cessent de se lamenter en son honneur pendant un espace de sept jours. L'usage veut aussi qu'on se vêtisse tout ce temps de ses plus méchants habits. Au contraire, les parents d'un pauvre accompagent ses restes au champ de repos et restent ensuite dans la forêt voisine, jusqu'à ce que leur chagrin se calme, ou que la semaine de deuil soit écoulée.

La célébration du mariage entre personnes libres est extrêmement simple, et ne donne lieu à aucune fête, à aucune espèce de réjouissances. Le futur mari ne peut jamais se mêler en rien des démarches préliminaires, quoique le résultat de la négociation l'intéresse plus que personne ; et les père et mère de la jeune fille ne doivent pas non plus intervenir. Quand un homme et une femme conçoivent de l'attachement l'un pour l'autre, celle-ci va aussitôt trouver son aïeule, et la presse de lui accorder la permission de vivre désormais avec son amant, car à elle seule appartient de disposer de la main de sa petite-fille. S'il arrive pourtant que son aïeule n'existe plus, la femme est entièrement libre d'agir à son gré. On laisse d'ordinaire plusieurs jours à la vieille pour qu'elle réfléchisse, pour qu'elle considère la chose sous toutes ses faces ; et l'homme ne manque pas de profiter de cet intervalle pour lui faire de légers présents et lui rendre de petits services, dans l'espoir qu'elle deviendra favorable à ses intérêts.

Lorsqu'un homme libre vient à aimer une femme qui est esclave, et qu'il possède la somme d'argent dont il a besoin en pareille circonstance, il se transporte près du maître de sa belle, lui ouvre son cœur, et lui déclare son projet d'épouser la femme en question, s'il consent à l'y autoriser. Si le propriétaire de la jeune fille approuve le mariage, l'amant lui paye vingt mille cowries pour prix de son approbation , quoiqu'une somme plus petite soit souvent offerte et acceptée, et l'objet de ses affections devient dès lors son épouse. Néanmoins les enfants qu'il peut avoir d'elle ne lui appartiennent pas plus que s'il leur était complétement étranger au lieu d'être leur père, mais sont considérés comme l'unique propriété du maître de la femme qui les réclame et les emmène aussitôt qu'ils sont capables de courir. Le mariage ne brise pas non plus pour la mère les liens de l'esclavage, car elle est toujours exposée à ce que son maître la rappelle dès que celui-ci le juge convenable, et alors il faut qu'elle recommence à le servir de même que si elle fût restée fille. L'union d'esclaves entre eux dépend absolument de la volonté et du bon plaisir de leurs possesseurs.

Un homme est libre de renvoyer sa femme à ses père et mère en tout temps, et sans avoir besoin d'alléguer aucun motif de haine ou de mécontentement. Lorsque telle est son intention, il l'accable d'injures et de mauvais procédés : l'épouse comprend bientôt ce que signifie cette conduite : elle retourne de son propre accord vers ses amis, et leur raconte ce qui arrive. Ceux-ci se transportent en corps au domicile du mari, et lui demandent d'une manière formelle si son désir est que sa compagne revienne avec eux. Dans ce cas le mariage est dès lors dissous, et la femme est censée n'avoir jamais été mariée. S'il y a des enfants, la mère ne possède aucun droit sur eux, mais ils demeurent avec leur père qui les confie aux soins de ses autres femmes.

De Wowow, les voyageurs revinrent à Boussa pour terminer, non sans peine, les négociations entamées au sujet de l'achat d'un canot. La veille de leur départ définitif, ils assistèrent aux cérémonies qui accompagnent une éclipse de lune, et recueillirent la singulière légende qui, dans le pays, explique ce phénomène.

« Vers dix heures du soir, dit la relation de voyage, lorsque nous dormions sur nos nattes, nous fûmes soudain réveillés par un grand cri de détresse que poussaient d'innombrables voix ; et en outre, un épouvantable vacarme qui semblait produit par le choc de toute espèce d'ustensiles de ménage, et que l'heure avancée rendait plus effrayant, parvenait à nos oreilles. Avant que nous eussions pu revenir de notre surprise, un habitant se précipita dans notre hutte tout hors d'haleine, et nous apprit, d'une voix tremblante, que le soleil entraînait la lune à travers les cieux. Cherchant quel pouvait être le sens d'une si singulière et si sotte histoire, nous sortîmes à demi-habillés dans la cour de notre habitation, et nous découvrîmes que la lune était complétement éclipsée. Bientôt nous fûmes environnés d'un grand nombre d'habitants, qui tous en proie à la plus vive frayeur criaient que la fin du monde était arrivée, et que c'était le commencement d'une destruction universelle.

Nous apprîmes par eux que les prêtres musulmans qui résidaient dans la ville, personnifiant le soleil et la lune, avaient dit au roi et au peuple que l'éclipse était occasionnée par suite de l'obstination et de la désobéissance du dernier de ces deux astres. Ils prétendaient que depuis fort longtemps la lune était mécontente de la route qu'elle était forcée de suivre dans le ciel, parce que cette route était remplie de ronces et d'épines et obstruée de mille autres difficultés ; qu'elle avait en conséquence épié une occasion favorable, et que la trouvant le soir dont il s'agit, elle s'était écartée de son chemin habituel pour entrer dans celui du soleil. Elle n'était cependant pas encore allée loin dans la voie défendue, lorsque le fait fut remarqué par le soleil, qui aussitôt courut après elle en grande colère, et la punit de sa présomption en l'enveloppant de ténèbres, la ramenant de force vers son propre territoire, et lui défendant de répandre sa clarté.

Le conte, tout bizarre qu'il puisse paraître, avait été cru de la meilleure foi du monde par le roi, la reine et la plupart des habitants de Boussa. Quant au charivari dont notre sommeil avait été troublé et qui continuait toujours avec un redoublement de véhémence, la cause en était, nous dit-on, qu'ils s'étaient tous rassemblés dans l'espoir de contraindre le soleil à regagner sa sphère et à laisser la lune éclairer le monde comme d'habitude. »

Le 20 septembre, les voyageurs s'embarquèrent pour descendre le Niger. Bien des vicissitudes remplirent encore les deux grands mois de leur navigation; mais, enfin, après avoir suivi dans toutes ses sinuosités le grand fleuve, ils parvinrent à son embouchure. Là ils eurent le bonheur de rencontrer un brick anglais qui les prit à son bord et les débarqua à Fernando-Po. Ils restèrent dans cette île jusqu'à l'arrivée d'un autre bâtiment chargé de provisions envoyées par le gouvernement anglais pour l'usage de la colonie. Ce bâtiment devait se rendre ensuite à Rio-Janeiro, afin d'y prendre un chargement.

Comme les voyageurs ne pouvaient espérer aucun autre moyen de quitter Fernando-Po, ils s'embarquèrent pour Rio-Janeiro, où ils arrivèrent le 16 mars et d'où ils repartirent à destination de l'Angleterre. Le 9 juin suivant ils descendirent enfin à Portsmouth.

Il était constaté cette fois que le Niger se jette, par plusieurs embouchures, dans l'Océan Atlantique, entre les golfes de Benin et de Biafra. Richard Lander, dans l'espoir d'établir des relations commerciales régulières entre l'Angleterre et l'intérieur de l'Afrique, revit plusieurs fois les contrées qu'il venait d'explorer; ce fut dans un de ces voyages qu'il fut lâchement assassiné, au commencement de l'année 1834.

Dans l'année 1841, les Anglais organisèrent de nouveau une expédition composée de trois bâtiments. Le capitaine Trotter, chef de cette expédition, devait remonter la rivière Chadda, affluent du Niger; mais l'entreprise eut une fin désastreuse. Trois hommes seulement échappèrent à la fièvre, et le capitaine Trotter, qui avait le bonheur d'être de ce nombre, dut se hâter de revenir à Londres pour rétablir sa santé. Le résultat de cette tentative fut la conclusion de quelques traités de commerce avec les populations qui habitent les rives du fleuve.

Cependant, malgré la funeste issue de tant de courageuses entreprises, l'Angleterre décida, en 1849, le départ de James Richardson chargé d'une mission qui intéressait en même temps la science et l'humanité; il s'agissait d'ouvrir le Soudan au commerce européen et de substituer au trafic des hommes celui des richesses naturelles de l'Afrique. Le gouvernement britannique permettait à un Allemand de se joindre à cette expédition.

Le docteur Henri Barth, né à Hambourg, qui, dans un premier voyage, avait exploré le nord de l'Afrique, une partie du désert, visité l'Egypte et vu Constantinople, après avoir traversé l'Asie Mineure, s'offrit avec joie pour accompagner Richardson. Son père se désola de cette résolution et ses supplications furent si pressantes que Henri Barth écrivit pour se désister de sa demande; mais il était trop tard, on avait compté sur sa parole et il dut partir avec son ami Overweg, qui voulait partager ses travaux et ses fatigues.

Les voyageurs quittèrent Tripoli au mois de mars 1850 : Mourzouk, Ghât, Tintellust et Tagelad furent les stations de leur itinéraire jusqu'à l'entrée du Soudan. Ils se séparèrent alors pour multiplier les résultats de leurs travaux : Richardson se dirigea par Zinder et Gurai, vers le lac Tchad ; en ce lieu, la fièvre le prit ; il continua néanmoins sa route jusqu'à Ungurutua, où il arriva tellement faible qu'il lui fut impossible d'aller plus loin.

Malgré les soins dont le gouverneur du district l'entoura, il expira dans la nuit même de son arrivée. Barth s'empressa d'accourir pour rendre à son compagnon les derniers devoirs. Le corps de Richardson, enveloppé d'un linceul et couvert d'un tapis, fut mis dans une fosse, à l'ombre d'un grand arbre, tout près du village. Les principaux sheiks et le peuple du district assistèrent à cette cérémonie, et le sultan de Bornou envoya l'ordre de respecter la tombe du voyageur.

De son côté Overweg visita dans l'est les villes de Mariadi et de Gouber. A la nouvelle de la mort de Richardson, il était venu à Kuka dans l'espoir d'y trouver le docteur Barth ; ce fut là que les fièvres le prirent pendant la saison pluvieuse de 1852, et qu'il rendit le dernier soupir le 27 septembre, à l'âge de trente ans seulement.

Pendant que Richardson et Overweg accomplissaient ainsi leur dernier itinéraire, le docteur Barth était parti pour Kano.

Cette ville, rapporte le voyageur, avec ses habitations variées, ses pâturages verdoyants où paissent des bœufs, des chevaux, des chameaux, des ânes et des chèvres, ses étangs couverts de plantes, ses arbres magnifiques, sa population aux costumes si divers, depuis l'étroit tablier de l'esclave jusqu'aux draperies flottantes de l'Arabe, forme le tableau animé d'un monde complet en lui-même, tout différent à l'extérieur de ce qu'on voit en Europe, mais exactement pareil au fond.

Ici, une file de magasins remplis de marchandises étrangères et indigènes, des acheteurs, des vendeurs de toutes les nuances qui s'efforcent de gagner le plus possible et de se tromper mutuellement ; là-bas, des parcs où sont entassés des esclaves demi-nus, mourant de faim, dont le regard désespéré cherche à découvrir le maître auquel ils vont échoir.

Ailleurs, tout ce qui est nécessaire à l'existence, le riche prenant ce qu'il y a de plus délicat ; le pauvre se baissant, les yeux avides, au-dessus d'une poignée de grains. Puis un haut dignitaire, monté sur un cheval de race au riche harnais, suivi d'un cortége insolent, effleure un pauvre aveugle qui risque à chaque pas d'être foulé aux pieds.

Dans cette rue, est un charmant cottage, au fond d'une cour entourée d'une palissade de roseaux ; des dattiers protégent cette retraite contre la chaleur du jour. La maîtresse du logis, vêtue d'une robe noire serrée autour de la taille, les cheveux soigneusement retroussés, file du coton en surveillant la mouture du millet. Des enfants nus et joyeux se roulent dans le sable, ou courent à la poursuite d'une chèvre. A l'intérieur, des vases en terre, des sébilles de bois, luisant de propreté, sont rangés en bon ordre.

Plus loin, une courtisane sans refuge, au rire bruyant et forcé, aux colliers nombreux, la chevelure à demi-retenue par un diadème, balaye le sable de sa

LE DOCTEUR HENRI BARTH

jupe aux vives couleurs, attachée négligemment au-dessous d'une poitrine
luxuriante. Sur une terrasse découverte,
un atelier de teinture avec ses nombreux
ouvriers. A deux pas, un forgeron qui
finit une lame, dont le tranchant sur-
prendrait le plaisant qui voudrait rire
des outils grossiers de celui qui la termine. Dans une ruelle peu fréquentée,
des femmes qui étendent des écheveaux
de coton sur une haie.

Dans la foule bigarrée, tous les types,
toutes les nuances ; l'Arabe olivâtre,
l'habitant de Kano, la peau foncée, aux
larges narines, le Foullah aux traits
fins, à la taille souple, aux membres dé-
gagés, le Mandingue à la figure aplatie,
la virago de Moupé, la jolie femme du

Haoussa, élégante et bien faite. Partout la vie humaine sous ses aspects les plus divers, sous ses formes les plus sombres et les plus riantes.

Il était difficile au docteur Barth de s'éloigner de Kano : personne avec qui faire le voyage, une route infestée de voleurs, un seul domestique sur lequel il pût compter, et la fièvre tellement forte qu'il pouvait à peine se tenir debout. Cependant il était plein d'espoir, et c'est avec joie qu'il se mit en route, le 17 mars au matin, vers la capitale du Bornou.

Le trajet n'offrit rien de bien remarquable. Aux environs de Chefoua, grande ville entourée de murs, de nombreux troupeaux animaient la campagne ; à Ouelleri, où la petite caravane faillit manquer d'eau, l'aspect de la contrée devint plus riant. On traversa des pâturages, un pays bien boisé et on atteignit une bourgade complétement déserte. L'état des lieux indiquait une récente catastrophe ; il n'est, en effet, si mince gouverneur qui, aussitôt qu'il a des dettes, ne fasse une razzia chez ses voisins, quand il ne trouve pas plus court de vendre ses propres sujets.

Bientôt apparut la muraille d'argile blanche qui entoure Kuka et qui, de loin, se distingue à peine du sol qui l'avoisine, Barth franchit la porte et surprit vivement des individus qui s'y trouvaient rassemblés, en leur demandant le chemin de la résidence du sheik ; il traversa un petit marché, où il y avait foule, et arriva droit au palais : une mosquée insignifiante et les maisons des hauts fonctionnaires entouraient l'édifice.

Ce fut le vizir, premier ministre du sheik, qui reçut le voyageur. Ce haut personnage, d'une intelligence supérieure, d'un esprit cultivé, se montra d'une grande bienveillance. Depuis un voyage qu'il avait fait à la Mecque, il envisageait le monde sous un nouveau jour, et mettait tous ses soins à rassembler, au point de vue de la science, disait-il, le plus grand nombre de femmes possible ; il en avait déjà quatre cents environ. Si, par hasard, on venait à parler d'une tribu dont il ignorait le nom, il donnait immédiatement des ordres pour qu'on lui trouvât un échantillon féminin de l'espèce qui lui manquait. Cependant il n'envisageait pas seulement son harem comme une collection de médailles destinée à graver dans sa mémoire les différents types de la race humaine, car lorsqu'il mourut, il laissa après lui soixante-treize fils vivants sans compter les filles.

Kuka, rapporte le docteur Barth, est composée de deux villes, entourées de murailles distinctes : l'une, habitée par les gens riches, est bien construite et renferme de vastes demeures ; l'autre est formée de ruelles étroites où s'entassent de petites maisons. Un espace de huit cents mètres, qui sépare les deux cités, est traversé, dans toute sa longueur, par une grande artère faisant communiquer entre elles les deux parties de la ville. Cet endroit, très-populeux, offre à l'œil un mélange intéressant de grands édifices et de cases au toit de chaume, d'épaisses murailles en terre et de palissades de roseaux, variant, suivant leur âge, depuis le jaune éclatant jusqu'au noir le plus foncé.

Dans la banlieue, de petits villages, des hameaux, des cabanes, des fermes détachées, entourées de murs. Une foire se tient chaque lundi, entre deux de ces bourgades, où l'habitant des provinces de l'est apporte, à dos de bœuf ou de chameau, son beurre et ses grains, surmontés de sa femme qui est perchée sur les sacs.

A l'exception de ce jour de marché, la ville est d'un calme plat ; aucune industrie, pas de ces ateliers de teinture que l'on voit à Kano, pas de travail.

Les femmes y sont affreuses : une grosse tête, la face courte et carrée, le nez aplati, les narines tombantes, ornées d'une perle rouge ou d'un grain de corail ; ce qui n'empêche pas ces créatures d'avoir autant de coquetterie que les plus jolies femmes du Haoussa, de vaguer dans les rues, en traînant derrière elles la queue de leur robe, les épaules négligemment couvertes d'un fichu aux couleurs voyantes, dont elles retiennent les deux cornes du bout des doigts, en agitant les bras d'un air provocateur. Ce qu'il y a de mieux dans toute leur personne, est l'ornement d'argent qu'elles portent derrière la tête, et qui, lorsque les cheveux sont relevés en casque, ne manque pas d'élégance. Mais toutes les femmes n'ont pas le moyen d'avoir cet ornement, et plus d'une sacrifie ses intérêts les plus précieux au désir de se le procurer.

Toute l'animation de la ville se porte vers le Dendal, espèce de grand boulevard qui, traversant les deux cités, conduit aux deux palais, et qui se retrouve, sur une plus ou moins grande échelle, dans toutes les villes du pays. On y voit chaque jour une foule considérable : cavaliers et piétons, esclaves et hommes libres, étrangers et indigènes, qui vont faire leur cour au sheik ou au vizir, s'acquitter d'un message, leur demander justice, solliciter une place ou leur porter des présents.

Le docteur Barth était depuis trois semaines à Kuka, lorsqu'il trouva l'occasion de faire une excursion vers les bords du lac Tchad. Il se réjouissait de la perspective sans doute magnifique qui allait s'offrir à ses yeux ; mais au lieu du lac, il vit une plaine immense, dépourvue d'arbres, s'étendre au loin. L'herbe était épaisse et haute, un bas-fond marécageux, décrivant une courbe tantôt saillante, tantôt rentrante, gênait de plus en plus la marche, et après avoir lutté pendant longtemps pour sortir de cette fondrière, cherchant en vain, à l'horizon, une surface miroitante, Barth revint sur ses pas, barbottant dans la fange, et se disant pour se consoler qu'il avait au moins vu l'indice de l'élément humide. Le caractère du Tchad est celui d'une immense lagune dont les bords changent tous les mois, et dont il est impossible par conséquent de dresser la carte exacte. Cependant, poursuivant vers le nord-est, Barth arriva au bord d'une belle nappe d'eau entourée de papyrus et de roseaux. L'eau était très-chaude, et remplie de matières végétales.

Le 29 mars 1851, le docteur Barth partit pour le sud dans l'intention d'explorer l'Adamarra. Ce pays, dit le voyageur, témoigne à chaque pas des malheurs qu'il a subis: des traces d'ancienne culture, des huttes en ruine, se rencontrent çà et là, et des jongles, où l'herbe domine cheval et cavalier, recouvrent la place où fut la demeure de l'homme.

Bien qu'ils aient embrassé l'islamisme, les indigènes n'ont pour tout vêtement qu'une lanière de cuir passée entre les jambes et qui, le plus souvent, leur semble superflue ; leurs formes sont harmonieuses, et leurs traits réguliers, que ne déforme aucun tatouage, n'offrent rien du type nègre.

Barth avait établi son quartier général à Kuka ; c'était dans cette ville qu'il venait se reposer après ses excursions dans les pays voisins. De retour de l'Adamarra, il fit aussitôt ses préparatifs pour se rendre dans le Baghirmi.

Ce voyage ne se passa pas sans encombre. Après avoir marché durant quatre jours à travers une forêt épaisse, ne sortant de la vase que pour souffrir de la soif, notre intrépide voyageur arriva à Mélé, où des émissaires du chef de la province l'attendaient avec la mission de lui interdire le passage.

Toutes les paroles de Barth furent inutiles ; les gens du chef le saisirent brusquement et on lui mit les fers aux pieds. On s'empara de ses armes, de ses bagages, on prit sa montre, ses papiers, sa boussole, son cheval, et on le porta sous un hangar où furent placées deux sentinelles. « Ce n'était pas assez, dit Barth ; il me fallut subir les homélies de ces fatalistes qui m'exhortaient à la résignation, sous prétexte que tout vient de Dieu. J'avais lu par bonheur le premier voyage de Mungo-Park, et l'exemple de cet homme illustre m'aida puissamment à supporter cette épreuve. »

Le soir du quatrième jour de sa détention, Barth fut heureusement délivré et put gagner Maséna, capitale du Baghirmi. Le gouverneur était alors absent, et son départ ayant entraîné celui de la cour, la ville était presque déserte. Barth attendit, donnant des consultations aux uns, s'entretenant avec les autres des mœurs et du caractère des habitants de cette région.

Les femmes du Baghirmi, rapporte le voyageur, sont généralement belles ; moins élancées que les femmes Foullahs, elles ont plus de noblesse, les membres mieux faits, et des yeux dont l'éclat est célèbre dans toute la contrée. Quant à leurs mœurs domestiques, il n'eut pas le temps de s'en instruire ; il apprit seulement que le divorce était commun dans le pays et que les duels en matière d'amour y étaient nombreux. Le fils du lieutenant-gouverneur, lui-même, était en prison à l'époque, pour avoir blessé dangereusement l'un de ses rivaux. Les maris, de leur côté, n'étaient pas toujours contents : les uns se plaignaient du peu d'économie de leurs femmes, les autres de leur caractère difficile. Barth n'en rencontra qu'un seul qui parut satisfait : d'humeur ambulante et volage, cet individu ne se mariait jamais que pour vingt-neuf jours, ce qui le rendait fort érudit en fait de mœurs féminines.

Enfin le sultan, de retour d'une expédition guerrière, apparut sous les murs de sa capitale, escorté de huit cents hommes de cavalerie ; il était vêtu d'un burnous jaune. Quarante-cinq favorites, montées sur de magnifiques chevaux drapés de noir, placées en file et chacune entre deux esclaves, suivaient leur seigneur et maître. Sept chefs des vaincus, menés en triomphe, ajoutaient à l'effet du défilé ; l'un d'eux, d'une taille majestueuse, éveillait entre tous la sympathie des spectateurs par son air calme et souriant. On savait dans la foule que la coutume est de tuer les chefs prisonniers, ou pis encore, de les mutiler d'une manière infâme, après les avoir livrés aux caprices et aux railleries du sérail.

Le docteur Barth revint à Kuka avec l'intention de retourner plus tard dans le Baghirmi ; mais la mort de son compagnon Overwey, arrivée à la fin de septembre 1852, changea ses plans Il se tourna alors vers le Niger, afin de visiter la région encore inconnue qui s'étendait entre la route du Caillié et la zone où Clapperton et Lander avaient fait leurs découvertes.

Notre voyageur atteignit le fleuve à Say. « C'est avec une émotion profonde, écrit-il, que je franchis cette eau dont la recherche a été payée de tant de nobles vies. » Jusqu'ici, Barth avait conservé sa qualité de chrétien ; mais au moment d'entrer dans la province de Dalla, soumise à un chef fanatique qui n'aurait jamais permis à un mécréant de franchir son territoire, il se fit passer pour un shérif arabe.

Le 1ᵉʳ septembre 1853, Barth s'embarqua sur l'un des canaux du Niger et vogua enfin vers Tombouctou. « La nappe d'eau qui nous porte, dit-il, a environ cent mètres de large : elle est tellement remplie d'herbes que nous paraissons glisser sur une prairie. Au bout de quatre à cinq kilomètres, nous entrons dans une eau découverte, et les bateliers nous promènent, de détours en détours, entre des rives couvertes de tamarins, de genêts, d'herbe que paissent tantôt des gazelles, tantôt du bétail. Des alligators annoncent une eau plus étendue, et le canal où nous débouchons n'a pas moins de deux cents mètres de large : des hommes et des chevaux sur le bord, des pélicans sans nombre ; le voyage est délicieux.

Les zigzags se multiplient, les rives se dessinent d'une façon plus régulière. Des feux nous attirent et nous nous arrêtons au fond d'une crique où s'éparpille un village. Un bouquet d'arbres, chargé d'oiseaux, surgit de la rive ; nous revoyons le fleuve. Ses flots majestueux resplendissant tout à coup sous la lune, qui se lève dans un ciel noir tout sillonné d'éclairs, inspirent aux gens de l'escorte un respect mêlé de crainte.

A peine le soleil commence-t-il à paraître, qu'ayant traversé le Niger, nous entrons dans un petit canal qui nous conduit à Cabra, ville qui sert de havre à Tombouctou. Le lendemain, nous franchissons les dunes qui séparent Cabra de Tombouctou.

Barth avait atteint son but ; mais l'inquiétude et la fatigue l'avaient épuisé, et la fièvre le saisit immédiatement. Cependant l'énergie et le sang-froid étaient plus nécessaires que jamais, car le bruit courait déjà qu'un chrétien se trouvait dans la ville. Notre voyageur avait l'entier appui du sheik ; mais le conflit des pouvoirs qui s'exerçaient à Tombouctou devaient neutraliser l'influence de cet homme généreux et menacer les jours de Barth.

Quelque temps après son arrivée, il fut, en effet, obligé de quitter la ville; il y rentra cependant deux jours après. Mais les discordes civiles redoublèrent de furie et sa position devint chaque jour plus périlleuse. Les Foulahs ne pouvant l'arracher de force au sheik, essayèrent de la ruse, voulant l'expulser à tout prix.

« Le 17 mars, dans la nuit, rapporte Barth, le frère aîné du sheik fait battre le tambour, monte à cheval et me dit de le suivre avec deux de mes serviteurs, pendant que des Touaregs, qui nous soutiennent, frappent leurs boucliers et répètent leur cri de guerre. Nous trouvons le sheik, à la tête d'une troupe nombreuse. Je le supplie de ne pas faire couler le sang à cause de moi. Il promet aux mécontents de me garder hors de la ville, et nous allons camper à quelque distance. »

Un mois après, Barth s'éloigna de Tombouctou. Accompagné d'une escorte composée d'une vingtaine de personnes, il descendit le Niger jusqu'à Say. Le 17 octobre 1854, il fut de retour à Kano. C'était là qu'il devait payer ses serviteurs, acquitter ses dettes, rembourser ses créances échues depuis longtemps. Il engagea tout ce qui lui restait, y compris son revolver. Sa santé déjà mauvaise s'altéra davantage, ses chameaux, ses chevaux tombèrent malades, et il perdit entre autres le noble animal qui, depuis trois ans, avait partagé toutes ses fatigues.

L'énergie du voyageur triompha encore une fois de ces difficultés. Le 24 novembre il partit pour Kuka, où il fut obligé de séjourner pendant quatre mois, et reprit ensuite la route du Fezzan. Arrivé à Tripoli à la fin d'août, il s'y arrêta quatre jours, s'embarqua pour Malte, de là pour Marseille, traversa Paris et entra dans Londres le 6 septembre 1855.

Le voyage du docteur Barth a eu d'importants résultats au point de vue géographique. Complétant au nord, à l'est et au sud du Bornou, les découvertes de Denham, Oudney et Clapperton, reliant à l'ouest les travaux de Caillié à ceux de Lander, il a comblé d'immenses lacunes et tracé sur la carte d'Afrique des itinéraires qui s'élèvent à plusieurs milliers de lieues. Malheureusement Barth ne donne que des détails insignifiants sur les mœurs et les coutumes des peuplades qu'il a visitées ; la relation de son voyage n'est guère qu'une suite d'observations géographiques nécessairement arides et de petites aventures personnelles sans grand intérêt pour le lecteur, aussi l'avons-nous résumée fort succinctement afin d'arriver plus vite aux voyages non moins importants, mais beaucoup plus intéressants, de l'Américain Du Chaillu dans l'Afrique équatoriale.

CHAPITRE V

VOYAGES DE PAUL DU CHAILLU (1856-1859 ET 1863-1869)

Le Gabon. — Les missionnaires de Baraka. — Mœurs et coutumes des Mpongués. — Election d'un nouveau roi. — Excursion au cap Lopez. — Sangatanga. — Un bal de cour. — Les baracous, ou parcs aux esclaves. — Un fâcheux camarade de lit. — Départ pour l'intérieur. — Ngola. — Supplice d'une femme. — Mœurs et coutumes des Shekianis. — Retour à Sangatanga. — Visite aux cimetières. — Retour au Gabon. — Départ pour l'île de Corisco. — Exploration du fleuve Muni. — Le roi Dayoko. — Les Mbondémos. — Rencontre des gorilles. — Arrivée chez les Fans, tribu cannibale. — Chasse au gorille. — Village des Fans. — Présentation à Sa Majesté cannibale.— Mœurs et coutumes. — Les Mbichos. — Retour au Gabon. — Départ pour le pays de Commi. — Biagano. — Les rois Rampano et Sangala. — Navigation sur le fleuve Fernand-Vaz. — Capture d'un petit gorille. — Les hippopotames. — Le lac Anengué. — Départ pour Goumbi. — Réception. — Excursions dans les environs. — Mœurs et coutumes des Bakalais. — Retour au Gabon. — Départ pour le pays des Ashiras. — Scènes de sorcellerie. — Arrivée chez les Ashiras. — Mœurs et coutumes. — Les Apingis. — Du Chaillu Ier, roi des Apingis. — Fin des explorations. — Retour. — Second voyage au pays des Ashangos. — Aventure désastreuse. — Conclusion.

Au mois d'octobre 1855, le voyageur P. du Chaillu quitta les États-Unis et s'embarqua pour la côte occidentale de l'Afrique. Son intention était de consacrer quelques années à l'exploration de la région avoisinant le fleuve du Gabon[1].

Le littoral de cette région est parsemé de villages habités par les nègres, et sur quelques points, on a établi des factoreries pour assurer le cours régulier du commerce. Dans ces derniers temps, l'action des blancs, comme leurs connaissances, ne s'étendait guère au delà de quelques milles de la côte, et l'intérieur du pays était toujours *terra incognita*. Plusieurs des tribus indigènes passaient pour être cannibales; mais en général on ne savait rien de ces peuples, malgré les nombreux et terribles récits qui circulaient sur leurs sombres superstitions et leur indomptable férocité.

Cette région est aussi le domaine du farouche, de l'indomptable gorille, de ce singe si extraordinaire, qui, par sa conformation physique et par certaines habitudes se rapproche le plus de l'homme; sa férocité, que rien ne peut vaincre, a fait de lui la terreur des chasseurs indigènes les plus hardis.

Remonter le cours des fleuves de la contrée, explorer les montagnes, étudier

[1] P. du Chaillu. *Voyages et aventures dans l'Afrique équatoriale.* (Librairie Michel Lévy frères).

l'homme primitif, se mettre au fait des superstitions, des coutumes et du genre de vie des tribus noires qui n'avaient pas encore été visitées, chasser le gorille, observer ses allures, découvrir ses repaires, approfondir la nature de tous ces grands singes, dont il est le type le plus terrible et dont la ressemblance avec l'homme frappe d'étonnement et presque d'horreur, reconnaître enfin la faune du pays et rapporter des collections capables de contribuer à élargir le domaine de la science, tels étaient les principaux objets du voyage de du Chaillu.

Un séjour de quelques années sur la côte, où son père avait eu autrefois une factorerie, avait initié de bonne heure notre voyageur à la langue, aux mœurs et aux usages particuliers des habitants du littoral, et lui avait donné une expérience dont il devait tirer parti dans ses reconnaissances à l'intérieur. Ce séjour lui avait également suffi pour aguerrir sa constitution contre les ardeurs dévorantes du soleil africain, où du moins pour le familiariser avec les meilleurs moyens connus pour combattre les terribles fièvres de la côte.

Quand il reparut, après une absence assez longue, son arrivée fut saluée par les cris de joie des nègres, ses anciennes connaissances, qui croyaient qu'il était revenu pour commercer avec eux. Les nègres de la côte occidentale sont des trafiquants aussi ardents que rusés ; ils étaient ravis à l'idée de faire des affaires et probablement un peu de fraude avec un ancien ami. Aussi leur désappointement fut-il grand quand du Chaillu leur déclara qu'il n'était pas venu avec une pacotille, mais bien avec le dessein formé d'explorer le pays dont ils lui avaient raconté tant d'histoires merveilleuses, et d'aller à la chasse des oiseaux et des animaux sauvages.

Les bons nègres crurent d'abord que du Chaillu se moquait d'eux ; mais lorsqu'ils virent débarquer du bâtiment qui l'avait amené, au lieu d'articles de commerce, tout l'attirail de la vie de chasseur dans les déserts, force leur fut d'ajouter foi à sa résolution. Alors leur étonnement et leur inquiétude ne connurent plus de bornes. Les uns pensaient que du Chaillu avait perdu le sens ; les autres lui supposaient une arrière-pensée et s'alarmaient à l'idée qu'il allait essayer, à la dérobée, de leur enlever le commerce de l'intérieur. Ils l'entourèrent, chacun avec son thème fait sur les horreurs et les dangers d'un voyage dans les contrées supérieures : il serait, disaient-ils, mangé par les cannibales, noyé dans les torrents, dévoré par les léopards et les crocodiles, écrasé par les éléphants, submergé par les hippopotames, ou attiré dans un guet-apens et mis en pièces par le gorille. Mais quand il fut parvenu à leur faire entendre qu'il n'en voulait pas à leur commerce, et que ses plans de voyage et de chasse n'affecteraient en rien leurs intérêts, tous, hormis un petit nombre d'anciens amis dévoués, l'abandonnèrent à sa destinée.

Du Chaillu, voulant s'acclimater tout à fait, alla se fixer pour quelque temps chez les missionnaires américains, dont l'établissement est à Baraka, sur le fleuve du Gabon.

L'AFRIQUE OCCIDENTALE. -- Tombouctou.

Ce fleuve, qui prend sa source dans les montagnes appelées Sierra-del-Crystal, verse ses eaux paisibles dans l'Atlantique, à quelque distance au nord de l'équateur. Ce n'est pas un cours d'eau de bien grande importance. La large baie qui forme son embouchure est le plus beau port de la côte occidentale; sur la rive droite, la France a formé un éta-

blissement et construit un fort en 1842.

Baraka est un mot des tribus de la côte dérivé de baracon, comptoir ou parc d'esclaves. L'établissement est situé sur le sommet d'une belle colline, à quelques cents mètres de la côte. Des villages d'indigènes entourent la base de la colline et sont disséminés le long du Gabon. Le terrain réservé à la mission est spacieux et entouré d'une belle rangée de tilleuls odorants ; les bâtiments sont faits pour la plupart avec une espèce de bambou, le meilleur des matériaux de construction de cette partie de la côte. Derrière les bâtiments s'étend un beau verger contenant diverses espèces d'arbres fruitiers qui entremêlent leur feuillage.

Dans l'établissement des missionnaires, la journée commence par des prières, traduites pour les enfants en langue indigène. Après la prière, les filles et les garçons nettoient les dortoirs et les classes, et préparent tout pour le travail du jour. Vient ensuite le déjeuner, où les enfants, rangés autour de tables proprement servies, apprennent à manger à la façon des pays civilisés. Un peu avant neuf heures, la cloche appelle à l'école les enfants qui demeurent dans les villages, et tout de suite on se met au travail de l'enseignement. Les missionnaires et leurs femmes sont aidés dans leurs leçons par de jeunes noirs assez avancés pour se charger des classes inférieures.

C'est seulement sur la génération qui s'élève que les travaux des missionnaires peuvent avoir quelque influence sérieuse. Plus âgés, les indigènes sont inintelligents, paresseux et méfiants ; ils tiennent à leurs ignobles superstitions et se laissent difficilement persuader. S'ils viennent à l'église, ce n'est trop souvent que par curiosité, ou pour plaire au prédicateur, ou parce qu'ils s'imaginent retirer de là quelque avantage personnel, par exemple, un peu de tabac. Les enfants, au contraire, ont en général l'esprit lucide, docile, aisé à façonner, et c'est

sur eux que repose le seul espoir du christianisme en Afrique.

Du Chaillu profita de son séjour à Baraka pour étudier de près les mœurs et les coutumes des Mpongués, ou habitants de la côte, appelés Gabonnais par les Français.

Les Mpongués résident surtout sur la rive droite du Gabon. Leurs villages, propres et bien disposés, n'ont généralement qu'une seule grande rue, dont chaque côté est bordé de maisons. Quelquefois on y trouve aussi des espèces de petits carrefours. Dans un village de quelque importance, la grande rue a souvent vingt mètres de large et deux cents mètres de long. En général, les maisons varient de grandeur suivant la richesse du propriétaire ; elles sont bâties avec un bambou particulier provenant d'une espèce de palmier très-abondant dans la contrée, dont les feuilles fournissent aussi des nattes pour la toiture.

Les indigènes sont de taille moyenne et ont les traits agréables. Les hommes portent une chemise de calicot anglais, français ou américain, par-dessus laquelle ils jettent une pièce de toile carrée qui leur tombe jusqu'à la cheville. Ils ont pour coiffure un chapeau de paille. Le roi seul a le droit de porter un chapeau de soie. Cependant les hommes les plus riches et les chefs aiment passionnément la toilette et sont heureux quand ils trouvent l'occasion de se pavaner dans quelque uniforme militaire bien éclatant, l'épée au côté, avec tous ses accessoires.

Le principal et, dans beaucoup de cas, le seul vêtement des femmes est un pagne roulé autour d'elles depuis le haut des hanches jusqu'au-dessous des genoux. A leurs jambes et à leurs bras nus elles étalent un grand nombre d'anneaux de cuivre ; elles ont souvent ainsi de vingt-cinq à trente livres pesant de métal à chaque cheville. Cette ridicule coquetterie gêne beaucoup leur démarche et leur donne une sorte de dandinement disgracieux,

Les deux sexes sont très-amateurs d'oripeaux et de parfumerie, et s'arrosent avec toutes sortes d'essences ; la quantité, en ce genre, est tout pour eux ; ils s'inquiètent peu de la qualité.

La tribu des Mpongnés est, comme beaucoup d'autres d'ailleurs, en voie de décroissance numérique. La polygamie et les meurtres fréquents, suite des accusations de sorcellerie, font plus pour activer cette décroissance qu'aucune autre cause apparente, beaucoup plus même que les fièvres ou une vie déréglée. Elle se subdivise en de nombreuses classes, dont la séparation se maintient surtout par l'interdiction du mariage entre elles.

Les Mpongués paraissent obéir à quatre rois principaux ; mais quand il s'élève des contestations, ce qui arrive souvent, il faut qu'il y ait un palabre ou assemblée : les vieillards se réunissent alors et délibèrent.

Pendant que du Chaillu était dans le Gabon, un de ces rois, le roi Glass vint à mourir. Aussitôt éclatèrent des cris et des lamentations funèbres. Tout le village semblait fondre en larmes. C'est une curieuse chose, dit le voyageur, que cette faculté que possèdent les femmes africaines de se faire venir des larmes pour le plus petit motif, ou même sans le moin-

dre motif. Elles n'ont besoin, pour en répandre, ni d'affliction ni de douleur ; souvent elles pleurent abondamment et rient en même temps.

Le deuil et les lamentations durèrent six jours. Le second jour, le vieux roi fut enterré secrètement ; cet usage provient d'une croyance orgueilleuse des Mpongués : ils s'imaginent que, comme ils sont le peuple le plus capable et le plus intelligent de l'Afrique, les autres tribus voudraient s'emparer de la tête d'un de leurs rois pour faire de sa cervelle un puissant fétiche. C'est un avantage qu'ils ne veulent pas donner à leurs voisins.

Pendant les jours de deuil, les vieillards du village procédèrent à l'élection d'un nouveau roi. C'est aussi une affaire secrète ; le choix est fait en conseil privé, puis communiqué à la foule le septième jour seulement, quand le nouveau roi est sur le point d'être couronné. Celui-ci est tenu jusqu'au dernier moment dans l'ignorance de sa bonne fortune.

Il arriva que Njogoni, un des bons amis de du Chaillu, fut élu. Le choix était tombé sur lui, en partie parce qu'il descendait d'une bonne famille, mais surtout parce qu'il était le favori du peuple, dont les suffrages lui étaient acquis d'avance. Comme il se promenait sur le rivage, le matin du septième jour, il fut tout à coup assailli par toute la populace qui se mit à procéder à une cérémonie, préliminaire obligé du couronnement, bien faite pour dégoûter de cet honneur tout autre que les plus ambitieux des hommes.

Ils l'entourèrent de leur foule pressée, et commencèrent à l'accabler de tous les outrages que la pire canaille pouvait seule inventer. Les uns lui crachaient à la figure, les autres lui assénaient de vigoureux coups de poing, ceux-ci lui donnaient des coups de pied, ceux-là lui jetaient toutes sortes d'immondices, tandis que les gens moins favorisés, qui se trouvaient en dehors du cercle et qui n'étaient qu'à portée de la voix, lançaient des malédictions continuelles sur lui, son père, sa mère, ses frères, ses sœurs, ses ancêtres, jusqu'à la génération la plus reculée. Un étranger n'eût pas donné un centime de cet homme qui allait être couronné. »

Au milieu du bruit et du désordre, du Chaillu saisit quelques paroles qui lui donnèrent l'explication de toute cette scène ; à chaque minute, un des gaillards qui administraient les soufflets et les coups de pied criait à tue-tête : « Tu n'es pas encore notre roi ; pour l'instant c'est à nous de faire de toi ce qui nous plaît ; tout à l'heure tu feras de nous ce qui te plaira. »

Njogoni se comporta comme un homme et comme un roi en perspective. Il garda son sang-froid et reçut tous les outrages en souriant. Au bout d'une demi-heure, on le conduisit à la demeure de son prédécesseur. Là on le fit asseoir, et il fut encore pendant quelques instants en butte aux invectives populaires. Puis, tout devint calme : les anciens du peuple se levèrent et prononcèrent cette formule, que tous répétèrent après eux : « Nous vous choisissons présentement pour notre roi ; nous nous engageons à vous écouter et à vous obéir. » Un grand silence succéda à ces paroles, et aussitôt le chapeau de soie, emblème de la royauté chez les Mpongués, fut apporté et mis sur la tête de Njogoni. Il fut revêtu d'une robe rouge et reçut les plus grands témoignages de respect de tous ceux qui venaient de lui prodiguer des outrages.

Ensuite eut lieu une fête de six jours, pendant lesquels le pauvre roi fut obligé de recevoir ses sujets dans sa propre maison, sans qu'il lui fût permis d'en bouger lui-même. Six jours d'une vie indescriptible, consacrés à se gorger de victuaille et de mauvais rhum ! Six jours d'ivrognerie brutale et de vacarme inouï ! Le vieux roi Glass pour qui, pendant les six premiers jours, les larmes n'avaient pas tari, était bien oublié maintenant, et le nouveau monarque, pauvre diable, était malade d'épuisement ; car il avait à être sur pied jour et nuit pour faire bon accueil à tous les arrivants. Enfin, le rhum étant entièrement consommé, et le délai expiré, le calme commença à renaître. Alors, pour la première fois, la nouvelle majesté eut la liberté de sortir et d'aller visiter ses domaines.

A la fin d'avril 1856, du Chaillu quitta le Gabon pour faire une excursion au cap Lopez. Ce cap a reçu son nom des Portugais, qui l'ont appelé autrefois le cap Lope Gonsalvez. Il consiste principalement en une longue pointe de sable qui s'avance dans la mer et qui gagne toujours un peu sur elle chaque année. La baie formée par cette pointe a environ quatorze milles de profondeur. Le Nazareth, cours d'eau important, y a son embouchure, ainsi que la rivière Fétiche, une de ses branches, ainsi nommée à cause du cap Fétiche qui prend naissance à l'endroit où elle débouche. La région généralement connue sous le nom de pays du cap Lopez, englobe toutes les côtes de la baie de l'intérieur des terres, jusqu'à trente ou quarante milles ; c'est un beau territoire, et le roi, s'il n'était pas un vagabond ivrogne, pourrait être un heureux monarque.

Notre voyageur s'arrêta à Sangatanga, principale ville du pays, située sur une assez haute colline qui regarde la mer. Le lendemain de son arrivée, il alla faire visite au roi, nommé Bango, personnage important qui mettait son orgueil à posséder le plus grand harem qui se trouvât sur cette partie de la côte.

Après quelques moments d'attente il fut admis au palais. C'était un vilain trou de maison, à deux étages. L'étage inférieur consistait en une salle obscure, flanquée de chaque côté d'une rangée de petites chambres sombres, isolées les unes des autres, comme des cellules. Au fond de la salle était un escalier roide et malpropre, le long duquel notre voyageur dut grimper. Quand il arriva en haut, il se trouva dans une grande chambre à l'extrémité de laquelle était assis le roi Bango, entouré d'une centaine de ses femmes. La conversation roula sur la décadence du commerce des esclaves, ce dont le roi se plaignait fort, disant qu'il avait peur de se trouver bientôt sans pratiques.

Le jour suivant, Sa Majesté noire vint à son tour visiter notre voyageur ; il était accompagné de nombreuses femmes qui étaient toutes en état d'ivresse, parce que, pendant le trajet, le cortége s'était arrêté dans une factorerie d'esclaves, où l'on avait distribué du rhum. Du Chaillu offrit au roi deux pièces de cotonnade et quelques rafraîchissements.

Le soir, une grande fête eut lieu. « La pièce où j'avais été reçu à ma première visite, rapporte le voyageur, servait de salle de bal. Quand j'arrivai, un peu après le déclin du jour, je trouvai réunies environ cent cinquante femmes du roi, dont quelques-unes passaient pour les meilleures danseuses du pays. Presque aussitôt les chants commencèrent ; alors un baril de rhum fut roulé dans la salle, et mis en perce. On en donna un verre plein à chacune des femmes ; puis les chants recommencèrent ; les femmes seules prenaient part à cette musique, qui était plaintive et discordante ; je ne pouvais pas toujours saisir les paroles, mais en voici un échantillon :

Tant que nous sommes vivants et bien portants,
Soyons gais, chantons, dansons et rions ;
Car après la vie vient la mort ;
Et alors le corps pourrit, le ver le mange,
Et tout est fini pour toujours.

Quand tout le monde eut été bien animé par ces chansons, le roi, qui était assis dans un coin, ayant auprès de lui quelques-unes de ses favorites, donna le signal de la danse. Aussitôt l'assistance entière se mit à entonner, en battant la mesure, une espèce de refrain pour accompagner le bruit des tam-tams ou des tambours.

Alors six femmes se détachèrent pour venir danser au milieu de la salle. Cette danse ne saurait se décrire. Celui qui a vu le fandango espagnol et qui se plairait en imagination à en exagérer au centuple les figures lascives, ne pourrait se faire qu'une idée imparfaite des poses de ces négresses. Atteindre le dernier degré de l'indécence dans leurs attitudes semblait être l'objet de l'émulation de toutes les six.

Elles furent relevées plus tard par un groupe de six autres danseuses, et le bal se prolongea ainsi pendant deux heures. Alors, grâce au rhum qu'on buvait à discrétion, joint à l'excitation de la danse et du bruit, toute l'assemblée devint tellement tumultueuse que je songeai à faire retraite; mais le roi ne le permit pas. Lui et tous ses sujets paraissaient se distraire extrêmement.

De nouvelles femmes se présentèrent, une par une cette fois, et dansèrent de leur mieux ou de leur pire, devant un tribunal de critiques minutieux, qui, suivant d'un œil attentif leurs moindres mouvements, ne manquaient pas d'applaudir, par des murmures de satisfaction bien accentués, à chaque pas qu'ils trouvaient plus licencieux qu'à l'ordinaire. Quand ce fut fini, deux jeunes filles, réellement fort jolies, vinrent en se tenant par la main et dansèrent devant moi. On me dit qu'elles étaient filles du roi, et que Sa Majesté désirait que je les prisse pour femmes, proposition que je déclinai avec respect, mais avec fermeté. A la fin, la salle exhalait un parfum trop fort pour mes nerfs, et comme les réjouissances tournaient de plus en plus au délire, je m'esquivai et je revins me coucher. »

Le cap Lopez possédant plusieurs baracons ou parcs aux esclaves, du Chaillu en visita un qui était tenu par un Portugais.

Vu du dehors, c'était un immense enclos défendu par des palissades de douze pieds de haut, affilées à leur extrémité. A l'intérieur, se trouvaient des hangars entourés d'arbres, sous lesquels étaient couchées çà et là, dans différentes postures, assez de malheureuses créatures pour peupler un grand village d'Afrique. Les esclaves mâles étaient attachés six par six, au moyen d'une chaîne très-solide, passée dans les colliers de chacun d'eux. L'expérience a prouvé que ce mode d'attache est le meilleur de tous. Il est rare que six hommes soient unanimes pour s'entendre sur le coup qui doit leur profiter, et l'on a reconnu que leurs tentatives d'évasion, quand ils sont ainsi enchaînés, avortent infailliblement.

Dans une autre cour se trouvaient les femmes et les enfants, qui n'étaient pas attachés et qui pouvaient rôder à leur fantaisie dans leur enclos, protégé aussi par des palissades. Les hommes étaient presque nus ; les femmes portaient invariablement une pièce d'étoffe autour du milieu du corps.

Derrière une grande maison à deux étages qui servait de demeure aux blancs venait l'infirmerie, local assez bien distribué, grand et très-aéré ; les lits, construits de bambous et recouverts de nattes, étaient rangés le long des murs.

En dehors des cours, sous des arbres, il y avait d'immenses chaudières où cuisaient les fèves et le riz, qui sont la nourriture des esclaves. Dans chaque enclos, plusieurs inspecteurs portugais, chargés de maintenir le bon ordre, veillaient à la propreté. De temps en temps, ces inspecteurs menaient les esclaves à la mer et les faisaient baigner.

Un grand nombre de ces nègres étaient

fort gais et semblaient satisfaits de leur sort. D'autres, au contraire, étaient tristes et comme alarmés sur leur avenir; car, pour ajouter encore à l'horreur de leur situation, ces pauvres créatures croyaient fermement que les blancs devaient les acheter pour les manger. Ils ne pouvaient pas concevoir qu'on voulût faire d'eux un autre usage. Dans tous les pays de l'intérieur où la traite est connue on croit que les blancs sont de grands cannibales qui importent les noirs pour la boucherie.

Du Chaillu erra autour de Sangatanga le reste du jour de sa visite aux Baracons, et ne revint chez lui qu'à la nuit.

« Je pris une allumette, et j'allumai une torche pour me mettre au lit, dit-il; mais en jetant les yeux autour de moi, pour voir si rien n'avait été dérangé, j'avisai quelque chose de brillant et de miroitant sous mon *akoko*, ou couchette basse de bambou.

Je ne faisais pas d'abord grande attention à cet objet, qui ne ressortait guère à la clarté douteuse de ma torche, lorsque, en venant préparer mon lit, je découvris que ce reflet était produit par les écailles luisantes d'un énorme serpent qui était couché là, replié sur lui-même, à deux pas de moi.

Mon premier mouvement fut de m'enfuir vers la porte; puis il me vint l'idée de le tuer. Par malheur, mes deux fusils étaient accrochés au mur derrière le lit, et le reptile se trouvait entre moi et les armes. Comme je me tenais immobile, l'œil au guet, pensant à ce que je devais faire, et gardant bien l'issue de la porte pour m'assurer une prompte re-traite, je remarquai que mon visiteur ne bougeait pas. Je repris donc assez de courage pour me glisser jusque dans la ruelle du lit, et je saisis vivement un fusil, qui, Dieu merci, avait une très-forte charge. Je plaçai le canon tout contre un des replis du serpent, et je fis feu; puis je me sauvai.

Au bruit, les nègres accoururent de tous côtés, pressés de savoir ce qui était arrivé. Ils croyaient qu'on avait tiré sur un homme, et ils se précipitèrent pêle-mêle dans la maison pour chercher le malfaiteur; mais ils s'enfuirent aussi vite qu'ils étaient venus à la vue de l'animal qui se tordait à leurs pieds. Bientôt, ils s'aventurèrent à revenir tout doucement faire une reconnaissance. Heureusement ma torche était restée allumée, et je vis le reptile par terre. Mon coup avait été tiré de si près que j'avais nettement coupé le corps en deux, et les tronçons s'agitaient encore sur le sol. J'assénai quelques coups d'un lourd bâton sur la tête de l'animal, et je l'achevai. Alors, à ma grande surprise, il rendit gorge et se débarrassa d'un canard qu'il avait probablement avalé dans l'après-midi, et qu'il était venu digérer sous mon toit tout à son aise.

Cet aimable camarade de lit avait dix-huit pieds de long. J'avoue que, cette nuit-là, je rêvai plus d'une fois serpent; car j'ai cette bête en horreur. »

Les habitants de Sangatanga ont le culte des idoles. Celles-ci, au nombre de cinq, étaient logées dans trois petites cabanes, dans le voisinage du roi, qui se plaisait à leur rendre hommage et qu'elles préservaient de tous les maux possibles.

Pangeo, idole mâle, était marié avec Aleka, et tous deux faisaient ménage ensemble. Pangeo était le protecteur spécial du roi et de son peuple. Makambi, la seconde idole mâle, était marié avec Abiala, et ils occupaient une seconde cabane à eux deux ; mais le pauvre Makambi était un dieu sans pouvoir ; c'était sa femme qui avait usurpé l'autorité. Elle tenait à la main un pistolet, prête, disait-on, à s'en servir pour tuer qui il lui plairait. Aussi les indigènes avaient-ils grand'peur d'elle. Venait enfin le dieu-garçon Numba, qui était en même temps le Neptune et le Mercure des indigènes ; il écartait les maux qui pouvaient venir d'au delà des mers et maîtrisait les flots. Il avait la troisième cabane à lui tout seul.

Toutes ces idoles étaient très-grandes, grossièrement taillées et sculptées. Le peuple paraissait en faire beaucoup de cas. Du Chaillu offrit d'une seule cent francs, mais on lui répondit qu'il ne l'aurait pas pour cent esclaves, ce qui était une manière de dire que ces idoles n'étaient pas à vendre.

Notre voyageur demanda au roi Bango la permission d'aller chasser dans l'intérieur des terres ; cette permission lui fut accordée sans peine, et Sa Majesté lui fournit même une escorte de vingt-cinq hommes pour porter tous ses bagages. Du Chaillu désirait pénétrer dans la région encore inexplorée qui s'étendait jusqu'au fleuve de Nazareth. En deux jours, il eut fait tous ses préparatifs de départ. La petite troupe traversa d'immenses prairies, puis arriva dans un pays très-coupé, où les plus hautes collines aboutissaient brusquement à des précipices, au bord desquels on se trouvait arrêté tout à coup, et qui laissaient voir, à cent pieds de profondeur et même plus, de petits vallons menant à d'autres hauteurs, retraites paisibles et ombreuses où l'on pouvait souvent distinguer des animaux. Les nuits étaient claires et très-froides pour l'Afrique. Malgré les grands feux qu'ils allumaient et auprès desquels ils se couchaient, nos voyageurs ne pouvaient dormir à cause du froid. Ils arrivèrent enfin à Ngola, résidence d'un chef shekiani, appelé Njambai, et vassal du roi Bango.

A la vue de du Chaillu, les femmes s'enfuirent en poussant des cris ; les hommes cependant ne parurent pas effrayés. Njambai accueillit le voyageur avec une véritable courtoisie ; il lui fit préparer une cabane et servir à dîner.

Le lendemain eurent lieu les présentations officielles accompagnées de discours. Le roi, qui avait très-bon cœur et qui était sujet à des élans de générosité, prévint du Chaillu qu'en l'honneur de sa visite et de son séjour à Ngola, il voulait mettre à sa disposition toutes les femmes du village. « Je déclinai cette offre, rapporte le voyageur, en disant que les hommes blancs trouvaient qu'il était mal de traiter ainsi les femmes ; que dans mon pays, chaque homme n'en avait qu'une seule, et qu'il n'était pas permis d'en posséder deux ou un plus grand nombre. Ce fut pour eux le dernier coup. Ils poussèrent un cri général de surprise, et même les femmes dirent que c'était là une loi bizarre et qui ne valait rien. »

Le jour suivant, du Chaillu, tourmenté

L'AFRIQUE OCCIDENTALE. — Mpongués allant à la rencontre d'un navire.

par un violent mal de tête, resta dans le village et fut montré comme un objet de curiosité à un grand nombre d'indigènes qui vinrent en troupe des environs. Naturellement, le roi était ravi de tout ce mouvement. Ces gens-là n'avaient jamais vu de blancs et ils examinaient le voyageur avec un bizarre mélange de crainte et d'ébahissement; ses cheveux,

surtout, excitaient la surprise générale.

« Je fus heureux de n'être pas sorti, dit-il, car j'eus occasion de sauver la vie à une pauvre femme qui allait périr dans les plus horribles tortures. Après le diner, j'étais occupé à lire lorsque j'entendis un cri de détresse. Je demandai ce que c'était; on me répondit que c'était le roi qui châtiait une de ses femmes:

on ajouta que je ferais peut-être bien d'aller essayer de la sauver.

Je courus à la maison du roi, et là, devant la véranda, s'offrait un spectacle qui me glaça d'horreur. Une femme nue était liée par le milieu du corps à un gros poteau planté en terre. Ses jambes étendues étaient attachées à d'autres pieux plus petits, et de fortes cordes lui entouraient le cou, la taille, les poignets et les chevilles. Ces cordes étaient enroulées autour de bâtons qui les serraient et les tordaient avec force, et lorsque j'arrivai, la peau de la malheureuse femme s'entamait déjà sous l'effort de cette pression terrible. Une grande foule assistait à cette scène sans paraître émue le moins du monde; je présume qu'elle en avait l'habitude.

J'allai droit au roi, et, le prenant par le bras, je le priai de relâcher, pour l'amour de moi, l'infortunée créature et de ne pas la tuer. Dès que j'eus parlé, on cessa de peser sur les cordes. Les exécuteurs semblaient assez disposés à suspendre le supplice, mais le roi hésitait, il avait peine à renoncer à sa vengeance. Il entra dans sa maison, je l'y suivis, et le menaçai de quitter immédiatement son pays s'il ne relâchait cette femme. A la fin il se décida et me dit : « Déliez-la « vous-même; je vous la donne. »

Je m'élançai aussitôt et, ne pouvant dénouer les terribles liens, je les coupai avec mon couteau. La pauvre créature était couverte de sang. Quelques-unes des cordes avaient pénétré si avant dans la chair qu'elles l'avaient fendue, et le sang avait jailli. Du reste, elle n'était pas sérieusement blessée, et je remerciai

Dieu du fond du cœur d'avoir été à même de lui sauver la vie. J'allai immédiatement retrouver le roi et je lui fis promettre de ne plus la punir; puis je m'informai de ce qu'elle avait fait pour mériter un tel châtiment. Il me répondit qu'elle lui avait dérobé le ceinturon de perles qu'il portait ordinairement autour du corps, et qu'elle l'avait donné à son amant; cruelle offense, en effet. »

Pour changer le cours des idées du roi, du Chaillu lui montra un petit oiseau perché sur le haut d'un grand arbre, près de la maison, et se fit fort de l'abattre. Le roi se récria que c'était impossible. Du Chaillu l'avait bien prévu, car les nègres sont de pauvres tireurs; il envoya chercher son fusil, ajusta et fit tomber l'oiseau, aux acclamations de toute l'assistance.

Comme du Chaillu commençait à être embarrassé de sa collection d'animaux qui augmentait de jour en jour, il abandonna son projet de pousser jusqu'au fleuve du Nazareth et résolut de revenir à Sangatanga. Il dit donc adieu à ses amis les Shekianís et leur distribua tout son tabac en reconnaissance de leur bon accueil.

Les Shekianis, et les autres peuplades qui leur sont alliées, occupent une portion du littoral et de l'intérieur qui s'étend à quatre-vingts milles de la mer. Sur cette grande surface de pays, ils sont dispersés dans beaucoup de villages, sans avoir nulle part un point central d'union. Cependant, ils ont toujours soin de conserver leur nationalité.

Ils sont de taille moyenne et ont en général le teint clair pour des nègres.

Ils sont guerriers, perfides, très-adonnés au commerce, et en réalité fripons. Ardents chasseurs, ils ne manquent pas de courage, et font preuve d'habileté dans la vie des bois, souples et vifs, légers à la course, et rusés dans leurs évolutions pour se rapprocher de leur proie. Ils aiment les querelles et soulèvent de continuelles discussions soit dans les villages de leur propre tribu, soit avec ceux des autres. Les hommes, qui ont cela de commun avec bon nombre d'autres Africains, n'ont que peu ou point de goût pour l'agriculture ; ils laissent cette occupation aux femmes et aux esclaves.

En général, la polygamie est en honneur parmi eux. Cet usage a le caractère d'une institution politique. Un homme trouve son intérêt à entrer par le mariage dans autant de familles de sa tribu ou des autres qu'il lui est possible et à étendre ainsi ses relations de commerce, son influence et son crédit. Mais, d'un autre côté, cette facilité de mœurs est presque toujours la cause de leurs discussions et de leurs guerres. Les hommes sont continuellement engagés dans des intrigues avec des femmes étrangères. S'ils sont surpris, on les tue, ou bien ils jettent leur pays dans de graves embarras.

La chasteté féminine est peu en honneur ; et l'une des grandes causes de la dépopulation graduelle de cette tribu, comme des autres, c'est qu'on marie souvent les filles dans un âge trop tendre pour qu'elles deviennent jamais mères. Des enfants sont fiancées à l'âge de trois ou quatre ans, ou même à leur naissance, et les filles deviennent femmes à huit ou neuf ans, quelquefois même plus tôt. Elles ont quelquefois des enfants à treize ou quatorze ans, mais aussi elles vieillissent ordinairement de bonne heure, et la plus grande partie meurt jeune et stérile.

Cependant, quoique la chasteté ne soit guère estimée pour elle-même, l'adultère est une offense grave chez les habitants d'un village. Elle est punie par des amendes proportionnées aux moyens de l'offenseur, et beaucoup d'hommes sont annuellement vendus comme esclaves, quand l'amende ne peut pas être perçue autrement. Quelquefois, le coupable transige en travaillant pendant un certain temps pour le compte du mari outragé ; quelquefois aussi, le mal n'a d'autre remède que le sang.

Chaque homme a ordinairement une femme en chef ou principale ; c'est le plus souvent celle qu'il a épousée la première. Avoir un commerce criminel avec cette femme, c'est se rendre coupable du crime le plus odieux, et l'offenseur est au moins condamné à être vendu comme esclave. Lorsque le mari forme les nœuds d'un nouveau mariage, et que sa nouvelle épouse, comme il arrive souvent, n'est encore qu'une enfant, celle-ci est mise sous la garde et sous la surveillance de la principale femme, qui l'élève jusqu'à l'âge requis. Les hommes se marient aussi avec leurs femmes esclaves ; mais les enfants de ces femmes, quoique libres eux-mêmes, jouissent dans la tribu d'une influence et d'une position moindres que celles des enfants des femmes libres. Fréquemment, on voit des femmes abandonner leur mari par suite d'outrages ou pour toute autre cause, et se réfugier dans des villages étrangers ; et, comme c'est un point d'honneur de ne pas rendre les fugitives de ce genre, il y a là une autre source très-féconde de guerres.

Les femmes sont traitées très-durement. Les hommes ont soin de rejeter les plus durs travaux sur elles. Les enfants ajoutent beaucoup à l'importance d'un chef de famille, surtout les garçons ; et une femme féconde jouit, pour cette raison, d'une grande considération. Dans les cas assez fréquents où le chef de famille est vieux et décrépit, les lois sont assez indulgentes pour la mère, à qui on ne demande guère compte du merveilleux progrès de la famille.

De retour à Sangatanga, du Chaillu fut pris d'une inflammation aux jambes causée par la fatigue, et dut en conséquence rester en repos pendant quelque temps. Un jour qu'il était allé tirer des oiseaux dans un petit bois assez près de sa maison, il aperçut une procession de nègres qui sortait de l'un des baracons, et qui s'avançait à l'autre bout du bois. Comme ils s'approchaient, du Chaillu vit deux bandes d'esclaves, chacune de six hommes, enchaînés ensemble par le cou, portant un fardeau qu'il reconnut aussitôt pour être le corps d'un autre esclave. Ils le transportèrent à la limite du bois et le déposèrent sur la terre nue ; après quoi, ils s'en retournèrent à leur prison, sous la garde de l'inspecteur, qui, armé de son fouet, les avait suivis jusque-là.

Du Chaillu se dirigea vers le corps que se disputaient déjà les oiseaux de proie ; il sentit bientôt quelque chose craquer sous ses pas, et, regardant à terre, il vit qu'il était au milieu d'un champ de crânes ; il avait posé le pied par inadvertance sur le squelette d'une pauvre créature disséquée depuis longtemps par les animaux. Un millier de squelettes pareils, ou de débris de squelettes, gisaient là sous ses yeux. Ce lieu servait de longue date au même usage ; or dans les baracons la mortalité est quelquefois terrible. L'herbe venait d'être brûlée, et les ossements blancs, épars de tous côtés, donnaient au sol une apparence étrange d'abord, puis effrayante quand on en avait reconnu la cause. Dans les broussailles se trouvaient des piles d'ossements ; c'était la place où autrefois, quand le cap Lopez était un des grands marchés d'esclaves de la côte occidentale, on jetait pêle-mêle les cadavres.

Ce cimetière constrastait étrangement avec celui des indigènes libres que du Chaillu visita ensuite. Situé vis-à-vis de Sangatanga, ce champ des morts était encadré dans un bois de beaux arbres, dont quelques-uns étaient d'une taille et d'un aspect magnifiques. Les cadavres n'étaient pas placés au-dessous du sol ; ils étaient couchés le long des arbres, dans de grands cercueils de bois. Il y avait là un cercueil disjoint dont l'intérieur laissait entrevoir un squelette grimaçant. D'un autre côté étaient des squelettes échappés de leur prison de planches qui gisait près d'eux dans la poussière. Partout des os tout blancs et des restes poudreux.

Des anneaux et des bracelets de cuivre avec lesquels sans doute quelques jeunes filles avaient été ensevelies, entouraient encore leurs ossements, et des vestiges de trésors mis autrefois dans le cercueil de quelque riche personnage se trouvaient maintenant réduits en poussière à côté de lui. Par places, il ne restait plus que des tas de cendres où brillaient maint ornement de cuivre, de fer ou d'ivoire attestant que là aussi gisait autrefois un corps.

S'enfonçant sous un couvert encore plus sombre, du Chaillu arriva au tombeau du roi Passol, le frère du monarque régnant. Le cercueil était à terre, entouré de chaque côté de grands coffres qui contenaient les richesses de sa défunte majesté. Au milieu et au-dessus de ces coffres étaient entassés une énorme vaisselle, des miroirs, des cruches, des plats, des pots de fer, des barres de même métal, des sonnettes d'airain et de cuivre, et autres objets précieux que le vieux roi avait voulu emporter avec lui dans la tombe. On voyait là aussi, couchés tout autour et en ordre, les nombreux squelettes de pauvres esclaves, une centaine au moins, qui avaient été immolés à la mort du monarque, afin que Sa Majesté noire ne passât pas dans l'autre monde sans avoir une suite digne de lui. C'était un affreux spectacle encore plus navrant peut-être que le cimetière si horrible des baracons.

De Sangatanga, du Chaillu remit à la voile, avec ses collections, pour le Gabon, afin de prendre quelque repos.

Il eut ensuite l'idée d'explorer le fleuve Muni ; dans ce but, il partit pour l'île de Corisco, où il devait se pourvoir d'une pirogue et d'une escorte. Corisco est une île située dans la baie du même nom, à douze milles environ de la terre ferme, entre le cap Saint-Jean et le cap Steiras. Elle est élevée et bien boisée. Les villages sont disséminés tout le long de la côte ; la population, qui appartient à la tribu des Mbengas, est très-commerçante. Trois établissements de missionnaires se trouvent dans l'île.

Le 27 juillet 1856, du Chaillu s'engagea sur les eaux du Muni, à destination du village de Dayoko. Le fleuve, comme la plupart des fleuves de la côte, était bordé de mangliers ; mais à mesure qu'on avançait, les bords devenaient plus marécageux. On arriva dans la nuit à une petite anse au fond de laquelle était le village. Le bruit de l'approche de la troupe réveilla tout le monde ; les hommes accoururent, armés de leurs vieux mousquets de pacotille et prêts à se battre dans le cas où il s'agirait d'un coup de main nocturne de l'ennemi ; mais ils se réjouirent beaucoup, quand ils reconnurent à qui ils avaient affaire. Un grand feu fut allumé et le roi Dayoko lui-même parut, les yeux à peine ouverts; on venait de le réveiller.

Alors eurent lieu les présentations, longues et ennuyeuses formalités en usage chez les tribus africaines; il fallut raconter à l'assistance, assise en rond autour du feu, les moindres événements qui avaient eu lieu, depuis le départ jusqu'à l'arrivée.

Le lendemain, le premier soin de du Chaillu fut de demander à Dayoko l'autorisation de poursuivre sa route, et d'obtenir une escorte. Le vieux roi fit tout d'abord des difficultés ; il céda enfin lorsque du Chaillu lui eut donné l'assurance qu'il ne voulait pas faire du commerce, mais seulement explorer le pays.

Après quelques jours de marche, du Chaillu pénétra dans le pays des Mbondémos, tribu batailleuse dont le village était retranché. Les Mbondémos, rapporte le voyageur, ont un étrange moyen de se ménager des alliés. « Par exemple, deux tribus ont envie d'en venir aux mains ; mais l'une des deux aurait besoin d'être renforcée. Que fait-elle ? Elle envoie secrètement un de ses gens tuer un homme ou une femme dans quelque village voisin tout à fait étranger à la querelle. Vous croyez peut-être, comme conséquence naturelle, que ce dernier village va prendre sa revanche sur le meurtrier ? Pas du tout ; et voici ce qu'il y a de curieux : la tribu du meurtrier donne à entendre à ce village que le coup a été fait parce que l'autre tribu l'a insultée. Là-dessus, d'après la coutume de ces Africains, les deux villages se réunissent et marchent ensemble contre l'ennemi commun. Ainsi, pour ranger un village de son côté, un parti belligérant tue des hommes ou des femmes dans ce village, en lui proposant des représailles contre un autre. Le principe adopté parmi ces tribus, c'est que le premier agresseur est responsable de toutes les catastrophes qui peuvent survenir. »

Si les Mbondémos ont des femmes, c'est uniquement pour servir leur orgueil, leur crédit, leurs plaisirs et leur paresse. Un homme achète sa femme pour tant d'argent ou tant d'esclaves, et la regarde en conséquence comme une marchandise. L'idée de l'amour, tel que nous le comprenons, paraît être inconnue à ce peuple. Les habitants n'éprouvent aucun scrupule à trafiquer de la vertu des femmes, même dans leurs propres familles, et celles-ci n'ont aucune répugnance pour ces odieux marchés.

L'adultère avec un noir est puni de l'amende, et cette loi, exécutée à la rigueur, donne lieu quelquefois au plus étrange état de choses. Par exemple un mari et une femme complotent de dépouiller un troisième individu ; la femme feint d'entretenir une intrigue avec lui, et s'arrange pour que son mari découvre cette fausse intrigue ; alors le mari obtient, pour guérir la blessure de son honneur, une indemnité qui suffit à le faire vivre, lui et sa femme sa complice, pendant un certain temps.

Du Chaillu se remit en marche et découvrit enfin des traces toutes fraîches du gorille. « En suivant ces traces, dit-il, nous trouvâmes bientôt les empreintes du pied de l'animal si longtemps désiré. C'était la première fois que je voyais ces empreintes, et ce que j'éprouvai ne saurait se décrire. J'étais donc sur le point de me trouver face à face avec ce monstre dont la férocité, la force et la ruse avaient fait si souvent le sujet de l'entretien des indigènes, un animal à peine connu du monde civilisé, et que les hommes blancs n'avaient jamais chassé. Mon cœur battait à me faire craindre que le bruit de ses palpitations ne donnât l'éveil au gorille, et mon émotion était réellement excitée jusqu'à devenir une souffrance.

Nous cheminions lentement au milieu des épaisses broussailles, n'osant presque respirer de peur de trahir notre approche. Tout à coup j'entendis un cri étrange, discordant, à moitié humain, presque diabolique, et je distinguai quatre jeunes gorilles qui s'enfuyaient dans la forêt. Nous fîmes feu, mais nous n'atteignîmes rien. Une fois j'entrevis de nouveau un de ces animaux ; malheureusement un arbre interposé me le déroba et je ne pus tirer. Hors d'état de poursuivre ces bêtes agiles, nous retournâmes à notre campement.

Le lendemain, du Chaillu explorait les environs, dans l'espoir de rencontrer quelque gibier, car il était dans un état de disette complet par suite de l'imprévoyance de son escorte, lorsqu'il se trouva subitement nez à nez avec un guerrier Fan suivi de ses deux femmes. Il fut d'abord effrayé, mais il s'aperçut que de leur côté ces indigènes étaient saisis de la plus grande frayeur. Le bouclier de l'homme s'agitait et retentissait, tant il tremblait lui-même ; sa bouche était béante, ses lèvres presque livides ; une de ses trois javelines lui avait échappé, et la manière dont il tenait les deux autres accusait une terreur extrême. Les femmes, qui portaient des paniers sur leurs têtes, les avaient laissés tomber par terre ; elles se tenaient immobiles, muettes d'épouvante.

Du Chaillu et ces sauvages se regardèrent pendant quelque temps ; le premier souriait et tâchait de prendre un air aimable, mais il ne faisait par là qu'empirer les choses : le Fan et ses femmes semblaient prêts à rentrer sous terre. Fort heureusement la voix des compagnons de du Chaillu se fit entendre et rassura un peu le guerrier indigène qui conduisit la petite troupe à son campement.

La forêt était peuplée de gorilles ; aussi, notre voyageur voulut-il satisfaire le désir qu'il avait depuis longtemps de tuer un de ces animaux.

Nous partîmes de grand matin, dit-il, et nous pénétrâmes dans les profondeurs les plus touffues et les moins abordables de la forêt, avec l'espoir de découvrir la vraie retraite de l'animal que j'avais tant envie d'attaquer. Les heures de marche se succédaient et pas la moindre apparence de gorille ; mais toujours nos petits singes babillards et par-ci, par-là, quelques oiseaux.

Tout à coup, Miengai, un des hommes de la troupe, poussa une sorte de petit gloussement, signal usité chez les indigènes pour appeler l'attention sur quelque chose d'imprévu ; en même temps, je crus entendre devant nous comme un bruit de branchages que l'on cassait. C'était le gorille. Je le devinai à l'air satisfait et résolu de mes hommes. Ils visitèrent avec soin leurs fusils, de crainte que la poudre ne fût tombée du bassinet, et j'examinai aussi le mien, pour m'assurer que tout était en bon état ; puis nous avançâmes avec précaution.

Le singulier bruit de branches cassées continuait à se faire entendre. Nous marchions tout doucement en observant le plus profond silence. On pouvait juger, à la contenance de mes compagnons, que nous étions engagés dans une entreprise des plus sérieuses. Nous poursuivîmes en avant, et enfin nous crûmes voir, à travers les épais massifs, osciller des branches et de jeunes arbres que la bête était en train d'arracher, probablement pour cueillir les baies et les fruits dont elle se nourrit.

Pendant que nous rampions, au milieu d'un silence tel que notre respiration en ressortait distincte et bruyante, toute la forêt retentit subitement d'un terrible cri. Puis, les broussailles s'écartèrent des deux côtés, et soudain nous fûmes en présence d'un énorme gorille mâle. Il avait traversé le fourré à quatre pattes; mais quand il nous aperçut, il se redressa de toute sa hauteur et nous regarda hardiment en face. Il se tenait à une quinzaine de pas de nous. C'est une apparition que je n'oublierai jamais. Il paraissait avoir près de six pieds; son corps était immense, sa poitrine monstrueuse, ses bras d'une incroyable énergie musculaire. Ses yeux gris et enfoncés brillaient d'un éclat sauvage, et sa face avait une expression diabolique.

Notre vue ne l'effraya pas. Il se tenait là à la même place, et se battait la poitrine avec ses poings démesurés, qui la faisaient résonner comme un immense tambour. En même temps il poussait rugissement sur rugissement.

Le rugissement du gorille est le son le plus étrange et le plus effrayant qu'on puisse entendre dans ces forêts. Cela commence par une sorte d'aboiement saccadé, comme celui d'un chien irrité, puis se change en un grondement sourd qui ressemble littéralement au roulement lointain du tonnerre, si bien que j'ai été parfois tenté de croire qu'il tonnait, quand j'entendais cet animal sans le voir. La sonorité de ce rugissement est si profonde, qu'il a l'air de sortir moins de la bouche et de la gorge que des spacieuses cavités de la poitrine et du ventre.

Ses yeux s'allumaient d'une flamme plus ardente, pendant que nous restions immobiles sur la défensive. Les poils ras du sommet de sa tête se hérissèrent et commencèrent à se mouvoir rapidement, tandis qu'il découvrait ses canines puissantes, en poussant de nouveaux rugissements. Il me rappelait alors ces visions de nos rêves, créations fantastiques, êtres hybrides, moitié hommes, moitié bêtes, dont l'imagination de nos vieux peintres a peuplé les régions infernales.

Il avança de quelques pas, puis s'arrêta pour pousser son épouvantable rugissement; il avança encore et s'arrêta de nouveau à dix pas de nous; et comme il recommençait à rugir en se battant la poitrine avec fureur, nous fîmes feu et nous le tuâmes. Le râle qu'il fit entendre tenait à la fois de l'homme et de la bête. Il tomba la face contre terre; le corps trembla convulsivement pendant quelques minutes, les membres s'agitèrent avec effort, puis tout devint immobile, la mort avait fait son œuvre. J'eus tout loisir alors d'examiner l'énorme cadavre: il mesurait cinq pieds huit pouces, et le développement des muscles de ses bras et de sa poitrine attestait une vigueur prodigieuse.

Le lendemain de cette chasse émouvante, la petite troupe partit pour le village des Fans. Du Chaillu allait avoir l'occasion d'éclaircir un fait dont il aimait encore à douter, celui du cannibalisme de ce peuple. Sa curiosité ne fut satisfaite que trop tôt. Comme il entrait dans le village, il aperçut quelques ves-

L'AFRIQUE OCCIDENTALE. — Les bords du fleuve Fernand-Vaz.

tiges de sang qui lui parurent être du sang humain ; mais il passa outre, persistant encore dans son incrédulité. Bientôt après il rencontra une femme, et tous ses doutes furent résolus : elle portait tranquillement une cuisse détachée d'un corps humain, absolument comme une de nos ménagères rapporterait du marché un gigot.

Il y eut de l'agitation dans le village. La présence de du Chaillu effraya les femmes et les enfants. Tous s'enfuyaient dans les maisons, à mesure qu'il passait dans ce qui lui parut être la grande rue, une longue allée, où se voyaient çà et là des ossements par terre.

A la fin, il arriva à la maison principale. Une vive rumeur vint frapper ses oreilles ; il sut plus tard qu'on était alors occupé à se partager le corps d'un homme mort, et qu'il n'y en avait pas assez pour tout le monde. Cependant les Fans arrivèrent en foule, et du Chaillu fut présenté au roi.

C'était un personnage d'une physionomie féroce ; son corps, entièrement nu, à l'exception de la ceinture d'écorce habituelle, était peint en rouge ; la figure, la poitrine, le ventre et le dos étaient tatoués de grossiers dessins. Il était couvert de talismans, et complétement armé. Il avait aux jambes des anneaux de cuivre qu'il faisait raisonner en marchant. Sa barbe était séparée en plusieurs tresses qui étaient ornées de perles ; elles se tenaient roides et se projetaient en avant. Ses dents, taillées en pointe, étaient noircies, et quand le vieux cannibale laissait voir l'intérieur de cette bouche sombre, on eût dit un tombeau qui s'ouvrait.

La reine, qui accompagnait son époux, était la plus laide femme qu'on pût voir. Elle était presque nue ; le seul article de sa toilette était une bande d'écorce du pays, teinte en rouge, de quatre pouces de large à peu près. Tout son corps était tatoué des dessins les plus fantastiques ; sa peau, toujours exposée à l'air, était devenue rugueuse et inégale ; elle portait aux jambes deux énormes anneaux de fer, et elle avait pour pendants d'oreilles deux anneaux de cuivre de deux pouces de diamètre.

Le guide de du Chaillu était là dans toute sa gloire. Il dit au roi qu'il lui amenait un Esprit qui avait fait plusieurs milliers de lieues à travers les « grandes eaux » pour visiter les Fans ; le roi parut satisfait et envoya la vieille reine préparer un logis ; puis, après quelques civilités, Sa Majesté se retira.

On conduisit du Chaillu à sa demeure. Le village, de construction récente, consistait en une seule rue d'environ huit cents mètres ; les maisons, fort petites, étaient en écorce et les toits en nattes de feuilles de palmier. Les portes s'ouvraient à la hauteur du toit, et il n'y avait pas de fenêtres. La même pièce servait pour faire la cuisine, pour manger, pour dormir et pour garder les provisions, dont les principales sont des pièces de venaison et de la chair humaine fumée, suspendues à des poutres. Les villages des Fans sont bien clos ou munis de solides palissades ; on y fait le guet pendant la nuit avec beaucoup de vigilance.

Quand notre voyageur eut visité la cabane qui lui était destinée, on l'emmena à travers le village, et il rencontra des traces encore plus effrayantes de cannibalisme : c'étaient des tas d'ossements humains amoncelés avec d'autres abats, des deux côtés de chaque maison.

Après une nuit fort mauvaise, passée sur un lit composé de planches de bambou toutes raboteuses, du Chaillu eut, dans la matinée, la visite du roi équipé en guerre. Son corps était repeint en rouge et couvert de gris-gris et de fétiches, chargés de le protéger contre les lances, les fusils et les sortiléges. Il portait un bouclier de peau d'éléphant, et pour armes offensives, il tenait trois javelines et un sac de flèches empoisonnées. Les javelines étaient revêtues d'une armature de fer, qui ressemblait assez à la denture d'un harpon ; quant aux flèches, c'étaient de petites baguettes de bambou, toutes minces, à peine longues d'un pied et effilées seulement à une extrémité. Elles frappent de mort tout ce qu'elles touchent ; n'effleurassent-elles qu'une goutte de sang, c'en est assez. Le poison est composé avec les sucs d'une plante ; on trempe plusieurs fois la pointe dans le liquide, puis on la laisse sécher ; elle prend alors une teinte rouge. Il n'y a pas de cure reconnue pour les blessures de cette petite baguette qui paraît si inoffensive ; la mort survient au bout de quelques instants. Telle est d'ailleurs le raffinement de perfidie de ces sauvages, qu'il leur arrive parfois, quand ils sont en guerre, de planter plusieurs de ces flèches de distance en distance dans les bois, sur le passage de leurs ennemis, de manière que les pointes dépassent le sol d'un ou deux pouces. Les pieds nus une fois entamés et écorchés, le poison circule dans tout le corps avec rapidité ; l'ennemi tombe et meurt en route. Les Fans se servent encore d'un couteau de guerre, de trois pieds de long, et d'une hache pointue qu'ils jettent à distance.

Contrairement à la plupart des autres tribus, les Fans, rapporte du Chaillu, veillent avec soin sur la chasteté de leurs filles et ne les marient que lorsqu'elles ont atteint l'âge de puberté. Les cérémonies du mariage sont fort grossières et donnent lieu à de grands divertissements. Naturellement le mari doit acheter sa femme. Le père, en homme rusé, fait avec lui un marché aussi avantageux que possible, mettant sa fille à haut prix s'il voit le prétendant bien amoureux. Il se passe souvent des années avant qu'un homme puisse acheter sa femme. Les anneaux de cuivre, les perles blanches, et les plats de cuivre, sont les meilleures valeurs qui aient cours chez les Fans.

Quand un mariage est sur le point de se conclure, les amis des fiancés emploient plusieurs jours à se procurer et à amasser de grandes provisions de vivres, surtout de la chair d'éléphant fumée et du vin de palmier. Lorsque tout est prêt, le village entier se rassemble, puis, sans autre cérémonie, comme dans une vente publique, le père adjuge sa fille au mari. L'heureux couple est paré pour la circonstance. Le fiancé porte une coiffure de plumes de couleurs éclatantes ; sont corps est huilé, ses dents sont noires et polies comme l'ébène ; son grand couteau pend à son côté, et s'il a eu le bonheur de tuer un léopard, ou tout autre animal sauvage, il en drape la peau autour de lui.

Quant à la fiancée, elle est encore plus simplement habillée, ou plutôt elle n'est pas habillée du tout ; mais pour cette occasion-là, elle est ornée d'autant de bracelets qu'elle peut s'en procurer, en cuivre jaune ou rouge, et elle porte dans sa chevelure frisée une grande quantité de perles blanches.

Quand tout le monde est rassemblé, et que l'épousée a été remise entre les mains de son mari, commence une grande fête, qui dure quelquefois plusieurs jours. On mange de l'éléphant, on s'enivre de vin de palmier, et l'on s'en donne à cœur

joie, jusqu'à ce que les provisions deviennent rares.

Les Fans sont polygames et très-su-
perstitieux. Ils ont en grande vénération
les amulettes et les fétiches, et tous,
jusqu'aux petits enfants, sont couverts
des talismans consacrés suivant les rites
par le docteur de la tribu. Les principaux de ces talismans sont une chaîne
de fer qu'ils portent sur l'épaule gauche,
et un petit sac qu'ils suspendent autour
du cou ou à la ceinture ; ce sac, fait de
la peau de quelque animal rare, contient
des débris de quelques autres animaux
également rares. Dans le principal village de chaque famille de Fans est une
idole colossale ; elle a un temple où, à
certaines époques, toute cette famille se
réunit pour l'adorer.

Du Chaillu voulut poursuivre ses explorations plus loin, à l'est, dans l'intérieur des terres ; mais quand il fit part
de ce projet au roi des Fans, lui demandant des hommes pour l'accompagner,
celui-ci refusa, alléguant que les tribus
des pays voisins étaient en guerre, et que
les gens qui voudraient rendre visite à
l'une d'elles courraient risque d'être le
point de mire des flèches empoisonnées
du parti contraire. Notre intrépide voyageur avait une grande envie de passer
outre, cependant ces rapports et quelques autres considérations refroidirent
considérablement son ardeur. Il était en
effet entièrement à la discrétion des Fans,
et ne pouvait pas non plus oublier que
ces sauvages, tout bien disposés qu'ils
étaient pour lui en apparence, avaient
un penchant très-prononcé pour la chair
humaine et que, par un de ces caprices

dont les goûts sont susceptibles, la fantaisie pouvait lui venir de goûter de
l'homme blanc.

Du Chaillu résolut donc de revenir
vers le littoral, mais par une autre route.
Il traversa la rivière de la Noya, affluent du fleuve Muni, et entra dans le
pays des Mbichos, nègres qui ne diffèrent
pas beaucoup de ceux qui habitent la
côte, mais qui sont beaucoup plus sales.
« Rien de plus dégoûtant, dit le voyageur, que la toilette de ces indigènes, si
ce n'est celle de leurs femmes. Celles ci
semblent couvertes d'une couche d'huile
et d'ocre rouge plus épaisse que celle de
leurs maris, leurs pagnes sont plus malpropres ; et quand elles sont rassem-
blées, suivant la coutume, autour du
feu, elles sont moins supportables que
les hommes. Presque tous les jours, des
troupes d'hommes et de femmes se réunissaient dans ma cabane pour me voir
empailler mes bêtes ; à peine étaient-ils
là que j'étais obligé de quitter la place,
tant l'odeur m'incommodait. »

Revenu de nouveau au Gabon, du
Chaillu y fit un séjour assez prolongé,
pendant lequel il s'occupa des mille préparatifs nécessaires pour un prochain
voyage, le plus important de tous, au
pays de Commi, contrée située au sud
du cap Lopez et complétement inconnue jusqu'alors. Le départ eut lieu le
5 février 1857, et ce ne fut que le 13,
après une navigation des plus pénibles,
que du Chaillu se retrouva en vue de la
la terre. Il débarqua à l'embouchure du
fleuve Fernand-Vaz, à la grande joie des
indigènes qui le prirent pour un trafiquant.

Deux petits rois du pays, Rampano et Sangala, se disputèrent l'honneur de posséder du Chaillu. Le premier avait son village, nommé Biagano, sur le fleuve ; le second, le sien, nommé Elindé, à deux milles environ au-dessus de l'embouchure du même fleuve. Notre voyageur visita d'abord Elindé ; mais lorsqu'il fit part à Sangala de son intention de passer outre et d'aller s'établir plus loin, celui-ci se fâcha, disant qu'il était le roi du pays et qu'il exigeait que l'homme blanc vînt s'établir chez lui. Sur ces entrefaites Rampano arriva et décida du Chaillu à se rendre à Biagano.

Aussitôt l'agitation se répandit dans le pays. Rampano rassembla ses amis pour protéger *son* homme blanc ; environ trois cents hommes répondirent à son appel : ils avaient la figure barbouillée de blanc en signe de guerre, et étaient couverts de fétiches, de gris-gris et d'autres amulettes. De son côté, Sangala avait aussi rassemblé à peu près cent cinquante hommes, barbouillés d'une manière encore plus extravagante et bariolés de raies blanches et rouges.

Quand les deux partis se trouvèrent en présence, du Chaillu envoya un message à Sangala pour lui déclarer que, s'il persistait dans ses intentions hostiles, on tirerait à mitraille sur sa troupe, qu'on coulerait bas ses pirogues, puis qu'on irait chercher un bâtiment croiseur pour en finir avec lui. Ces menaces produisirent leur effet. Sangala demanda une entrevue, dans laquelle il fut décidé que du Chaillu irait où il voudrait moyennant le don d'un baril de rhum.

Cette solution de la querelle enchanta Rampano ; il voulut abdiquer en faveur de du Chaillu. Celui-ci se dirigea avec toutes ses marchandises vers le village de Biagano, où il construisit plusieurs maisons pour lui et son escorte. « Le 13 avril, dit-il, je pris possession de ma nouvelle résidence. C'était un vrai village auquel je donnai le nom de Washington. Il se composait de ma propre maison, divisée en cinq pièces, de ma cuisine, de ma basse-cour contenant une douzaine de poulets et une douzaine de canards, d'une étable pour dix-huit chèvres, d'une poudrière, de deux magasins assez grands, etc., plus d'une douzaine de cabanes pour mes hommes. »

Quelques jours après, du Chaillu, ayant acheté une grande pirogue, s'embarqua sur le Fernand-Vaz dont il remonta le cours. L'aspect du fleuve était enchanteur ; d'épaisses forêts peuplées de brillants oiseaux et de gracieux petits singes, ombrageaient la navigation, et sur la rive des hippopotames et leurs petits prenaient leurs ébats.

Notre voyageur visita plusieurs villages, entre autres celui d'Aniambia ; le roi le reçut avec bienveillance et donna même un bal en son honneur. Toutes les épouses du roi, au nombre de quarante, et toutes les femmes du village et des environs y assistaient. Les femmes étaient rangées d'un côté, les hommes de l'autre ; au bout de la file étaient assis les musiciens ou tambours tapant à tour de bras sur leurs énormes tams-tams, vacarme infernal et assourdissant à rendre fou l'homme le moins nerveux, et comme les tams-tams n'étaient pas encore au niveau de la circonstance, les chants et les cris s'en mêlèrent avec accompagnement de vieux chaudrons battus avec frénésie. Plus le charivari était grand, plus les hommes mettaient d'ardeur dans leurs gambades sauvages, et les femmes d'indécence dans leurs contorsions.

D'Aniambia, du Chaillu revint à sa résidence de Biagano. Là on lui apporta un jeune gorille vivant. « Je ne puis décrire, dit-il, les émotions que je ressentis à la vue de ce petit animal, qui se débattait pendant qu'on le traînait de force dans le village. Ce seul instant me récompensa de toutes les fatigues et de toutes les souffrances que j'avais endurées en Afrique. C'était un petit être de deux ou trois ans, qui avait deux pieds six pouces, aussi farouche d'ailleurs et aussi indocile que s'il eût atteint tout son développement.

Mes chasseurs, que j'aurais embrassés, l'avaient pris dans le pays. D'après leur rapport, ils allaient au nombre de cinq, gagner un village auprès de la côte, et traversaient sans bruit une forêt, lorsqu'ils entendirent un cri qu'ils reconnurent aussitôt pour celui du petit gorille qui appelait sa mère. Ils se décidèrent à se porter du côté d'où venait ce cri, qui se fit entendre une seconde fois. Le fusil à la main, ils se glissèrent tout doucement dans un épais fourré où devait être le petit gorille ; quelques indices leur firent reconnaître que la mère n'était pas loin ; il y avait même à croire que le mâle, le plus redoutable de tous, se trouvait aussi aux environs. Pourtant les braves gens n'hésitèrent pas à tout risquer pour prendre, s'il était possible, un jeune sujet vivant, sachant bien quelle joie me ferait cette capture.

Ils virent remuer les buissons ; ils se faufilèrent un peu plus avant, silencieux comme la mort, et retenant leur respiration. Bientôt ils aperçurent, spectacle bien rare, même pour ces nègres, un jeune gorille assis, mangeant quelques graines à peines sorties de terre ; à quelques pas était aussi la mère, assise de même et mangeant du même fruit. Ils se décidèrent à tirer : il était temps, car au moment où ils levaient leurs fusils la vieille femelle les aperçut. Ils n'avaient plus qu'à faire feu sans un instant de retard ; heureusement, ils la blessèrent à mort.

Elle tomba ; le petit gorille, au bruit de la décharge, se précipita vers sa mère, et se colla contre elle, se cachant sur son sein et embrassant son corps. Les chasseurs s'élancèrent avec un hourra de triomphe ; mais leurs cris rappelèrent à lui le petit animal qui, lâchant le corps de sa mère, s'enfuit vers un arbre et grimpa avec agilité jusqu'au sommet, où il s'assit en poussant des hurlements sauvages.

Nos gens étaient bien embarrassés pour l'atteindre ; il ne se souciaient pas de s'exposer à ses morsures, et, d'un autre côté, ils ne voulaient pas tirer sur lui. A la fin, ils s'avisèrent d'abattre l'arbre et de jeter un pagne carré sur la tête du petit monstre, en profitant du moment où il était aveuglé ; ce qui n'empêcha pas un des hommes d'être mordu grièvement à la main, un autre d'avoir la cuisse entamée.

Comme l'animal, chétif de taille, il est

vrai, et tout enfant par l'âge, était d'une vigueur étonnante, et que rien ne pouvait modérer sa fureur, on ne savait comment l'emporter ; il ne cessait de se débattre. On finit par lui enfermer le cou dans une fourche, qui l'empêchait de s'échapper et qui le tenait à distance. C'est dans cet équipage qu'on nous l'amena.

Le village était en émoi. L'animal enlevé de la pirogue où il avait dû faire un court trajet sur la rivière, rugissait et beuglait ; ses petits yeux lançaient autour de lui des regards farouches ; on voyait que s'il eût pu attraper quelqu'un de nous, il lui aurait fait sentir sa colère.

Je m'aperçus que la fourche lui blessait le cou, et je songeai aussitôt à me procurer une cage. En deux heures, on me construisit une petite cabane de bambou très-forte, avec des barreaux solidement fixés et assez espacés pour que le gorille pût être vu et voir lui-même au dehors. Il fut jeté de force là-dedans ; et pour la première fois, je pus jouir tranquillement du spectacle de ma conquête.

Malgré tous ses efforts, du Chaillu ne put parvenir à apprivoiser l'animal, qui ne tarda pas à mourir.

Dans les environs de Biagano, entre le Fernand-Vaz, qui coule parallèlement au littoral pendant plusieurs kilomètres, et la mer, se trouvait une étroite bande de prairie sablonneuse où de nombreux hippopotames avaient leur pâturage. Ces chevaux de rivière y venaient surtout la nuit. Le lieu de promenade du troupeau, que l'on pouvait distinguer à une grande distance, faisait l'effet d'un sentier battu régulier ; seulement d'énormes empreintes de pieds révélaient l'animal qui les avait faites. L'herbe ne poussait pas sur ce chemin ; mais le sol en était ferme et bien foulé par des allées et venues continuelles. Ce qu'il y a de curieux, c'est que ces animaux n'abandonnent jamais leur lieu de promenade, même quand on les y attaque ; ils y reviennent toujours obstinément ; c'est ce qui fait l'avantage du chasseur.

Du Chaillu se rendit un soir tout près d'un de ces lieux de promenade, accompagné d'un de ses noirs chasseurs nommé Igala ; il s'était lui-même barbouillé le visage avec un mélange d'huile et de suie.

« Nous passâmes sous le vent des hippopotames, dit-il, car ces animaux ont le flair très-délicat ; la nuit, un rien les effarouche. Ils sentent probablement que, lorsqu'ils sont à terre, la lenteur de leurs mouvements et la pesanteur de leur masse leur donnent beaucoup de désavantages. Nous nous mîmes en embuscade derrière un buisson. Aucun de ces animaux n'était encore sorti du fleuve ; nous les entendions ronfler et clapoter au loin, et le bruit qu'ils faisaient avec leurs naseaux troublait d'une façon étrange la tranquillité de la nuit.

Cependant la lune penchait déjà vers l'horizon et je commençais à m'impatienter, lorsque j'entendis un grognement. Je regardai, et à travers la demi-obscurité, je vis confusément un énorme animal que l'ombre flottante rendait encore plus monstrueux. Il était tranquillement occupé à brouter l'herbe qu'il semblait tondre de très-près.

Nous en étions séparés par un autre

buisson, que nous atteignîmes en rampant dans un profond silence. Arrivés là, nous n'étions plus qu'à quinze pas environ de la bête. Quelquefois des nègres sont tués à la chasse à l'hippopotame ; l'animal, s'il n'est que blessé, se retourne avec fureur contre l'assaillant, et l'expérience a appris aux chasseurs nègres, que la seule manière de l'attaquer sans danger, c'est de l'approcher par derrière. Il ne peut pas se retourner vite, et cette lenteur donne au chasseur le temps de se sauver. Cette fois, nous ne pouvions pas prendre tout à fait nos avantages ; je résolus néanmoins de tirer sur l'animal ; j'étais à peu près sûr de le tuer à quinze pas, malgré le peu de clarté que nous avions.

Igala et moi nous ajustâmes la bête. Il fit feu, puis, sans regarder l'effet du coup, il s'enfuit aussi vite que le lui permettait une bonne paire de jambes. Je n'étais pas prêt en même temps que lui, et je tirai un moment plus tard ; mais avant de fuir aussi, exercice qui m'était moins familier qu'à Igala, je m'aperçus que ce n'était pas nécessaire : la bête avait chancelé un moment, puis était tombée morte.

Notre chasse finit là cette nuit ; aucun animal du troupeau ne devait plus venir dans l'endroit où un des leurs était étendu. En nous en retournant, Igala me dit que j'avais eu tort de ne pas prendre la fuite comme lui ; il paraît que c'est le complément obligé de la chasse à l'hippopotame. Notre succès mit tout le village en joie, car la viande y était très-rare. Les hommes allèrent au point du jour écorcher l'animal, dont ils rap-

portèrent la chair et la peau. Cette viande a à peu près le goût du bœuf, la fibre en est plus épaisse, sans graisse ; c'est un mets agréable et sain que les nègres aiment beaucoup. »

L'hippopotame se trouve dans la plupart des fleuves de l'Afrique ; c'est un animal grossièrement bâti et pesant, remarquable surtout par l'énormité de sa tête et par la petitesse tout à fait disproportionnée de ses jambes. Le mâle est beaucoup plus gros que la femelle ; parvenu à toute sa croissance, il égale quelquefois l'éléphant, non pas en hauteur, mais en volume. Les plus gros, en marchant, balayent presque l'herbe avec leur ventre.

Les pieds, d'une configuration curieuse, sont disposés à la fois pour marcher sur les joncs ou le limon du lit des rivières, et pour nager avec facilité. Le pied est divisé en quatre doigts courts, grossiers et très-écartés les uns des autres, structure qui permet à ces animaux de marcher assez vite sur la vase.

La peau de l'hippopotame adulte a d'un pouce et demi à deux pouces d'épaisseur ; elle est très-forte et très-rugueuse, et à l'épreuve de la balle ordinaire, sauf quelques endroits où elle s'amincit, par exemple derrière l'oreille et près des yeux. Sa couleur est d'un jaune limoneux, qui prend une teinte rosée sous le ventre.

Les parties de la rivière qu'ils préfèrent sont celles où le courant n'est pas rapide ; aussi se rencontrent-ils dans tous les lacs de l'intérieur. Ils aiment aussi les lieux qui avoisinent les champs de gazon. Friands surtout d'une certaine herbe épaisse qui se trouve

dans ces prairies, ils vont quelquefois la chercher à de grandes distances, et reviennent là obstinément. Sont-ils à terre, ils marchent droit devant eux ; rochers, marais, buissons, aucun obstacle n'effraye ces pesants amphibies. Une de leurs singularités, c'est qu'ils s'en retournent toujours par le chemin qu'ils ont pris pour venir, à moins d'avoir été poursuivis et harcelés longtemps.

Pendant la seconde moitié de l'année 1857, du Chaillu explora tout le pays de Commi aux environs de Biagano. Il fit plusieurs excursions au lac Anengué, formé par un affluent du Fernand-Vaz. Dans la saison des pluies, ce lac présente une magnifique nappe d'eau très-profonde; mais dans la saison sèche, la chaleur fait monter, comme une éruption, de grosses îles de boue noire sur lesquelles s'étalent des crocodiles en quantité innombrable.

« Il y avait là, dit le voyageur, plusieurs centaines de ces monstres dégoûtants, qui se chauffaient au soleil en pétrissant la fange, et se glissaient au fond de l'eau pour chercher leur pâture. Jamais je n'ai vu un plus hideux spectacle. Quelques-uns avaient au moins vingt pieds de long, et quand ils ouvraient leur horrible gueule, on eût dit qu'ils allaient avaler nos petites pirogues sans la moindre difficulté. Je me décidai à tirer sur ces animaux, qui ne semblaient nullement effrayés de notre approche.

Je fis manœuvrer ma pirogue au milieu d'eux, de manière à isoler le plus gros du reste de la troupe, et je lui logeai une balle dans le corps, à l'endroit où ses pattes de devant s'attachent au défaut de son épaisse cuirasse; il culbuta lourdement, et après avoir battu l'eau pendant quelques instants, il s'enfonça dans la vase. Ses compagnons, hébétés dans le premier moment, tournaient vers lui leurs affreux yeux de serpent, mais ne sachant ce que cela voulait dire, ils le laissèrent pour en revenir à leur paresseuse récréation. »

Du Chaillu ne manqua pas de rendre visite à divers petits rois dont les villages étaient situés sur les bords du lac Anengué. Tous le reçurent amicalement, mettant leurs femmes à sa disposition et s'étonnant beaucoup de son refus de profiter d'une telle faveur. « L'un d'eux, rapporte le voyageur, m'envoya un matin des bananes et quelques cannes à sucre, par une jeune négresse, dont le message ne se bornait pas là; elle venait aussi, disait-elle, pour être ma femme. Je dus décliner ces avances, et ma conduite parut blesser la nymphe d'ébène; mais elle ne fit que surprendre son royal maître, qui pensa qu'après tout j'avais le droit d'agir à ma fantaisie. »

Ce fut dans cette contrée que du Chaillu rencontra une sorte de chimpanzé très-curieux et inconnu jusqu'alors. Cet animal a l'habitude de se construire un abri, une maison, entre les branches des arbres. Le mâle et la femelle s'occupent ensemble de recueillir les matériaux nécessaires. Ces matériaux se composent de branches feuillues destinées à former le toit, et de lianes sauvages qui attachent ces branches après l'arbre. Les liens sont si solidement noués et les toits si habilement disposés, qu'avant d'avoir vu un de ces singes en possession de son domicile, on peut à peine s'imaginer que ce ne soit pas l'ouvrage d'un homme. Cette construction préserve parfaitement de la pluie; dans ce but, elle est artistement arrondie et se termine en dôme. Les matériaux recueillis, le mâle se met à l'œuvre, et la femelle lui passe les branches et les lianes. Le mâle et la femelle ne logent pas sur le même arbre; mais leurs abris ne sont pas éloignés l'un de l'autre.

Notre voyageur s'arrêta sous un de ces abris avec l'espoir qu'à la tombée de la nuit, il aurait la chance de le voir occupé par le propriétaire. En effet, juste à l'heure du crépuscule, il entendit un cri particulier : « heu ! heu ! heu ! » celui du mâle qui appelle sa compagne. Le singe vint s'asseoir sous son abri, l'un de ses bras embrassant fortement le tronc de l'arbre, et s'endormit dans cette position. Du Chaillu fit feu, et la malheureuse bête tomba sans se débattre et sans même pousser un seul gémissement.

De retour de ses excursions, du Chaillu fut subitement atteint d'une dyssenterie, accompagnée de symptômes de fièvre pernicieuse ; c'étaient sans doute les suites de son séjour dans les marais de l'Anengué. Grâce à quelques fortes doses de quinine, il parvint à se rétablir au bout de trois semaines. Les habitants de Biagano attendaient avec impatience le rétablissement de leur hôte afin de pouvoir célébrer une *bola ivoga*, c'est-à-dire de faire un vacarme terrible pour la cérémonie de la fin d'un deuil. Ils vinrent toutefois en demander la permission à du Chaillu, qui s'empressa de la leur accorder.

L'homme qui était mort avait sept femmes, plusieurs esclaves, une maison, une plantation et d'autres biens encore ; c'était un personnage important. Son frère aîné, qui avait hérité de lui, était chargé de l'ordonnance de la fête ; toutes les pirogues arrivaient encombrées de cruches de nimbo ou vin de palmier ; de toutes les plantations on envoyait de grandes provisions ; chacun dans le village préparait ses meilleurs vêtements et ses plus riches parures ; on faisait collection de tams-tams et de chaudrons, on amassait de la poudre pour les salves ; enfin tout s'apprêtait pour la *bola ivoga*.

Les femmes du décédé étaient radieuses ; car le lendemain elles allaient quitter leurs habits de veuve et se joindre à la fête comme nouvelles mariées. L'héritier avait le droit de les épouser toutes, mais, pour montrer sa générosité, il en avait cédé deux à un jeune frère et une autre à un cousin.

A sept heures du matin, des coups de fusils annoncèrent que les veuves avaient mangé d'un certain mets composé d'ingrédients mystiques, et que dès lors elles étaient relevées de leurs devoirs envers le défunt. Ces dames profitèrent bien vite de la permission pour reprendre leurs bracelets, leurs anneaux et leurs plus belles cotonnades.

Vers neuf heures, tous les invités s'assirent sur des nattes devant la maison mortuaire, dans la grande rue ; ils se partagèrent en petits groupes devant chacun desquels était servie une énorme cruche de vin de palmier. On se mit alors à causer jusqu'à ce qu'une grande décharge d'environ cent coups de fusil donnât le signal de l'orgie générale.

A dater de ce moment, hommes, femmes, enfants, tout le monde se mit à boire jusqu'au lendemain matin, sans interruption. Ils avalaient rasade sur rasade, ils chantaient, ils tiraient des coups de fusil, et dans leur ivresse ils maniaient leurs vieilles armes de pacotille si gauchement qu'on pouvait s'étonner qu'elles n'éclatassent pas entre leurs mains. Ils frappaient en même temps sur tout ce qu'ils trouvaient, en faisant le plus de bruit possible ; ils criaient et les femmes dansaient. Quelles danses ! dit le voyageur, on n'en voit nulle part de pareilles.

Les pas les plus honnêtes étaient déjà de l'indécence ; le lecteur peut se figurer ce que devaient être en pleine ivresse ces bacchantes enragées, pour qui c'était un point d'honneur de se surpasser les unes les autres en licence.

Le lendemain de cette orgie, au lever du soleil, eut lieu le dénoûment de la *bola ivoga*. A un nouveau signal d'armes à feu, on se mit à démolir pièce à pièce, à coups de hache et de coutelas, la maison du défunt, on y mit le feu, et la fête se termina quand tout fut réduit en cendres.

Ces divertissements étaient à peine terminés, qu'un des hommes de l'escorte de du Chaillu se trouva subitement à l'article de la mort. Aussitôt on envoya chercher un célèbre docteur fétiche et, sur son avis, toute la population commença un tintamarre qui devait, suivant leur croyance, rendre la santé au malade. Les Commis s'imaginent, en effet, que l'Esprit du mal prend possession du corps de l'homme malade et que cet esprit n'en peut être délogé qu'à force de tapage ; ils partent de là pour obséder le pauvre patient et frapper à tour de bras, tout près de sa tête, sur des tams-tams et des chaudrons,

Cependant le compagnon de du Chaillu expira. Il ne restait plus alors qu'à découvrir le sorcier dont les maléfices l'avaient fait périr; car supposer qu'un homme jeune encore, dans toute sa force, eût pu être emporté si vite par des circonstances naturelles, c'est ce qui ne pouvait entrer dans la tête de ces gens-là. On dépêcha un exprès pour aller à la recherche d'un grand docteur et l'on ra-

mena un individu qui ressemblait littéralement à un diable.

Il avait sur la tête un panache de plumes noires ; ses paupières étaient peintes en rouge; une raie rouge, partant du sommet de son nez, lui partageait le front par la moitié ; une autre ligne rouge faisait le tour de sa tête ; le reste du visage était peint en blanc, avec un point rouge de chaque côté de la bouche. Un collier d'herbes, terminé par une corde, laissait pendre sur sa poitrine une boîte mystérieuse, qui renfermait des esprits. Des morceaux de peaux de léopard et des bandes d'autres peaux couvraient son corps et pendaient autour de lui ; à chaque pièce de ce sauvage attirail était attaché un charme.

Il s'assit sur un escabeau, puis déposa devant lui un nouveau coffret rempli de talismans et surmonté d'un miroir. Un des assistants fut invité à nommer successivement et à haute voix tous les habitants du village; à chaque nom, le devin consultait son miroir, pour savoir si la personne nommée n'était pas le sorcier qu'il cherchait. A la fin, quand tous les noms eurent été prononcés, il déclara qu'il ne pouvait trouver le coupable, mais qu'un malin esprit s'était établi dans le village et qu'une foule de gens mourraient encore s'il continuait à y résider. Il y avait dans cette conclusion une odieuse insinuation contre du Chaillu; aussi, dès le lendemain, tous les habitants se mirent à déménager leurs effets, puis à démolir leurs maisons et, quand vint la nuit, ils laissèrent seul notre voyageur. Celui-ci rassembla les déserteurs pour les exhorter à revenir près de lui; mais il eut beau faire; malgré leur amour pour le tabac, malgré leur culte pour le commerce, il ne réussit qu'avec la plus grande difficulté à détacher d'eux quelques hommes. Il resta néanmoins dans son établissement, qui lui avait coûté très-cher, et où il se trouvait plus commodément qu'il n'avait jamais été en Afrique.

Vers la fin de février 1858, du Chaillu s'embarqua sur le Fernand-Vaz pour mettre à exécution son projet de se rendre à Goumbi, résidence du roi Quenguéza; ce village était situé sur le fleuve Rembo, qui n'est autre que le Fernand-Vaz devenu plus étroit et coulant alors de l'est à l'ouest.

Après trois jours de navigation, on atteignit Goumbi. La réception fut triomphale. C'étaient des acclamations et des détonations à ne pouvoir s'entendre. Toute la population se précipita sur la rive pour voir du Chaillu. On conduisit le voyageur à l'endroit où devait avoir lieu la réception:

« Le roi Quenguéza, dit du Chaillu, vint aussitôt, la figure radieuse, me donner une poignée de main. C'était un homme âgé, dont la chevelure était blanche; grand, maigre, d'une contenance sévère, qui indiquait beaucoup de courage et d'énergie, qualités qu'il possédait d'ailleurs réellement. Il s'empressa de m'expliquer qu'il était en deuil de son frère, mort deux mois auparavant, et que pour cette raison, il n'avait pu mettre ses beaux habits.

Quand il m'eut souhaité la bienvenue, j'appelai son petit garçon, qu'il m'avait envoyé pour me servir d'otage, et que j'avais ramené avec moi. L'enfant s'avança et je dis au roi, assez haut pour être entendu de tout le monde : « Vous m'avez remis votre fils pour répondre de ma sûreté pendant que je viendrais vous voir. Je n'ai pas peur. Je vous aime et je me fie à vous. Je suis sûr que vous me traiterez bien, moi et mes hommes. Aussi vous ai-je ramené votre enfant; je n'ai pas besoin de lui pour être tranquille. » A ces mots éclatèrent des acclamations à tout rompre et des transports de joie.

Je rappelai au roi la parole qu'il m'avait donnée de me laisser pénétrer dans l'intérieur, et même de m'y aider. Il me renouvela cette promesse et ses sujets y applaudirent. Je leur dis alors que mon voyage leur serait avantageux, car j'avais apporté avec moi une suffisante quantité de marchandises pour payer tout l'ivoire et tout l'ébène qu'on pourrait me procurer. A cette déclaration, les acclamations redoublèrent, j'avais touché, comme je m'y attendais bien, la corde sensible de ce peuple.

Le roi se leva pour me répondre, et aussitôt le silence régna dans l'assemblée, car Quenguéza est profondément respecté de ses sujets. Il commença par me faire don d'une vaste habitation qu'il m'avait destinée et qu'il me montra; elle avait sur sa façade une véranda avec des bancs. Puis, se tournant vers le peuple, il lui dit : « Vous voyez mon homme blanc; il est venu d'un pays lointain pour me connaître; j'ai été le trouver pour l'engager à me rendre cette visite. Le voilà maintenant ici. Ne faites aucun mal à ceux qui l'accompagnent; quant à lui, je n'ai pas besoin d'en parler. Fournissez des vivres à tout son monde ; traitez-les bien. Ne volez pas surtout ; ce serait pour vous une terrible affaire ; si vous vous en avisiez, je vous vendrais tous. »

Ce fut la clôture de la séance. Je fus libre d'aller chez moi ; les habitants reçurent ordre de décharger mon bateau et de porter mes effets dans ma maison. »

Jusqu'au 13 août 1858, du Chaillu demeura à Goumbi. Il fit dans les environs de nombreuses excursions. Il eut de nouveau l'occasion de chasser le gorille, assez commun dans le pays, et put s'emparer d'un jeune sujet vivant ; mais, pas plus que la première fois, il ne réussit à le conserver.

Les Bakalais, au milieu desquels il vécut, lui semblèrent grands chasseurs, fins commerçants et guerriers perfides. Un de leurs traits caractéristiques, suivant lui, celui qui les distingue de toutes les autres tribus auxquelles ils sont mêlés, c'est leur humeur vagabonde ; ils ne restent jamais longtemps en place. Beaucoup de causes contribuent à cette humeur errante, la principale, c'est la peur extrême qu'ils ont de la mort. Quand un homme meurt parmi eux, la stabilité de leur établissement est fort ébranlée du coup. S'il en meurt un second, tout le monde déménage.

Leurs disputes et leurs guerres avec les tribus voisines sont fréquentes ; elles s'élèvent presque toujours à propos des femmes. La chasteté de celles-ci n'est appréciée que comme valeur mercantile, et comme elles ont toutes beaucoup de liberté et un grand esprit d'intrigue, il s'ensuit qu'une femme fidèle est chose inconnue dans le pays.

Le costume des Bakalais est très-léger : il consiste en un morceau d'étoffe, faite avec des plantes textiles, roulé autour des reins. Les femmes ont une passion désordonnée pour les perles européennes, les anneaux de cuivre ou de fer. En général, leurs habitudes sont très-malpropres ; ils savent à peine ce que c'est que de se laver. Ils se frottent souvent d'huile, d'où il suit que leur aspect et leur odeur sont dégoûtants et nauséabonds.

De retour à son établissement de Biagano, du Chaillu fut pris par les fièvres. Fort heureusement, un bâtiment marchand vint à passer le long de la côte ; il allait au Gabon, et notre voyageur fut heureux de s'y rendre avec lui. Là, grâce aux soins des missionnaires, il recouvra en peu de temps assez de santé et de forces pour songer à faire une expédition au pays lointain des Ashiras.

Le 10 octobre 1858, il se mit en route. La tribu qu'il allait visiter se trouvait située à l'est de Goumbi ; il dut donc passer par ce village. Durant le court séjour qu'il fut obligé d'y faire, afin de se procurer une escorte, il fut témoin d'épouvantables scènes de sorcellerie qui eurent lieu à propos de la mort d'un homme nommé Mpomo.

Comme de coutume, cette mort fut attribuée à quelques maléfices, et on s'occupa d'en rechercher les auteurs. On fit venir un devin célèbre des environs ; pendant deux jours et deux nuits, cet individu pratiqua les cérémonies les plus grossières. Le troisième jour enfin, quand il vit les esprits montés au plus haut degré d'effervescence, quand tout le monde, jeune ou vieux, homme ou femme, ne respira plus que vengeance contre les sorciers inconnus, il rassembla les habitants sur la grande place du village et accomplit les dernières conjurations qui devaient amener la révélation du nom des coupables.

« Les hommes et les jeunes garçons, rapporte du Chaillu, étaient tous armés, les uns de lances, les autres de coutelas, d'autres enfin de fusils ou de haches, et sur chaque figure éclatait le désir furibond de tirer une sanglante vengeance des criminels qui allaient être désignés. Toute la population montrait une rage inexprimable et une horrible soif de sang humain.

Pour la première fois ma voix fut méconnue, je ne trouvai pas une oreille pour m'entendre. Je m'avisai, pour dernière menace, en voyant le train dont marchaient les choses, de leur dire que je ferais punir par le roi tous les meurtres commis en son absence ; mais, hélas ! ils m'avaient prévenu. Le jour même de la mort de l'individu, ils avaient envoyé secrètement demander à Quenguéza s'il leur serait permis de tuer les sorciers, et le malheureux homme, malade lui-même, craignant toujours les maléfices, et ne m'ayant pas près de lui pour le conseiller, avait répondu sur-le-champ qu'il fallait se défaire d'eux sans pitié. Voyant que tous mes efforts seraient inutiles et que l'œuvre de sang devait s'accomplir jusqu'au bout, je me résignai à rester spectateur désolé des scènes qui allaient suivre.

A un signe du docteur, la foule frémissante devint tout à coup immobile et muette. Ce profond silence dura à peu près une minute, et ne fut rompu que par la voix stridente de l'opérateur.

« Il y a, dit-il, une femme très-noire, qui vit dans une maison..... (ici une description détaillée de la maison et de son emplacement) ; elle a ensorcelé Mpomo. »

A peine eut-il fini que la foule, rugissant et hurlant comme une troupe de bêtes féroces, se rua avec fureur vers l'endroit indiqué. On se saisit d'une pauvre femme, nommée Okandaga, la sœur d'un de mes guides. Toutes les armes furent dirigées contre elle ; on l'entraîna au bord de l'eau, on la garrotta étroitement, puis on revint en masse près du docteur.

Pendant que la malheureuse Okandaga passait devant moi, traînée par cette horde furieuse, elle m'aperçut, malgré mes efforts pour me dérober à sa vue. Je détournai la tête car je ne pouvais rien pour elle. Hélas ! j'entends encore son cri de détresse : « Chaillie ! Chaillie, ne me laissez pas mourir ! »

Terrible moment d'angoisse ! Un instant j'eus l'idée de me jeter en travers de cette foule stupide pour lui arracher sa victime ; mais à quoi m'eût servi cet aveugle élan ? Ces masses étaient trop fanatisées, trop en délire, pour faire seulement attention à moi. Je n'aurais fait que me sacrifier sans profit pour elle. Je me retirai à l'écart, derrière un arbre, et, le dirai-je, je pleurai amèrement sur mon impuissance.

Le silence se fit de nouveau dans la foule, puis la voix rauque de l'infernal docteur se fit encore entendre. C'était le croassement d'un corbeau qui présage la mort : « Il y a une vieille femme dans une maison... (ici description de la maison) ; elle a aussi ensorcelé Mpomo. »

Et, de nouveau, la foule se précipita ; cette fois elle s'empara de la nièce du roi Quenguéza, une digne et vénérable vieille femme. Comme ces forcenés l'entouraient, la menace à la bouche et dans les yeux, elle se leva fièrement, les regarda en face sans s'émouvoir, et, leur défendant par un geste de porter la main sur elle : « Je boirai le mboundou (poison), dit-elle ; mais, si je n'en meurs pas, malheur à ceux qui m'accusent ! »

On la conduisit ainsi au bord du fleuve, mais sans la garrotter, et là elle se soumit à tout, sans chercher à fléchir ses bourreaux par une larme ou par une prière.

Puis, pour la troisième fois, un grand silence régna dans le village ; pour la troisième fois aussi, la voix du docteur le rompit : « Il y a une femme avec six enfants ; elle vit sur la plantation du côté du soleil levant ; elle a aussi ensorcelé Mpomo. »

De nouvelles clameurs s'élevèrent, et, quelques minutes après, on traînait encore sur la rive une des esclaves du roi, une excellente créature, fort estimée, que je connaissais déjà.

Le devin s'approcha alors, suivi de la foule, et de sa voix sinistre il énonça l'accusation qui pesait sur chacune des trois femmes.

La première, Okandaga, avait, dit-il, quelques semaines auparavant, demandé du sel à Mpomo, dont elle était la pa-

rente ; mais le sel était rare et Mpomo lui en avait refusé ; alors elle lui avait tenu de mauvais propos, et, par un maléfice, elle l'avait fait mourir. Quant à la nièce du roi, elle était stérile, et Mpomo avait des enfants ; elle lui portait envie, voilà pourquoi elle l'avait ensorcelé. Enfin, l'esclave avait demandé à Mpomo un miroir qu'il lui avait refusé ; elle l'avait fait périr par vengeance.

A chacune de ces stupides accusations, le peuple éclatait en imprécations sauvages. Les parents mêmes des malheureuses victimes étaient obligés d'y prendre part. Chacun rivalisait de violence avec son voisin, car chacun craignait que sa froideur, dans cette exaltation générale, ne fût remarquée et ne l'exposât au même sort.

Quelques instants après, les trois femmes furent mises dans une grande pirogue, avec le docteur, les exécuteurs et quelques hommes. Tous étaient armés. On battit le tam-tam, et l'on prépara le poison. C'était le frère aîné du défunt qui tenait la coupe. D'autres pirogues, remplies de gens armés, entouraient celle qui portait les victimes.

Le breuvage empoisonné fut présenté d'abord à la vieille esclave, puis à la nièce du roi, et enfin à Okandaga. Pendant qu'elles buvaient, la foule criait : « Si ce sont des sorcières, que le mboundou les tue ! Si elles sont innocentes, que le mboundou ne leur fasse pas de mal. »

Je n'ai vu de ma vie une scène d'anxiété plus profonde. Quoique l'horreur me glaçât le sang, mes yeux ne pouvaient se détourner de ce spectacle. Un silence de mort le dominait. Tout à coup l'esclave

L'AFRIQUE OCCIDENTALE. — ... saisissant le canon du fusil... (Page 134.)

chancela. Elle n'avait pas touché le fond du bateau, que l'exécuteur levant son coutelas lui trancha la tête. Vint le tour de la nièce du roi; en un instant sa tête fut aussi abattue, et son sang rougit les eaux du fleuve. Pendant ce temps, la pauvre Okandaga chancelait et se débattait contre les atteintes du poison : vains efforts ! elle tomba aussi, et sa tête roula auprès des autres.

Dès ce moment, tout ne fut plus que confusion et coups de hache assénés à l'envi et pêle-mêle ; en moins de temps que je ne puis dire, les trois corps coupés en mille morceaux, furent jetés dans le fleuve et disparurent. Cela fait, la foule se dispersa ; chacun rentra chez soi et un silence absolu régna partout. »

Tant que du Chaillu demeura dans le village, il refusa d'adresser la parole aux gens qui avaient pris une part active au meurtre des trois femmes. Tout confus de voir que l'homme blanc ne faisait plus aucune attention à eux, ils essayèrent de lui exprimer leurs regrets ; mais celui-ci ne voulut pas même les écouter. Il tenait à leur montrer toute l'horreur que lui inspirait leur conduite, et à réaliser la menace qu'il leur avait faite de n'avoir plus rien de commun avec eux.

Le 22 octobre, du Chaillu quitta Goumbi. Huit jours après il entra dans le pays des Ashiras. La surprise des indigènes fut grande ; comme à l'ordinaire, ses cheveux faisaient surtout leur étonnement. Le roi lui offrit des chèvres, des bananes, des poules, des cannes à sucre et deux esclaves pour fêter sa bienvenue et recommanda au peuple d'avoir bien soin de l'*esprit*.

La plaine des Ashiras, rapporte le voyageur, est un des plus beaux et des plus délicieux pays de l'Afrique ; elle est arrosée par un grand nombre de petits ruisseaux et de hautes montagnes, couvertes d'épaisses forêts vertes, l'entourent de tous les côtés.

Les villages sont éparpillés dans cette plaine ; ils sont propres et composés ordinairement d'une longue rue, avec des cabanes de chaque côté. Les habitants sont d'une couleur noire très-prononcée ; les femmes se distinguent par leurs belles proportion, et, malgré le type nègre empreint dans leurs traits, quelques-unes ont une grâce et une désinvolture qui ne semblent pas appartenir à des Africaines.

Le costume des hommes et celui des femmes mariées consistent en un vêtement flottant appelé *ndengui*, qu'ils fabriquent avec une certaine plante textile. Quant aux jeunes filles, jusqu'à ce qu'elles soient mariées, elles ne doivent porter aucun vêtement, excepté le pagne étroit, en toile d'herbe, qui leur couvre le milieu du corps ; elles vont ainsi, avec la liberté que comporte l'absence de tout sentiment de pudeur. Les deux sexes ont un goût prononcé pour les ornements, tels que les bracelets et les anneaux. Les femmes Ashiras se coiffent d'une manière curieuse : au moyen de petites baguettes ou de feuilles de bananier, elles assujettissent leurs cheveux laineux en forme de bicorne, ce qui leur donne un aspect tout à fait étrange.

Comme du Chaillu n'apercevait pas un seul esclave depuis son arrivée dans le pays, il commençait à croire qu'il n'y en avait pas ; il questionna le roi à ce sujet, et apprit que tous, à la nouvelle de sa venue, avaient été frappés d'une terreur extrême, et s'étaient enfuis dans les plantations, où ils se tenaient cachés, bien décidés à ne pas donner signe de vie. Ils se figuraient que du Chaillu venait les chercher pour les conduire à la côte afin d'y être engraissés, puis transportés dans le pays des blancs, et enfin mangés par eux.

Chez les Ashiras, comme partout, ce sont les femmes qui cultivent la terre. Elles sont fort industrieuses ; leurs manières sont plus douces que celles des femmes des autres tribus et leur santé est plus vigoureuse. Elles ne se marient pas avant d'avoir pleinement atteint l'âge de puberté, ce qui explique la beauté relative de la tribu aussi bien que sa supériorité intellectuelle.

La polygamie règne chez les Ashiras, et les parents vendent quelquefois leurs enfants. Quant aux mœurs des femmes, le voyageur aime mieux n'en rien dire ; ce qu'il y a de certain, c'est que la chasteté ne figure pas parmi leurs vertus.

La résolution que du Chaillu avait prise de pousser plus loin ses explorations dans l'intérieur du pays excita la méfiance des Ashiras. Ces gens-là craignent toujours qu'on intervienne dans leur commerce. Le voyageur parvint cependant à calmer leurs inquiétudes, et après avoir reçu la bénédiction du roi, il partit pour la contrée habitée par les Apingis, à l'est des Ashiras.

La nouvelle de la prochaine arrivée d'un homme blanc s'était répandue depuis longtemps déjà dans cette contrée ; aussi du Chaillu y fut-il reçu avec des témoignages non équivoques de la plus grande joie. Ces naturels croyaient fermement que notre voyageur fabriquait à volonté des perles, de la cotonnade, des chaudrons de cuivre, des fusils, de la poudre, et ils espéraient bien profiter de l'occasion de s'enrichir de tous ces objets. Les principaux habitants s'assemblèrent à ce propos et, après une longue délibération, ils vinrent prier du Chaillu de leur faire pour le lendemain une montagne de perles, aussi haute qu'un arbre qu'ils désignèrent, afin qu'eux, leurs femmes et leurs enfants pussent aller au tas en prendre tant qu'ils voudraient.

Du Chaillu leur répondit naturellement que cela lui était impossible ; mais il ne put parvenir à les persuader, et ils se retirèrent fort désappointés, s'imaginant que l'*Esprit* ne voulait pas leur faire plaisir. Ils ne lui en gardèrent cependant pas rancune, car quelques jours après du Chaillu fut solennellement investi du Kendo, sorte de grossière clochette de fer terminée par un long manche recourbé également en fer, et qui est chez les Apingis l'insigne de la souveraineté.

Cette cérémonie eut lieu en présence d'une foule immense qui la confirma par ses acclamations. Le chef de la tribu prit la parole : « Vous êtes, dit-il en s'adressant à du Chaillu, l'esprit que nous n'avions jamais vu. Nous ne sommes que de pauvres gens vis-à-vis de vous. Vous êtes de ceux dont nous avons souvent entendu parler, qui viennent d'un pays que personne ne connaît et que nous n'avions jamais espéré voir. Vous êtes notre roi et notre maître ; restez toujours avec nous. Nous vous aimons, et nous ferons ce que vous voudrez. »

De nouvelles acclamations suivirent cette harangue. Puis des réjouissances eurent lieu ; on apporta du vin de palmier et l'allégresse devint générale, suivant l'usage officiel des couronnements. « A dater de ce jour, dit le voyageur, je pus m'appeler : du Chaillu 1er, roi des Apingis. Peu de souverains, j'imagine, sont montés sur le trône par le droit d'un suffrage aussi universel. »

Les hommes et les femmes Apingis liment leurs dents en pointe, ce qui donne à leur physionomie un aspect féroce et effrayant. Ces dernières ont une façon de se tatouer qui leur semble de toute beauté. Elles tracent de larges raies, qui de la nuque du cou s'étendent sur les épaules et descendent en biais sur la poitrine, pour se réunir en angle aigu au creux de l'estomac. D'autres raies circulaires sont dessinées le long du dos, et depuis la poitrine jusqu'au ventre. Plus elles sont rayées, plus elles se croient belles. Elles ne portent, en fait de vêtement, que deux petits carrés de toile, de sorte qu'elles vont presque nues, tandis que leurs maris sont quelquefois amplement vêtus. Cet usage ôte à ces femmes le dernier reste de pudeur qu'on trouve chez les autres tribus.

« Un jour, rapporte du Chaillu, l'épouse en titre du chef, une jolie jeune femme suivant la manière de voir des Apingis, vint me rendre visite avec son mari. Je lui donnai une pièce d'indienne de couleur éclatante, dont elle fut si enchantée, qu'elle commença aussitôt, à ma grande confusion, à ôter ses carrés de toile pour essayer mon cadeau. Quand elle se trouva tout à fait sans costume, un autre article de mes marchandises ayant frappé son attention, elle se mit à parler et à marcher à travers la chambre sans s'inquiéter le moins du monde de sa situation, et ce ne fut qu'au bout de quelque temps qu'elle songea à remettre son vêtement, encore le fit-elle sans se presser. »

Au pays des Apingis s'arrêtèrent les explorations de du Chaillu. Pendant une maladie qui le retint au lit plusieurs jours, il fut pris du désir subit de revoir l'Amérique et pour la première fois, il éprouva ce qu'on appelle la nostalgie, à son plus haut degré. Le 16 janvier 1859 il put se mettre en route et ce ne fut que le 10 février qu'il arriva à son établissement de Biagano. Quatre longs mois s'écoulèrent encore avant qu'un navire se montrât ; enfin dans les premiers jours du mois de juin, il eut le bonheur de s'embarquer sur un petit brick qui le ramena vers la terre tant désirée, où il allait retrouver la civilisation, ses amis et la santé.

La relation qu'il publia, peu après, de son voyage, souleva un *tolle* général parmi les savants. Et ce ne fut pas seulement tel ou tel détail d'histoire naturelle ou d'ethnologie que l'on taxa de fausseté, ce fut le voyage même dans l'intérieur, que l'on fit passer pour une fable. Piqué au vif par ce système de dénigrement, du Chaillu, pour toute vengeance, résolut de tenter un second voyage dans le même pays, bien pourvu cette fois des instruments et des appareils qu'il ne possédait pas lors de sa première exploration, afin de justifier ses assertions par des faits à l'abri de toute controverse. Il est bon, toutefois, de dire qu'avant ce second voyage, la plupart déjà de ses précédentes observations, si fort raillées par ses critiques, se trouvèrent pleinement confirmées par d'autres voyageurs.

Le 6 août 1863, notre intrépide explorateur s'embarqua à Gravesend et le 10 octobre il se trouva de nouveau à l'embouchure de Fernand-Vaz. Son principal but était de pénétrer dans l'intérieur du pays, plus avant qu'il n'avait pu le faire jusqu'alors, en prenant la voie du Fernand-Vaz, où s'était arrêtée la plus importante des expéditions de son premier voyage. Il voulait aussi déterminer, avec une précision scientifique, la situation géographique des lieux déjà explorés et confirmer, par de nouvelles expériences, la vérité des observations qu'il avait publiées sur ces contrées.

Il retrouva la plupart des rois ou chefs de tribu dont il avait fait la connaissance précédemment. Ceux-ci, enchantés de revoir leur homme blanc et plus enchantés encore des magnifiques cadeaux qu'il leur apportait, facilitèrent à du Chaillu la traversée du pays jusqu'à la rencontre des Ashangos, peuplade qui habite un pays montagneux situé à l'est des Apingis.

Sur sa route, du Chaillu rencontra une race de nains sauvages, nommés Obongos par les indigènes. D'après des descriptions vagues et exagérées qu'on lui en avait faites, il doutait fort de l'existence de ces êtres ; mais il dut se rendre à l'évidence, en débouchant un jour devant un groupe de cabanes d'une petitesse extraordinaire ; elles étaient très-basses, de forme ovale, comme des tentes de bohémiens. La partie la plus élevée, au-dessus de l'entrée, avait quatre pieds de haut ; la plus grande largeur était aussi de quatre pieds. Elles étaient construites avec des branches d'arbres flexibles, courbées en berceau et fixées en terre à chaque bout, les plus longues au milieu, les autres se raccourcissant par degrés, le tout recouvert de grandes feuilles. Les petits trous qui servaient de portes étaient bouchés par d'autres branches d'arbres récemment coupées.

Du Chaillu prit les plus grandes précautions pour s'approcher, afin de ne pas effaroucher les habitants qui sont, paraît-il, extrêmement timides ; ses guides tenaient à la main un cordon de perles, en signe d'amitié. Mais tant de soins furent perdus ; car les hommes au moins étaient déjà décampés. Du Chaillu ne découvrit que trois vieilles femmes avec un tout jeune homme, qui n'avaient pas eu le temps de s'enfuir comme les autres, plus quelques enfants cachés dans l'une des cabanes. S'il put s'approcher de ces tremblantes créatures, c'est que la frayeur avait paralysé leurs mouvements ; il prit leur mesure : elles n'avaient guère plus de quatre pieds.

La couleur des Obongos est d'un jaune sale ; leur front est extrêmement bas et étroit, et les pommettes des joues très-saillantes. Leur seul vêtement est un petit morceau de toile. Ils sont doués d'une dextérité remarquable pour prendre les bêtes fauves au piége et pour pêcher dans les rivières. Ils vendent aux tribus voisines le gibier et le poisson qui excèdent leur consommation personnelle, et reçoivent en échange, des bananes, des outils de fer, des ustensiles de cuisine.

Dans ce second voyage aussi, du Chaillu eut l'occasion d'étudier de nouveau les mœurs du gorille, et ses premières opinions, au sujet de cet animal, se trouvèrent quelque peu modifiées. Il reconnut, en effet, que le gorille se réunit en troupes plus nombreuses qu'il ne l'avait pensé tout d'abord. A la vérité, lorsque les gorilles prennent de l'âge, ils semblent devenir d'humeur plus solitaire ; ils errent alors par couples, ou même, si ce sont de vieux mâles, ils vivent tout à fait seuls.

Rarement les indigènes osent s'attaquer à ces formidables bêtes; il n'y a que les plus hardis chasseurs qui se hasardent à tenter cette dangereuse entreprise, et encore ne s'y décident-ils que lorsqu'ils sont armés d'un fusil à très-long canon. Ils se postent derrière des broussailles et attendent de pied ferme le gorille; celui-ci, selon son habitude, marche droit vers l'homme, et, saisissant le canon du fusil, le porte à sa gueule afin de le briser entre ses vigoureuses mâchoires; c'est à ce moment seulement que le chasseur lâche sa détente. Le coup ainsi tiré à bout portant et dans la tête de l'animal, le tue infailliblement.

Le 21 juillet 1864, du Chaillu atteignit Mouaou-Kombo, principal village des Ashangos. C'est là que s'est arrêtée son expédition. Les premières circonstances qui signalèrent son arrivée ne furent pas très-encourageantes; mais ces difficultés étaient de celles qui se rencontrent d'ordinaire sous les pas de tous ceux qui voyagent en Afrique. Du Chaillu en avait presque triomphé, lorsque arriva l'événement qui mit fin tout à coup aux heureux progrès de son entreprise.

Un habitant fut tué accidentellement par un des hommes de du Chaillu. Aussitôt le village fut en révolution, et le tam-tam de guerre se fit entendre. Du Chaillu rassembla ses compagnons au nombre de sept, et leur donna des instructions au sujet de ses bagages; il leur distribua à chacun une bonne provision de balles et de poudre et leur confia une partie de ses objets les plus

précieux : journaux, photographies, échantillons d'histoire naturelle. Pour sa part, il prit ses instruments scientifiques. L'important était d'atteindre la route de la forêt, et de prendre l'avance sur les indigènes qui, sans cela, couperaient la retraite à la petite troupe, et soulèveraient les autres villages sur son passage.

« Un moment, dit du Chaillu, je crus cependant voir quelque chance d'accommodement. Mon guide était parvenu, à force de cris, à faire comprendre aux chefs et aux anciens du village tout épouvantés, que le meurtre commis n'était qu'un accident malheureux, et que je leur rembourserais la valeur de vingt hommes, s'ils consentaient à m'écouter. J'étais vite allé prendre une grande quantité de toile et de perles, que j'avais étalés par terre au milieu de la rue, comme pour racheter le sang versé. Un des notables, un peu calmé, s'était même entremis, en disant : « C'est bien; nous « allons tenir un palabre pour délibérer.» Et le tambour de guerre avait cessé de se faire entendre.

Mais ce n'était qu'un rayon de soleil au milieu de l'orage. A ce moment même une femme se précipita hors d'une cabane, en gémissant et en s'arrachant les cheveux : la première femme du personnage qui venait de nous parler de ce ton radouci, avait été tuée aussi par la fatale balle qui, après avoir fracassé la tête du malheureux nègre, avait percé la mince paroi de la cabane.

Tout ceci fut l'affaire d'un instant. Un cri général s'éleva: Guerre! guerre! et les hommes coururent à leurs lances et à leurs arcs. Je donnai l'ordre de la retraite, car je vis tout de suite qu'il n'y avait plus aucune chance de paix, et qu'une lutte à mort allait s'engager. Avant que nous eussions gagné la route de la forêt, on nous décocha une volée de flèches. L'une d'elles m'atteignit à la main et s'enfonça dans un de mes doigts jusqu'à l'os.

Ceux qui nous poursuivaient avaient un certain désavantage : obligés de s'arrêter pour bander leurs arcs et pour ajuster, ils nous perdaient quelquefois de vue dans le sentier tournant de la forêt. Mais il nous était impossible de continuer longtemps le pas de course que nous avions pris. Après avoir fait bonne contenance au départ, mes hommes, saisis tout à coup d'une terreur panique, s'étaient débandés sur la route et, pendant dix minutes, mes cris ne purent les arrêter. Pour alléger leur fuite, ils jetaient tous leurs paquets, les uns après les autres, dans les broussailles. C'était une désolation de voir mes photographies si précieuses, mes instruments, mes animaux empaillés, mes notes, mes cartes, mes bouteilles de médicaments et de spiritueux, et tant d'autres objets de valeur, tant de souvenirs chers, dispersés sur la route ! L'œuvre de plusieurs mois de labeur et de fatigue, perdue, à jamais perdue ! »

La poursuite des indigènes fut longue et acharnée. Plusieurs fois du Chaillu, pour échapper à une mort certaine, dut faire usage de son fusil ; il fut blessé une seconde fois, au côté, et si la force du trait n'avait pas été amortie par une ceinture de cuir, le coup eût été mortel.

Enfin la petite troupe, continuant sa marche forcée, malgré la fatigue et la faim, se trouva en pays ami, et après quelques jours de repos chez le vieux roi Quenguéza, elle atteignit la côte.

« Il est impossible, dit du Chaillu, d'exprimer la joie que le peuple montra en nous voyant revenir tous sains et saufs. Le soir de notre arrivée, comme je me promenais solitairement dans la prairie qui s'étend jusqu'au rivage, la sœur d'un de mes guides vint me remercier, les yeux pleins de larmes, des soins que j'avais donnés à son frère. Cette démonstration de gratitude, si simple et si franche, me toucha profondément. Que je retourne jamais dans ce pays où je me suis donné tant de peine pour élargir le cercle de nos connaissances, c'est fort douteux ; mais je conserverai de ses habitants un souvenir qui ne s'éteindra qu'avec ma vie. »

Un bâtiment en chargement pour Londres était mouillé à l'entrée de Fernand-Vaz ; du Chaillu fut heureux de pouvoir profiter de cette occasion et, vers la fin de l'année 1865, il débarqua en Angleterre.

La France, comme on sait, possède un établissement dans la contrée que visita du Chaillu ; mais cet établissement est plutôt nominal qu'effectif. La seule partie occupée est la baie du fleuve du Gabon. Là se trouvent le comptoir fortifié, les principaux centres de population, l'important établissement de la Mission française, et enfin le village de Glass, que domine la Mission américaine, et qui est devenu entre les mains de commerçants étrangers et surtout anglais, un centre d'affaires assez considérable [1].

Dans cette rade profonde et sûre stationne constamment quelque navire de la marine française. Un petit nombre de bâtiments de commerce anglais ou américains, quelques goëlettes chargées du trafic des rivières, et enfin des pirogues montées par des noirs qui règlent par des chants monotones les mouvements de leurs pagaies, parcourent cette immense nappe d'eau, mais sans réussir à l'animer. Cette absence de vie et de mouvement affecte péniblement les Européens, presque tous au service de l'État, que leur mauvaise étoile a conduits dans ce pays, et ne fait que rendre plus attristant le sentiment de leur propre isolement.

Ce n'est pas que le Gabon soit triste par lui-même. Si le mouvement lui manque, du moins la nature y est belle; la végétation descend jusqu'au bord de la mer, et les villages que l'on aperçoit du large paraissent cachés dans un nid de verdure. Malgré sa position équatoriale, la chaleur n'y est pas non plus aussi excessive qu'on pourrait le croire, mais elle est constante. Le thermomètre y monte rarement au delà de trente-trois degrés, mais plus rarement encore il descend au-dessous de vingt-trois. Cependant l'humidité et surtout la tension électrique de l'air rendent cette température difficile à supporter, et ces fâcheuses conditions s'exagèrent encore pendant l'hivernage. Alors le corps fatigué s'affaisse sans trouver le repos dans l'immobilité, ni la réparation de ses forces dans le sommeil; l'intelligence alourdie s'endort et les appétits s'éteignent; l'anémie arrive avec son cortège de lassitudes sans causes, de douleurs sans lésions et de débilité sans remède.

Un pareil pays peut séduire un instant le voyageur curieux de nouveautés; mais l'Européen qui n'y est pas retenu par de sérieuses obligations ne s'y attarde pas longtemps: il y campe, mais ne s'y établit pas, et il est douteux qu'il parvienne jamais à s'y acclimater.

[1] *Le Tour du monde*, année 1865, 2ᵉ semestre. Relation du Dʳ Griffon du Bellay.

L'AFRIQUE OCCIDENTALE. — Les sacrifices humains, au Dahomey.

CHAPITRE VI

LES ROYAUMES DU DAHOMEY ET DE L'ACHANTI

La Guinée supérieure. — Son aspect et ses productions. — Les établissements français dans cette contrée. — Le fort français de Wydah. — Le golfe de Guinée. — Dangers qu'il présente. — La barre. — Le royaume du Dahomey. — Voyage du docteur Répin. — Les serpents fétiches. — Abomey, capitale du royaume. — Le roi Ghézo. — Une revue des troupes royales. — Les Amazones. — Mœurs et coutumes des habitants du Dahomey. — Les sacrifices humains. —

Les funérailles d'un roi. — Avénement d'un nouveau souverain. — Hideuses cérémonies qui l'accompagnent. — Célébration de la Grande-Coutume. — Le royaume de l'Achanti. — Ses habitants. — Expédition des Anglais en 1873.

La longue portion du rivage africain qui se trouve située sur la côte occidentale, entre Sierra-Leone et Loango, s'appelle la Guinée supérieure. Par sa sécheresse et ses pluies périodiques, par son extrême chaleur et l'insalubrité de son climat pour les Européens, cette contrée rappelle à la fois la Sénégambie et le Congo auxquels elle confine ; la nature y est à peu près la même et présente la même magnificence.

A l'embouchure des rivières, les mangliers forment d'épaisses forêts dont les rameaux inférieurs plongent dans la mer ; les palmiers, les arbrisseaux, les herbes de toutes sortes se serrent en bois, en buissons, en fourrés impénétrables. Des plantes sarmenteuses, liées en inextricables faisceaux et chargées de végétaux parasites, tombent et serpentent du sommet des branches, reprennent racine en touchant terre, s'attachent en grimpant de nouveau à d'autres arbres, et semblent réunir les forêts en une seule masse immense ; de tous côtés pendent des festons de fleurs aux couleurs vives et variées.

Parmi les arbres les plus remarquables de cette partie de l'Afrique, on peut citer, après le boabab et de nombreuses sortes de bananiers, le *cé* ou arbre à beurre, dont nous avons vu la description dans le voyage de Réné Caillié [1], le citronnier, l'oranger, le cotonnier, la

canne à sucre, l'ananas, le tabac et mille autres plantes qui, à une plus grande distance de l'équateur, exigent des soins continuels et une culture attentive.

Cette terre, si féconde en riches productions, engendre aussi des reptiles venimeux et des insectes malfaisants ; au nombre de ces derniers, les voyageurs signalent comme un de leurs ennemis les plus nuisibles, les fourmis qui dévorent tout ce qu'elles rencontrent, livres et vêtements ; les termites, sortes de fourmis ailées, se construisent des huttes coniques fortement cimentées, dans lesquelles ils vivent à l'abri de leurs ennemis, et dont ils ne sortent que pour détruire tout ce qui se rencontre sur leur passage, substances animales et végétales.

A l'entrée des rivières et sur les plages sablonneuses, les tortues abondent. Tout le long du cours des fleuves, les crocodiles se tiennent patiemment en embuscade ou digèrent leur proie au soleil ; enfin, à côté des serpents venimeux, très-communs dans les vallées marécageuses, se trouve le formidable boa qui, lorsqu'il est à jeun, est l'un des êtres les plus redoutables de la création. Il se précipite sur les grands quadrupèdes, enlace et étouffe sa proie ; il lui brise les os en l'enveloppant des replis multipliés de son corps, puis couvrant sa victime d'une bave épaisse, il l'avale la tête la première, et ses mâchoires se dilatent alors au point qu'il semble engloutir un aliment plus gros que lui. Mais, à ce

____
[1] Voir tome II, page 60.

moment, quand la digestion commence, le boa s'engourdit et, si on l'attaque, il devient incapable de fuir ou de résister. C'est alors que les nègres tâchent de le rencontrer, pour le tuer et manger sa chair.

Des oiseaux au riche plumage habitent les ombrages touffus des forêts de la Guinée; ce sont les perroquets, les hérons, les aigrettes, les flamants. Mais il n'en est pas un seul qui fasse entendre un chant agréable; et quand, le soir, la vie s'éveille au sein de ces forêts, qui, pendant la chaleur du jour, semblaient frappées d'un silence de mort, la voix discordante des oiseaux de proie se mêle aux hurlements sinistres des animaux carnassiers. A cette même heure une population tout entière s'agite dans les rameaux et fait craquer les branches, on dirait les fantômes des noirs habitants de la contrée; de fantastiques évolutions animent le sommet des arbres et font frémir le feuillage; par instants un combat s'engage, et les noix de coco pleuvent à terre; puis le bruit cesse, et le mandrille et le singe vert, suspendus par la queue à une branche, allongent, entre les feuilles, leur figure grimaçante.

Tel est le pays que, suivant la tradition, comme nous l'avons déjà dit [1], des marchands de Dieppe et de Rouen découvrirent dès le quatorzième siècle. A l'appui de ce fait, on allègue les noms d'origine française que portent plusieurs points de la contrée; mais, par malheur, des preuves plus décisives font défaut, et l'on est obligé de reconnaître aux Por-

tugais, guidés par le prince Henri, l'honneur d'avoir colonisé les premiers la Guinée, dans la seconde moitié du quinzième siècle.

C'est seulement au temps de Colbert que l'histoire nous montre l'intervention certaine de la France sur les côtes de la Guinée. Le grand ministre institua, en 1664, la Compagnie royale du Sénégal, à laquelle il donna en outre le droit de traiter sur les côtes comprises entre le Cap-Vert et le cap de Bonne-Espérance. Cinq ans après cette institution, il envoya dans cette partie de l'Afrique, un commissaire général de la marine, avec mission de désigner sur le littoral du golfe de Guinée un point favorable à l'établissement d'un comptoir. Cet officier choisit, au grand mécontentement des Hollandais qui, depuis longtemps déjà, étaient les seuls commerçants du pays, le port de Wydah, dans le Dahomey. Malgré l'insuccès de la Compagnie du Sénégal, qui ne tarda pas à se dissoudre, Wydah ne fut pas complètement abandonné, bien que le commerce y fût presque nul.

En 1838, M. Bouët-Willaumez, qui visitait pour la première fois ce port, écrivait : « Les trois forts autrefois occupés par les Français, les Anglais et les Portugais, existent encore, bien que dans un état de vétusté qui atteste leur long abandon. Chacun est entouré de son village. Le fort français occupe le centre, c'était le plus considérable; il est ceint d'un fossé profond, autrefois avec un pont-levis, construit en briques, de forme carrée, flanqué de quatre bastions, dont deux armés de douze canons, et les deux

<hr>

[1] Voir tome II, page 4.

autres de dix seulement. Au milieu est la chapelle surmontée encore d'un beffroi avec sa cloche. Les logements supérieurs existent, et sont, tant bien que mal, entretenus par les habitants des environs, qui se plaisent toujours à appeler leur résidence village français, et à prendre eux-mêmes le titre de Français. Les habitants étaient presque tous esclaves; ils reçurent leur liberté, lors de l'abandon du fort, au commencement de la Révolution, et paraissent encore reconnaissants de ce bienfait par leur attachement pour la France, dont la langue est parlée par un grand nombre d'entre eux. Un mulâtre et un noir, l'un jardinier, l'autre concierge, restèrent chargés de la garde du fort et des archives; ils se sont religieusement acquittés de ce soin, et arborent encore, avec orgueil, le pavillon tricolore sur les restes de notre établissement[1]! »

Wydah, cédé à une grande maison de Marseille, en 1842, est redevenu, non un port militaire, mais un comptoir commercial important. Ce fut à cette même date, 1842, que le gouvernement français fonda les établissements d'Assinie, de Grand-Bassam et de Dabou, autant dans le but de concourir efficacement à l'abolition de la traite, et de remplir ainsi une mission d'humanité et de civilisation, que de favoriser les transactions commerciales sur cette partie des côtes de l'Afrique. Ces établissements ont été évacués en janvier 1871, à cause de l'insalubrité du climat, qui ne permet pas le séjour d'une garnison européenne : mais

la France maintient ses droits de souveraineté par la continuation du payement d'une partie des coutumes accordées aux chefs indigènes.

Il se produit dans le golfe de Guinée un phénomène de la mer, terrible et majestueux à la fois, qui rend l'accès de la côte extrêmement difficile : ce phénomène s'appelle la *barre*. Pendant neuf mois de l'année, les vents du sud-ouest règnent sur le littoral, et sous leur action incessante, les eaux du golfe se creusent en longues ondulations qui viennent se briser sur la plage. Ces gigantesques lames, qui atteignent parfois quarante à cinquante pieds de hauteur, sont arrêtées brusquement à leur base par le peu de profondeur du fond, tandis que leur partie supérieure, obéissant à l'impulsion reçue, se roule en énormes volutes. Elles forment ainsi, en rebondissant, trois lignes de brisants à peu près également espacées, et dont la première est à trois cents mètres environ du rivage.

Il n'y a que des embarcations spéciales, creusées dans un seul tronc d'arbre, qui puissent traverser la barre et établir des communications entre les comptoirs de la côte et les navires qui arrivent. Ces embarcations, seulement assez larges pour que deux hommes y trouvent place côte à côte, sont montées par dix ou douze nègres exercés et armés d'avirons très-courts et très-légers. La manœuvre consiste à se maintenir exactement debout à la lame ; on passe ainsi successivement la première et la deuxième ligne des brisants. Arrivé près de la troisième ligne, toujours la plus redou-

[1] Eyriès et Alfred Jacobs. *Voyage en Asie et en Afrique.*

table, on attend une embellie, c'est-à-dire un intervalle entre deux lames, et on rame vigoureusement pour atteindre la plage avant que la barre y vienne déferler.

Quelquefois celle-ci gagne de vitesse les rameurs. Alors, si la pirogue est bien gouvernée et ne présente pas le flanc, on se trouve porté à terre avec une rapidité vertigineuse, au milieu de tourbillons d'écume. Mais le moindre faux coup de barre qui place tant soit peu la pirogue de travers, la fait chavirer à l'instant. Les nègres sont si excellents nageurs, qu'au milieu même des brisants, ils la relèvent, la vident et s'y réinstallent au grand complet, à moins que quelques requins, dont ces parages abondent, n'ait prélevé son dîner sur le nombre des naufragés. C'est là, du reste, le danger le plus imminent; car on est peu exposé à se noyer, si l'on a soin de ne pas se fier à ses propres forces et de prévenir les nègres qu'on ne sait pas nager; ils se chargent alors de votre sauvetage, d'autant plus volontiers, qu'ils espèrent en retirer quelque bonne récompense.

De nombreux royaumes se partagent la Guinée : les plus importants sont ceux du Dahomey et de l'Achanti.

En 1856, le docteur Répin, ex-chirurgien de la marine, eut l'occasion de visiter le premier. La relation de son voyage fournit sur ce pays, sur les mœurs et les coutumes des habitants des détails extrêmement curieux.

Suivant lui, le royaume du Dahomey n'a pas moins de sept mille lieues carrées de superficie et le chiffre de la population totale atteint huit cent mille habitants.

Il est compris entre le Yoruba à l'est, les montagnes de Kong au nord, l'Achanti à l'ouest, et le golfe de Benin au sud. Sa capitale est Abomey [1].

Wydah, où débarqua le docteur Répin et où se trouve un établissement français dont nous avons parlé, est la seconde ville de ce royaume. Comme toutes les villes nègres, elle occupe un espace de terrain considérable, à cause des nombreux groupes d'arbres magnifiques et des jardins très-étendus qu'elle renferme.

Jetées çà et là sans beaucoup d'ordre, les habitations sont construites en une terre glaise jaunâtre très-abondante dans le pays ; elles ne diffèrent que par la dimension, qui varie selon la richesse du propriétaire et le nombre de ses femmes. Leur architecture et leur distribution sont toujours les mêmes : un mur d'enceinte renfermant un nombre plus ou moins considérable de petites maisons carrées. Chaque femme possède la sienne, où elle donne l'hospitalité à son seigneur et maître. Ces habitations, sans autre ouverture que la porte, sont couvertes d'herbes sèches reposant sur une légère charpente.

A Wydah se trouve un temple de serpents fétiches tenus en grande vénération par les indigènes. Cet édifice consiste simplement en une sorte de rotonde de dix à douze mètres de diamètre et de sept à huit mètres de hauteur garnie de branches d'arbres à l'intérieur. Les murs sont percés de deux portes extérieures, par lesquelles entrent et sortent

[1] Voyage au Dahomey, par le Dr Répin, dans le *Tour du monde*, année 1863.

librement les divinités du lieu. Ces animaux sont naturellement inoffensifs. Leur taille varie de un à trois mètres, leur tête est large, aplatie et triangulaire, et leur couleur jaune verdâtre ou jaune clair.

Il n'est pas rare de rencontrer dans les rues quelques-uns de ces serpents; les indigènes s'en approchent alors avec respect, les prennent dans leurs bras avec mille précautions et les reportent dans leur temple. L'étranger ignorant ou imprudent qui aurait le malheur de tuer ou seulement de maltraiter un de ces animaux sacrés, payerait cet outrage de sa vie.

Des nègres sont chargés de la garde des serpents-fétiches; ils habitent, près du temple, une vaste case dans laquelle ils vivent grassement des offrandes des fidèles. Leur existence est isolée et mystérieuse. Ils sont en même temps les médecins et les sorciers du pays.

Sur la route de Wydah à Abomey, se trouve le village de Xavi qui possède également un temple de serpents, confié, cette fois, à la garde de plusieurs femmes. Ces prêtresses, à demi-nues et ornées d'une grande profusion de colliers d'ambre et de corail, sont les épouses des serpents-fétiches. A certaines époques de l'année, elles parcourent les rues du village, enlèvent les jeunes filles de huit à dix ans qu'elles rencontrent, et les conduisent dans leur habitation. Ces enfants subissent là un noviciat plus ou moins long, et, dès qu'elles sont nubiles, sont fiancées au serpent-fétiche.

Avant d'atteindre Abomey on rencontre Cana, la ville sainte du royaume et la résidence des grands féticheurs; c'est là que se trouve le temple des sacrifices humains, petite case carrée en terre sèche, dont les murs blanchis extérieurement sont ornés de fresques grossières représentant des animaux fantastiques par leur forme ou leur dimension.

Abomey, la capitale du Dahomey, n'a pas moins de douze à quinze milles de circuit. Un fossé large et profond de cinq à six mètres et un mur en terre sèche de vingt pieds de haut en défendent les abords. On y pénètre par quatre portes, au devant desquelles sont jetés sur le fossé des ponts en bois très-légers et faciles à détruire. Les rues sont généralement larges et propres, mais peu animées à cause de la disposition des maisons qui sont toutes renfermées dans des cours séparées de la rue par un mur en terre. La population est d'environ trente mille habitants.

Le but du voyage du docteur Répin et de ses compagnons était de visiter le roi du Dahomey, de régler avec lui quelques intérêts de commerce et de lui remettre, au nom du gouvernement français, de riches présents; ils avaient eu soin en conséquence de faire prévenir ce souverain quelques jours à l'avance afin de lui donner le temps de préparer les cérémonies qui devaient accompagner la réception officielle.

Un chef, suivi d'une nombreuse escorte, vint recevoir les voyageurs à l'entrée de la ville et les conduisit sur une grande place, ombragée de beaux arbres et où l'on avait disposé des siéges et servi des rafraîchissements. Bientôt arrivèrent un grand nombre de chefs de guerre, suivis de leurs soldats. Chacune de ces troupes, composée de deux à trois cents hommes, était armée de fusils de traite ou de tromblons, et rangée sous une bannière multicolore, grossièrement peinte ou brodée d'animaux féroces ou fantastiques.

Vis-à-vis des voyageurs, chaque troupe faisait halte en présentant le front, et le chef sortait des rangs. Couvert de ses plus riches vêtements, orné de bracelets d'argent, insignes de son grade et de ses plus précieuses amulettes, il exécutait, aux applaudissements de la foule et des guerriers, une sorte de pyrrhique dont les contorsions étaient quelquefois grotesques. La danse achevée il s'avançait vers les étrangers, recevait leurs compliments et reprenait sa marche vers le palais du roi.

Ce bizarre défilé dura près d'une heure, et quand il fut terminé, tout le monde se rendit sur la place du palais, qui était couverte d'un grand nombre de guerriers et d'une immense affluence de peuple. « Nous descendons de nos hamacs, rapporte le docteur Répin, les portes du palais s'ouvrent, les salves d'artillerie, les acclamations redoublent, tout le monde se prosterne le front dans la poussière, et nous apercevons au fond d'une vaste cour pavée d'hommes, le roi Ghézo, entouré de ses femmes et de sa garde d'amazones, assis à l'ombre de grands parasols de soie, sur une sorte de trône. Nous nous avançons vers lui chapeau bas ; il se lève, fait quelques pas au devant de nous, nous aborde, et après nous avoir serré la main à la mode européenne, il nous invite du geste à nous asseoir dans les fauteuils rangés devant son trône. A un signe de sa main, tous les grands chefs, qui jusque-là étaient restés le front dans la poussière, se relevèrent et vinrent se ranger à ses côtés, mais en restant à genoux. »

Le roi, âgé d'environ soixante-dix ans et d'une taille au-dessus de la moyenne, encore droite et ferme, était vêtu très-simplement : un pagne de soie entourait ses épaules et se nouait à sa ceinture ; il avait pour coiffure un feutre noir à larges bords et à ganse d'or, et aux pieds des sandales enrichies d'ornements d'or et d'argent ; pour tous bijoux il portait un gros collier d'or assez bien travaillé, servant de support à une sorte de petite cassolette travaillée à jour et renfermant quelque grigri vénéré.

L'aspect de l'assemblée ne manquait pas de grandeur : à la droite du souverain, se tenaient environ six cents femmes de sa garde accroupies à la turque sur des tapis, dans une parfaite immobilité, le fusil entre les jambes ; derrière elles venaient les chasseresses d'éléphant, vêtues d'étoffes brunes et armées de longues carabines à canon noirci ; à sa gauche, les femmes du sérail, au nombre de deux cents environ, les unes à peine adolescentes, les autres dans tout l'éclat et le développement de la beauté noire, quelques-unes déjà d'un certain âge, mais couvertes de riches étoffes de soie et d'ornements d'or ou d'argent : bracelets aux jambes, pendants d'oreilles, anneaux, colliers et ceintures de verroteries et de corail ; enfin debout derrière le fauteuil royal, trois ou quatre favorites et la générale en chef de la garde féminine, qui se distinguait par ses armes, sa tournure martiale, ses nombreux gris-gris de guerre, et enfin, signe distinctif de son grade, par plusieurs queues de cheval attachées à sa ceinture et ondulant sur ses hanches puissantes au moindre de ses mouvements. Devant le roi, était à genoux son fils aîné, le prince Báhadou, héritier présomptif du trône, et les principaux ministres.

Après les présentations et plusieurs discours de part et d'autre régulièrement salués par les cris de la foule, les voyageurs se retirèrent ; le roi les reconduisit jusqu'au coin de la place où étaien trestés leurs hamacs, et leur serra la main avant de les quitter. Le lendemain une entrevue particulière eut lieu dans laquelle il fut parlé d'affaires ; puis le roi, pour donner la plus haute idée de sa puissance, ordonna une grande fête militaire.

Des préparatifs avaient été faits et tous les contingents des principaux càbeceirs ou chefs du royaume avaient été convoqués. Sur une estrade adossée aux murs du palais, couverte de nattes et de tapis, et défendue contre les rayons du soleil par d'énormes parasols, Ghézo vint s'asseoir entouré des femmes du sérail et d'une partie de sa garde féminine. Autour de lui s'agenouillèrent les personnages les plus importants. Vingt-cinq à trente pièces de canon de tout calibre et de toutes formes sur de grossiers affûts étaient rangées en face de l'estrade, vers l'extrémité de la place ; les amazones-artilleurs, car ce sont des femmes qui servent ces canons, se tenaient mèche allumée, près de leurs pièces.

Quand tout le monde fut installé, une colonne de cinq à six mille guerriers déboucha sur la place ; ils étaient presque tous armés de fusils de traite, mais vêtus assez irrégulièrement, les uns d'une chemise de coton bleue sans manches, les autres d'un caleçon s'arrêtant au-dessus du genou ou même d'une simple pièce d'étoffe nouée autour de la ceinture. En tête de la colonne marchaient une trentaine de musiciens ; les uns soufflaient dans des défenses d'éléphant percées à leur petite extrémité et rendant un son rauque comparable à celui du cornet à bouquin, les autres frappaient sur des espèces de tambours faits d'une peau de biche tendue sur un bloc de bois creusé comme un mortier ; ceux-ci agitaient un instrument bizarre : c'était une calebasse vidée, séchée et enveloppée d'un filet très-lâche dont chaque nœud retenait une vertèbre de mouton ; le son de cet instrument ressemblait à celui que rendrait une vessie gonflée dans laquelle on agiterait des haricots. D'autres encore frappaient avec de petites baguettes de fer sur de grossières clochettes. Quelques-uns enfin soufflaient dans des flûtes de bambou, mais il était difficile d'en percevoir le son au milieu du vacarme produit par tous les exécutants.

Après avoir défilé devant le roi qu'ils saluèrent, en passant, de leurs acclamations, les guerriers se formèrent par une manœuvre exécutée avec assez d'ensemble, sur plusieurs lignes de cinq à six hommes de profondeur sur cinquante de front échelonnés à quelque distance les uns des autres. Ensuite ils ouvrirent un feu bien nourri, les hommes du pre-

L'Afrique occidentale. — Une entrevue des Anglais et des chefs Achantis.

mier rang tirant d'abord, puis passant lestement entre ceux des rangs suivants pour aller derrière recharger leurs armes pendant que le second rang, devenu le premier, tirait à son tour avant d'exécuter aussi la même manœuvre, et ainsi des autres.

Bientôt quelques hommes quittèrent les rangs et, le fusil en arrêt, le couteau à la main, se mirent à ramper avec une vitesse étonnante comme pour aller surprendre l'ennemi.

Arrivés à une certaine distance, ils se levèrent comme un seul homme en déchargeant leurs armes et poussant des hurlements épouvantables. Les uns, le coutelas au poing, feignaient de couper la tête d'un ennemi abattu et la rapportaient en triomphe ; d'autres semblaient fuir devant l'ennemi, comme pour l'attirer à leur poursuite, et le faire tomber au milieu de l'armée vers laquelle ils revenaient par un long détour.

Tout à coup l'armée tout entière, rompant les rangs, brandissant ses armes, s'élança en avant dans une charge furieuse, avec des cris, des clameurs et des contorsions indescriptibles et presque effrayantes : l'ennemi, vaincu et en déroute, fut ainsi poursuivi jusqu'à l'extrémité de la place, et l'armée dahomyenne, entonnant avec plus d'ensemble un chant de victoire, revint se masser immobile en face du roi.

Le silence était à peine rétabli, que les détonations de l'artillerie ébranlèrent de nouveau les airs. Chargeant et tirant à volonté, les *artilleurs-amazones* bourraient jusqu'à la gueule leurs vieux canons de fer, qui bondissaient sur leurs affûts mal assurés. Les voyageurs commençaient à craindre de recevoir en pleine poitrine, car ils étaient en face de cette bruyante batterie, quelque écouvillon oublié dans sa pièce par ces artilleurs en jupons, lorsque du milieu des tourbillons surgit l'armée des femmes.

Au nombre de quatre mille environ, mieux armées et plus uniformément vêtues que les hommes, les amazones formaient plusieurs corps distincts.

Le premier, de beaucoup le plus nombreux, avait pour costume une chemise bleue comme celle des hommes, serrée à la taille par une écharpe bleue ou rouge, et un caleçon blanc à rayures bleues descendant au-dessus du genou. La marque distinctive de ce corps était une petite calotte blanche sur le devant de laquelle était brodé en bleu un caïman. Les armes étaient un fusil de traite et un sabre court, presque droit, à fourreau de cuir historié d'ornements en cuivre, dont la poignée sans garde était recouverte de peau de requin ; ce sabre était suspendu à leur épaule par une lanière de cuir diversement découpée et ornée de cauris ou de dessins de couleur rouge. Leur poudre, distribuée en cartouches faites avec des feuilles sèches de bananier, était renfermée dans des cartouchières à compartiments, et attachées à leur ceinture. Enfin, une multitude de grigris et d'amulettes de toutes espèces étaient suspendus à leur cou.

Le deuxième corps, formé des chasseresses d'éléphants, comptait quatre cents femmes environ. Leur haute stature, leur costume, semblable pour la forme à celui que nous venons de décrire, mais entièrement brun, leurs longues et lourdes carabines au canon noirci, maniées avec aisance, donnaient à ces hardies guerrières une tournure singulièrement martiale. Elles portaient à leur ceinture un poignard à lame très-forte et recourbée, et, pour coiffure, un bizarre ornement : deux cornes d'antilope fixées au-dessus du front sur un cercle en fer entourant la tête comme un diadème.

Le troisième corps, composé de deux cents amazones seulement, avait pour armes un court et large tromblon, et pour costume, une tunique mi-partie bleue et rouge, comme certains costumes moyen âge. C'était le reste des artilleurs, que le petit nombre des pièces en état de servir n'avait pas permis, sans doute, d'utiliser dans leur spécialité.

Enfin, venait à l'arrière-garde, un léger et charmant bataillon de jeunes filles armées seulement d'arcs et de flèches, élégamment vêtues de tuniques bleues, coiffées de la calotte blanche brodée du caïman bleu, et portant au bras gauche le bracelet d'ivoire sur lequel doit glisser la flèche en s'échappant de l'arc. Ce sont les recrues de l'armée des amazones; on les choisit parmi les jeunes filles vierges des meilleures familles du royaume, et elles payent de leur vie l'oubli du vœu de chasteté qu'elles font en entrant dans la garde du roi.

Ces divers corps réunis défilèrent en assez bon ordre. Bientôt, sur un signal de la générale en chef, reconnaissable aux queues de cheval pendues à sa ceinture, les mêmes scènes que nous avons décrites plus haut se renouvelèrent, mais avec plus d'animation et de *furia*.

« Il est difficile de raconter, de se figurer même, dit la relation, le tableau que présentaient, sous un ciel de feu, au milieu du tourbillon de poussière et de fumée, du pétillement de la mousqueterie et du grondement du canon, ces quatre mille femmes haletantes, enivrées de poudre et de bruit, s'agitant convulsivement avec des contorsions de damnés en poussant les cris les plus sauvages. »

Enfin, quant tout fut épuisé, les munitions et les forces, l'ordre et le silence se rétablirent peu à peu ; les amazones, reprenant leurs rangs, vinrent se placer à droite du roi. Ce fut alors le tour des chasseresses d'éléphants, qui n'avaient pas pris part à la scène précédente, et qui voulurent aussi donner un spécimen de leur savoir-faire. Elles se formèrent en cercle, et rampant sur les mains et les genoux sans abandonner leur carabine, elles s'avancèrent convergeant vers un même point où était censé se trouver le troupeau d'éléphants. Les voyageurs crurent reconnaître alors l'utilité de cette espèce d'armement, les cornes, qu'elles portent sur leur tête. Sans doute, quand elles s'approchent des animaux qu'elles chassent, ceux-ci, trompés par ces fausses cornes, croient voir et entendre un paisible troupeau d'antilopes, et restent sans défiance exposés aux coups des chasseresses. Arrivées près des éléphants, elles se levèrent toutes à la fois au signal de leur chef, en déchargeant leurs carabines ; puis, le couteau à la main, s'élancèrent pour les achever et leur couper la queue, trophée de leur victoire. Elles revinrent ensuite en chantant reprendre leur place.

A ces scènes guerrières succédèrent des tableaux plus riants et plus tranquilles. Les jeunes amazones, armées d'arcs, sortant à leur tour du milieu de leurs compagnes, vinrent se ranger devant le roi, et, conduites par une des plus jeunes et des plus jolies d'entre elles, exécutèrent, en chantant, une danse guerrière, tenant d'une main leur arc et de l'autre une flèche.

« Rien de plus gracieux, rapporte le docteur Répin, que les mouvements lents et cadencés de ces jolies enfants guidées par un chant doux et monotone, qui nous rappela les vieux airs bretons. Ce n'étaient plus les noires enfants du Dahomey ; c'étaient les belles filles de l'antique Grèce, ou de la voluptueuse Asie, qui charmaient nos yeux : on devait danser ainsi aux fêtes de Diane, ou à la cour des satrapes persans. J'avais vu bien des fois les danses et entendu les chants des diverses peuplades nègres dont c'est le principal divertissement, mais je n'avais jamais rien rencontré de comparable, même de bien loin, à ce que nous avions sous les yeux. Nous en étions tellement surpris et enchantés, que le capitaine ne put s'empêcher de faire complimenter les jeunes danseuses par notre interprète. »

Ces danses achevées, une des favorites du roi, s'avançant vers le peuple, annonça qu'une distribution de vivres et de rafraîchissements allait avoir lieu. Un hourra formidable salua cette agréable communication, et tout aussitôt une longue file d'esclaves sortit du palais portant sur la tête des calebasses pleines de victuailles de toute nature qui furent consommées sur place.

Cependant la fête n'était pas complète : le sang n'avait pas coulé. C'est, en effet, un usage chez les habitants du Dahomey de sacrifier quelques victimes humaines dans toutes les réjouissances publiques. Le roi s'était excusé auprès des voyageurs de n'avoir en ce moment qu'une douzaine de prisonniers à immoler; pour de pareils hôtes c'était, avait-il dit, un bien maigre honneur qu'un si mince holocauste. Mais ceux-ci avaient déclaré qu'ils se retireraient plutôt que d'assister à un tel spectacle. Ce ne fut donc pas du sang humain qui rougit cette fois le fatal bassin de cuivre qui se trouvait auprès du roi, et dont la destination intriguait depuis longtemps nos voyageurs.

Une hyène liée et bâillonnée fut apportée sur la place; les principaux chefs s'assemblèrent alors et feignirent de délibérer, comme ils l'eussent fait réellement si, au lieu d'un animal, on eût dû égorger des hommes. L'hyène fut condamnée à mort, et malgré ses hurlements étouffés et sa résistance désespérée, le ministre de la justice, qui cumule ces augustes fonctions avec celles d'exécuteur des hautes œuvres, lui trancha la tête d'un seul coup de l'énorme sabre sur lequel il marche toujours appuyé.

« Ce barbare spectacle, dit le docteur Répin, me suggéra cette réflexion, présente aussi à l'esprit de mes compagnons, que nous étions là quatre Européens au milieu de trente mille nègres excités par le bruit, la poudre et les boissons alcooliques, et qu'un caprice de Ghézo pouvait faire tomber nos têtes dans ce même bassin de cuivre, aussi facilement que celle de cette malheureuse bête, avec cette seule différence que cela causerait sans doute beaucoup plus de plaisir à toute l'assistance. »

Les voyageurs purent enfin rentrer chez eux et se reposer de la fatigante journée qu'ils venaient de passer; mais pendant la nuit tout entière le bruit des instruments et les chants du peuple les empêchèrent de dormir et leur prouvèrent que la fête n'avait pas été terminée par leur départ.

Avant de quitter définitivement le Dahomey, le docteur Répin voulut se rendre compte des mœurs et des coutumes des habitants.

Les Dahomyens, rapporte-t-il, sont de petite taille, mais robustes, bien découplés, infatigables marcheurs et d'une agilité surprenante; sobres par nécessité, ils deviennent d'une gloutonnerie incroyable quand ils trouvent moyen de se régaler aux dépens d'autrui. L'ivrognerie n'est pas un vice habituel chez eux. D'un caractère doux, hospitalier, enclin à la gaieté la plus expansive, ils seraient d'un commerce facile et sûr, sans leur penchant irrésistible au vol.

Les Dahomyennes sont en général assez jolies et d'une taille médiocre; elles ont la peau d'une douceur et d'un poli remarquables, de beaux yeux et les extrémités souvent petites. Leur costume consiste en une pièce d'étoffe en coton ou en soie roulée autour des reins; pour ornements elles portent des bracelets trèslourds en étain, en cuivre, en argent ou en or aux jambes et aux bras, des colliers de verroteries au cou et autour du corps, et enfin des pendants d'oreilles tellement pesants quelquefois qu'elles sont obligées de les soutenir avec une mèche de cheveux pour que leurs oreilles ne soient pas déchirées. L'habitude du tatouage est peu répandue : il est remplacé par des peintures rouges ou blanches pratiquées sur le visage ou plus souvent sur les jambes.

Ces naturels ne célèbrent avec solennité aucun des événements marquants de la vie, qui comme le mariage, la naissance des enfants ou l'inhumation des morts, sont généralement chez les autres tribus des occasions de réjouissance ou de douleur. Quant ils veulent se marier ils achètent leur future épouse à ses parents et se procurent ainsi autant de femmes qu'ils en désirent ou qu'ils en peuvent nourrir. Chez les personnages importants le nombre des épouses est quelquefois considérable. Ils n'ont point non plus de cimetières, et chacun enterre ses morts dans sa propre case.

Leur religion est fondée sur la croyance à deux principes en antagonisme, celui du mal et celui du bien. De là cette idée logique de remercier les divinités bienfaisantes, mais surtout de conjurer la redoutable colère des autres par toutes sortes d'offrandes et de sacrifices. On trouve çà et là autour des villes et des villages, en général à l'ombre d'un groupe d'arbres, une petite case ronde ou carrée, propre et bien entretenue; c'est le temple et souvent aussi la demeure du prêtre. Les indigènes y pénètrent librement, à toute heure, pour y apporter des offrandes d'huile de palme, de bananes, d'ignames, etc., ou même, s'ils sont riches, des volailles, un mouton ou un bœuf. C'est là une partie des revenus du prêtre, intermédiaire obligé entre le croyant et les divinités. Les idoles sont variées à l'infini; quelques-unes même consistent en un simple bâton fourchu à trois dents, orné de bandelettes et supportant un petit vase plein d'huile de palme. Tout objet d'ailleurs peut devenir fétiche, si le prêtre y a, par des paroles magiques, attaché quelque propriété surnaturelle. C'est même la branche la plus importante de leurs profits, car ils vendent fort cher aux habitants les amulettes ou grigris qu'ils fabriquent.

Le chef de la famille a sur ses femmes et sur ses enfants une autorité absolue qui peut aller même jusqu'à les vendre comme esclaves. Mais il faut dire que ces exemples sont fort rares et qu'il les traite, au contraire, avec une grande bienveillance. Toutefois aux femmes seules incombent tous les travaux de la maison. Pendant que leur seigneur boit, dort ou fume, elles fabriquent l'huile de palme, vont chercher le bois et l'eau, préparent les aliments, qu'elles lui présentent toujours à genoux, sans jamais être admises à les partager avec lui. La condition des esclaves est très-supportable, et il est difficile de les distinguer du reste de la famille, dont ils partagent les travaux et les plaisirs; ils ne sont battus que pour les fautes très-graves.

Chose étrange! chez ce peuple dont le caractère est cependant d'une grande douceur naturelle, les sacrifices humains sont très-communs. Des milliers d'esclaves sont décapités, chaque année, lors de la célébration de certaines fêtes. En outre, le roi peut, d'un signe de sa main, faire tomber sous le sabre du minghan la tête la plus assurée en apparence. Ce minghan ou grand exécuteur, sorte de compère Tristan d'un Louis XI d'ébène, ne paraît jamais devant son souverain sans être muni de son énorme sabre. Les têtes des victimes, séparées du tronc, sont placées sur des crochets de fer qui surmontent les murs d'enceinte de la case royale; quant aux cadavres, le docteur Répin ne put obtenir aucun renseignement catégorique sur ce qu'ils deviennent; il ne croit pas cependant que les Dahomyens soient anthropophages.

C'est surtout quand le roi du Dahomey vient à mourir, que la soif de sang du Moloch africain se manifeste à son plus haut degré. Des victimes humaines en nombre innombrable sont alors immolées sous le prétexte d'envoyer porter au feu roi la nouvelle du couronnement de son successeur.

Plusieurs relations de missionnaires donnent des détails sur les cérémonies hideuses qui accompagnèrent les funérailles du roi Ghézo, décédé à la fin de l'année 1858[1]. Un cercueil en terre, cimentée du sang d'une centaine de captifs provenant des dernières guerres, et sacrifiés pour servir de gardes au souverain dans l'autre monde, reçut le corps du monarque; la tête reposait sur les crânes des rois vaincus, et, comme autant de reliques de la royauté défunte, des monceaux d'ossements étaient entassés autour du cercueil. Ces préparatifs terminés, on ouvrit les portes du caveau et l'on y fit entrer huit danseuses de la cour, en compagnie de cinquante soldats; danseuses et soldats, munis d'une certaine quantité de provisions, étaient chargés d'accompagner leur souverain dans le royaume des ombres.

Pendant dix-huit mois, suivant la coutume, le prince héritier, Bâhadou, gouverna en qualité de régent, au nom de son père décédé. Les dix-huit mois expirés, il convoqua une assemblée publique au palais d'Abomey, d'où l'on se rendit ensuite au caveau funéraire. Le cercueil fut ouvert et le crâne du roi mort en fut retiré. Le régent prit ce

---

[1] *Annales de la Propagation de la Foi et Journal des Missions protestantes*, années 1861 et 1862.

crâne de la main gauche, et tenant une petite hache dans la main droite, il proclama à haute voix le fait que la nation était censée ignorer : à savoir que le roi était mort et que lui, régent, n'avait jusque-là gouverné qu'en son nom. A l'ouïe de ces prétendues nouvelles, tout le monde se prosterna, chacun se couvrant de terre en signe de la plus vive douleur. Mais ces manifestations ne durèrent qu'un moment ; le régent déposant crâne et hache, tira son épée du fourreau et se proclama roi, sur quoi le peuple, passant immédiatement du deuil le plus profond à la joie la plus bruyante, éclata en chants et en danses au milieu d'un concert d'instruments de musique assourdissants.

Alors eurent lieu les véritables funérailles du roi décédé. On ensevelit dans le sépulcre royal soixante hommes, cinquante moutons, cinquante chèvres, quarante coqs et une grande quantité de petites pièces de monnaie. Les soldats des deux sexes firent ensuite de grandes décharges, pendant que le nouveau roi exécutait à pied le tour du palais. Quand il fut revenu devant la porte du caveau, on tira de nouveau de nombreux coups de fusil, et on massacra encore cinquante esclaves. Trois semaines furent ainsi employées ; mais ce n'était là que le premier acte du drame.

Báhadou fit battre le gong pour annoncer la célébration de la Grande-Coutume. Cette cérémonie a lieu tous les ans, à l'époque où les délégués du roi et les chefs de tribus apportent à leur souverain les contributions qui constituent ses revenus. Dès le matin du premier jour de la fête, cent hommes furent mis à mort sur la place publique, et autant de femmes furent massacrées dans l'intérieur du palais. Le roi sortit, au bruit de la mousqueterie ; les principaux personnages vinrent alors le saluer et lui offrir chacun plusieurs esclaves pour être sacrifiés. Il monta ensuite sur une plate-forme où se trouvaient plusieurs mannes ou corbeilles contenant chacune un homme vivant dont la tête seule passait au dehors. On aligna ces corbeilles sous les yeux du roi, qui se mit à adorer solennellement ses fétiches nationaux ; puis chacune des malheureuses victimes eut le bras droit délié pour lui permettre de boire un verre de rhum à la santé du monarque qui les vouait à la mort.

Cela fait, on précipita les corbeilles, l'une après l'autre, du haut de la plate-forme sur le sol de la place, où la multitude, dansant, chantant, hurlant, se disputait cette aubaine comme, en d'autres contrées, les enfants se disputent les dragées de baptême. Tout habitant assez favorisé du sort pour saisir une victime et lui scier la tête, pouvait aller échanger à l'instant même ce trophée contre une certaine somme.

Cette partie du cérémonial terminée, on porta en procession les armements et les vêtements du feu roi Ghézo ; les troupes dahomyennes furent passées en revue, et quand il n'y eut plus rien à tuer dans Abomey, tout rentra dans le calme.

Telles sont les horribles coutumes qui se perpétuent chez les naturels du Dahomey, malgré les efforts des missionnaires catholiques et protestants pour les faire cesser. Chez les naturels du royaume de l'Achanti, voisin, comme nous l'avons dit, du Dahomey, la même barbarie se retrouve.

Les Achantis occupaient autrefois des régions plus orientales, mais ils ont été refoulés par un peuple puissant qui paraît s'être rendu maître du centre de l'Afrique et qui y formerait un immense empire, s'il faut croire aux relations les plus diverses, mais aussi les plus vagues des nègres qui sont en contact avec le littoral. Il y a un siècle et demi environ que les Achantis se sont établis autour de la ville de Coumassie, et y ont formé un royaume qui semble redoutable.

Le pays est couvert de nombreuses forêts. La canne à sucre, le tabac, le maïs, le riz, y poussent à l'état sauvage. La flore des régions tropicales s'y épanouit avec ses richesses les plus luxuriantes et les plus variées ; elle est animée par une faune appropriée à sa fécondité. Le lion, le tigre, le chat sauvage, le chacal, l'arompo qui déterre les cadavres, l'éléphant, le rhinocéros, la girafe, le daim, l'antilope, hantent la lisière des forêts dans lesquelles se jouent les singes des espèces les plus diverses et les oiseaux de tout genre. L'hippopotame et les alligators peuplent les fleuves. Les lieux humides sont remplis de serpents, de scorpions, de crapauds et de grenouilles d'une énorme grosseur ; la terre sèche est la propriété de l'homme et des animaux domestiques.

Les Achantis ne s'occupent que de guerre, laissant aux femmes et aux esclaves tout autre soin. Il n'y a que les classes riches qui essayent de s'habiller.

Le costume d'un chef consiste en plumes d'aigle qui surmontent une sorte de casque formé de cornes de cerfs dorées, en spirales, lequel est attaché sous le menton par une courroie que recouvrent des coquillages. Il porte un arc et un carquois de flèches empoisonnées, avec un bâton d'ivoire gravé en spirale. Sur sa poitrine sont suspendus plusieurs sacs de cuir ; à ses bras se balancent des queues de cheval ; des bottes de peau rouge montent jusqu'à la moitié de ses cuisses.

Une ombrelle est le signe distinctif d'un cabeceir ou grand noble qui est mieux vêtu qu'un simple chef et monte un cheval que généralement un ou deux hommes tiennent par la bride. Les soldats ordinaires sont presque nus ; ils portent plusieurs couteaux attachés à une sorte de collier, et s'ils ne sont pas assez riches pour avoir un fusil aussi lourd qu'une petite pièce d'artillerie, ils se contentent d'un arc et d'une lance.

Les Achantis ne sont pas absolument athées, mais leur religion est d'un ordre fort inférieur ; des démons nommés Wodsi y occupent le rang le plus élevé et sont l'objet de leurs principales croyances. Leurs idées relatives à l'âme humaine (kla) sont très-singulières. Le kla existe avant le corps et peut être transmis d'un corps à l'autre ; on le suppose distinct de l'individu à qui il peut donner des avis et de qui il peut recevoir des offrandes. Il constitue une dualité mâle et femelle : l'un est le principe du mal, l'autre du bien.

Chez les Achantis, comme dans le

LE DOCTEUR DAVID LIVINGSTONE

Dahomey les sacrifices humains immolent des quantités considérables de victimes. Les sacrifices se renouvellent toutes les trois semaines et sont nommés Adaï. Il y a en outre un grand sacrifice annuel qu'on appelle Yam, et qui a lieu au mois de septembre. C'est la population elle-même qui accomplit l'exécution. Après s'être enivrée de rhum, elle se livre à l'orgie de sang avec une férocité indescriptible. On immole en même temps des animaux domestiques dont on prend plaisir à mélanger dans de grandes fosses le sang avec celui des hommes.

C'est contre cette puissante tribu que les Anglais ont envoyé, le 12 septembre

1873, une grande expédition. Voici quelles ont été les causes de cette guerre lointaine [1].

Les Portugais, comme nous l'avons vu, furent les premiers Européens qui fondèrent des comptoirs dans le golfe de Guinée et en particulier sur le littoral de la Côte-d'Or. Une grande partie de ces établissements fut cédée aux Hollandais dans la seconde moitié du dix-septième siècle. Vers la même époque, les Anglais commencèrent à s'établir sur d'autres points de la côte pour y faire principalement le commerce de la traite et de la poudre d'or. Depuis ce moment, les rivalités et les querelles furent incessantes. Au commencement du siècle actuel, les établissements anglais alternaient avec les établissements hollandais. Enfin, dans ces derniers temps, soit lassitude, soit impuissance, les Hollandais cédèrent à leurs rivaux leurs postes militaires. Cette cession définitive fut traitée en février 1871, mais la prise de possession des forts d'Elmina, d'Axim, de Dixcove, ainsi que des positions de Chama et de Bautri n'eut lieu que l'année suivante.

Le 4 avril 1872, le nouveau gouverneur anglais, M. Pope Hennessey, fit sa première apparition à Elmina. Il déclara, dans l'assemblée des officiers hollandais et des chefs du pays, ne vouloir rien changer à l'administration de la colonie et n'apporter aucune charge nouvelle; il s'engagea même à admettre aux fonctions publiques les indigènes qui auraient reçu une éducation suffisante. Ces déclarations

furent favorablement accueillies. Quelques jours après, le gouverneur faisait son entrée officielle à la tête des troupes anglaises transportées à Elmina à bord du *Rattlesnake*, du *Seagull* et du *Nelly*. Le gouverneur hollandais, Ferguson, alla au-devant du cortége qui prit possession du château Saint-Georges au bruit de cent un coups de canon tirés par le *Rattlesnake*, auquel l'artillerie de la citadelle fit écho. La reddition du fort accomplie, le gouverneur hollandais s'embarqua sur le bâtiment *la Citadelle d'Anvers* pour retourner en Europe.

Les autres positions fortes de la côte hollandaise furent remises également aux Anglais dans le courant d'avril. Il était facile de concevoir que cette cession forcée, subie loyalement par les autorités hollandaises, ne devait pas être acceptée avec la même résignation par les nationaux. Des troubles sérieux succédèrent à l'installation des Anglais. Le nouveau gouverneur crut pouvoir calmer les colères à l'aide d'améliorations économiques. Il y eut un moment d'apaisement, mais les Anglais, suivant leurs habitudes, avaient, dès l'origine de la cession, voulu procéder à une propagande évangélique chez les Achantis, tout prêts à convertir ou à frapper. La population indigène, jusque-là ménagée dans ses croyances, s'était irritée de cette violence morale, et les Achantis, profitant du mécontentement général, avaient emprisonné les missionnaires. Le premier acte du gouverneur anglais fut d'envoyer à leur roi, en même temps que la notification du changement de nationalité, un ordre de mettre les missionnaires en liberté. Le

[1] *Revue politique et littéraire* du 18 octobre 1873.

roi répondit d'une manière évasive, et après avoir demandé une rançon de 6,480 livres sterling, finit par se contenter de 1,000 livres. Mais il n'avait fait cette concession que pour gagner du temps et lever une armée d'invasion. Au mois de décembre 1872, les Achantis se précipitèrent en masse sur le territoire d'Elmina et ravagèrent les villages placés sous le protectorat de ce district. Les tribus protégées ne firent qu'une molle résistance, et le torrent des envahisseurs put avancer en mars 1873 jusqu'aux environs d'Elmina. Dans le même moment, à Secondi et à Bautry, avaient éclaté des troubles qu'une prompte répression put momentanément apaiser.

A Elmina, la révolte fut plus vive; au commencement de juin, les chefs de la milice refusèrent leur obéissance. Le gouverneur fit venir en toute hâte des troupe de Cape Coast, sous les ordres du colonel Festing; on proclama la loi martiale et les canons des forts tonnèrent sur la ville insurgée. La population inoffensive chercha son salut dans les forteresses. Bientôt cependant la garnison fut bloquée par les Achantis et les insurgés d'Elmina. Deux sorties vigoureuses, l'une sur le village d'Atchimum, l'autre sur celui d'Impinie, eurent pour résultats de tenir les assaillants à distance.

Mais l'insurrection, loin de se localiser dans le district d'Elmina, s'étendit sur toute la côte et de nombreuses tribus se rallièrent aux Achantis. La position des Anglais devint très-critique et ce fut alors que le gouvernement procéda immédiatement à l'organisation d'une forte expédition. Aussitôt arrivées sur le territoire africain, les troupes anglaises marchèrent sur Coumassie, la capitale des Achantis, dont elles s'emparèrent le 5 février 1874, après cinq jours de combats. Un mois après elles rentraient en Angleterre.

CHAPITRE VII

PREMIER VOYAGE DU DOCTEUR LIVINGSTONE (1840 A 1856)

L'Afrique australe. — Le docteur David Livingstone. — Il part pour l'Afrique. — Difficultés qu'il rencontre. — Établissement d'une mission à Kolobeng. — Un ménage africain. — Préparatifs de voyage. — Les bords de la Zouga. — Découverte du lac Ngami. — Découverte du fleuve Zambèse au centre de l'Afrique. — Retour au Cap. — Livingstone envoie sa famille en Angleterre. — Destruction de la mission de Kolobeng. — Commencement des explorations. — Différents itinéraires suivis par Livingstone. — Kuruman. — Le pays des Béchuanas. — Les Bakouains. — Le désert de Kalahari. — Linyanti. — Les Makololos. — Marche vers l'ouest. — Le fleuve Liambye. — Le pays des Balondas. — La reine Manenko. — Shinté. — Grande réception à la cour. — Katéma. — Le lac Dilolo. — Traversée du fleuve Kasaï. — Le pays des Chiboques. — Cassangé. — Arrivée à Loanda. — La province d'Angola. — Retour à Linyanti. Marche vers l'est. — Les chutes Victoria. — Le pays des Batokas. — Confluent de la Loangoua et du Zambèze. — Ruines de maisons construites en pierre. — Les Banyaïs. — Tété. — Descente du Zambèse. — Arrivée à Quilimané. — Retour en Angleterre.

L'Afrique australe est la vaste région qui s'étend au sud de la zone équatoriale. C'est dans cette partie du continent africain que le docteur Livingstone accomplit son premier voyage [1].

Ce grand explorateur, un de ceux qui firent faire aux connaissances géographiques les progrès les plus considérables, naquit en Ecosse, en 1815, de parents pauvres. Son grand-père, trouvant la ferme qu'il possédait à Ulva insuffisante pour élever sa nombreuse famille, vint se fixer à Blantyre-Works, importante filature de coton, située sur les rives de la Clyde, un peu au-dessus de Glascow ; il y plaça ses fils et y demeura lui-même comme employé jusqu'à la fin de ses jours. Pendant la guerre continentale, les oncles de Livingstone prirent du service ; mais son père resta au pays, où il faisait un petit commerce de thé.

« A l'âge de dix ans, dit notre voyageur, je fus envoyé à la manufacture en qualité de rattacheur, afin d'aider par mon salaire à l'entretien de la famille, et de diminuer d'autant les soucis de ma pauvre mère. J'achetai un rudiment avec une partie de ce que je gagnai dans la première semaine ; et pendant plusieurs années je poursuivis l'étude du latin avec une ardeur constante, me rendant, pour cela, tous les jours, à une école du soir,

[1] *Explorations dans l'intérieur de l'Afrique australe*, par le Dr David Livingstone. (Libr. Hachette et Comp.)

AFRIQUE
MERIDIONALE
(Extraite de l'Atlas)
de M. Cortambert
Route du Capitaine Speke.
SAHARA ou GRAND DÉSERT
ARABIE
Aghadès
KANEM
BORNOU
Ouadjoungga
Marakah ou Dongolah
Khartoum
SOUDAN
DAR FOUR
KORDOFAN
Obeid
Sennar
ABYSSINIE
Gondar
SOUMAL
GALLA
Magadoxo
MANGO
CONGO
LAC TANGANIKA ou OUJIJI
VICTORIA NYANZA ou Oukereve
UNYAMUEZI
MATEMBA
GASSANGE
CHIBOQUE
MOLOUA
MAROLOLO
MARAVI
OVAMPO
BAVICKO
Linyanti
Désert de Kalahari
HOTTENTOTS
Beljouana
Potchefstroom
Bloemfontein
Orange
Cape Town
CAP
La zone ombrée indique
les Régions explorées
par Livingstone

qui se tenait de huit à dix heures ; je travaillais ensuite avec mon dictionnaire jusqu'à minuit, plus tard encore, si ma mère ne l'empêchait pas en venant m'ôter mes livres. Il fallait que je fusse à la manufacture le lendemain matin à six heures, et j'y restais jusqu'à huit heures du soir, sans autre interruption que le temps nécessaire pour le déjeuner et le dîner. J'étudiai de cette façon la plupart des auteurs classiques, et à seize ans je possédais mieux qu'aujourd'hui mon Virgile et mon Horace.

En fait de lecture, je dévorais tout ce qui me tombait sous la main, excepté les romans ; je n'aimais par les fictions ; mais les livres de science, et surtout les voyages, faisaient mes délices. Mon père, qui pensait, avec beaucoup de ses contemporains, que les ouvrages scientifiques étaient contraires à la religion, aurait voulu me voir préférer la *Nuée de témoignage* ou le *Quadruple état*, de Boston ; notre dissidence en pareille matière alla, de mon côté, jusqu'à la révolte, et la dernière fois que je reçus des coups de verge, ce fut pour avoir nettement refusé de lire la *Pratique chrétienne*, de Wilberforce. Le dégoût que m'inspirait la lecture des ouvrages religieux de toute espèce dura plusieurs années ; mais, un jour, étant tombé sur la *Philosophie de la religion et de la vie future*, par Thomas Dick, je fus heureux de voir confirmer par cette œuvre admirable l'idée que j'avais toujours eue que la religion et la science, loin d'être hostiles l'une à l'autre, se soutiennent mutuellement.

Je continuais mes études pendant les heures que je passais à la filature, en plaçant mon livre sur le métier, de manière à saisir les phrases les unes après les autres, tout en marchant pour faire ma besogne ; j'étudiais ainsi constamment sans être troublé par le bruit des machines ; c'est à cela que je dois la faculté de m'abstraire complétement du bruit que l'on fait à côté de moi, et de pouvoir lire et écrire tout à mon aise au milieu d'enfants qui jouent ou bien dans une réunion de sauvages qui dansent et qui hurlent. A dix-neuf ans je devins fileur et j'eus un métier à conduire ; c'est un travail excessivement pénible pour un jeune homme élancé, dont les membres sont grêles, les articulations pleines de mollesse ; mais j'étais payé en conséquence de la peine que j'avais, et cela me mit à même de passer l'hiver à Glascow, de m'y suffire et d'y poursuivre mes études médicales, d'y apprendre le grec et d'assister à un cours de théologie. »

Après avoir terminé ses études médicales et avoir obtenu de plus le titre de missionnaire, Livingstone partit pour l'Afrique en 1840. Il débarqua au Cap, où il resta très-peu de temps, et se rendit ensuite à la baie d'Algoa, puis à Kuruman, dernière station des missionnaires anglais dans l'intérieur du pays ; là il épousa la fille du docteur Moffat, chef de la station.

Suivant ses instructions, il devait tourner ses efforts vers le nord ; en conséquence il gagna Lépélolé, résidence de Séchélé, chef de la tribu des Bakouains et commença dans les environs les préparatifs d'un établissement. Pendant quelque mois il s'appliqua à l'étude des mœurs et du langage des indigènes, apprit à lire à Séchélé et parvint à convertir ce chef, qui devint, dans la suite, un de ses plus fidèles compagnons.

Malheureusement une de ces guerres qui, de temps immémorial, semblent éclater périodiquement à propos de la possession du bétail, se déclara dans le pays et changea tellement les relations entre les diverses tribus que Livingstone fut obligé de repartir pour chercher de nouveau une localité qui convînt à l'établissement d'une mission.

En 1843, il se rendit à Kolobeng, dans la vallée de Mabosta, et y demeura jusqu'en 1852.

« Peut-être ne lira-t-on pas sans intérêt, dit le docteur, l'esquisse rapide d'un ménage africain. L'absence complète de commerce et d'industrie dans la contrée vous oblige forcément à demander aux matières premières toutes les choses dont vous avez besoin. Vous voulez avoir une maison, il vous faut des murailles, d'où la nécessité d'aller abattre un arbre et de le débiter pour faire un moule à briques ; les matériaux des portes et des fenêtres sont également dans la forêt ; et si vous tenez à obtenir le respect des indigènes, il devient nécessaire de construire une habitation d'une certaine importance qui exige un labeur d'autant plus grand que vous ne pouvez guère compter sur l'assistance des naturels : non pas qu'ils soient paresseux ; les Bakouains travailleraient avec joie pour qui voudrait les payer ; mais il leur est impossible de rien faire carrément ; ils ont à cet égard une singulière inaptitude, et ne construisent ja-

mais que des habitations rondes, ainsi que tous les Béchuanas. Des trois grandes maisons que j'ai bâties à différentes époques, il m'a fallu poser moi-même toutes les briques et toutes les pièces de bois, pour qu'elles fussent placées d'équerre.

Lorsque le blé est réduit en farine, la femme procède à la fabrication du pain. Il arrive souvent que l'on improvise un four en creusant un trou dans une fourmilière, que l'on ferme avec une pierre plate en guise de porte ; on emploie aussi une autre méthode que les Australiens pourraient substituer avec avantage à leurs *dampers*, et qui consiste à faire un bon feu sur un terrain battu ; quand il est suffisamment échauffé on y pose la pâte, soit dans une poêle à courte queue, soit tout simplement par terre ; on la couvre d'un vase de métal renversé, on ramène les cendres tout autour, et l'on fait du feu sur le vase. Au moyen de ce procédé, la pâte, mêlée avec un peu de levain d'une cuisson antérieure, et qu'on a exposée une heure ou deux au soleil, fait un excellent pain. Nous faisions notre beurre au moyen d'une jarre qui nous servait de baratte ; nos chandelles avec des moules de notre fabrique, et du savon à l'aide des cendres que nous retirions de la soude ou quelquefois des arbres ; mais, dans cette région, les cendres de bois contiennent si peu de matières alcalines, qu'il fallait faire bouillir notre lessive, dont on renouvelait plusieurs fois les cendres, pendant un mois ou six semaines, avant qu'elle pût saponifier la graisse. Il n'est pas très-pénible d'être obligé de se suffire à soi-même; on éprouve une satisfaction réelle de tout devoir à sa propre industrie, et le mariage n'en a que plus de charme quand toutes les douceurs de la vie émanent directement des efforts d'une ménagère intelligente et laborieuse.

Cette existence peut même, aux yeux de quelques personnes, avoir un attrait romanesque; elle a d'ailleurs pour objet cette bienfaisance active que les bons cœurs se réjouissent de pratiquer. Citons pour exemple la manière dont s'employait notre temps; quelle qu'ait été la chaleur du jour, la soirée, la nuit et la matinée, sont à Kolobeng d'une température délicieuse; on peut rester dehors jusqu'à minuit, assis où l'on voudra, sans qu'il y ait à craindre de s'enrhumer ou de prendre des rhumatismes. Nous nous levions de grand matin pour jouir de la fraîcheur; après avoir fait la prière en famille et déjeuné entre six et sept heures, nous nous dirigions vers l'école pour y donner des leçons à qui voulait s'instruire; la classe finissait à onze heures: ma femme s'occupait alors des soins du ménage. Pendant ce temps-là je me livrais à quelque travail manuel, soit comme forgeron, soit comme charpentier ou laboureur, suivant les besoins de ma famille ou ceux des habitants qui en échange travaillaient pour nous au jardin ou à toute autre chose. Après le dîner, toujours suivi d'une heure de repos, ma femme tenait sa classe de jeunes enfants, qui, très-gâtés par leurs parents, n'en venaient pas moins à l'école avec un plaisir infini, et qui s'y rassemblaient en général au nombre d'une centaine. Parfois la maîtresse variait les études par un peu de couture qu'elle enseignait aux jeunes filles, ce dont celles-ci paraissaient enchantées. Il fallait en outre surveiller tous les travaux, et le missionnaire et sa femme étaient occupés jusqu'au déclin du jour. Après le coucher du soleil, j'allais à la ville pour causer de choses et d'autres avec tous ceux qui s'y montraient disposés. Trois fois par semaine, un peu avant la nuit, aussitôt qu'on avait trait les vaches, nous avions des prières publiques et une instruction générale sur différents sujets, avec exhibition de tableaux et de spécimens pour mieux faire comprendre les faits dont il était parlé. A ces différentes œuvres il faut ajouter les soins à donner aux malades, et les aliments qu'on distribuait aux pauvres; nous nous efforcions de gagner la confiance des gens que nous cherchions à instruire, en songeant d'abord à satisfaire leurs besoins matériels. »

Livingstone était depuis plusieurs années déjà à Kolobeng lorsqu'il résolut d'aller reconnaître le lac Ngami, dont la situation était désignée par des naturels qui se rendaient chaque année sur ses bords. Deux intrépides chasseurs, MM. Oswell et Murray, s'offrirent pour l'accompagner. Les voyageurs, formant une véritable caravane, partirent le 1er juin 1849.

Après plusieurs jours d'une marche très-pénible à travers un désert où ne se trouvaient que quelques petites sources à peine suffisantes pour désaltérer tout son monde, Livingstone arriva sur la Zouga. Les rives de ce fleuve étaient ornées d'arbres magnifiques; des éléphants

L'AFRIQUE AUSTRALE. — ... marchant en ligne droite. (Page 161.)

en nombre prodigieux y venaient boire pendant la nuit; ils se jetaient sur le corps une grande quantité d'eau en poussant des cris joyeux, et s'éloignaient, après avoir apaisé leur soif, marchant en ligne droite afin d'éviter les piéges.

La caravane suivit la Zouga et atteignit, le 1er août 1849, le lac Ngami. La saison alors très-avancée ne permettant pas d'explorer complétement cette vaste étendue d'eau dans laquelle viennent se jeter plusieurs rivières, Livingstone revint à Kolobeng. Il y resta jusqu'au mois d'avril 1850. A cette époque il se remit en route accompagné de mistress Livingstone et de ses trois enfants. Son intention était de laisser sa famille sur les bords du lac Ngami et de poursuivre plus au nord afin d'aller rendre visite à un chef important des Makololos, nommé Sébitouané; mais deux de ses enfants ayant été subitement pris par la fièvre, il dut renoncer à ce projet et revenir de nouveau à Kolobeng. Il en repartit une troisième fois en 1851, et ce fut dans ce voyage qu'il découvrit, à la fin de juin, le fleuve Zambèze, au centre du continent.

De retour de cette importante excursion, Livingstone ne voulut pas exposer plus longtemps sa famille aux dangers qu'elle courait dans cette région malsaine, et résolut de la renvoyer en Europe. Il prit aussitôt le chemin du Cap, où il arriva en avril 1852, et installa sa femme et ses enfants à bord d'un navire qui partait pour l'Angleterre.

Sur ces entrefaites les Boërs, qui vivaient dans le voisinage de Kolobeng, ayant organisé une formidable expédition contre les Bakouains, leurs plus grands ennemis, les vainquirent complétement et pillèrent la mission. Cette catastrophe modifia profondément les plans de Livingstone; ne possédant plus rien et désormais à l'abri de toute préoccupation relativement aux objets qu'avant le pillage de son établissement il aurait laissés derrière lui, il se trouva entièrement libre de commencer ses explorations.

Il forma aussitôt le projet de se rendre à Saint-Paul de Loanda, sur la côte occidentale; puis, traversant obliquement toute l'Afrique australe, de gagner Quilimané, sur la côte orientale.

Le premier pays qu'il dut traverser fut celui des Béchuanas, où se trouve Kuruman. La permanence de cette station, la plus éloignée, comme nous l'avons dit, dans l'intérieur de l'Afrique, est due à la beauté de sa fontaine qui ne tarit jamais; elle est située dans une plaine immense bornée à l'ouest par de hautes montagnes. Les missionnaires ont profondément transformé cette contrée. Les indigènes, convertis pour la plupart, sont pauvrement mais décemment couverts; des outils et des forges ont été mis à leur service et des ateliers ont été créés afin de leur apprendre à construire des chariots, objets dont la possession est pour eux un grand sujet d'orgueil; mais leur indolence est telle qu'ils ne font aucun effort pour acquérir l'habileté qui leur manque.

Aux Béchuanas se rattachent les Bakouains, sur lesquels Livingstone reporta toute sa sympathie. Ces naturels se montrèrent d'ailleurs toujours pleins de bienveillance et leur chef Séchélé fut plus d'une fois très-utile au voyageur. Le patriarcat semble être la forme gouvernementale des Bakouains; chaque homme, en vertu de sa paternité, est le chef de ses enfants; ceux-ci bâtissent leur case autour de la sienne, et, plus sa famille est nombreuse, plus son importance est grande; d'où il résulte que l'on considère les enfants comme de véritables bienfaits et qu'on les traite avec bonté. Au centre de chaque cercle de huttes se trouve une place, ayant un foyer, et qui s'appelle la *kotla* : c'est dans cet endroit que tous les membres de la famille se rassemblent, qu'ils travaillent, qu'ils prennent leurs repas, et que se racontent toutes les nouvelles du jour.

Un pauvre s'attache à la kotla d'un riche; il est dès lors considéré comme faisant partie de la famille. Un sous-chef a un certain nombre de kotlas autour de la sienne; et la réunion de toutes ces kotlas, dont celle du chef principal forme le centre, constitue la cité. Le cercle de huttes qui entoure immédiatement la kotla du chef est occupé par ses femmes et par tous ceux qui ont avec lui quelque lien de parenté; il attache les sous-chefs à sa personne et à son gouvernement par des alliances avec leurs filles, qu'il épouse, ou qu'il fait épouser à ses frères. Les gens riches du pays tiennent beaucoup à être alliés à de grandes familles; si vous rencontrez des étrangers et que les serviteurs de l'homme principal de la bande n'aient pas tout d'abord proclamé la parenté de celui-ci avec l'oncle de tel ou tel chef, vous entendez le maître leur dire tout bas : « Apprenez-lui qui nous sommes. » Le serviteur commence alors, en comptant sur ses doigts, l'explication de l'arbre généalogique de son maître, explication qui se termine par cette nouvelle importante, que l'individu qui conduit la caravane est le demi-cousin de tel ou tel personnage illustre.

Ce fut avec une escorte de Bakouains que Livingstone traversa le désert Kalahari. Cet immense espace qui s'étend au nord du fleuve Orange a reçu le nom de désert simplement parce que l'on n'y trouve pas d'eau courante, et que l'eau de source y est très-rare; mais il n'en possède pas moins une végétation abondante et de nombreux habitants; l'herbe y couvre le sol, et l'on y rencontre de vastes fourrés composés non-seulement d'arbustes et de broussailles, mais encore de grands arbres.

Mais le plus étonnant de tous les produits de ce désert est le melon d'eau. Dans les années où la pluie est un peu plus abondante que d'habitude, des terrains d'une immense étendue sont littéralement couverts de cette espèce de melons. Cette abondance ne se produit que tous les dix ou onze ans; c'est alors une véritable fête, non-seulement pour les habitants du pays, mais encore pour les animaux de toute espèce. L'éléphant, véritable seigneur de la forêt, mange ces melons avec délices, de même que le rhinocéros, bien que naturellement il diffère beaucoup de ces derniers dans le choix de sa nourriture. Toutes les antilopes, à quelque genre qu'elles appartiennent, dévorent le melon d'eau avec une égale avidité; les lions, les hyènes, les chacals, les souris, tous enfin semblent apprécier le bienfait de cette manne qui satisfait les goûts les plus divers. Ces melons, néanmoins, ne sont pas tous comestibles. Les naturels frappent chacun de ces fruits l'un après l'autre d'un coup de hache, et mettent leur langue à l'ouverture qu'ils ont faite, ce qui leur permet de distinguer immédiatement les bons fruits des mauvais. Les melons amers sont malsains; les autres sont extrêmement salubres. Il suffit qu'il y ait dans le voisinage quelques melons d'eau amers, pour que les melons cultivés contractent cette amertume, parce que les abeilles communiquent le pollen d'une espèce à l'autre.

Cette particularité de fruits doux et de

fruits amers portés par la même plante, se reproduit également dans une espèce de concombre à fruits rouges et mangeables, que l'on trouve fréquemment dans le pays. Ce concombre, d'un brillant écarlate à l'époque de sa maturité, a environ un pouce et demi de diamètre et quatre pouces de longueur; il est souvent d'une grande amertume, et parfois complétement doux.

Les tribus qui habitent cette région sont composées de Bushmen et de Bakalaharis. Les premiers sont probablement les Aborigènes de la partie méridionale du continent, et les seconds proviennent, sans doute, de la première émigration des Béchuanas. C'est par goût que les Bushmen vivent au désert, les Bakalaharis parce qu'ils y sont contraints; mais un profond amour de la liberté anime également les deux races. Les Bushmen se distinguent par leur langage, leurs habitudes et leur aspect; ce sont les seuls vrais nomades que l'on trouve dans la contrée; ils ne cultivent jamais la terre et n'ont point d'animaux domestiques, à l'exception de quelques chiens d'une misérable espèce; en revanche, ils connaissent tellement bien les habitudes des animaux sauvages, qu'ils les suivent pendant leurs migrations, les surprennent, s'en nourrissent à l'endroit même où la chasse a eu lieu, et n'empêchent pas moins leur multiplication désordonnée que les autres carnivores. A la chair du gibier, qui forme leur principale nourriture, ils ajoutent les racines, les fèves et les fruits sauvages que les femmes vont chercher. Ceux qui habitent les plaines sablonneuses et brûlantes du dé-

sert sont généralement secs et nerveux, capables de supporter de grandes fatigues et de subir des privations excessives. Beaucoup d'entre eux sont d'une taille peu élevée, sans avoir toutefois la difformité des nains.

Suivant la tradition, les Bakalaharis seraient les plus anciens de tous les Béchuanas; ils auraient possédé de nombreux troupeaux, jusqu'à l'époque où ils furent dépouillés de leurs biens et refoulés dans le désert par une immigration de leur propre race. Depuis lors, habitant la même contrée que les Bushmen, subissant les influences du même climat, endurant comme eux la soif et se nourrissant depuis des siècles des mêmes aliments, ils prouvent d'une manière évidente que l'influence des lieux ne suffit pas toujours pour expliquer la différence des races. Les Bakalaharis ont conservé dans toute sa vigueur la passion que les Béchuanas ont pour l'agriculture et les animaux domestiques. Ils donnent chaque année à leurs jardins plusieurs façons à la houe, quoiqu'ils n'aient souvent à espérer pour toute récompense de leur travail qu'une faible récolte de melons et de citrouilles; et ils élèvent avec soin de petits troupeaux de chèvres, bien qu'on les voie puiser de l'eau pour eux-mêmes au lit des sources peu profondes, avec un morceau de coquille d'œuf d'autruche, et seulement par cuillerées.

En général, ils s'attachent à quelques hommes influents des tribus de Béchuanas qui avoisinent leur désert, afin d'en obtenir des lances, des couteaux, du tabac et des chiens, en échange de la dépouille de petits carnivores de l'espèce féline et de deux espèces de chacal qu'ils chassent pour en avoir la peau.

En avançant vers le nord, Livingstone trouva la contrée de plus en plus belle ; le pays était boisé, l'herbe était verte et souvent plus haute que les voyageurs ; des festons d'une vigne dont le fruit était peu agréable couraient au milieu des arbres. Les creux du terrain contenaient de l'eau ; un peu plus loin de petites rivières de six mètres de large et de plus d'un mètre de profondeur sillonnaient le sol.

Le 23 mai 1853, la caravane arriva à Linyanti, capitale de Makololos. Tous les habitants, au nombre de six à sept mille, vinrent en masse à sa rencontre. Sékélétou, le chef de la tribu, fit à Livingstone une réception qui, dans le pays, est considérée comme royale. Un grand nombre de femmes déposèrent devant le voyageur chacune un pot de boyaloa, qui est la bière de cette peuplade, et en burent à pleines gorgées pour donner la preuve que ce n'était pas du poison. Après cela, le héraut de la cour se livra à des gambades grotesques et se mit à crier de toutes ses forces quelques phrases en l'honneur de l'homme blanc.

Les dames Makololos, rapporte Livingstone, sont d'une nature généreuse ; elles distribuent avec libéralité du lait et d'autres aliments, réclament très-peu de travail de leurs serfs, et ne les emploient en général que pour embellir la hutte qu'elles habitent et l'enclos qui l'entoure. Elles boivent une grande quantité de boyaloa, sorte de bière qu'on appelle également *o-alo* et qui est le bouza des Arabes ; composée de dourasaïfi,

c'est-à-dire de sorgho ; cette boisson, où le grain se retrouve à l'état de farine grossière, est très-nutritive et leur donne cet embonpoint qui dans le pays est regardé comme une beauté. Les ladies makololos n'aiment pas à être surprises, au milieu de leurs libations, par les personnes d'un autre sexe.

Elles portent leurs cheveux très-courts et s'enduisent le corps avec délices d'une couche de beurre qui les rend toutes luisantes. Leur costume consiste en une petite jupe gracieuse arrivant jusqu'aux genoux et dont l'étoffe se compose de peau de bœuf, rendue aussi fine et aussi souple que du drap ; lorsque la dame ne fait rien, elle a sur les épaules un manteau de pareille étoffe, qu'elle jette de côté lorsqu'elle veut travailler. Les ornements les plus convoités par les élégantes sont des anneaux de cuivre jaune, de la grosseur du petit doigt, qui se mettent au bas de la jambe, et des bracelets de cuivre et d'ivoire qui ont trois centimètres de large. Ces anneaux sont tellement lourds que les chevilles en sont gonflées et souvent écorchées, mais c'est la mode, et ces bijoux sont portés avec la même force d'âme que chez nous un corset trop serré ou des chaussures trop étroites. Des colliers de verroterie sont suspendus au cou de ces dames ; le rose et le vert clair sont les nuances fashionables, et on peut obtenir tout ce que l'on veut, en échange de perles de cette couleur.

De Linyanti, Livingstone se rendit à Seskéké en compagnie du chef Sékélétou et de cent soixante hommes des plus marquants de la tribu des Makololos ; il se dirigea ensuite vers l'ouest, afin de gagner, suivant les projets qu'il avait formés, Saint-Paul de Loanda, situé sur la côte occidentale de l'Afrique.

La petite caravane offrait un aspect des plus pittoresques. Quelques-uns des hommes étaient revêtus de tuniques d'étoffe rouge ou d'indienne; ils tressaient dans leurs cheveux des queues de bœuf on se couvraient la tête avec des bonnets faits avec la crinière d'un lion. Les nobles seuls portaient une petite massue de corne de rhinocéros, tandis que leurs boucliers étaient confiés aux esclaves. Les autres hommes portaient les fardeaux et les guerriers, déjà chargés du poids de leurs propres boucliers, étaient employés comme messagers.

La tribu des Makololos est riche en bestiaux, et le chef, ayant à nourrir ceux qui l'accompagnaient, choisissait des bœufs parmi ses propres troupeaux ou en recevait comme tribut des chefs des villages par où il passait.

Le docteur Livingstone et Sékélétou avaient chacun une tente portative, quoique les huttes des Makololos fussent généralement bien tenues. Ces huttes sont composées de trois murailles circulaires ayant des trous en guise de portes, ainsi qu'on en voit aux niches des chiens, ce qui oblige à se baisser pour y entrer, même quand on est à quatre pattes. La toiture, qui ressemble à un chapeau chinois, est formée de baguettes ou de roseaux que l'on attache fortement au moyen de bandes circulaires, fixées par des morceaux de l'écorce intérieure du mimosa. La charpente, ainsi préparée, est posée au-dessus du mur circulaire et s'appuie, par les bords, sur des pieux également rangés en cercle et qui servent de colombage à la troisième muraille; la couverture de chaume est faite avec une herbe souple et fine, reliée, comme la charpente, au moyen de lanières d'écorce de mimosa; elle se projette assez loin au delà du mur, descend à quatre pieds du sol et procure aux habitants l'ombre la plus salutaire qu'ils puissent trouver dans le pays. Ces cabanes sont excessivement fraîches, même par les journées les plus chaudes, mais elles manquent d'air et l'on y étouffe pendant la nuit.

Nos voyageurs arrivèrent d'abord au village de Katonga sur les rives du Liambye. Pendant que ses compagnons se procuraient des canots, le docteur Livingstone explora le pays au nord du village. Il y remarqua des troupeaux innombrables de buffles, de zèbres et d'élans, et une charmante espèce d'antilope appelée *tinyane;* il en fit une chasse fort abondante. Les voyageurs s'étant procuré trente-trois canots, remontèrent le cours de la rivière. Ces canots étaient plats et pouvaient, par conséquent, être employés dans des eaux peu profondes; ils étaient dirigés par des hommes qui ramaient debout et en mesure. Le canot du docteur Livingstone avait six rameurs et celui de Sékélétou, dix.

De nombreux villages bordaient les rives du fleuve; leurs habitants paraissaient d'excellents chasseurs d'hippopotames, d'adroits ouvriers en fer et d'habiles potiers; ils savaient également sculpter le bois et faire des ouvrages de vannerie.

C'était la première fois que le compagnon de Livingstone, le chef Sékélétou visitait cette partie de ses domaines, et sa visite était pour les habitants une occasion de réjouissances.

Il recevait dans chaque village des bœufs, du lait et de la bière en plus grande quantité que les gens de sa suite ne pouvaient en consommer, bien qu'ils eussent à cet égard une capacité prodigieuse. Quant aux populations, elles lui témoignaient leur joie et donnaient cours à leur enthousiasme par des chants et par des danses qui s'exécutent de la manière suivante : les hommes, presque entièrement nus, ayant à la main un bâton ou une petite hache d'armes, se rangent les uns derrière les autres, de manière à former un cercle; chacun hurle de toute la puissance de ses poumons, tandis que la bande entière lève une jambe, frappe deux fois du pied avec force, lève l'autre jambe et frappe cette fois un seul coup; ceci est l'unique mouvement qui soit fait en commun. Les bras et les têtes s'agitent dans toutes les directions, les hurlements continuent d'être poussés avec autant de vigueur que possible; et un nuage de poussière entoure les danseurs, dont les pieds, frappant la terre sans interruption, laissent une profonde empreinte dans le sol qu'ils ont foulé. Cet exercice ne serait nullement déplacé dans une maison de fous et pourrait même y avoir d'excellents résultats, comme moyen de dissiper l'exaltation du cerveau; mais ici des hommes à tête grise prenaient part à cette danse avec autant de plaisir et d'entrain que ceux dont la jeunesse pouvait servir d'excuse aux flots de sueur dont ils étaient inondés.

Arrivé à Naliélé, Livingstone rebroussa chemin et revint à Linyanti. La fièvre et la fatigue avaient considérablement affaibli ses forces et il dut prendre du repos pendant près d'un mois.

Sékélétou, qui désirait vivement ouvrir avec les hommes blancs un commerce libre et lucratif, fournit au docteur Livingstone tous les moyens en son pouvoir pour continuer son expédition vers l'ouest de l'Afrique. Il lui donna vingt-sept hommes pour l'accompagner, et se chargea de garder tous les objets que le docteur ne voulut pas emporter : celui-ci, désireux d'alléger les fardeaux de ses compagnons, ne se munit que de sucre, de café, de thé, de quelques médicaments, de livres et d'une lanterne magique. Il emportait encore de la poudre, une tente, une couverture de cheval en guise de lit et quelques instruments, tels qu'un sextant; un thermomètre, etc. Il avait confié à ses hommes trois mousquets dans l'espoir que leur chasse suffirait à les nourrir, et il gardait pour lui-même une carabine et un fusil à deux coups.

Après avoir renvoyé trois hommes qu'il avait amenés de Kuruman et qui étaient atteints des fièvres, il repartit de Linyanti le 11 novembre 1853 et s'embarqua sur le fleuve Chobe. La navigation de ce fleuve était rendue dangereuse par des hippopotames qui, vivant isolés, attaquent parfois les canots et les renversent.

Quittant le Chobe, le docteur Livingstone remonta de nouveau le Liambye. Il n'avait qu'à se louer de ses rameurs; cependant ils avançaient lentement à cause de leurs stations forcées aux différents villages pour obtenir des vivres. Enfin, le 30 novembre, ils arrivèrent à la chute du Gonyé. Pendant que les compagnons du docteur Livingstone transportaient les canots au delà de cette chute, celui-ci montra sa lanterne magique aux tribus émerveillées.

La chute du Gonyé est fort pittoresque, ainsi que tout le pays environnant. Les eaux se précipitent tumultueusement dans un bassin d'environ 90 mètres de largeur, et le plus habile nageur périrait dans leurs eaux impétueuses.

Les habitants de ce pays se montrèrent fort généreux envers nos voyageurs. Plusieurs d'entre eux voulurent les suivre, mais le docteur Livingstone s'y refusa et les quitta après avoir réussi à empêcher un combat entre deux villages ennemis. Il continua à remonter le Liambye en canot, pendant qu'une partie de ses compagnons suivaient les bords du fleuve en conduisant des troupeaux de bœufs.

Nos voyageurs avaient jusqu'alors beaucoup souffert de la chaleur : une pluie abondante vint les ranimer et revêtir les forêts de leurs plus fraîches couleurs. On y distinguait de grands arbres semblables à des palmiers et couverts de lichens, et des fougères admirables.

Les compagnons du docteur Livingstone, ne s'étant pas encore servis d'armes à feu, usaient sa poudre en pure perte. Craignant d'épuiser son « médicament à fusil », ainsi que l'appelaient les nègres, il se résolut à devenir le chasseur de toute la troupe. En même temps il enseignait l'Évangile à ses compagnons et aux habitants des villages par où il passait. Ainsi se continuait le voyage, les seuls incidents étant de temps en temps une attaque des crocodiles qui infestaient le fleuve, et qui enlevaient continuellement les veaux et les enfants des indigènes.

Les voyageurs passèrent enfin du Liambye dans le Liba, qui est également infesté de crocodiles, mais dont les rives abondent en miel sauvage et en fleurs charmantes. Ils arrivèrent au pays de Balonda, qui était gouverné par une grande et forte femme nommée Manenko. Elle vint voir le docteur Livingstone couverte d'ocre et de graisse pour se protéger contre la chaleur, et l'engagea à se rendre avec ses compagnons auprès du chef du pays, son oncle Shinté, qui habitait un village du même nom [1].

Le docteur ayant accepté, elle s'offrit à leur servir de guide. Ils partirent donc par une pluie torrentielle, ayant à leur tête Manenko. Le docteur manifesta son étonnement de ce qu'elle n'eût mis aucun vêtement, même par un pareil temps, mais Manenko répondit qu'un chef ne devait pas paraître efféminé, et ses compagnons, saisis d'admiration, s'écrièrent aussitôt : « Manenko est un guerrier! » Ceux des hommes de sa tribu qui la suivaient avaient aussi une apparence guerrière, quoiqu'ils le fussent en réalité fort peu. Ils étaient armés chacun d'un espadon et d'un carquois rempli de flèches à pointe de fer, et ils portaient un bouclier carré, fait avec des roseaux, long de cinq pieds et large de trois.

[1] Chez toutes ces peuplades, les localités sont désignées par le nom du chef qui les gouverne.

L'AFRIQUE AUSTRALE. — ... les habitants poussèrent l'hospitalité jusqu'à enlever les toits de leurs huttes... (Page 170.)

A la nuit, les voyageurs campèrent sur le bord du fleuve, et ce ne fut que plusieurs jours après que Manenko consentit à poursuivre sa route jusqu'au village qu'habitait Shinté. Celui-ci les reçut à l'ombre de deux banians, où l'on avait élevé pour lui une sorte de trône recouvert de la peau d'un léopard. Shinté portait une chemise à carreaux et un jupon de laine rouge bordé de vert. De nombreux bracelets ornaient ses bras et ses jambes et il était couronné d'une sorte de casque de perles surmonté de larges plumes d'oie. Près de lui se tenaient trois jeunes garçons armés de flèches et une centaine de femmes vêtues de laine rouge; sa principale épouse était assise en face de lui.

Le docteur Livingstone s'étant assis à son tour en face de Shinté, l'interprète qui l'avait accompagné raconta à haute voix et en se promenant de long en large qui il était et les rapports qu'il avait eus avec les Makololos. Entre chaque pause, les femmes chantaient une sorte de cantique sur un ton plaintif. En même temps, trois tambours et quatre joueurs de marimba se faisaient entendre. Le marimba est une sorte de piano ; il se compose de deux barres de bois parallèles et horizontales sur lesquelles sont fixées quinze touches verticales également en bois. Ces touches ont de deux à trois pouces de largeur et environ dix-huit pouces de longueur, et chacune d'elles repose sur une calebasse creuse. Le son se produit en frappant les touches avec des baguettes de tambour, et il est plus ou moins grave d'après l'épaisseur des touches et la grandeur de la calebasse.

La veille de son départ, le docteur Livingstone reçut la visite de Shinté qui, comme preuve d'amitié, lui offrit une coquille d'une valeur telle qu'avec deux de ces coquilles on achetait un esclave et avec cinq d'entre elles une défense d'éléphant d'une valeur réelle de dix livres sterling.

Enfin, le 26 janvier, le docteur Livingstone prit congé de Shinté, après avoir reçu de lui de nombreuses provisions, huit hommes pour porter ses bagages, et un guide nommé Intésemé pour l'accompagner jusqu'au territoire de Katema, le chef voisin.

Il se dirigea par terre vers le nord et reçut partout la plus généreuse hospitalité, qu'il paya en perles et en coton anglais ; ce dernier article surtout était fort apprécié. Une fois, en arrivant à un village, les habitants poussèrent l'hospitalité jusqu'à enlever les toits de quelques-unes de leurs huttes et à les apporter au camp des voyageurs pour leur éviter la peine de construire des baraques.

Ces indigènes ont une coutume étrange : lorsque deux hommes se promettent amitié, ils s'asseoient en face l'un de l'autre, les mains jointes, et ayant chacun une cruche de bière à côté d'eux. Ils se coupent les mains, le creux de l'estomac, le front et la joue droite ; un brin d'herbe est ensuite pressé contre ces blessures et lavé dans la bière ; puis les amis échangent leurs cruches et en boivent le contenu. Ils croient devenir ainsi de véritables alliés par le sang, et sont tenus de s'aider l'un l'autre en toutes circonstances.

Livingstone arriva chez Katema, qui, pour le recevoir, avait revêtu un habit couleur tabac, et s'était couronné d'un casque de perles et de plumes. Il était entouré de trois cents soldats assis par terre et d'une trentaine de femmes ses épouses.

Après que le guide eut raconté l'histoire de Livingstone, Katema fit apporter des provisions et dit aux voyageurs de se rassasier afin d'être dans un état satisfaisant pour causer avec lui, à l'audience qu'il leur donnerait le lendemain. Le lendemain, en effet, une entrevue particulière eut lieu, à la suite de laquelle Livingstone obtint des guides pour continuer sa route.

Il rencontra tout d'abord le lac Dilolo, puis le fleuve Kasaï, magnifique cours d'eau d'environ cent mètres de large, qu'il traversa dans des canots qui attendaient sur la rive. Quelques jours après, il atteignit Njambi, village habité par un des chefs de la tribu des Chiboques. Ce ne fut pas sans peine qu'il put traverser le pays de cette tribu ; à chaque village on exigeait de lui un droit de passage, et comme il ne possédait que ses instruments d'optique et quelques couvertures, il lui fallait entamer avec les naturels des discussions interminables pour leur faire comprendre que toutes leurs exigences étaient inutiles.

Livingstone arriva enfin à Cassangé, la station portugaise la plus avancée dans les terres sur la côte occidentale. Le premier individu qu'il rencontra lui demanda s'il avait un passe-port et le conduisit devant le gouverneur. Celui-ci s'empressa non-seulement de pourvoir à tous les besoins du voyageur, mais il se chargea encore de la nourriture de toute la caravane.

Trente ou quarante maisons de négociants, éparpillées au sommet aplati d'une colline, forment la station de Cassangé ; elles sont construites avec des branches d'arbres recouvertes de terre ; des plantations de manioc, des champs de maïs les entourent, et presque toutes ont un jardin où l'on cultive des pommes de terre, des haricots, des choux, des oignons, en un mot tous les légumes que l'on mange en Europe.

Le 31 mai 1854, Livingstone vit une partie de ses projets réalisée : il était à Loanda, capitale de la province d'Angola, sur l'Océan Atlantique, après avoir traversé du sud au nord-ouest toute la région australe du continent africain. Il séjourna dans cette ville pendant plusieurs mois afin de se reposer de ses fatigues et d'étudier le pays où il se trouvait.

Autrefois Saint-Paul de Loanda était une ville considérable ; elle n'a plus aujourd'hui qu'environ douze mille habitants, dont la plupart sont des hommes de couleur [1]. On y voit encore des témoignages évidents de son ancienne magnificence, parmi lesquels on remarque surtout deux superbes églises : l'une d'elles, bâtie par les jésuites, est maintenant convertie en atelier ; quant à l'autre, son enceinte majestueuse sert d'étable à des bœufs. Trois forts y sont bien conservés, et l'on trouve dans la ville un grand nombre de maisons spacieuses, bâties en pierre. Le palais du gouverneur et les différents édifices consacrés à l'administration publique ont été faits sur un plan bien conçu ; mais presque toutes les habitations des indigènes sont construites avec des branchages et du pisé.

La ville est parsemée d'arbres qui répandent leur ombre dans tous les quartiers, et, vue de la mer, elle présente un aspect imposant. La police y est active, bien ordonnée, et le service de la douane admirablement fait. Le havre est formé par l'île sableuse de Loanda, qui est peu élevée au-dessus de la mer et qui renferme environ treize cents âmes, y compris plus de six cents pêcheurs, dont

[1] D'après le recensement de 1850-51, la population de Loanda se répartissait de la manière suivante : 830 blancs, dont seulement 160 femmes ; 2,400 mulâtres, dont plus de 120 esclaves ; et 9,000 nègres, dont 5,000 esclaves.

l'industrie approvisionne la ville d'excellent poisson et en très-grande abondance. C'est dans l'espace qui est entre cette île et l'endroit du rivage où Loanda s'élève, que stationnent les vaisseaux.

Les Portugais ont respecté l'organisation sociale des naturels, dont le territoire, chez certaines peuplades, continue d'être gouverné par des indigènes; c'est ainsi que le chef des Bangos a été maintenu en qualité de Sova, et qu'il a gardé son conseil et le même genre de vie qu'à l'époque où sa tribu était indépendante. Celle-ci, elle-même, a conservé son ancienne constitution. A la tête de ses membres se trouvent les conseillers du chef, qui, en général, administrent les villages; et au bas de l'échelle sociale sont placés les portefaix, qui sont les derniers des hommes libres; la classe qui est immédiatement au-dessus d'eux obtient du chef, en le payant, le privilége de porter des souliers; viennent ensuite les soldats, qui achètent le droit de faire partie de la milice, et s'exemptent ainsi de la corvée des transports. De plus, toute la société se divise en grands et en petits personnages, qui, tout en ayant la peau très-noire, se qualifient du titre de *blancs*, et donnent celui de *nègres* aux va-nu-pieds qui n'ont pas le droit de porter des chaussures. Tous ces privilégiés comptent sur leurs femmes pour se nourrir, et passent leur temps à s'enivrer de toddy. Cette boisson, qui n'est autre chose que la séve du palmier oléifère, est douce et inoffensive au moment où elle découle de l'arbre; mais, dès qu'elle a fermenté pendant quelques heures, elle produit une ivresse qui souvent mène au

crime; les indigènes l'appellent *malova*, et c'est le fléau du pays.

Il existe parmi les Bangos une espèce de franc-maçonnerie dans laquelle on ne peut entrer que si l'on est bon chasseur et si l'on tire bien au fusil. Les affiliés se distinguent du commun des martyrs par une bandelette de peau de buffle qui leur ceint la tête, et sont employés comme messagers dans tous les cas d'urgence; ils sont loyaux et fidèles, et composent les meilleures troupes indigènes que possèdent les Portugais. Quant aux miliciens, ils n'ont aucune valeur comme soldats; mais ils ne coûtent pas un sou au gouvernement, puisqu'ils sont nourris par leurs femmes, et toutes leurs attributions consistent à garder la résidence des autorités et à faire la police.

Ce sont les mariages et les funérailles qui, dans le royaume d'Angola, constituent les principales distractions des indigènes. Quand une jeune fille est sur le point de se marier, on la conduit bien et dûment frottée de divers onguents, dans une case où elle reste seule pendant que s'accomplissent, d'autre part, une foule d'opérations magiques, afin d'appeler sur elle le bonheur et la fécondité. Ici, comme dans tout le midi de l'Afrique, le comble d'une heureuse fortune est, pour les femmes, d'avoir beaucoup de garçons. Il arrive souvent qu'un mari est abandonné pour n'avoir eu que des filles; et si à la danse, un mauvais plaisant veut égayer l'assemblée, il introduit dans sa chanson quelques phrases analogues à celles-ci : « Une telle n'a pas d'enfants et n'en aura jamais. » L'insulte est si profondément ressentie, qu'il n'est pas rare de voir la pauvre créature à qui elle est adressée s'enfuir immédiatement et se livrer au suicide.

Pour en revenir à la future épouse, que nous avons laissée dans la hutte où elle est seule, on va l'y chercher quelques jours après, et on la conduit dans une autre cabane où on la couvre de tous les ornements que sa famille a pu acheter ou emprunter. Ainsi parée de mille atours, elle est admise en public, et toutes ses connaissances viennent déposer à ses pieds les présents qu'elles lui font ; puis on la mène à la résidence de son mari, où elle a sa hutte particulière, et où elle devient l'une des femmes de celui qu'elle épouse, car la polygamie est générale en Afrique. Les danses, les festins, les libations, qui ne manquent jamais d'avoir lieu en pareille circonstance, se prolongent pendant quelques jours après la cérémonie. En cas de séparation, la femme retourne chez son père, et le mari reprend la somme qu'il avait comptée pour l'obtenir. Il est rare qu'un homme se marie sans rien donner à la famille de celle qu'il épouse ; et le prix d'une femme s'élève parfois chez les mulâtres à une somme qui représente quinze cents francs.

Les funérailles ne sont pas moins bruyantes et moins animées que les noces. Quand un décès a eu lieu, tous les parents et les amis, toutes les connaissances du défunt se rassemblent, et les roulements de tambours, les danses, les chants, les orgies de toute espèce, se prolongent plus ou moins, suivant la fortune de la famille. La grande ambition de la plupart des nègres d'Angola est de faire à ceux qu'ils aiment des funérailles fastueuses.

Le 20 septembre 1854, le docteur Livingstone quitta Loanda et regagna Linyanti en suivant à peu près la route qu'il avait déjà parcourue. Il eut cependant l'occasion de se trouver en rapport avec des peuplades nouvelles.

Sur les bords d'une petite rivière, nommée la Tamba, dans le pays qui avoisine, au nord, la tribu des Chiboques, il rencontra des naturels dont la timidité et la politesse le surprirent agréablement.

« Les riverains de la Tamba, rapporte le docteur, sont d'un noir olivâtre ; ils se liment les dents en pointe, coutume qui rend le sourire des femmes effrayant à voir, en lui donnant quelque chose du rictus de l'alligator. Chose remarquable chez des sauvages, ils font preuve d'une variété de goûts tout aussi grande que les civilisés ; les uns s'occupent de toilette avec passion, leurs épaules sont couvertes de l'huile qui tombe de leur chevelure soigneusement graissée, tordue, nattée sous l'inspiration du dandysme le plus ingénieux, et tout ce qu'ils portent est plus ou moins surchargé d'ornement ; les autres font de la musique depuis le matin jusqu'au soir, parfois même jusqu'à une heure avancée de la nuit ; la plupart de ces musiciens sont trop pauvres pour avoir des chevilles de fer à leur instrument, ils les font en bambou, et, bien qu'ils n'aient pas d'auditeurs, ils n'en persévèrent pas moins à exécuter leurs mélodies. Il en est d'autres qui, affichant une humeur belliqueuse, ne sortent jamais de leurs cabanes sans avoir un arc et des flèches, ou sans un fusil orné d'un fragment de la dépouille de tous les animaux qu'ils ont tués ; tandis que leurs voisins ne vont nulle part sans emporter une cage où un serin est enfermé, et que certaines femmes passent leur temps à soigner de petits chiens destinés à la boucherie. Leurs bourgades, généralement situées au milieu des bois, sont composées de cabanes irrégulièrement groupées et d'une teinte sombre ; ils les entourent de bananiers, de cotonniers et de plantations de tabac. Chacune de ces cabanes possède une terrasse où l'on fait sécher les racines et la farine de manioc, et un certain nombre de cages sont suspendues autour des murs pour contenir les volailles ; des corbeilles sont juchées sur le toit, et les poules vont y déposer leurs œufs. Dès qu'on arrive dans ces villages, les femmes et les enfants viennent vous offrir leurs denrées avec un flux de paroles assourdissant ; mais la vente se fait toujours avec politesse et d'un air de bonne humeur. Les marchandes insistent pour que mes compagnons leur achètent de la farine et pour qu'ils leur donnent en échange un peu du bœuf que j'ai fait tuer avec l'intention de le vendre ; quelle que soit la petitesse du morceau qu'on leur offre, elles sont contentes ; elles paraissent d'ailleurs trafiquer avec plaisir. »

A la fin du mois d'août 1855, le docteur Livingstone arriva à Linyanti, où il retrouva son chariot, ainsi que tous les objets qui lui appartenaient, dans un état de parfaite conservation. Tous les habitants furent convoqués pour entendre le récit du voyage et pour assister à la réception des cadeaux. Ils furent tellement enthousiasmés qu'une assemblée fut aussitôt tenue pour examiner l'avantage qu'il y aurait à quitter le pays et à se rapprocher des blancs ; mais les anciens se montrèrent opposés à ce projet qui n'eut pas de suite.

Le 3 novembre, le docteur Livingstone quitta Linyanti et se dirigea vers l'est. Il s'embarqua sur le Zambèse qu'il descendit jusqu'aux chutes appelées par les indigènes Mosivatounya, c'est-à-dire « la fumée qui tonne », et auxquelles il donna le nom de Chutes Victoria.

« Après avoir navigué pendant vingt minutes, depuis Kalaï, dit le docteur, nous apercevons les colonnes de vapeur, très-justement appelées fumée, et qui, à la distance où nous sommes, environ cinq ou six milles, feraient croire à l'un de ces incendies d'une vaste étendue de pâturages, que l'on voit souvent en Afrique. Ces colonnes sont au nombre de cinq et cèdent au souffle du vent ; elles paraissent adossées à un banc peu élevé dont le sommet est boisé. De l'endroit où nous nous trouvons, le faîte de ces colonnes va se perdre au milieu des nuages ; elles sont blanches à la base et s'assombrissent dans le haut, ce qui augmente leur ressemblance avec la fumée qui s'élève du sol.

Tout le paysage est d'une beauté indicible ; de grands arbres, aux couleurs et aux formes variées, garnissent les bords du fleuve et les îles dont il est parsemé ; chacun a sa physionomie particulière, et plusieurs d'entre eux sont couverts de fleurs ; le massif baobab, dont chaque branche formerait le tronc d'un arbre énorme, se déploie à côté d'un groupe de palmiers dessinant leurs feuilles légères sur le ciel, où elles tracent les hiéroglyphes qui signifient toujours « loin de ta patrie », car ce sont elles qui impriment au paysage son caractère exotique. Le mohonono argenté, qui, dans cette région, est pareil, pour la forme, au cèdre du Liban, fait un heureux contraste avec le sombre motsouri, taillé sur le patron du cyprès, et dont la teinte brune est rehaussée par des fruits écarlates. Quelques-uns de ces arbres ressemblent à nos grands chênes ; il en est d'autres qui rappellent nos ormes séculaires et nos vieux châtaigniers : néanmoins personne ne peut se figurer la beauté de ce tableau.

Jamais les regards des Européens ne l'ont contemplé ; mais les anges doivent s'arrêter dans leur vol pour l'admirer d'un œil ravi. Des collines de cent à cent trente mètres de hauteur, couvertes d'arbres qui laissent apercevoir entre eux la nuance rutilante du sol, bornent la vue de trois côtés. Il ne manque au paysage que des cimes neigeuses se confondant avec l'horizon. »

Le docteur Livingstone, après avoir passé les chutes Victoria, entra dans le pays des Batokas, peuplade autrefois très-nombreuse et dont les troupeaux étaient immenses, mais qui avait été en partie anéantie à la suite d'une guerre malheureuse avec une tribu voisine.

Tous les Batokas ont la singulière coutume de s'arracher les dents de devant de la mâchoire supérieure lorsqu'ils arrivent à l'âge de puberté. Cet usage est suivi par les deux sexes, et, bien que les dents de la mâchoire inférieure n'étant plus soumises au contact de celles qui les auraient maintenues, s'allongent et s'inclinent en repoussant la lèvre de la façon la plus laide, il n'est pas de jeune femme qui se trouve accomplie tant qu'elle ne s'est pas fait extirper les incisives de la mâchoire supérieure. Cela donne l'air vieux à tous les Batokas, leur sourire en devient d'une affreuse laideur, et ils sont néanmoins tellement attachés à cette coutume que leur chef lui-même n'a jamais pu les y faire renoncer, malgré les ordres sévères qu'il avait donnés à cet égard. Lorsqu'on leur demande qui est-ce qui a pu donner lieu à cette pratique étrange, ils répondent que leur but est de ressembler aux bœufs, tandis que les individus qui conservent leurs dents de devant ressemblent aux zèbres. Que ce soit là le véritable motif qui ait fait naître cette coutume, c'est ce qu'on ne saurait dire ; mais il est à remarquer que la vénération qui existe chez la plupart de ces tribus pour la race bovine est associée à une haine profonde pour le zèbre, que cette extirpation des incisives est pratiquée chez les Batokas, au même âge que la circoncision parmi d'autres peuplades, et que chez les uns comme chez les autres c'est une cérémonie secrète. Les Makololos donnent à cette coutume une origine plus facétieuse : d'après eux, la femme d'un chef ayant mordu son mari à la main, en se querellant avec lui, fut condamnée à perdre ses incisives, et la mode en fut adoptée par tous les membres de la tribu ; mais cela n'explique pas comment cette coutume s'est perpétuée jusqu'à présent.

Plus le docteur Livingstone avançait, plus les habitants devenaient nombreux; ils venaient tous regarder l'homme blanc, phénomène qu'ils n'avaient jamais contemplé, et apportaient du maïs. Leur manière de saluer était des plus étranges : dès qu'ils étaient devant le docteur, ils se jetaient sur le dos, se roulaient par terre et se frappaient la partie extérieure des cuisses. Livingstone s'efforçait de leur faire entendre que cela lui était désagréable; mais s'imaginant que leur accueil n'était pas assez bienveillant, ils se roulaient avec plus de fureur et se frappaient les cuisses avec plus de violence.

Dans chaque village que traversait la caravane on donnait au docteur Livingstone un couple d'hommes pour le conduire à la bourgade prochaine; ces guides lui étaient fort utiles au milieu des jongles dont le pays était couvert et qui rendaient la marche parfois très-difficile. Nos voyageurs atteignirent ainsi le confluent de la rivière Loangoua et du Zambèse. A cet endroit Livingstone remarqua les ruines de maisons construites en pierre; elles avaient toutes été bâties sur le même plan : un corps de logis au fond d'une grande cour, dont les murs étaient formés d'un grès tendre de couleur grise, cimenté avec de la vase. Ces maisons devaient être en ruine depuis longtemps, car des arbres de la grosseur d'un homme avaient poussé entre leurs murs; de l'autre côté du Zambèse on apercevait une muraille qui, d'après son élévation, devait appartenir à un fort.

Le docteur Livingstone apprit plus tard que ces ruines étaient celles de Zumbo, ville habitée autrefois par des trafiquants Portugais, qui faisaient le commerce de l'ivoire et la traite des nègres avec les pays situés au nord.

A quelque distance de Zumbo, Livingstone, traversant le Zambèse, se dirigea vers Nyakoba, village de la tribu des Banyaïs au sud du fleuve. Chez ces naturels, ce sont les femmes qui semblent avoir toute l'autorité. Jamais un homme n'entreprend quelque chose, sans demander d'abord le consentement de sa femme, et aucune séduction ne peut lui faire accomplir ce qu'elle ne lui permet pas.

De Nyakoba, Livingstone rejoignit le Zambèse au village de Tété, bâti sur une pente qui descend jusqu'au bord du fleuve. Tété, rapporte le voyageur, compte à peu près trente maisons européennes; le reste est composé de cases habitées par les indigènes, et construites avec des branches et de la terre. On peut évaluer la population de Tété à quatre mille âmes, dont une partie seulement est fixée dans le village proprement dit.

La majorité des habitants s'occupe d'agriculture. Le nombre des Portugais, en dehors de la garnison, y est à peine de vingt individus.

A Tété, Livingstone s'embarqua sur le Zambèse, qu'il descendit jusqu'à la rencontre de la rivière Quilimané; il suivit alors ce dernier cours d'eau et, le 2 mai 1856, il arriva sur le bord de l'Océan Indien, après avoir effectué ainsi la traversée complète, de l'ouest à

L'AFRIQUE AUSTRALE. — Réception chez les Manganjas.

l'est, de toute la région australe du continent africain.

Le 12 juillet, le docteur Livingstone prit passage sur le brick anglais *le Frolic* et se rendit à l'île Maurice, où la maladie le força de séjourner; enfin, le 22 décembre 1856, il se retrouva en Angleterre après une absence de seize années.

CHAPITRE VIII

SECOND VOYAGE DU DOCTEUR LIVINGSTONE (1858 A 1864)

But du voyage. — Les bouches du Zambèse. — Le navire *Ma-Robert*. — L'expédition s'embarque sur le Zambèse. — Arrivée à Tété. — Excursion aux rapides de Kébrabasa. — Navigation sur le Chiré. — Le lac Chiroua. — Une source d'eau bouillante. — Les Manganjas. — Une mode étrange. — La passion de la bière. — Découverte du lac Nyassa. — Retour à Tété. — Départ pour le pays des Makololos. — L'expédition côtoie le Zambèse. — Partage d'un éléphant. — Les plaines de Chicova. — Emploi du temps. — Confluent du Kafoué et du Zambèse. — Les Baendas-Pezis. — Un ménestrel. — Visite aux chutes Victoria. — Arrivée à Seshéké. — Séjour dans cette ville. — Retour à Tété. — Voyage à la côte. — Le navire *le Pionnier*. — Nouvelle excursion au lac Nyassa. — Fin des explorations. — Retour en Angleterre.

A peine remis de ses fatigues, le docteur Livingstone partit de nouveau pour l'Afrique. Le but de ce second voyage était d'explorer le Zambèse et ses affluents destinés à servir de grandes routes aux missions et au commerce pour pénétrer dans l'intérieur de l'Afrique[1].

L'expédition composée du docteur Livingstone et de son frère Charles Livingstone, du docteur Kirk et de quelques autres Anglais, partit d'Angleterre le 10 mars 1858, sur le steamer *la Perle*. Le mois suivant, elle arriva sur la côte de Mozambique.

Le Zambèse se jette dans l'Océan par plusieurs branches : le Milambé, qui est le bras le plus occidental, le Kongoné, le Louabo et le Timboué ou Mousilo.

Après l'examen de ces différentes bouches, le Kongoné parut la meilleure entrée du fleuve. Un petit navire à vapeur apporté d'Angleterre en trois parties fut aussitôt reconstruit; il s'appelait *le Ma-Robert*, en souvenir de mistress Livingstone que les naturels, dont c'est l'usage, avaient baptisée ainsi du nom de son fils aîné.

L'exploration commença. Les bords du Kongoné étaient couverts d'énormes fougères, de buissons de palmiers et de dattiers, auxquels succédèrent, à quelque distance en amont, de vastes plaines, d'un sol riche et brun. Plusieurs cases d'indigènes se montrèrent dans les environs; elles étaient bâties sur des piles qui les élevaient à quelques pieds de la terre humide : on y entrait au moyen d'une échelle. Les habitants, en très-petit nombre, paraissaient bien consti-

[1] *Explorations du Zambèse et de ses affluents*, par David et Charles Livingstone. (Librairie Hachette et Comp.)

tués et étaient dans un état de nudité presque complète.

Un petit canal légèrement tortueux, s'ouvrant à droite du Kongoné, conduisit l'expédition au grand Zambèse, qu'elle remonta, et, le 8 septembre 1858, l'ancre fut jetée à la hauteur de Tété. Le docteur Livingstone descendit dans le canot pour se rendre à terre. A peine fut-il reconnu par ses anciens compagnons, les Makololos, que ceux-ci coururent à sa rencontre et manifestèrent la joie la plus vive.

L'hôtel du gouverneur de la ville fut mis à la disposition des voyageurs. C'était une maison de pierre à un étage, couverte de chaume, ayant pour plancher de la terre battue.

De Tété, le docteur Livingstone se rendit aux rapides de Kébrabasa dont on lui avait fait des rapports qui avaient particulièrement éveillé son attention. Il y arriva le 9 novembre.

La chaîne élevée de Kébrabasa, formée en grande partie de montagnes coniques revêtues d'arbres, traverse le Zambèse et l'enferme dans une gorge étroite et rocailleuse d'une largeur d'environ quatre cents mètres. Au fond de cette gorge, qui est remplie par les eaux à l'époque du débordement, sont des masses rocheuses entassées pêle-mêle dans un état de confusion indescriptible.

Livingstone ayant reconnu qu'il était impossible de franchir la passe de Kébrabasa, même pendant les grandes eaux, avec le *Ma-Robert*, dont la machine n'était pas assez forte, demanda au gouvernement anglais qu'il lui fût envoyé un navire approprié aux circonstances. En attendant qu'on répondît à cette demande, il tourna son attention vers la rivière Chiré, affluent de la rive gauche du Zambèse.

Il lui fut impossible de rien savoir à l'égard de ce cours d'eau; personne ne l'avait remonté, au dire des indigènes. Il apprit seulement qu'une expédition portugaise s'était autrefois engagée dans cette rivière, mais qu'elle avait bientôt abandonné l'entreprise n'ayant pu traverser la couche de lentilles d'eau qui s'y rencontre. Quelques-uns ajoutèrent que ce n'étaient pas les lentilles d'eau ni les autres herbes aquatiques qui avaient fait rebrousser chemin à l'expédition, mais les flèches empoisonnées des indigènes.

Ces renseignements n'arrêtèrent pas le docteur, et en janvier 1859, il entra dans le Chiré. A son approche, les riverains, tous armés d'arcs et de flèches, se réunissaient en grand nombre; quelques-uns, cachés derrière les arbres, le suivaient du regard, et, l'arc tendu, paraissaient n'attendre que le moment de lui lancer leurs flèches venimeuses. Toutes les femmes se tenaient à l'écart, et les hommes, qui évidemment soupçonnaient les étrangers de leur être hostiles, se préparaient à repousser leur attaque.

Au village de Tingané, cinq cents guerriers au moins se rassemblèrent et il fut ordonné à l'expédition de faire halte. Le docteur Livingstone descendit sur la rive; il expliqua qu'il était Anglais; que ce n'était ni pour enlever des hommes, ni pour combattre qu'il venait dans le pays, mais pour ouvrir une route à ses compatriotes afin que ceux-ci pussent venir faire du commerce.

Il n'en fallut pas davantage pour changer les dispositions du chef, dont les manières devinrent amicales. La présence du navire, en montrant que les arrivants appartenaient à un peuple encore inconnu, contribua puissamment à ce résultat ; car les indigènes voyaient bien que cette embarcation n'avait rien de commun avec les canots envoyés autrefois par les trafiquants ; or, ils fermaient le passage à ces derniers et ne permettaient aucune relation entre eux et les tribus de l'intérieur.

Dans cette excursion, ce fut la rivière elle-même qui attira l'attention des voyageurs. Toute la partie inférieure de son cours a au moins deux brasses de profondeur ; plus haut, il en sort des branches nombreuses qui en diminuent le volume, mais l'absence de bancs de sable fait que la navigation n'y est pas moins facile. Des cataractes, baptisées du nom de Murchison, arrêtèrent l'expédition ; mais comme la prudence ne lui permettait pas de risquer un voyage par terre au milieu de tribus assez défiantes pour entretenir sur la rive de forts détachements qui veillaient jour et nuit, elle rebroussa chemin et revint à Tété.

Au mois de mars suivant, Livingstone entreprit une nouvelle excursion sur la même rivière. Cette fois les indigènes lui firent un accueil favorable et s'empressèrent de lui vendre du riz, du sorgho, des volailles. Le navire fut laissé en face d'un village, nommé Chibisa, et l'expédition se rendit, par terre, à la découverte du lac Chiroua. Le 18 avril 1859, elle atteignit son but.

« Le lac Chiroua, dit le docteur Livingstone, est une nappe d'eau considérable qui renferme du poisson, des sangsues, des crocodiles et des hippopotames ; il est légèrement saumâtre, ce qui semblerait annoncer qu'il n'a pas d'écoulement. Il paraît être profond ; et contient des îlots pareils à des montagnes. C'est de la base du mont Pirimiti ou Mopeoupeou, situé au sud-sud-ouest de la nappe d'eau, que nous avons aperçu le lac Chiroua. De là, si vous regardez vers le nord, vous avez un horizon maritime, sur lequel se détachent au loin deux îlots, dont le plus grand et le plus rapproché est couvert d'arbres, et rappelle le sommet d'un mont. Une chaîne de montagnes apparaît à l'orient ; tandis qu'à l'ouest s'élève le mont Chikala, qui semble se réunir à la grande masse du Zomba.

Le rivage, près de l'endroit où nous avons campé, était couvert de roseaux et de papyrus. Désirant obtenir la latitude par l'horizon naturel, nous entrâmes dans l'eau, et nous nous dirigeâmes vers ce qu'on nous disait être un banc de sable ; mais les sangsues nous attaquèrent en si grand nombre qu'il nous fallut battre en retraite. D'après ce que nous dit une femme, les hommes ne nous auraient encouragés dans cette entreprise que parce qu'ils désiraient nous voir mourir.

Le Chiroua peut avoir de soixante à quatre-vingts milles de longueur, sur à peu près vingt milles de large. Sa hauteur au-dessus du niveau de la mer est de dix-huit cents pieds. L'eau en est un peu saumâtre, ainsi que nous l'avons dit, et a la saveur d'une légère solution de sel d'Epsom. Nous n'avons pas vu l'extrémité nord du lac, bien que nous l'ayons dépassée.

Les bords du Chiroua sont très-beaux ; la végétation y est luxuriante ; et pendant notre séjour les vagues, en venant se briser sur un rocher, situé au sud-est, ajoutaient à la beauté du paysage. De très-hautes montagnes, dont le sommet peut atteindre à huit mille pieds au-dessus de l'Océan (près de 2,500 mètres) s'élèvent à peu de distance de la rive occidentale, et forment une chaîne qui porte le nom de Milanje. Leurs cimes aux flancs abruptes, dominant les nuages, ou en étant couronnées, donnent à la scène un caractère de grandeur. Au couchant est le mont Zomba, d'une élévation d'environ sept mille pieds, et d'une étendue de quelque vingt milles. »

Le docteur Livingstone, ayant plutôt le désir de gagner la confiance des indigènes que d'explorer le pays, pensa qu'il lui serait plus facile d'atteindre son but par des visites réitérées ; en conséquence il résolut de retourner au navire et de regagner Tété.

Vers le milieu du mois d'août, l'expédition remonta encore une fois le Chiré. L'intention des voyageurs était de poursuivre les explorations au nord du lac Chiroua et d'aller à la découverte du lac Nyassa, dont on leur avait parlé en le leur désignant sous le nom de Nyinyési, mot qui signifie les astres. Sur leur route, ils découvrirent une source d'eau chaude ; elle sortait de terre en bouillonnant par deux ouvertures situées à quelques pas l'une de l'autre et donnait naissance à un ruisseau d'une limpidité parfaite.

Sa température était de soixante-dix-neuf degrés ; en y plongeant un œuf, il se trouvait cuit dans l'espace de temps ordinaire. D'infortunés lézards et de malheureux insectes avaient semé de leurs débris le fond des bassins, un gros coléoptère que les voyageurs virent se poser sur l'eau fut tué avant d'avoir eu le temps de replier ses ailes. A cent pieds environ de la source, la vase était encore plus chaude que l'eau d'un bain ordinaire ; elle ne s'attachait pas à la peau qu'elle nettoyait parfaitement.

A mesure que nos voyageurs avançaient, ils trouvaient le pays moins marécageux et de plus en plus boisé et fertile. Ils traversèrent la contrée des Manganjas. Tous les villages de cette tribu sont situés dans des endroits choisis avec goût et d'une façon judicieuse. Un ruisseau coule auprès de chacun de ces villages et des arbres touffus les protégent. Le boalo, c'est-à-dire la place, est généralement à l'extrémité d'une grande rue ; c'est une aire de vingt à trente mètres abritée par de grands figuiers. Les hommes viennent s'y asseoir pendant le jour ; ils y apportent leur ouvrage, y fument leur tabac ou leur chanvre ; et par les soirées délicieuses où il fait clair de lune, ils y chantent, y dansent et y boivent de la bière.

« Quand nous entrons dans une de ces bourgades, dit la relation, c'est au boalo que nous nous rendons tout d'abord, ainsi que font les étrangers. Ordinairement des nattes de roseau ou de bambou y sont étendues pour nous servir de siége. Nos guides, prenant la parole, expliquent qui nous sommes, d'où nous arrivons, où nous voulons aller, et quelles sont nos intentions. Ces renseignements sont portés au chef, qui se présente aussitôt, quand c'est un homme raisonnable. S'il est timide et soupçonneux, il commence par recourir à la divination, et attend que ses guerriers arrivent des hameaux extérieurs.

A l'apparition du chef, tous les individus présents frappent dans leurs mains, et avec ensemble, jusqu'au moment où le noble personnage s'assied en face de nous. Ses conseillers prennent place à côté de lui ; il prononce quelques paroles, auxquelles succède un grand silence. Nos guides s'accroupissent à leur tour, vis-à-vis du chef et du conseil ; des deux côtés on se penche vers le rang d'en face, et l'on se regarde fixement. Le chef profère un mot tel qu'ambouiatou (*notre père* ou *notre maître*) ou moio, qui veut dire vie, et tout l'auditoire frappe une fois dans ses mains. Nouvelle parole du chef, à laquelle répondent deux claquements. Un troisième mot est suivi de claquements plus nombreux. Chacun ensuite touche la terre avec les deux mains réunies ; puis tout le monde se lève, se penche en avant et en claquant des mains. On s'assied, toujours claquant ; et les battements s'affaiblissent, jusqu'à ce que le bruit s'éteigne, ou que le chef y mette fin par un coup sec et retentissant. La mesure la plus rigoureuse est observée dans tout le cours de la cérémonie.

Nos guides répètent alors en s'adressant au chef, et souvent en vers blancs, ce qu'ils ont déjà dit à l'assemblée. Peut-être y ajoutent-ils les soupçons que leur inspirent les visiteurs. Le chef les interroge, et s'entretient avec nous par leur intermédiaire. Il n'est pas d'usage qu'il communique directement avec les étrangers. Souvent on nous demande, lorsque nous arrivons, quel est celui qui doit parler pour nous ; en pareil cas, l'orateur du chef ne s'adresse qu'à la personne désignée. L'étiquette est sévère, et, comme on le voit, ne manque pas de complication. Arrive l'échange des présents habituels, qui se fait d'une manière cérémonieuse, jusqu'à ce que nos Makololos ennuyés et affamés s'écrient : « Les Anglais n'achètent pas d'esclaves, mais des vivres. » Sur quoi les assistants vont chercher de la farine, du maïs, des volailles, des patates, des ignames, des fèves et de la bière qu'ils mettent en vente. »

Les Manganjas sont d'une race active et laborieuse. Non-seulement ils travaillent le fer et le coton, fabriquent des paniers et des nattes, mais ils s'adonnent largement à l'agriculture. Il n'est pas rare de voir tous les habitants d'un village s'en aller dans les champs, et piocher avec ardeur, hommes, femmes et enfants, tandis que les bébés reposent à l'ombre d'un buisson.

Leur manière de défricher un coin de la forêt est exactement la même que celles des colons américains. Ils commencent par abattre les arbres avec leurs petites haches de fabrique indigène ; après avoir divisé le tronc et les branches, ils les empilent, y mettent le feu, et répandent les cendres sur le sol. Le grain est semé parmi les tronçons d'arbres, qui ont été coupés à une certaine hauteur, et qu'on abandonne à la pourriture. Si le défrichement a eu lieu dans un terrain herbu, le Manganja prend dans ses bras autant de grandes herbes qu'il peut en étreindre, et en fait une botte qu'il relie par un nœud. Il détache ensuite les tiges de la racine, en les coupant à la houe, reprend une nouvelle brassée d'herbe, et continue jusqu'au bout du terrain, qui représente alors un champ de blé couvert de petites moyettes. Quelque temps avant la saison des pluies ces gerbes sont réunies en tas, que l'on couvre de terre ; et les cendres, mêlées à la terre brûlée, sont employées pour fertiliser le sol.

Le travail du fer, dont le minerai est tiré des montagnes, constitue la principale industrie de la tribu. Chaque village a son haut fourneau, ses charbonnières et ses forgerons. Ceux-ci font de bonnes haches, des lances, des fers de flèche, des bracelets qui, vu l'absence de machine, et la pauvreté de l'outillage, sont d'un bon marché surprenant : vous avez une houe, pesant plus de deux livres, pour un morceau de calicot d'une valeur de quinze sous.

Les Manganjas fabriquent aussi beaucoup de poterie : des marmites, des écuelles, de grands pots où l'on serre le grain, des vases de toute sorte qu'ils modèlent sans tour, et qu'ils décorent avec la plombagine que l'on trouve dans les montagnes.

Les uns s'adonnent à la vannerie, et font de jolis paniers avec des éclisses de bambou ; les autres vont chercher du bouazé sur les hauteurs où il croît en abondance, et fabriquent avec ses fibres des filets dont ils se servent, ou qu'ils échangent contre du sel ou du poisson séché. Ces deux derniers articles sont, avec le tabac, le fer et les pelleteries, l'objet d'un commerce actif entre les villages de cette région.

Beaucoup d'hommes dans ce pays ont l'air intelligent, la tête bien faite, le front élevé, la figure agréable. Ils se préoccupent beaucoup de leurs cheveux, dont le bel arrangement fait leur orgueil : d'où il résulte que les coiffures sont variées à l'infini. L'un dispose ses longues mèches de manière à figurer les cornes d'un buffle, ce qui est très-admiré ; tel autre aime mieux en faire une torsade épaisse, qui lui pend dans le dos, et représente la queue dudit animal. Celui-ci les divise en petits tortillons, qui, maintenus tout droit par des bandelettes d'écorce, rayonnent dans tous les sens. Celui-là porte sa chevelure par masses étagées, qui lui retombent sur les épaules ; tandis que chez le voisin, elle est complétement rasée. Beaucoup d'entre eux y font pratiquer des découpures ornementales, où la fantaisie du barbier apparaît dans tout son jour.

Il n'y a pas moins de dandys chez les noirs que parmi les blancs. Les Manganjas sont fous de toilette : bagues à tous les doigts, y compris le pouce ; carcans, bracelets, anneaux de jambe en laiton, en fer ou en cuivre.

Mais le plus étonnant de ces bijoux est sans contredit le *pélélé*, ou bague de lèvre, que portent les femmes. Dans leur enfance on leur perce la lèvre supérieure près de la cloison du nez ; une petite épingle en bois est mise dans le trou pour qu'il ne se ferme pas. Quand les bords de la plaie sont cicatrisés, on retire l'épingle, qui est remplacée par une plus forte ; celle-ci par une cheville qui va toujours grandissant, jusqu'à ce que la lèvre soit assez grosse pour qu'un anneau de deux pouces de diamètre puisse y entrer sans peine. On voit cette parure chez toutes les femmes Manganjas des hautes terres ; elle est commune sur les bords du haut et du bas Chiré. Dans les classes pauvres, c'est un disque, ou un anneau de bambou ; chez les riches, il est en ivoire ou en étain. Le pélélé de métal a souvent la forme d'un plat ; celui d'ivoire ressemble à un rond de serviette.

Pas une femme ne paraît en public sans cet ornement, excepté lorsqu'elle est en deuil. On ne se figure pas l'effrayante laideur de cette lèvre qui se projette à deux pouces au delà du nez. Quand une ancienne porteuse d'anneau de bambou veut sourire, la bague et la lèvre qui la déborde, tirées en arrière par les muscles des joues, se redressent et dépassent les sourcils. Le nez se voit alors à travers l'anneau ; et les dents, qui se trouvent à découvert, montrent le soin qu'on a pris de les tailler en pointe comme celles des chats ou des crocodiles.

Impossible avec ce bijou de prononcer convenablement les lettres labiales, malgré tous les efforts de la lèvre inférieure qui s'étire pour s'appuyer contre la gencive d'en haut.

Dites-leur que c'est affreux, qu'elles feraient bien d'y renoncer, elles vous répondront : « Kodi ! » (C'est la mode). D'où a pu venir cette mode effroyable ? On ne le devine pas. Est-il possible que de grosses lèvres aient jamais pu sembler assez jolies pour qu'on ait éprouvé le besoin d'en produire de pareilles.

Le mouvement continu du pélélé chez les jeunes femmes, qui l'agitent sans cesse avec la langue, fait naître cette idée irrévérente qu'on a pu l'inventer pour donner un emploi innocent à l'activité de ce membre féminin.

Les Manganjas sont loin d'être sobres ; ils aiment la bière, et en font énormément. N'ayant aucun moyen d'empêcher la fermentation, il leur faut boire en quelques jours la totalité de ce qui vient d'être fait, sous peine de la voir aigrir. C'est le motif de joyeuses réunions où l'on tambourine, l'on danse et l'on boit jour et nuit, jusqu'à ce que la bière soit épuisée.

« Il nous est souvent arrivé, dit Livingstone, de rencontrer des villages entiers qui se livraient à ce genre de plaisir. Jamais, pendant les seize ans que nous avons passés en Afrique, nous n'avons vu autant d'ivrognes. Une après-midi nous entrons dans une bourgade ; nous n'y apercevons pas un homme. Quatre ou cinq femmes seulement, qui buvaient de la bière sous un arbre. Quelques instants après le docteur sort d'une case en chancelant, sa corne à ventouse lui pendillant au cou, et nous reproche notre infraction à l'étiquette. « Est-ce comme cela, dit-il, qu'on entre dans un village sans envoyer dire qu'on arrive ? » Nos gens ne tardent pas à calmer le praticien, qui pour avoir trop bu

L'AFRIQUE AUSTRALE. — Le hopô, piège des riverains du Zambèse. (Page 189.)

n'en est pas moins de fort bonne composition; il va dans son cellier, appelle à son aide, et, assisté de deux hommes de notre suite, apporte une grande jarre de bière qu'il nous offre généreusement.

Tandis que le docteur nous donne cette marque d'hospitalité, le chef se réveille. Il est furieux, et crie aux femmes qu'elles aient à prendre la fuite ou qu'il va les tuer. Ces dames éclatent de rire à la seule idée qu'on les suppose capables de se sauver, et restent à côté de leurs pots de bière. Notre camp s'installe, le dîner se prépare, et nous voilà en train de manger paisiblement, quand des masses de guerriers, inondés de sueur, se précipitent dans le village. Ils nous examinent, se regardent les uns les autres, et reprochent au chef de les avoir dérangés pour rien. « Ces gens-là sont tranquilles; ils ne vous font pas de mal, c'est la bière qui vous aveugle. » Et ce disant, ils retournent chez eux.

Tous ces buveurs n'ont pas la même ivresse; il y a parmi eux les bavards, les benêts, les turbulents, les abrutis et les querelleurs. De ce dernier genre était le chef dont nous parlons; il se mit à la tête de ses hommes en nous criant : « Je ferme le sentier, retournez d'où vous êtes venus. » Mais il s'écarta d'un bond, nous livrant passage avec plus de promptitude que de dignité, lorsqu'il vit un Makololo, peu endurant, lui pousser une botte avec la crosse de son mousquet.

La bière de cette région est rosée, et a la consistance du coulis de gruau. On fait germer le grain, qui sèche ensuite au soleil ; on le réduit en farine, et l'on mêle cette farine avec de l'eau qu'on fait bouillir à petit feu. Quand elle n'a qu'un ou deux jours, cette bière, à la fois douce et légèrement acidule, est fort agréable par les chaleurs du pays, où lorsque altéré par la fièvre on a tant besoin de boire quelque chose d'acide. Il suffit alors d'en prendre un verre pour calmer ce désir et pour apaiser la soif. La farine s'y trouvant en suspension, c'est une bonne manière de la consommer. Ce breuvage est par cela même très-nutritif. Selon toute apparence, son usage n'a rien de nuisible; les gens mêmes qui en abusent ne s'en portent pas plus mal. Elle ne paraît engendrer chez eux aucune maladie, et ne semble pas raccourcir la durée de leur existence.

L'épreuve du mouavi ou poison est en usage dans cette région ; c'est à elle qu'on a recours lorsqu'une personne est soupçonnée d'un crime. Si l'accusé vomit le poison, il est déclaré innocent; dans le cas contraire, il est reconnu coupable. Ils ont tellement foi dans l'efficacité de cette épreuve que celui qu'on accuse à tort demande à la subir. Les chefs eux-mêmes n'en sont pas exempts. Il est possible que le docteur qui prépare le breuvage s'arrange de manière à sauver le prévenu s'il le croit innocent; mais il est difficile de faire causer les naturels sur ce sujet. Pas un ne veut dire ce qui entre dans la composition du mouavi.

La peine de mort est appliquée à ceux que le mouavi a reconnus comme sorciers. Les lamentations des funérailles durent quarante-huit heures. Assises par terre, les femmes chantent quelques paroles plaintives, et terminent chaque vers par le son prolongé d'a-a, ou celui d'o-o, ou bien encore d'ia-ia-a. Toute la bière qui se trouve dans la maison du défunt est répandue, ainsi que la farine; et tous les vases, marmites, jarres et écuelles, sont brisés comme n'étant plus utiles.

Les voyageurs, continuant leurs explorations le long du Chiré, arrivèrent à un petit lac, nommé Pamalombé, et, peu après, le 16 septembre 1859, ils découvrirent le grand lac Nyassa.

« En ayant, fait remarquer Livingstone, un petit vapeur sur le haut Chiré, qui à partir des cataractes présente avec le Nyassa une côte de six cent milles au moins, et en achetant l'ivoire des populations riveraines, on paralyserait le commerce d'esclaves dans toute cette région; car ce n'est qu'en rapportant de l'ivoire, dont ils chargent les captifs, que les marchands trouvent dans leur odieux négoce un bénéfice réel.

On acquerrait ainsi de l'influence sur une aire d'une immense étendue. Les Mazitous, qui habitent vers la partie nord du lac, ne permettraient pas aux racoleurs d'esclaves de traverser leur territoire. Ils deviendraient, pour la répression de la traite, les alliés les plus actifs de l'Angleterre, et pourraient en profiter pour accroître leur commerce. Dans l'état actuel, les indigènes qui vendent de l'ivoire et de la malachite sont indignement exploités. Si nous leur donnions ici le prix qu'ils reçoivent maintenant sur la côte, après avoir fait trois cents milles pour y porter leurs marchandises, ils s'abstiendraient de faire cette course inutile ; et ce n'est qu'en empêchant les produits de l'intérieur d'arriver aux établissements côtiers, que nous parviendrons à réprimer la traite. Le moyen que nous proposons la supprimerait depuis le Zambèse jusqu'à Quiloa; il ne laisserait en dehors de ces limites que l'établissement portugais d'Inhambane, au sud ; et au nord, une portion des États du sultan de Zanzibar que surveilleraient nos croiseurs. »

L'expédition ne séjourna que très-peu de temps sur les bords du Nyassa ; elle redescendit le Chiró, puis le Zambèse, jusqu'à la côte, afin de se ravitailler, et de là reprit la route de Tété où elle arriva le 2 février 1860. Elle resta dans cette ville jusqu'au 15 mai. A cette époque, le docteur Livingstone voulant reconduire chez eux ses fidèles compagnons de 1855, qu'il avait retrouvés à Tété,

comme nous l'avons vu, fit ses préparatifs pour gagner le pays des Makololos.

Au départ, la troupe comptait une centaine d'hommes ; mais bientôt un certain nombre d'entre eux rebroussèrent chemin, ne pouvant se décider à quitter les femmes esclaves dont ils avaient fait la connaissance pendant leur séjour à Tété. Ils savaient, il est vrai, que ces femmes et les enfants qu'ils en avaient eus, appartenaient à un maître, que celui-ci en réclamait la possession, et c'était pour eux un véritable chagrin; mais ils n'avaient pas la force de briser les liens qui les retenaient à Tété, tant ces liens étaient puissants.

Les voyageurs firent d'abord de courtes étapes, allant sans se presser jusqu'à ce que tout le monde fût rompu à la marche. Arrivés à la hauteur des rapides de Kébrabasa, ils s'éloignèrent un peu des bords du Zambèse, afin de passer par le village de Sandia.

Là plusieurs des hommes de la troupe, désireux d'essayer leurs mousquets, allèrent à la recherche des éléphants. Ils ne tardèrent pas à rencontrer une bande de femelles avec leurs éléphanteaux. Dès que la première de la troupe eut découvert les chasseurs qui se trouvaient sur les rochers, d'où ils la dominaient, elle plaça, avec un instinct vraiment maternel, son petit entre ses jambes de devant, afin de le protéger. La pauvre bête reçut une volée d'artillerie, et s'enfuit dans la plaine où elle fut achevée par une nouvelle décharge. Quant à l'éléphanteau, il s'échappa et disparut avec les autres.

Les chasseurs, ivres de joie, dansèrent

autour du corps de la reine des forêts en poussant des acclamations, mêlées à des chants de triomphe. Ils prirent la queue, plus un morceau de la trompe, et revinrent au camp, où ils entrèrent le front haut, d'un pas militaire, et se sentant grandis de plusieurs coudées.

Le chef de Sandia fut immédiatement informé de leur succès, attendu que, suivant la loi du pays, la moitié de l'éléphant appartient au chef du district où l'animal est tombé.

On retourna avec les chasseurs à l'endroit où ils avaient laissé la bête. C'était une belle vallée, couverte de grandes herbes, chargées de graines que les éléphantes mangeaient tranquillement quand on les avait attaquées. On trouva l'animal intact : une masse énorme de viande.

Le partage d'un éléphant, en pareil cas, est un spectacle des plus curieux. Les hommes, rangés autour de la bête, gardent un profond silence, tandis que le chef des voyageurs déclare, qu'en vertu d'une ancienne coutume, la tête et la jambe de devant, du côté droit, appartiennent à celui qui a tué l'animal, c'est-à-dire qui l'a blessé le premier ; que la jambe gauche est à celui qui a fait la seconde blessure, ou qui, le premier, a touché la bête après que celle-ci est tombée ; que le morceau qui entoure l'œil se donne au chef des étrangers ; et que certaines parts reviennent aux chefs des feux, c'est-à-dire des différents groupes qui forment le camp. Il recommande surtout de réserver la graisse et les entrailles pour une seconde distribution.

Dès que ce discours est terminé, les indigènes fondent sur la proie en criant, et, s'animant de plus en plus, jettent des clameurs sauvages, tout en découpant la bête avec leurs grandes lances, dont les longues hampes s'agitent dans l'air au-dessus de leurs têtes. Enfin, leur exaltation, plus forte de moment en moment, arrive au comble lorsque la masse énorme est ouverte, ainsi que l'annonce le rugissement des gaz qui s'en échappent. Quelques-uns s'élancent dans le coffre béant, s'y roulent çà et là, dans leur ardeur à saisir la graisse précieuse ; tandis que leurs camarades s'éloignent en courant, chargés de viande saignante, la jettent sur l'herbe, et reviennent en chercher d'autre : tous parlant et hurlant sur le ton le plus aigu qu'il leur soit possible d'atteindre. Trois ou quatre, au mépris de toutes les lois, saisissent le même morceau qu'ils se disputent brièvement. De temps à autre s'élève un cri de douleur : un homme, dont la main a reçu un coup de lance d'un ami frénétique, surgit de la masse grouillante qui remplit la bête et qui la recouvre. Il faut alors un morceau d'étoffe, et de bonnes paroles, pour éviter la querelle. Toutefois l'œuvre continue, et, dans un espace de temps incroyablement court, plusieurs tonnes de viande sont détaillées, et les morceaux rangés en différents tas.

Livingstone et ses compagnons eurent pour eux le pied de la bête qu'on leur accommoda à la mode du pays. Un grand trou fut creusé dans le sol, on y fit du feu ; quand l'intérieur eut le degré de chaleur voulu, on y plaça l'énorme pied, que l'on recouvrit de cendres chaudes, ensuite de terre, et l'on fit sur le tout un bon feu qui brûla toute la nuit. Le lendemain matin, le pied fut servi à déjeuner : il était parfait. C'était une masse blanchâtre, un peu gélatineuse, et qui ressemblait à de la moelle.

La quantité de viande que les indigènes consomment en pareille occasion est vraiment prodigieuse. Ils en font bouillir autant qu'il en peut tenir dans leurs marmites, et en avalent jusqu'à ce qu'il leur soit physiquement impossible d'en loger davantage. Vient ensuite une danse tumultueuse, accompagnée de chants de stentors. Dès qu'ils ont secoué le premier service, et lavé la sueur et la poussière dont la danse les a revêtus, ils s'occupent du rôti, et le font disparaître. Ils se couchent, se relèvent bientôt pour remplir la marmite; et la nuit tout entière se passe à faire bouillir et à manger, à faire rôtir et à dévorer, sans autre intervalle que de courts instants de sommeil.

Le chef de Sandia procura deux guides et la troupe se remit en marche, le 4 juin, pour se diriger vers l'ouest; elle rejoignit le Zambèse à son entrée dans les plaines de Chicova.

Des buffles, des zèbres, des girafes, des gnous, des rhinocéros, des antilopes de toute espèce abondent dans ces plaines; ils viennent en foule se désaltérer dans le fleuve. Pour s'emparer de ces animaux, les indigènes ont imaginé un piége qui porte généralement le nom de hopo.

Ce piége consiste en deux haies, se rapprochant l'une de l'autre comme pour former un V; très-épaisses et très-hautes, au sommet de l'angle qu'elles produisent, au lieu de se rejoindre complétement, elles se prolongent en droite ligne, de manière à former une allée d'environ cinquante pas de longueur, aboutissant à une fosse qui peut avoir quatre ou cinq mètres carrés et six ou huit pieds de profondeur. Des troncs d'arbres sont placés en travers sur les bords de cette fosse, principalement sur le côté par où les animaux doivent arriver, et sur celui qui est en face et par où ils cherchent à s'échapper. Ces arbres forment au-dessus de la fosse un rebord avancé, qui rend la fuite presque impossible, et le tout est soigneusement recouvert de joncs qui dissimulent le piége, et qui le font ressembler à un trébuchet posé dans l'herbe. Comme les deux haies ont souvent un mille [1] de longueur, et que la base du triangle qu'elles décrivent est à peu près de la même dimension, une tribu, qui forme autour du hopo un cercle de trois ou quatre mille de circonférence, se resserrant peu à peu, est certaine d'englober une grande quantité de gibier.

Les chasseurs dirigent par leurs cris les animaux qu'ils entourent, et les font arriver au sommet du hopo; des hommes cachés en cet endroit jettent leurs javelines au milieu de cette troupe effrayée, qui, se précipitant par la seule ouverture qu'elle rencontre, s'engage dans l'étroite allée qui conduit à la fosse; les animaux y tombent l'un après l'autre, jusqu'à ce que le piége soit rempli d'une masse vivante qui permet aux derniers

---

[1] Un peu plus de seize cent neuf mètres.

de s'enfuir en passant sur le corps des victimes.

C'est un spectacle effroyable; les chasseurs, enivrés par la poursuite et ne se possédant plus, frappent ces gracieux animaux avec une joie délirante, tandis que les pauvres créatures, entraînées au fond de l'abîme par le poids des morts et des mourants, soulèvent de temps a autre cette masse de cadavres, en se débattant au milieu de leur agonie contre le fardeau qui les étouffe.

Les lions sont également nombreux dans les plaines de Chicova, aussi les voyageurs dressaient-ils le camp du soir avec plus d'attention, en ayant soin d'entretenir toujours de grands feux.

« Quand la grande affaire du souper est finie, dit le docteur Livingstone, tous nos gens prennent place autour de ces feux. Ils se mettent à causer ou bien à chanter. L'un des Batokas joue de la *sansa*, et continue jusqu'à une heure avancée de la nuit. Il accompagne ses accords d'un chant qu'il improvise, et dans lequel il raconte ce qui a été fait par eux tous dans ces trois dernières années.

Quelquefois une question politique surgit, les paroles s'animent, et la somme d'éloquence dépensée par les orateurs est vraiment surprenante. L'excitation est générale, on s'interpelle d'un feu à l'autre. Des voix qu'on n'entend jamais, quand il s'agit d'autre chose, éclatent alors en discours passionnés.

La veillée finie, tout le monde s'endort. Nous nous levons au point du jour (il est à peu près cinq heures). Tandis que nous prenons du thé avec un mor-ceau de biscuit, nos couvertures sont pliées et mises dans les sacs par les hommes qui nous servent. Chacun ayant roulé son foumba ou sac, l'attache au bout d'un bâton qui se porte sur l'épaule, et dont la marmite occupe l'autre extrémité. Le cuisinier réunit la vaisselle dont il se charge; et quand le soleil est levé toute la bande est en route.

Vers neuf heures, si l'on trouve un endroit convenable, on s'y arrête pour déjeuner. Le repas en général a été préparé la veille, afin de ne pas perdre de temps; on n'a plus qu'à le réchauffer.

Après le déjeuner on se remet en marche; on se repose au milieu du jour, et l'on s'arrête dans l'après-midi, pour recommencer le lendemain.

Nous franchissons en moyenne, à vol d'oiseau, de deux milles à deux milles et demi par heure; il est rare que nous marchions plus de cinq ou six heures par jour. Dans un pays chaud c'est autant qu'un homme peut faire sans s'épuiser; et nous désirons que le voyage soit plutôt un plaisir qu'une fatigue. »

De temps en temps on rencontrait des voyageurs indigènes. Ceux qui ont une longue route à faire sont chargés généralement d'une natte à coucher, d'un oreiller de bois, d'une marmite et d'un sac de farine. Ils ont une pipe, une blague à tabac, un couteau, un arc et des flèches; enfin deux bâtonnets de deux à trois pieds, avec lesquels ils se procurent du feu quand ils sont obligés de camper loin de toute habitation. Le bois sec est abondant partout; ils l'embrasent de la manière suivante : une entaille est faite à l'un des bâtonnets dont l'extérieur est d'un grain serré, et qui renferme de la moelle. Ce bâton est placé horizontalement sur une lame de couteau, posée elle-même sur le sol. L'opérateur s'accroupit, maintient la baguette en appuyant sur les deux bouts avec ses gros orteils ; et prenant l'autre bâton, qui est d'un bois très-dur, il en ajuste la pointe dans l'entaille du précédent. Le bâton dressé, qui forme avec l'autre un angle droit, est tourné rapidement entre les deux mains qui le font aller en avant et en arrière, tout en le pressant avec force sur la baguette où il est introduit. Le frottement, au bout d'une minute, ou guère plus, embrase la moelle du bâton entaillé ; les parcelles ardentes roulent sur la lame de fer : elles sont mises dans une poignée d'herbe fine et sèche, que l'on balance vivement pour attiser la menue braise qu'elle contient, et qui doit l'enflammer. C'est une rude besogne que de se procurer du feu par cette méthode ; le mouvement rapide qu'il faut imprimer à la baguette, tout en appuyant sur elle d'une façon vigoureuse, a bientôt fait d'écorcher les mains délicates.

Le 9 juillet, les voyageurs atteignirent Semalembué, en amont du confluent du Zambèse et du Kafoué ; ils franchirent ce dernier cours d'eau et suivirent la rive gauche du Zambèse, à travers le pays des Batokas. Le sol était fertile et généralement couvert de forêts dépourvues de sous-bois. Les indigènes se montrèrent plein de bienveillance, sans doute à cause de la réputation de pacificateurs dont jouissaient Livingstone et ses compagnons. Partout où ceux-ci passèrent, on leur apporta la plus belle farine, en y

joignant de la volaille, de la bière, du tabac. Leur voyage fut pour ainsi dire une marche triomphale.

Beaucoup de ces Batokas sont appelés par leurs compatriotes Baendas-Pezis ou Va-tout-Nu, parce qu'un badigeon d'ocre rouge forme leur unique vêtement. Quelques-uns prennent de l'écorce intérieure de différents arbres, et en tressent des bandelettes d'environ deux pouces de large. Après s'être rasé le derrière de la tête ainsi que le tour des oreilles, qui se trouve dénudé sur une largeur d'un pouce, ils enduisent d'un mélange d'ocre rouge et d'huile les cheveux qui leur restent sur le crâne, et les entourent de leur bandelette, ce qui produit l'effet d'un bonnet de police.

Quelques rangs de perles communes, un peu de fil d'archal autour des bras, l'indispensable pipe, et la petite pince de fer avec laquelle il tient le charbon quand il veut l'allumer, forment tout le costume du plus élégant des Va-tout-Nu.

En avançant, les voyageurs trouvèrent le pays de plus en plus cultivé ; près des villages, ils virent des séries ininterrompues de champs de sorgho d'une grande largeur. La culture du tabac leur parut aussi très-répandue. Il n'y a peut-être pas au monde, en effet, de plus grands fumeurs que les Batokas ; la pipe ne leur sort guère des lèvres ; mais jamais fumeurs plus polis ne se sont rencontrés en chemin de fer. Quand ils venaient apporter leurs présents aux voyageurs, bien qu'ils fussent chez eux, pas un n'aurait allumé sa pipe avant d'en avoir demandé la permission.

Ils ont une manière de fumer qu'ils

prétendent supérieure à tout autre : après avoir aspiré la fumée, comme tout le monde, ils en rejettent la partie la plus grossière ; puis une brusque inhalation leur en fait ressaisir et avaler, comme ils disent, la véritable essence, l'esprit même de la plante qui, par la méthode habituelle, est complétement perdue.

Ces naturels ont la passion de l'agriculture ; ils se sont même élevés, sous ce rapport, jusqu'à certains usages qui appartiennent à l'état civilisé ; ainsi, ils cultivent les arbres qui donnent des fruits et ceux dont la graine est oléagineuse. Non-seulement les tribus voisines n'ont jamais planté ni les uns ni les autres, mais elles ne manquent jamais d'abattre les arbres dont elles récoltent les fruits ; les Batokas, au contraire, ont de véritables vergers où les arbres atteignent jusqu'à deux pieds de diamètre.

Ils possèdent également de nombreux greniers qui font paraître leurs villages plus considérables qu'ils ne le sont réellement. Quand les eaux du fleuve se sont retirées, ils emballent leur grain avec de l'herbe, qu'ils enveloppent avec une couche d'argile, et vont cacher ces ballots dans les îles sableuses, afin de les protéger contre les attaques des souris et des hommes. Il leur est difficile toutefois de le conserver longtemps, à cause des charançons ; et quelque abondante que soit la récolte, il faut tout consommer dans l'année. Cela explique l'énorme quantité de bière qui se brasse dans le pays. Cette bière n'a ni aigreur ni propriétés enivrantes ; elle est douce, très-nutritive et ne possède que le degré d'acidité voulue pour être agréable.

Comme dans les autres portions de la famille humaine, des hommes d'une capacité remarquable ont surgi de temps en temps parmi les Batokas. Il s'en est trouvé dont la sagesse et les lumières ont excité l'admiration des tribus voisines ; d'autres qui, par la ventriloquie, par leur adresse à lancer le javelot ou à tirer de l'arc, ont fait l'admiration de leurs compatriotes. Ils ont eu aussi leurs bardes, et ils en ont même encore ; mais la tradition ne conserve pas leurs épanchements.

L'un de ces ménestrels, un véritable poëte, suivit l'expédition pendant plusieurs jours. « Dans tous les endroits où nous avons fait halte, rapporte Livingstone, il a chanté nos louanges en des strophes faciles et harmonieuses, formées de vers blancs composés de cinq syllabes. Tout d'abord, le chant n'avait que quelques lignes ; mais chaque jour, l'auteur recueillant de nouveaux détails sur nous, allongeait son poëme ; et notre éloge a fini par devenir une ode d'une assez belle longueur. Quand la distance où il était de chez lui l'obligea de nous quitter, il nous en exprima tous ses regrets ; et il retourna dans ses foyers, après avoir touché, bien entendu, le prix de ses louanges, non moins utiles qu'agréables.

Un autre enfant d'Apollon, moins bien doué il est vrai (encore un Batoka), fait partie de notre escorte. A la veillée, pendant que les autres jasent, font la cuisine ou dorment, il redit ses poëmes, où il raconte tout ce qu'il a vu chez les

blancs, et ce qu'il a remarqué sur la route. Il en résulte que tous les soirs quelque chant nouveau s'ajoute à son odyssée. L'improvisation d'ailleurs lui est facile : jamais il ne reste court ; si le mot lui échappe, il ne s'arrête pas pour cela, il remplit la mesure d'un son particulier qui n'a pas de sens, mais qui conserve le rhythme. En récitant ses poëmes, il s'accompagne sur la *sansa*, instrument pourvu de neuf touches en fer, que l'on frappe avec le pouce, tandis que les doigts en maintiennent la boîte. La partie creuse et décorée fait face à l'artiste. Les gens qui ont le goût de la musique et ne sont pas assez riches pour acheter cet instrument, le remplacent, ou plutôt s'en font un avec de grosses tiges de sorgho dont ils forment la caisse ; ils fabriquent les touches avec des éclats de bambous. Le son est faible, mais n'en paraît pas moins ravir l'exécutant. Quand on ajoute à la sansa une calebasse, en guise de table d'harmonie, elle est naturellement plus sonore. On y met des fragments de coquille et des morceaux d'étain qui joignent leur cliquetis aux accords du virtuose. »

Poursuivant sa route à l'ouest, Livingstone atteignit Moachemba, le premier des villages batokas soumis à l'autorité de Sékélétou, son ancienne connaissance, et aperçut distinctement les colonnes de vapeur qui s'élevaient des chutes Victoria, bien qu'il en fût encore à une grande distance. Trois jours de marche le menèrent à cette merveille de la nature, qu'il voulut admirer en détail, mieux qu'il n'avait pu le faire lors de son premier voyage.

« Nous montons, dit le docteur, dans des canots appartenant à Touba Mokoro, un nom de sinistre augure qui signifie Briseur de pirogues. Mais il paraît que Touba est le seul qui possède le charme avec lequel on est assuré de ne pas rouler dans l'abîme. Pendant quelques milles, à partir de l'endroit où nous nous embarquons, la rivière est paisible : nous glissons agréablement sur ses eaux qui ont la transparence du cristal ; et nous passons auprès d'îles charmantes, couvertes d'une épaisse végétation. Dominant la foule des autres arbres, s'élèvent majestueusement l'hyphénée et le borassus. A côté d'eux se remarquent le dattier sauvage, aux grappes de fruits dorés, et le mokononga touffu, qui a la forme d'un cyprès, les feuilles d'un vert foncé, et des fruits écarlates. Une quantité de fleurs se montrent près de la rive ; quelques-unes sont entièrement nouvelles pour nous ; les autres, telles que les convolvulus, sont d'anciennes connaissances.

Mais notre attention est vivement détournée de ces îles délicieuses par les rapides où Touba peut nous jeter sans le vouloir. Le seul aspect de ces effroyables écueils, leur voix rugissante, ne peut manquer de produire quelque malaise, même à ceux qui les ont déjà vus. C'est seulement quand la rivière est très-basse, comme aujourd'hui, qu'on peut se hasarder à gagner l'île vers laquelle nous nous dirigeons. Si l'on y abordait au moment de l'inondation, en supposant que la chose fût praticable, il faudrait y rester jusqu'à ce que les eaux se fussent complétement retirées. On a vu des éléphants et des hippopotames être lancés dans l'abîme et réduits à l'état de pâte.

Dès que nous arrivons à la hauteur des rapides, on nous recommande de garder un profond silence, attendu que nos paroles pourraient diminuer la vertu du talisman ; et personne, à la vue de pareils tourbillons, ne songe à désobéir au Briseur de pirogues. Il est bientôt évident que la recommandation de Touba est des plus sensées, bien que le motif sur lequel il l'appuie ressemble beaucoup à celui d'un autre Makololo qui priait un jour un de nos hommes de ne pas siffler, parce que cela ferait venir le vent. Ici, le pilote ayant à diriger la manœuvre en prévenant le timonier chaque fois qu'il découvre un rocher, un tronc d'arbre, une saillie quelconque, Touba se dit sans aucun doute que nos paroles pourraient détourner l'attention de l'homme qui tient le gouvernail; et la moindre négligence, la plus légère méprise nous ferait infailliblement chavirer. En certains endroits, les hommes de l'équipage ont à déployer tout ce qu'ils possèdent de vigueur et d'énergie pour faire entrer la pirogue dans la seule portion praticable du rapide, et pour l'empêcher d'offrir le travers au fil de l'eau, ce qui nous enverrait à l'instant même avec les plotus et les cormorans qui plongent autour de nous.

Parfois il semble que rien ne pourra nous sauver des écueils, dont la tête, maintenant que l'eau est basse, apparaît au-dessus du fleuve; mais juste au moment voulu, Touba prévient le timonier, détourne un peu le canot avec sa gaffe, et nous passons comme une flèche à côté du récif. Jamais embarcation ne fut plus adroitement conduite. Une seule fois le talisman sembla perdre un peu de son efficacité : nous filions à tout vitesse; un rocher noir, sur lequel bondissait l'écume blanche, se trouvait en face de nous; la perche y fut appliquée avec la promptitude ordinaire; mais elle glissa au moment où le pilote y pesait de tout son poids. Nous ressentîmes une violente secousse, et la pirogue fut à demi remplie d'eau. Touba, que sa présence d'esprit n'avait point abandonné, éloigna l'esquif, et le lança dans un endroit où la rivière étant calme, on put le vider sans crainte. Pendant ce temps-là il nous fut donné à entendre que ce n'était pas le charme, ou la médecine, comme on dit dans le pays, qui était en défaut; le talisman n'avait rien perdu de sa vertu; et la mésaventure provenait tout simplement de ce que Touba n'avait pas déjeuné. Inutile de dire que depuis lors nous avons veillé à ce que le pilote ne partît plus à jeun.

Toutefois nous abordons sains et saufs à l'île du Jardin qui est située au milieu du fleuve, et qui s'étend jusqu'au bord du gouffre. Nous en gagnons l'extrémité, nous nous penchons au-dessus de l'abîme, d'une profondeur vertigineuse; et le caractère unique et merveilleux de la cascade apparaît à nos regards.

Il n'est pas de paroles qui puissent donner l'idée d'un pareil spectacle; un peintre accompli n'y parviendrait pas, même avec une série de tableaux. Peut-être en décrivant la manière dont la cascade s'est probablement formée arriverons-nous à faire comprendre ce qui la caractérise. Le saut du Niagara provient de l'usure des rochers sur lesquels tombe la rivière; il a reculé graduellement pendant une longue suite de siècles, et a laissé devant lui une auge profonde et large, dont la ligne est assez droite. Il continue tous les jours son mouvement de recul, et décharge néanmoins dans le Saint-Laurent l'eau des lacs dont celui-ci est composé. Les chutes de Victoria ont été formées par une déchirure transversale du basalte qui constitue le lit du Zambèse. Les bords de la faille sont toujours à vive arête, si ce n'est du côté où l'eau se précipite, et où la rampe est rongée sur l'espace d'un mètre. La falaise est perpendiculaire et descend jusqu'au fond de l'abîme sans présenter de saillie, sans offrir de stratification, sans paraître disloquée. Le puissant effort qui, en produisant cette fissure a dé-chiré le lit du fleuve, n'en a pas dérangé le niveau. Il en résulte qu'arrivé à l'ex-trémité de l'île du Jardin, le Zambèse disparaît tout à coup, laissant voir de l'autre côté de la crevasse les arbres qui s'élèvent à l'endroit où il coulait jadis, et qui croissent sur le même plan que ce-lui où nous avons navigué.

La crevasse dépasse de quelques mè-tres la largeur du fleuve, qui est ici d'un peu plus de 1,800 mètres. En amont de l'abîme le courant principal va directe-ment du nord au sud ; la crevasse qui le traverse se dirige à peu près de l'est à l'ouest. Nous en avons mesuré la pro-fondeur au moyen d'une ligne à laquelle nous avions attaché quelques balles, plus un bout de calicot d'une longueur d'un pied. L'un de nous a posé la tête sur un rocher, qui se projette au-dessus du gouffre, et a suivi du regard la descente du calicot. Trois cent dix pieds de corde avaient été fournis par celui qui tenait la ligne, quand les balles rencontrèrent un plan incliné de la falaise, et s'y arrê-tèrent ; elles avaient encore, selon toute probabilité, cinquante mètres à descendre pour gagner la surface de l'eau. Le mor-ceau de cotonnade blanche ne paraissait plus que de la dimension d'une pièce de cinq francs.

Mesurée de l'île du Jardin, au moyen du sextant, la crevasse nous a présenté une ouverture de quatre-vingts mètres ; c'est là son minimum ; ailleurs elle a quelques mètres de plus. Dans cette faille deux fois plus profonde que la cascade du Niagara n'a de hauteur, se précipite avec un fracas étourdissant, une rivière de plus d'un mille de large : voilà ce qu'on appelle la Fumée tonnante, ou les chutes de Victoria. »

Côtoyant le Zambèse, qu'ils remon-taient toujours, les voyageurs traversè-rent le Lekoné à son embouchure. Bien-tôt après, ils virent arriver des gens que Sékélétou envoyait à leur rencontre pour les prier « de ne pas dormir dans le sentier et de se hâter de venir ». Les courriers, dans cette partie de l'Afrique, ont une mémoire excellente ; ils portent souvent à des distances considérables des messages d'une grande longueur, et les débitent presque mot pour mot. Habituellement, quand la route est longue, ils vont deux ou trois ensemble, et chaque soir ils se répètent ce qu'ils ont à dire, afin d'être bien sûrs de n'y rien changer. Aussi, lorsqu'on leur parle de la nécessité d'ap-prendre à écrire, ils répondent que pour eux c'est inutile.

Le 18 août 1860, Livingstone et ses compagnons arrivèrent à Seshéké. L'an-cienne ville était presque détruite. Sé-kélétou avait transporté ses huttes sur l'autre rive du Zambèse. Le malheureux chef était atteint de la lèpre et les mé-decins indigènes l'avaient abandonné ; il réclama les soins de Livingstone qui es-saya d'une application de pierre infer-nale. Le succès dépassa les espérances du docteur : Sékélétou guérit.

Depuis la première visite de Living-stone, en 1853, l'état de la tribu avait profondément changé : une sécheresse exceptionnelle avait récemment détruit les récoltes et les herbages, la population était dispersée et la fièvre avait fait partout d'effrayants ravages. La polygamie, largement pratiquée dans le pays, loin d'accroître le nombre des habitants, tendait au contraire à le diminuer. Les vieillards opulents, dont le bétail était nombreux, épousaient toutes les belles filles, tandis que les jeunes gens dépourvus de bétail, c'est-à-dire sans fortune, étaient obligés de se passer d'épouses ou de se contenter de laidrons difformes.

Le séjour des voyageurs fit diversion à la monotonie de Seshéké. Les habitants venaient en foule, principalement à l'heure des repas, pour avoir le double plaisir de voir manger les blancs et de goûter à leur cuisine. Les hommes faisaient de la cuillère qu'on leur donnait un singulier emploi : ils en usaient pour verser le potage ou la viande dans le creux de leur main gauche, qui portait ensuite à leur bouche ce qu'elle venait de recevoir. Quant aux femmes, leur délicatesse était surtout blessée en voyant les étrangers mettre du beurre sur leur pain. Dans leur opinion, le beurre n'est mangeable que dans les mets qu'il assaisonne, ou lorsqu'il est fondu; mais c'est surtout en guise de pommade qu'elles l'emploient : elles s'en frottent le corps et trouvent avec raison qu'il leur assouplit la peau et la rend unie et brillante.

Livingstone remarqua qu'hommes et femmes avaient pris l'habitude de fumer du chanvre. « Un groupe de ces fumeurs, dit-il, forme un tableau assez grotesque. Ils sont pourvus d'une calebasse remplie d'eau pure, d'un éclat de bambou de cinq pieds de long et d'un narghilé muni d'une calebasse ou d'une corne de coudou renfermant l'eau que traverse la fumée avant d'arriver à la bouche. Chaque individu, à tour de rôle, aspire quelques bouffées, dont la dernière est extralongue, et passe la pipe à son voisin. Il avale probablement cette fumée, car s'efforçant de lutter contre les mouvements convulsifs de la poitrine et de l'estomac, il boit une gorgée d'eau, puisée dans la calebasse, la retient pendant quelques secondes, et la rejette dans la rigole de bambou, ainsi que la fumée qu'il a prise d'abord. Le résultat de cette opération est un accès de toux violente et, pour quelques-uns, une espèce de délire qui se traduit par un flot rapide de mots n'ayant aucun sens, ou par de courtes phrases telles que celles-ci : l'herbe pousse, le bétail gras prospère, le poisson nage. Pas un des fumeurs n'accorde la moindre attention à l'éloquence ou à la stupidité de l'oracle, qui s'arrête brusquement, et a l'air un peu sot dès qu'il recouvre la raison. »

De Seshéké, le docteur se rendit à Liuyanti où il avait résidé autrefois, et où se trouvaient encore son chariot et quelques objets. Pendant le trajet, il rencontra quelques familles de Bakalaharis, race timide qui habite principalement le désert Kalahari, mais que la moindre tentative hostile de la part des autres tribus fait fuir bien vite. Cette crainte constante d'être attaqués pousse ces malheureux à fixer leur résidence loin des cours d'eau, dont le voisinage est naturellement très-recherché par les naturels africains. Lorsqu'ils découvrent, par hasard, une source ou une petite mare, ils ont soin de la dissimuler en la remplissant de sable.

Pour avoir l'eau nécessaire à leur usage, les femmes Bakalaharis mettent dans un sac ou dans un filet, qu'elles portent sur leur dos, vingt ou trente coquilles d'œufs d'autruche, percées d'une ouverture assez grande pour y introduire le doigt, et qui leur servent de vases. Elles fixent au bout d'un roseau, qui peut avoir deux pieds de long, une touffe d'herbe qu'elles enfoncent dans un trou de la profondeur du bras, et l'y assujettissent au moyen du sable mouillé qu'elles foulent à l'entour ; appliquant ensuite leur lèvres à l'extrémité libre du roseau, elles opèrent le vide dans la touffe d'herbe : l'eau y arrive et ne tarde pas à monter dans leur bouche. A mesure que le liquide est aspiré du sol, gorgée par gorgée, il descend dans la coquille d'œuf posée par terre à côté du roseau, à quelques pouces des lèvres de la femme qui l'attire ; il y est guidé par un brin de paille dont il suit l'extérieur, mais où il n'entre pas. Si quelqu'un veut remplir une bouteille placée à quelque distance du vase d'où l'eau s'échappe, et qu'il se serve pour cela du brin de paille qu'emploient les femmes Bakalaharis, il reconnaîtra bientôt l'excellence de cette méthode. La provision d'eau après avoir passé, comme dans une pompe, à travers la bouche, est emportée à la maison et enterrée avec soin.

A Linyanti, le docteur retrouva ses bagages à la place où il les avait laissés en 1853 ; sa caisse de médicaments, sa lanterne magique, ses outils, ses livres, tout était en bon état. Malgré les vives instances des habitants pour le retenir, il ne séjourna que quelques jours dans ce village et revint à Seshéké. De là il se remit en route, le 17 septembre 1860, pour regagner l'embouchure du Zambèse où le navire qu'il avait demandé, comme on se le rappelle, à l'amirauté anglaise, devait l'attendre. Le 23 novembre il arriva à Tété et, vers la fin de décembre, il atteignit le bord de la mer.

Dans le réseau de criques qui forme le rivage, Livingstone eut l'occasion d'étudier un curieux petit poisson de la famille des blennies. A la moindre alarme, ce petit poisson se jette à la surface de l'eau et la traverse par des bonds successifs. On peut le considérer comme amphibie, car il ne vit pas moins à terre que dans l'eau, et c'est à marée basse qu'il montre le plus d'activité. On le voit alors sur le sable ou sur la vase, près des petites mares que le flot laisse en se retirant. Il se dresse sur ses nageoires pectorales, et, de ses grands yeux saillants, il guette la mouche de couleur claire, dont il fait sa pâture. Si la mouche se pose trop loin pour qu'il puisse l'atteindre en deux bonds, il se traîne lentement vers elle, comme un chat vers sa proie, ou bien en sautant comme certaines araignées. Arrivé à deux ou trois pouces de l'insecte, il bondit tout à coup, de manière que sa bouche, placée au-dessous de la tête, retombe directement sur sa victime.

C'est, en outre, une petite créature batailleuse, et qui parfois soutient des combats prolongés contre ses semblables. L'une de ces blennies, fuyant un danger, sauta dans une flaque d'eau qui pouvait avoir un pied carré, et dont un poisson de même espèce se regardait évidemment comme unique possesseur. Le propriétaire, l'œil en feu, la nageoire dorsale hérissée, se jeta immédiatement sur l'intrus. Jamais tempête dans un verre d'eau n'a égalé celle qui assaillit cet océan minuscule. Tantôt les combattants étaient dans l'eau, tantôt dehors, et le duel n'était pas moins furieux sur terre que sur mer. Ils frappaient et se mordaient avec rage. Épuisés par la lutte, ils se saisirent réciproquement à la mâchoire, comme deux bouledogues, et s'arrêtèrent pour reprendre haleine. Puis ils recommencèrent à se battre avec plus de férocité que jamais, jusqu'à ce que tout à coup le duel finit par la fuite précipitée de l'envahisseur.

Le 31 janvier 1861, le navire *le Pionnier* arriva d'Angleterre ; il était accompagné de deux croiseurs de la marine anglaise amenant un évêque et plusieurs missionnaires qui devaient se rendre chez les riverains du Chiré et du lac Nyassa. Livingstone voulut les accompagner ; connaissant d'ailleurs le pays, il pouvait mieux que personne leur servir de guide et leur faciliter la découverte d'un endroit propice pour l'établissement d'une mission. Mais le pays des Mauganjas, qu'il avait trouvé précédemment en état de paix, était alors bouleversé par les trafiquants d'esclaves, et ce ne fut pas sans de grandes difficultés qu'il put arriver seulement jusqu'au bord du lac Chiroua. Durant le trajet, lui et les missionnaires eurent le bonheur de pouvoir délivrer un certain nombre de captifs, hommes, femmes et enfants, qui étaient conduits à Tété par les agents des Portugais.

De retour au navire, Livingstone fit ses préparatifs pour se rendre de nouveau au lac Nyassa ; il partit, le 6 août 1861, dans une barque menée par quatre avirons. Un matelot anglais et une vingtaine de serviteurs l'accompagnèrent. Le 2 septembre, il se trouva sur les eaux du lac.

Les riverains de cette partie méridionale du Nyassa sont très-nombreux, et chaque fois que les voyageurs abordaient, ils étaient immédiatement entourés d'hommes, de femmes, d'enfants, qui se pressaient par centaines pour regarder les chirombos, c'est-à-dire les animaux sauvages. Ces indigènes sont tous tatoués des pieds à la tête ; les uns se font des raies horizontales ou verticales, les autres de petits reliefs arrondis qui leur donnent l'air d'avoir la peau couverte de verrues. Les femmes portent le pélélé, cet ornement qui transforme la lèvre supérieure en un véritable bec ; elles ont les dents limées en pointe ; quant à leur vêtement, l'exiguïté de son étoffe le rend indescriptible.

Le séjour que le docteur Livingstone fit sur les bords du lac Nyassa fut de courte durée : il revint à la côte au commencement de novembre. Le 30 du même mois, un nouveau navire anglais arriva, remorquant un brick où se trouvaient mistress Livingstone, quelques parentes des missionnaires et les vingt-quatre parties d'un vapeur en fer destiné à la navigation du Nyassa.

Livingstone repartit donc encore une fois pour ce fameux lac qu'il avait visité

déjà à plusieurs reprises, presque inutilement. Cette excursion eut plus de résultats que les précédentes : il navigua le
long du rivage occidental et atteignit
l'extrémité septentrionale du lac. Mais
une dépêche du gouvernement anglais
vint mettre fin brusquement aux explorations. « Quoi qu'il arrive, disait cette
dépêche, le salaire des hommes de l'é-
quipage du *Pionnier* cessera au 31 décembre 1863. » Livingstone comprit ce
que voulait dire ce laconisme, et comme
on était déjà au 15 septembre, il s'empressa de prendre le chemin de retour.

Le 13 janvier 1864, il arriva à l'embouchure du Zambèse ; il s'embarqua à
bord du navire anglais *l'Oreste*, toucha à
Zanzibar et atteignit Bombay dans les
premiers jours du mois de juin. Enfin, le
20 juillet 1864, il débarqua en Angleterre.

En résumé, cette seconde expédition
qui dura six ans, a eu pour résultat
une reconnaissance à peu près complète
du cours inférieur du Zambèse, l'exploration du Chiré, affluent très-important
du grand fleuve, un peu au-dessus de
son embouchure, et la découverte du
vaste lac auquel le Chiré sert de déversoir.

Les Portugais du seizième siècle
avaient eu quelques notions de ce lac
que le géographe d'Anville, d'après leurs
mémoires, inscrivit sur sa grande carte
de 1749, sous le nom de lac Maravi ;
mais ces anciennes notions portugaises
étaient tellement vagues et flottantes,
que les géographes de la première moitié du siècle actuel n'en avaient tenu aucun compte. Aujourd'hui, le lac Maravi
figure sur les cartes sous le nom de
Nyassa, nom qui n'est qu'une appellation
générique désignant une « grande eau, »
et qui se retrouve en d'autres endroits
sous la forme Nyanza.

HENRY STANLEY.

CHAPITRE IX

VOYAGE DE HENRY STANLEY A LA RECHERCHE DE LIVINGSTONE (1871-1872)
MORT DU DOCTEUR LIVINGSTONE (1873).

Troisième voyage du docteur Livingstone. — Ses projets. — Itinéraires connus. — Absence de nouvelles. — La Société géographique de Londres organise une expédition de recherche. — Audace d'un journaliste américain. — Le reporter Henry Stanley. — Il part pour l'Afrique. — Arrivée à Zanzibar. — Difficultés pour former une caravane. — Départ définitif. — Simba-mouenni. — Le pays de l'Ousagara et ses habitants. — L'Ongogo. — L'Ounyanyembé. —

Dans les derniers mois de 1865, le docteur Livingstone entreprit une troisième expédition. Indépendamment des vues philanthropiques qui l'inspirèrent en partie, l'intrépide explorateur n'ayant jamais cessé de travailler de tout son pouvoir à la complète extinction du trafic des esclaves dans le sud de l'Afrique, les investigations scientifiques y devaient avoir une grande part.

Livingstone se proposait quatre objets principaux : remplir le vide qui existait encore sur la carte entre le lac Nyassa et le lac Tanganika ; achever la reconnaissance de ce dernier lac, dont Burton et Speke, qui l'avaient vu les premiers en 1858, n'avaient pu donner qu'un aperçu très-incomplet ; étendre les reconnaissances aussi loin que possible dans la contrée absolument inconnue à l'ouest du lac Tanganika ; enfin porter les explorations aussi avant que possible au nord du même lac, dans la direction de l'équateur, où se pressent, non résolues, tant de questions complexes relatives aux sources du Nil [1].

En quittant l'Angleterre, Livingstone se rendit directement à Bombay ; c'est de là, après avoir terminé les derniers préparatifs de son voyage, qu'il gagna la côte orientale de l'Afrique, au mois de mars 1866.

Après avoir touché à Zanzibar et tenté sans succès de pénétrer dans l'intérieur par la Rovuma, rivière qui se jette dans la mer des Indes presque en face des îles Comores, Livingstone remonta dans la direction de Zanzibar, jusqu'à la baie de Makindani ; c'est de ce point qu'il s'enfonça décidément dans le pays et regagna plus tard la Rovuma.

Le 18 mai 1866, on reçut à Zanzibar des lettres datées de cette rivière : bien des mois devaient s'écouler avant qu'on n'eût d'autres nouvelles.

Livingstone franchit une chaîne de montagnes et gagna le lac Nyassa, dont il contourna l'extrémité méridionale. De l'autre côté du lac, une partie de ses hommes, refusant d'aller plus loin, l'abandonna. Revenus à Zanzibar, au commencement de décembre 1866, où les appelait l'appât d'une rémunération promise, ils imaginèrent, pour justifier leur retour, une histoire sinistre qui fit croire pendant quelque temps à la mort violente de l'explorateur.

Cependant Livingstone, poursuivant sa route successivement à l'ouest, au nord et au nord-ouest, arriva le 28 janvier 1867, neuf mois après son départ de la côte, à un lieu appelé Bemba et situé au nord-ouest du lac Nyassa, dans la direction du lac Tanganika. Une caravane qui se rendait à la côte lui donna l'occasion de faire parvenir de ses nouvelles, datées du 2 février 1867, à

[1] Vivien de Saint-Martin. L'Année géographique, 1872.

Zanzibar, et, par Zanzibar, à ses amis de Londres.

Un long silence se fit de nouveau, la difficulté des communications isolant encore une fois le voyageur. Cependant, un an plus tard, presque jour pour jour, le 5 février 1868, on reçut à Zanzibar de nouvelles informations apportées par un marchand arabe qui arrivait du lac Tanganïka; ces informations étaient datées de Luenda et allaient jusqu'au 14 décembre 1867.

La ville de Luenda, capitale du Cazembé, est une place considérable et un centre important; elle avait déjà été vue, depuis la fin du siècle dernier, par plusieurs Portugais.

Après les lettres écrites de Luenda, on en reçut d'autres encore, datées de la même ville, le 8 juillet 1868. Elles contenaient des aperçus très-importants sur la configuration générale et l'hydrographie de la région qui enveloppe au sud et à l'ouest le lac Tanganïka.

Livingstone y vit trois lacs d'une étendue considérable, beaucoup moins cependant que le Tanganïka, et on lui en mentionna d'autres. L'un de ces lacs, appelé *Liemba*, que le voyageur contourna en partie, paraît avoir son écoulement dans le sud du Tanganïka. Trois autres grands lacs, le *Bangouéolo*, le *Moéro* et l'*Oulenghé*, se suivent dans cet ordre du sud au nord ou au nord-ouest, le troisième de ces lacs étant situé, par approximation, à 200 kilomètres, un peu plus ou moins du méridien central du Tanganïka.

Il paraît que ces trois derniers lacs sont reliés entre eux par une suite continue d'eaux courantes. Le Bangouéolo s'écoule dans le Moéro par une rivière appelée *Louapoula;* le Moéro va se déverser dans l'Oulenghé par le *Loualaba;* et l'Oulenghé, d'après les rapports, porte ses eaux au *Loufira*, grande rivière qui coule à l'ouest des lacs et se dirige au nord. Une autre rivière considérable, le *Tchambézé*, qu'il faut se garder de confondre avec le Zambèse, quoique les noms soient au fond les mêmes, le Tchambézé, disons-nous, coule de l'est à l'ouest au sud du Tanganïka, et vient aboutir au Bangouéolo. Une grande question est de savoir où va le Loufira, qui reçoit, d'après les informations qui précèdent, les eaux de la chaîne de lacs commençant au Bangouéolo. Le docteur Livingstone était très-disposé à y voir la tête la plus méridionale du bassin du Nil, et cette hypothèse s'était même emparée de son esprit d'une manière un peu exclusive.

Quatre années s'écoulèrent encore sans nouvelles directes. On n'eut plus, durant ces quatre années, que çà et là des percées accidentelles sur les mouvements du voyageur. Il était arrivé à Oujiji, sur le bord oriental du Tanganïka, et il avait fait de là diverses excursions sur lesquelles on n'a pas de détails.

Le 10 mars 1871, le docteur Kirk reçut des lettres de deux voyageurs arabes, lui apprenant que « le voyageur chrétien » se trouvait, en octobre ou novembre 1870, dans une localité nommée Monakoso, probablement à l'ouest du Tanganïka, avec Mohammed ben Gharib, sans secours, sans ressources, et accompagné d'un petit nombre de serviteurs.

De trente-quatre lettres qu'il avait

adressées en Angleterre jusqu'en juin 1869, aucune n'était parvenue à destination. A cette époque il était sur le point d'explorer le lac à l'ouest du Tanganîka, dans l'espoir de rejoindre le Nil [1].

Ces informations, parvenues à Londres, excitèrent dans le public et au sein de la Société de géographie une légitime émotion. Sur la proposition de son président, la Société décida, à la fin de 1871, qu'une expédition serait envoyée à la recherche de Livingstone, pour lui porter l'assistance morale et au besoin le secours matériel qu'il attendait depuis longtemps. Un appel fut fait au sein de la Société, et une somme importante promptement réunie.

La commission fut immédiatement désignée ; elle se composait du fils même de l'explorateur, M. Oswald Livingstone, et de deux officiers de la marine royale, le lieutenant Henn et le lieutenant Dawson. C'est ce dernier qui eut la direction de l'entreprise. L'expédition quitta l'Angleterre le 9 février ; elle gagna promptement le Caire et de là Suez, où devait se trouver un paquebot en partance pour la côte orientale d'Afrique.

Une caravane devait être organisée à Zanzibar, où la commission était arrivée vers le milieu de mars. Mais là se rencontrèrent, à ce qu'il paraît, des difficultés de plus d'une sorte. La saison des pluies, l'insuffisance des moyens, peut-être le manque d'énergie ou le défaut d'accord : on ne sait trop. Toujours est-il que l'expédition a complétement

échoué, ou, pour mieux dire, qu'elle n'a même pas franchi le seuil africain. Les Anglais, qui n'appuient pas volontiers sur les petits mécomptes de l'orgueil national, ont entouré celui-ci d'un silence prudent. Il faut dire aussi que l'inaction du lieutenant Dawson et du fils de Livingstone a pu, jusqu'à un certain point, trouver son excuse dans ce que la commission apprit à Zanzibar de l'expédition individuelle d'un Américain, qui depuis un an avait fait, seul, ce qu'elle-même projetait de faire, c'est-à-dire s'était lancé résolûment à la recherche du grand explorateur. Cet Américain est Henry Stanley, dont nous avons maintenant à raconter l'intrépide odyssée.

Si la république américaine n'a pas le monopole des choses extraordinaires, des entreprises marquées au coin d'une audacieuse énergie, elle en offre du moins des exemples qu'aucun peuple n'a surpassés. Le voyage de Stanley n'en est pas un des moins singuliers.

Henry Stanley est un simple *reporter* attaché au principal journal de New-York, ce que dans le journalisme français nous appelons un correspondant ; sa mission est de parcourir le continent européen, d'être présent partout où se produit quelque événement à sensation, et de faire en sorte que son journal devance, coûte que coûte, les informations des entreprises rivales.

Dans le courant de 1870, on commençait à se préoccuper d'une manière sérieuse du long silence de Livingstone ; en Amérique, en Angleterre, et même en France où la guerre n'avait pas encore éclaté, de fréquents articles dans

<hr>

[1] Vivien de Saint-Martin. L'*Année géographique*, 1872.

les journaux et les revues surexcitaient déjà le sentiment public. Le directeur du *New-York Herald*, James Gordon Bennett, qui se trouvait alors à Paris, pensa qu'il y avait là un élément d'intérêt et de curiosité de premier ordre. La recherche de Livingstone, dût-elle même ne pas aboutir, devait éveiller vivement la curiosité générale. De la pensée à l'exécution, il n'y eut que l'intervalle d'un télégramme. Appeler Stanley, qui était en Espagne, et lui confier la périlleuse mission comme la chose du monde la plus naturelle, ce fut l'affaire de deux jours : l'électricité et la vapeur ont supprimé les distances.

A Paris, Henry Stanley reçut des instructions sur l'itinéraire qu'il devait suivre pour se rendre en Afrique. «Vous assisterez d'abord, lui dit le directeur du *New-York Herald* [1], à l'inauguration du canal de Suez. De là vous remonterez le Nil. J'ai entendu dire que Baker allait partir pour la Haute-Égypte ; informez-vous le plus possible de son expédition. En remontant le fleuve, vous décrirez tout ce qu'il y a d'intéressant pour les touristes et vous nous ferez un guide, un guide pratique ; vous nous direz ce qui mérite d'être vu, et de quelle manière on peut le voir. Vous ferez bien, après cela, d'aller à Jérusalem ; le capitaine Warren fait, dit-on, là-bas des découvertes importantes. Puis à Constantinople, où vous vous renseignerez sur les dissentiments qui existent entre le khédive et le sultan. Vous passerez par la Crimée et visiterez ses champs de bataille. Puis vous prendrez le Caucase jusqu'à la mer Caspienne : on dit qu'il y a une expédition russe en partance pour Khiva. Ensuite vous gagnerez l'Inde en traversant la Perse ; vous pourrez écrire de Persépolis une lettre intéressante. Bagdad sera sur votre passage : adressez-nous quelque chose sur le chemin de fer de la vallée de l'Euphrate ; et quand vous serez dans l'Inde, vous vous embarquerez pour rejoindre Livingstone. Maintenant, bonsoir, et que Dieu soit avec vous ! »

Henry Stanley fit comme il venait de lui être dit. Il partit immédiatement pour l'Égypte, visita ensuite Jérusalem, Stamboul, Odessa, parcourut la Crimée, vit Trébizonde, Tiflis, Téhéran, traversa la Perse, passa à Persépolis et arriva enfin dans l'Inde au mois d'août 1870. Il s'embarqua à Bombay, le 12 octobre, sur *la Polly*, et mit trente-sept jours pour gagner l'île Maurice. *La Polly* avait pour contre-maître un Écossais, nommé Lawrence Farquhar. C'était un bon marin, et Stanley, pensant qu'un pareil homme ne pourrait que lui être utile, l'engagea pour toute la durée de l'expédition.

De l'île Maurice, il fallut aller aux îles Seychelles, où le quatrième jour après son arrivée Stanley se rembarqua avec Farquhar et le fidèle Sélim, jeune Arabe chrétien qu'il avait pris à Jérusalem en qualité d'interprète. Enfin, le 6 janvier 1871, il aborda à Zanzibar.

« Je parcourus la ville, dit le voyageur, et rapportai de ma course une impression générale d'allées tortueuses, de maisons blanches, de rues crépies au

[1] *Le Tour du Monde.* Voyage de Stanley, traduit par madame Loreau ; janvier 1873. (Libr. Hachette et Comp.)

mortier dans le quartier propre ; d'alcòves avec des retraites profondes, ayant un premier plan d'hommes, enturbannés de rouge, et un fond de piètres cotonnades : calicots blancs, calicots écrus, étoffes unies, rayées, quadrillées ; des planchers encombrés de dents énormes ; des coins obscures remplis de coton brut, de poterie, de clous, d'outils, de marchandises communes et de tout genre ; des têtes laineuses, avec des corps fumants, noirs ou jaunes, assis aux portes de misérables huttes, et riant, babillant, se querellant, marchandant au milieu d'une atmosphère affreusement odorante : un composé d'effluves de cuir, de goudron, de crasse, de débris végétaux et autres.

Je me rappelle de grandes maisons à l'air solide, aux toits plats, avec de grands marteaux d'airain, et des créatures assises les jambes croisées, guettant la sombre entrée de la maison du maître ; un bras de mer peu profond, avec des canots, des barques, des daous arabes, un étrange remorqueur à vapeur, couché dans la vase que la marée à laissée derrière elle ; une place nommée Nazi-Moya, où les Européens se traînent le soir d'un pas languissant pour respirer la brise ; quelques tombes de marins qui sont venus mourir là ; un grand logis, habité par le docteur Tozer, évêque de l'Afrique centrale ; son école et mille autre choses ; images mouvantes et confuses où je distingue à peine les Arabes des Africains, les Africains des Banyans, les Banyans des Hindis, les Hindis des Européens, etc.... »

Le premier soin de Stanley fut de se mettre en rapport avec le docteur Kirk, représentant de la Grande-Bretagne, qui avait été le compagnon de Livingstone dans son second voyage, et se trouvait à même plus que personne de donner des renseignements utiles. Aussitôt après il commença ses préparatifs de voyage.

Son embarras fut grand tout d'abord. Combien fallait-il d'argent ? Combien de porteurs ? Combien d'hommes d'escorte ? Combien de marchandises, et de quel genre ? Autant de questions qui ne trouvaient pas de réponse. Il finit cependant par trouver un Arabe, riche et bien posé, qui arrivait précisément de l'intérieur de l'Afrique, et lui donna quelques indications.

Il acheta une abondante provision de perles, d'étoffes diverses, de verroterie et de fil de laiton ; mais ce n'était pas tout, il lui fallait encore des vivres, des ustensiles de cuisine, des sacs, des tentes, de la corde, des armes, des munitions, des médicaments, un millier de choses enfin, dont il devait débattre les prix, ce qui entraînait forcément une grande perte de temps et de patience.

Ces acquisitions faites, il lui restait à composer son escorte, à l'armer et à l'équiper. Il eut la chance de rencontrer un Anglais, William Shaw, troisième contre-maître sur un navire américain, garçon adroit, actif et complaisant qu'il s'empressa d'engager. Il s'assura aussi le concours de plusieurs hommes, entre autres d'un nommé Bombay, qui avaient déjà accompagné des explorateurs dans le centre de l'Afrique. Chacun d'eux reçut un mousquet, une poire à poudre, un sac de balles, une hache, un couteau et des munitions pour deux cents coups.

Pour transporter les masses d'objets de toute nature et pesant au moins six mille kilogrammes qu'il avait amassées, Stanley acheta vingt-deux ânes, deux chevaux et une petite charrette. Il se procura en outre deux bateaux, l'un pouvant contenir vingt hommes et l'autre six, avec leurs bagages ; il démonta les embarcations, et n'en conservant que la charpente, il en fit des ballots dont le poids n'excéda pas soixante-huit livres.

Tout compte fait, il reconnut qu'il avait encore besoin de cent soixante porteurs ou pagazis. On lui dit qu'il les trouverait à Bagamoyo, petite ville située sur le continent africain, en face de l'île de Zanzibar. Il se rendit donc à Bagamoyo. Mais là il eut à déjouer la fourberie des Arabes qui s'étaient engagés à lui procurer ce qu'il demandait, et le retinrent pendant plus de cinq semaines sous toutes sortes de prétextes.

Étant parvenu à la fin, et non sans beaucoup de mal, à compléter son expédition, il la divisa en cinq caravanes. La première se mit en marche le 18 février 1871, la seconde le 21, la troisième le 25, la quatrième le 11 mars, et la cinquième le 21 du même mois. Celle-ci, qui était la plus importante, et dont Stanley se réserva le commandement, se composait de Shaw, de vingt-huit pagazis, douze hommes d'escorte, un cuisinier, un tailleur, un interprète, un servant d'armes, deux chevaux, dix-sept ânes et un chien.

L'expédition éprouva bientôt tout les ennuis inséparables d'un voyage en Afrique. Plusieurs pagazis tombèrent malades, d'autres s'enfuirent ; les deux chevaux moururent à quelques heures d'intervalle ; enfin tous les petits chefs dont on traversa les villages cherchèrent à voler les voyageurs.

Stanley n'en poursuivit pas moins sa route et atteignit Simbamouenni, capitale de l'Ouségouhha. Située au pied de hautes montagnes, dans une magnifique vallée arrosée par deux rivières et plusieurs ruisseaux limpides, cette ville pouvait avoir près de cinq mille habitants. Ses maisons, au nombre d'un millier, étaient d'architecture africaine, mais du meilleure style, et ses fortifications, arabo-persiques, réunissaient les avantages des deux genres. Une tour en pierre s'élevait à chaque angle de l'enceinte construite avec les mêmes matériaux. La muraille était percée de quatre ouvertures, regardant les quatre points cardinaux, et que fermaient d'énormes portes en bois de tek du pays, couvertes d'arabesques les plus fines et les plus compliquées. Pareilles aux maisons de la côte, la demeure royale était un long bâtiment avec une vérandah et une grande toiture à pente rapide, dépassant de beaucoup la muraille.

Ce palais était habité par une sultane, la fille d'un nommé Kisabengo, habile scélérat, qui avait été la terreur du pays. D'une humble origine, mais doué d'une force remarquable, d'une parole éloquente, d'un esprit souple et amusant, Kisabengo avait pris facilement de l'influence sur les esclaves marrons, qui l'avaient reconnu pour chef. La justice s'en était mêlée ; il s'était alors enfui dans l'intérieur, et avait commencé une vie de bandit dont le résultat avait été la conquête d'un immense territoire. Il avait choisi le plus admirable site et y avait construit sa capitale, qu'il avait appelée Simbamouenni, la cité-lion. Dans sa vieillesse, l'heureux fripon avait changé son nom de Kisabengo pour celui de sa ville ; et, en mourant, il avait voulu que sa fille, à laquelle il laissait le pouvoir, prît également ce nom royal.

De nouveaux ennuis vinrent encore assaillir l'expédition. Le cuisinier, qui avait été puni pour avoir gaspillé les vivres, prit la fuite ; les hommes envoyés à sa recherche furent faits prisonniers par la sultane de Simbamouenni ; celle-ci les relâcha plus tard, grâce à l'intervention d'un chef arabe ; mais le cuisinier ne put être retrouvé. Shaw tomba malade et ne rendit plus aucun service. D'un autre côté, les nouvelles de la caravane dirigée par Farquhar étaient désastreuses : les marchandises avaient été en partie perdues, et Farquhar souffrait de la goutte.

Quand Stanley eut rejoint celui-ci, il le trouva dans un tel état, qu'il dut le confier aux soins d'un chef indigène ; le malheureux mourut peu de temps après que ses compagnons l'eurent quitté.

Les voyageurs atteignirent une belle vallée de l'Ousagara, où ils campèrent et purent se remettre un peu de leurs fatigues. L'aspect du pays était souriant: des champs de maïs, de sorgho, de millet, avec çà et là quelques villages, s'étendaient au loin; des filets d'eau limpide serpentant dans un grand lit de rivière, distribuaient à ces champs altérés l'élément vivifiant qui abonde dans cette partie de la contrée. Enfin, doux spectacle pour Stanley qui en était privé depuis si longtemps, des troupeaux de vaches paissaient dans les plis du terrain, dont elles animaient la solitude, et lui offraient en perspective des flots de lait et des masses de beurre.

Les indigènes se montrèrent doux et hospitaliers. L'un d'eux, jeune encore, fardé d'une légère teinte d'ocre rouge, ayant sur le front une rangée brillante de piécettes, une petite gourde passée dans chaque oreille, coiffé de mille mèches en tire-bouchons, bien graissées et pailletées de fins morceaux de cuivre jaune, la tête rejetée en arrière, la poitrine large et portée en avant, des bras musculeux, des jambes bien proportionnées, sembla à Stanley le beau idéal du naturel de ces parages.

Avant d'entrer dans le pays de l'Ougogo qui fait suite à l'Ousagara, l'expédition se joignit à plusieurs caravanes arabes et forma ainsi une troupe vraiment imposante : près de quatre cents hommes, beaucoup de fusils, des drapeaux, des tambours, des trompettes.

Les voyageurs firent halte à Mvoumi. Aussitôt le chef de cette ville exigea un tribut. Rien ne paraissant le satisfaire, Stanley insinua que, grâce aux hommes armés qu'il avait sous ses ordres, il pourrait peut-être demander tribut à son tour ; mais cédant aux conseils des Arabes, il paya tout ce qui fut exigé. Au sortir de Mvoumi, l'expédition traversa une contrée tantôt couverte de jongles épaisses, tantôt nue et aride, et arriva dans l'Ounyanyembé, à Kouihara.

Cette ville était la résidence d'un cer-

L'AFRIQUE AUSTRALE. — Rencontre du docteur Livingstone. (Page 211.)

tain nombre d'Arabes, qui firent à Stanley l'accueil le plus bienveillant. Ils vivaient tous dans une grande abondance, récoltaient autour de leurs habitations quantité de produits, et possédaient de nombreux troupeaux.

Leur existence cependant n'était pas libre de tout souci, car un chef indigène, en état d'hostilité chronique avec tout le monde, troublait sans cesse le pays. Ce chef, nommé Mirambo, était parvenu de simple porteur au rang suprême avec cette habileté des coquins sans âme à qui tous les moyens sont bons pour s'emparer du pouvoir. Quelques entreprises fructueuses, dans lesquelles ses partisans s'étaient enrichis, avaient affirmé son autorité, et, depuis lors, son audace n'avait plus connu de bornes ; il avait déclaré que désormais nulle caravane ne traverserait ses États, à moins de lui passer sur le corps. Les Arabes avaient tout mis en œuvre pour fléchir le tyran ; mais celui-ci n'avait voulu rien entendre.

Au moment de l'arrivée de Stanley, un projet de guerre avec ce bandit était en discussion, et il fut décidé qu'on l'attaquerait. Stanley offrit son concours. Tout d'abord le succès resta aux Arabes, qui prirent plusieurs villages et obligèrent Mirambo à déguerpir au loin ; mais bientôt la fortune changea, et ce fut Mirambo qui à son tour mit les Arabes en déroute. Stanley, abandonné de la plus grande partie de ses hommes, et souffrant d'une fièvre terrible, dut partir au plus vite.

Arrivé sur les bords du fleuve Malagarazi, il eut toutes les peines du monde à obtenir le droit de le traverser. Il lui en coûta huit mètres d'étoffe et quarante colliers de perles rouges, le tout payé d'avance. Quatre hommes furent alors déposés sur l'autre rive ; mais le bateau ne revint pas. Pour le ravoir, il fallut vingt rangs de perles. Au troisième voyage, nouvelle extorsion. Le passage de toute la troupe dura deux heures.

A quelque distance du Malagarazi, Stanley rencontra une petite caravane venant de l'ouest. Ayant questionné les hommes qui la composaient, il apprit qu'un homme blanc avait été vu, huit jours auparavant, à Oujiji, sur les bords du lac Tanganika ; cet homme blanc était malade et arrivait de Manyéma. Stanley ne douta pas que ce ne fût Li-

vingstone ; il puisa dans ses renseignements une nouvelle énergie, et hâta la marche de ses hommes en leur promettant une forte récompense.

Cependant il n'était pas encore au terme de ses peines. A la frontière du pays de l'Ouhha, il trouva une troupe de guerriers, armés d'arcs, de flèches et de lances ; le chef, vêtu d'une longue robe rouge et coiffé d'un immense turban, lui demanda s'il désirait la paix ou la guerre. Notre voyageur s'empressa de choisir la paix, tout en laissant entendre cependant que ses carabines lui assureraient probablement la victoire dans le cas où la guerre éclaterait entre eux.

Le chef exigea alors un droit de passage de cent pièces d'étoffes. Cette prétention suggéra un moment à Stanley l'idée de se battre plutôt que de payer ; mais où se retrancher dans un pays où chaque village renfermait des ennemis ? Il se soumit donc, tout en jurant de revenir par une autre route si cela était possible. Un peu plus loin, nouvelle demande d'un tribut. Voyant cela, Stanley résolut de ne plus voyager que de nuit et à travers les jongles.

Enfin, le 10 novembre 1871, deux cent trente-six jours après son départ de la côte, l'expédition arriva sur les bords du lac Tanganika, en vue d'Oujiji. « Déployez le drapeau et chargez les armes ! » cria Stanley ; et près de cinquante fusils saluèrent le village où se trouvait Livingstone. La foule accourut pour voir arriver la caravane. Plusieurs *good morning, sir*, vinrent frapper les oreilles de Stanley et porter son émotion à son comble.

« Que n'aurais-je pas donné, dit-il dans sa relation, pour avoir un petit coin du désert où, sans être vu, j'aurais pu me livrer à quelque folie : me mordre les mains, faire une culbute, déchiqueter un arbre ; enfin donner cours à la joie qui m'étouffait. Mon cœur battait à se rompre ; mais je ne laissais pas mon visage trahir ce que je ressentais, de peur de nuire à la dignité de ma race. Me tenant donc le plus dignement possible, j'écartai la foule, et me dirigeai, entre deux haies de curieux, vers le demi-cercle d'Arabes devant lequel était un homme à barbe grise.

Tandis que j'avançais lentement, je remarquais sa pâleur et son air de fatigue. Il avait un pantalon gris, un petit paletot rouge, une casquette bleue à galon d'or fané. J'aurais voulu courir à lui ; mais j'étais lâche en présence de cette foule. J'aurais voulu l'embrasser ; mais il était Anglais : je ne savais pas comment je serais accueilli. Je fis donc ce que m'inspiraient la couardise et le faux orgueil. J'approchai d'un pas délibéré et dis, en ôtant mon chapeau :

— Le docteur Livingstone, je présume ?

— Oui, répondit-il en soulevant sa casquette et avec un bienveillant sourire.

Nos têtes furent recouvertes et nos mains se pressèrent.

— Je remercie Dieu, repris-je à haute voix, de ce qu'il m'a permis de vous rencontrer.

— Je suis heureux, dit-il, d'être ici pour vous recevoir.

Je saluai ensuite les Arabes que le docteur me présenta chacun par son nom. Puis oubliant la foule, oubliant ceux qui avaient partagé mes fatigues, je suivis Livingstone. Il me conduisit sous sa vérandah, et me fit prendre son siége habituel.

L'entretien commença. Quelles furent nos paroles ? Je déclare n'en rien savoir, Des questions réciproques, sans aucun doute : quel chemin avez-vous suivi ? où étiez-vous depuis si longtemps ? Mais je ne saurais dire ni mes réponses ni les siennes. J'étais trop absorbé. Je me surprenais le regard fixé sur cet homme merveilleux, l'étudiant et l'apprenant par cœur. Chacun des poils de sa barbe grise, chacune de ses rides, la pâleur de ses traits, son air fatigué empreint d'un léger ennui, m'apprenaient ce que depuis longtemps je voulais connaître. Que de choses dans ces muets témoignages, que d'intérêt dans cette lecture.

Livingstone, poursuit Stanley, a environ soixante ans ; dès qu'il fut rétabli, on ne lui en aurait pas donné cinquante. Ses cheveux, bien qu'ayant des raies grises sur les tempes, sont toujours châtains. Si la moustache et les favoris sont presque blancs, les yeux, qui sont d'un brun clair, ont une vivacité remarquable et la vue perçante du faucon. Réduit à vivre de maïs cru, lorsqu'il était dans le Londa, il en a eu les dents ébranlées ; c'est la seule chose qu'il ait maintenant d'un vieillard. La taille est un peu au-dessus de la moyenne ; la charpente est robuste ; les épaules sont légèrement voûtées. La marche est pesante comme celle d'un homme qui a beaucoup fatigué, mais le pas est très-ferme. Il a pour coiffure une casquette d'officier de marine qui le fait reconnaître dans tous les endroits où il passe. Les vêtements qu'il portait la première fois que je le vis, témoignaient de nombreux raccommodages, mais étaient d'une propreté scrupuleuse.

D'après certains rapports qui m'avaient été faits, je le croyais misanthrope, au moins d'un caractère morose. D'autres personnes m'avaient dit qu'il tombait en démence, qu'il n'avait plus rien du Livingstone d'autrefois. Ses voyages n'offraient plus d'intérêt; il ne prenait pas de notes, pas d'observations ou n'en faisait que d'inintelligibles. Enfin on m'avait raconté qu'il s'était remarié avec une princesse africaine. De tous ces dires, il n'en est pas un qui, à mes yeux, puisse être justifié. »

Stanley questionna le docteur sur son voyage; celui-ci lui raconta alors ce qu'il avait fait et enduré depuis son départ. Plusieurs lettres, comme nous l'avons vu, avaient déjà donné sur ce voyage des détails qui allaient jusqu'en 1870. A cette époque, Livingstone, qui se trouvait à Oujiji, avait voulu explorer la partie septentrionale du lac Tanganika, ayant la pensée qu'un effluent s'en échappait et se dirigeait vers le Nil. Les exigences des Arabes et des indigènes l'avaient forcé d'abandonner ce projet. L'ayant remis à plus tard, il avait traversé le Tanganika pour se rendre à Ougouhha, village situé sur la rive occidentale.

La contrée vers laquelle le docteur portait ses pas était inconnue même des Arabes, qui en savaient à peine le nom. Quittant la rive du lac, le docteur s'était dirigé à l'ouest, en compagnie d'un certain nombre de traitants. Quinze jours de marche l'avaient amené à Bambarré, premier entrepôt d'ivoire du Manyéma; il y avait été retenu pendant six mois par des ulcères aux pieds.

Aussitôt guéri, Livingstone était parti dans la direction du nord; il avait rencontré une large rivière se dirigeant au sud qu'il avait suivie jusqu'à son entrée dans le lac Moéro d'où elle ressortait ensuite. On lui avait alors parlé de quatre fontaines dont les eaux se déversaient moitié dans la rivière qu'il venait de suivre, et moitié dans le Zambèse. Les indigènes l'en avaient entretenu à diverses reprises. Plusieurs fois il n'en avait pas été très-loin; mais toujours quelque chose l'avait empêché de les atteindre. Livingstone pensait que ces fontaines donnant naissance à quatre grandes rivières pouvaient bien se rattacher aux sources du Nil.

C'était au moment de l'apprendre qu'il avait été forcé de revenir à Oujiji. Long voyage qui n'avait plus eu que fatigues et dangers et qui l'avait séparé pour toujours du but qu'il se proposait.

Les contrées que Livingstone avait parcourues, sont habitées par des millions d'hommes qui ne se doutaient pas de l'existence des blancs et dont ceux-ci n'avaient jamais entendu parler avant la visite du docteur. Ces contrées ne sont pas organisées en royaumes; chaque village y est soumis à un chef indépendant et n'a rien de commun avec la bourgade voisine. Le plus intelligent de ces petits chefs ne sait aucunement ce qui existe à quelques lieues de sa frontière, ignorance qui avait rendu la tâche de Livingstone infiniment plus difficile.

Sous le rapport industriel, les indigènes du Manyéma avaient paru au docteur bien supérieurs à tous ceux qu'il avait rencontrés jusqu'alors. Ce sont en effet d'habiles armuriers ; ils font, en outre, avec une herbe très-fine, des tissus qui valent au moins ceux qu'on fabrique dans l'Inde avec la même matière, et ils les teignent de différentes couleurs : en noir, en jaune, en bleu foncé.

Le pays est aussi très-riche en ivoire. Les indigènes ne connaissant pas la valeur de cet article, l'employaient autrefois dans la construction de leurs maisons ; les charpentes, les piliers d'ivoire étaient chose commune dans toute la province ; mais l'arrivée des Arabes avait ouvert les yeux aux naïfs possesseurs de ce trésor. Le prix des défenses s'était rapidement élevé, ce qui ne l'empêchait pas cependant d'être encore très-minime. La livre d'ivoire qui se payait sept à huit francs à Zanzibar valait six à sept centimes dans le Manyéma.

Malheureusement à l'époque de la visite de Livingstone, les traitants avaient déjà gâté le pays par leurs cruelles manœuvres. Les esclaves du Manyéma se vendent en effet plus cher que les autres, en raison de leur beauté et de leur douceur.

Les femmes surtout sont généralement très-jolies ; excepté leur chevelure elles n'ont rien du type nègre ; leur couleur est très-claire : dans le nord de la province, leur peau n'est pas plus brune que celle des Portugaises ou des quarte-ronnes de la Louisiane. Elles ont le nez bien fait, des yeux superbes, les lèvres d'une belle coupe, bien marquées sans être grosses et il est rare qu'elles aient les dents saillantes.

Ces jolies femmes, avec cela fort intelligentes, sont avidement recherchées par les métis de la côte, qui en font leurs épouses. De là, de monstrueux bénéfices qui, au transport de l'ivoire, ont fait joindre les cargaisons vivantes : seulement l'un s'achète, les autres se prennent, et de quelle manière ! Les rapaces qui les veulent ne reculent devant rien. Qui d'ailleurs les arrêterait ? Ils sont invincibles pour ces peuplades qui n'ont jamais vu d'armes à feu, et qui, à la première décharge, sont frappées de terreur. Elles s'imaginent que ces étrangers ont dérobé la foudre, et qu'un arc et des flèches sont impuissants contre eux.

Grâce aux soins de Stanley, le docteur ne tarda pas à revenir à la santé. Tout d'ailleurs contribuait à son rétablissement. On était dans la saison sèche, et malgré la pureté du ciel la température était relativement douce. Matin et soir, les voyageurs se promenaient sur la grève afin de respirer la brise fraîche qui venait du lac ; dans le milieu du jour, ils se tenaient sous la vérandah, causant de leurs projets et les discutant.

Cependant Livingstone s'inquiétait de l'avenir ; il se demandait quel parti il devait prendre. Sa position, à vrai dire, était réellement critique. Il n'avait plus avec lui que cinq hommes et une femme, sa cuisinière. Était-il prudent de se remettre en marche avec aussi peu de monde et avec le peu d'étoffe et de grains de verre qui lui restait? D'un autre côté, combien de temps serait-il dans l'inaction s'il attendait l'arrivée d'autres marchandises?

Stanley lui demanda alors la permission de lui soumettre plusieurs lignes de conduite, entre autres de l'accompagner jusqu'à Kouihara, de lui remettre toutes les marchandises qui étaient restées dans cette ville, et de gagner en toute hâte la côte, où il s'empresserait d'organiser une bande de cinquante ou soixante hommes qui le rejoindrait immédiatement. Après avoir longtemps réfléchi, Livingstone accepta cette proposition.

L'avenir ainsi réglé, nos deux voyageurs se préparèrent à l'excursion qu'ils avaient résolu de faire ensemble au nord du lac Tanganîka. Ils voulaient se renseigner sur le cours du Rusisi, rivière qui sortait du lac, suivant le dire des Arabes et des indigènes.

Le départ eut lieu dans un canot conduit par seize rameurs. Le lac, parfaitement calme, reflétait l'azur sans nuage qui se déployait au-dessus des voyageurs; des hippopotames venaient quelquefois souffler à proximité alarmante de l'embarcation, mais ils replongeaient rapidement comme s'ils avaient voulu seulement jouer à cache-cache. De hautes montagnes, revêtues d'une herbe d'un vert éclatant d'où s'élevaient de grands bois et qui plongeaient leurs flancs abruptes jusqu'au fond du lac, bordaient les rives. Le paysage était d'une grande beauté. A chacun des promontoires que doublaient les voyageurs, c'étaient de nouvelles surprises; dans chaque pli de terrain, un tableau ravissant : des bou-

quets d'arbres couronnés de fleurs répandaient de suaves parfums; des contours d'une variété infinie : pyramides, cônes tronqués, tables rases, croupes unies et gracieuses, crêtes déchiquetées et sauvages; des hameaux de pêcheurs, enfouis sous les palmiers, les bananiers, les figuiers; des fermes, entourées de jardins et de petites pièces de terre, dont les moissons luxuriantes se reflétaient dans l'eau.

A mesure que les voyageurs avançaient vers le nord, c'étaient toujours les mêmes scènes changeantes, les mêmes richesses. De temps à autre une bande de sable, convertie en marché, où se vendaient du poisson et les produits des localités voisines; tantôt des fourrés de papyrus et de roseaux recouvrant des marais; tantôt des montagnes plongeant à pic dans le lac. Un canot se voyait-il à peu de distance, les rameurs se mettaient à chanter et tâchaient de passer devant; les autres, piqués au jeu, redoublaient de vitesse, et debout, complétement nus, pagayant avec ardeur, offraient aux voyageurs l'occasion de faire des études d'anatomie comparative. Plus loin, un groupe de pêcheurs, indolemment couchés sur la grève, regardaient les pirogues qui passaient près d'eux. C'était ensuite une flottille de canots, dont les propriétaires se reposaient dans leurs cases ou pêchaient à la ligne, ou préparaient leurs filets.

Le docteur Livingstone et son compagnon atteignirent enfin l'extrémité septentrionale du Tanganîka et eurent la solution du problème qui les intéressait. Le Rusisi existait en effet; mais au lieu de sortir du lac, il y entrait. Livingstone n'en conserva pas moins son opinion relativement à une issue du Tanganïka ; ce n'était pas le Rusisi, il en avait maintenant la certitude ; mais dans sa pensée l'effluent existait, attendu que pour lui tous les lacs d'eau douce devaient avoir un débouché.

Les voyageurs reprirent leur course vers le sud. Les tribus qu'ils avaient rencontrées jusque là sur les bords du Tanganïka différaient essentiellement des peuplades qu'ils avaient déjà vues. Nulle part ils n'avaient trouvé des coiffures plus variées ; on voyait là des crânes entièrement nus, ou conservant des lignes de cheveux, lignes circulaires ou diagonales ; tantôt c'étaient des crêtes, des brosses, des touffes ; tantôt des rubans, des bouclettes sur le front et sur les tempes, des raies, des croissants.

Le tatouage de ces tribus était également très-fantaisiste ; on rencontrait depuis la cicatrice amorphe jusqu'aux dessins les plus compliqués : lignes courbes et lignes droites, se coupant et s'enchevêtrant de mille manières ; zigzags courant sur les membres ; cercles entrecroisés ou concentriques ; boutons et plaques de toute grandeur.

Le 13 décembre 1871, l'expédition se retrouva à Oujiji. Dès le lendemain les voyageurs songèrent à leur départ de cette localité pour gagner, comme il avait été convenu, Kouihara. Au lieu de reprendre immédiatement la route qu'avait suivie Stanley pour venir, ils longèrent le rivage du lac Tanganïka, dans la direction du sud, jusqu'au village d'Ourimba, où ils arrivèrent dans les premiers jours de janvier 1872. De là, ils reprirent leur marche vers l'est, traversèrent des contrées à peu près désertes et atteignirent enfin Kouihara le 18 février.

Stanley retrouva son ancienne maison, où attendaient un certain nombre de caisses de provisions envoyées de la côte à l'adresse du docteur. « Ce fut un grand jour, dit-il, que celui où, le ciseau et le marteau à la main, j'ouvris ces caisses rêvées où nos estomacs allaient trouver le festin tant désiré. J'étais persuadé, pour ma part, qu'une fois au régime de ce qu'il y avait là dedans, je deviendrais de la force d'Hercule, et qu'il me suffirait d'une massue pour anéantir tous les indigènes, s'ils me regardaient d'une façon déplaisante.

La première caisse renfermait trois boîtes de biscuit et six boîtes de jambon : des boîtes pas plus grandes qu'un dé, où il y avait gros comme une noisette d'un hachis de viande, poivré à l'excès. Plus cinq pots de confiture, c'est-à-dire cinq pots de grès, pesant chacun une livre ; mais contenant tout au plus une cuillerée de marmelade. Je tirai ensuite trois flacons de cari ; c'était bien nécessaire. Les provisions du docteur descendaient à cinq cents degrés au-dessous de zéro dans mon estime.

De la seconde caisse tomba un fromage de Hollande, dur comme une brique, néanmoins de bonne qualité ; mais à proscrire dans le pays : mauvais pour le foie. Dans la troisième caisse, deux pains de sucre ; dans la quatrième, des bougies ; dans la cinquième, des sauces de divers fournisseurs, de l'essence d'anchois, du poivre, de la moutarde. Bonté divine ! quels réconfortants pour un moribond ! Les cinq autres caisses renfermaient des conserves de viande et de bouillon. Qui donc en demandait en Afrique ? Est-ce qu'il n'y a pas là du bœuf et du mouton, de quoi faire tous les consommés possibles ? Des pois et des juliennes, à la bonne heure ; mais du bouillon de poulet et de gibier ! quel non-sens ! »

La seule caisse dont on pût se réjouir, était celle où les voyageurs trouvèrent quatre chemises, des bas et deux paires de souliers, qui rendirent le docteur le plus heureux des hommes. La liste portait bien une douzième boîte où il devait y avoir douze bouteilles d'eau-de-vie médicinale ; mais cette caisse-là avait disparu, ainsi que deux balles d'étoffe et quatre sacs de perles rouges, qui, dans cette région, valent de l'or.

Cinq ou six jours après, l'Arabe auquel avait été adressé le premier envoi qu'on avait fait à Livingstone, se rendit à Kouihara, mais se garda bien de venir voir les voyageurs. Le docteur lui fit réclamer ses marchandises. Il répondit qu'il était malade et ne pouvait pas s'en occuper. Toutefois il finit par donner les ballots, en demandant qu'on ne fût pas trop fâché de la mauvaise condition dans laquelle il les remettait.

Ces ballots et ces caisses étaient détenus par l'Arabe depuis 1867, probablement dans l'espoir d'hériter des armes précieuses qui faisaient partie de l'envoi ; mais de ces dernières, les batteries n'existaient plus, les canons étaient rongés par la rouille, et les crosses dévorées par les termites. Quant aux bouteilles d'eau-de-vie, qui avaient été jointes à l'étoffe disparue, il n'en restait que le verre. D'après l'Arabe, grand amateur de spiritueux, c'étaient les fourmis blanches qui avaient absorbé le liquide, et remplacé aussi probablement les bouchons par des morceaux de rafle de maïs.

En fin de compte, de tous ces envois, dont le port avait été payé jusqu'au lac Tanganika, Livingstone ne tira que deux bouteilles d'eau-de-vie et une petite boîte de médicaments. Par bonheur, Stanley pouvait lui laisser deux mille cinq cents mètres de cotonnade, près de mille livres de perles, trois cent cinquante livres de fil de laiton, des armes, des munitions, de la toile, des vêtements, des outils, des ustensiles, un bateau, une tente, bref de quoi entretenir soixante hommes pendant quatre ans. Tout cela devait former la charge de soixante-dix porteurs ; Livingstone n'en avait que neuf. Comme le pays était toujours en guerre à cause de Mirambo, il fallait en chercher au loin. Stanley fut donc chargé, dès qu'il aurait gagné Zanzibar, d'enrôler une troupe d'hommes libres, de les armer, de les équiper et de les faire partir pour Kouihara.

Cette commission imposait à Stanley le devoir de se rendre en toute hâte à la côte et d'agir avec tout l'empressement dont il était capable. Son départ immédiat fut décidé. Un groupe d'indigènes se rendit alors devant sa porte pour y exécuter une danse d'adieu.

« En dépit de moi-même, dit le voyageur, entraîné par la musique, je me mis de la partie, à la grande satisfaction de mes hommes. C'est une danse enivrante,

L'AFRIQUE AUSTRALE. — Transport du corps de Livingstone à la côte. (Page 219.)

après tout, bien que sauvage. La musi_
que en est vive ; elle sortait de quatre
tambours sonores placés au milieu du
cercle. Bombay, toujours comique et
danseur passionné, était coiffé de mon
baquet ; Choupéreh, l'homme au pied
agile et sûr, avait une hache à la main,
une peau de chèvre sur la tête ; Ma-
brouki faisait des bonds d'éléphant solennel ; Baraka, drapé dans ma peau
d'ours, brandissait une lance ; Oulimengo,
armé d'un mousquet, paraissait affronter
cent mille hommes, tant il avait l'air féroce ; Khamisi et Kanina, dos à dos devant les tambours, lançaient ambitieuse-
ment des coups de pied au ciel ; le géant
Asmani, pareil au dieu Thor, se servait
de son fusil comme d'un marteau pour

broyer des bandes imaginaires. Toute autre passion dormait; il n'y avait là que des démons jouant leur rôle dans un drame fantastique, entraînés au mouvement par le tonnerre irrésistible des tambours.

La musique s'arrêta; le chorége se mit à genoux et se plongea la tête à diverses reprises dans une excavation du sol; puis il commença un chant grave, d'une mesure lente, dont le chœur, également agenouillé, répéta d'une voix plaintive les derniers mots de chaque verset, que je traduis littéralement.

Le chorège. — Oh! oh! oh! l'homme blanc s'en va chez lui.

Le chœur : — Oh! oh! oh! chez lui... chez lui!

— Dans l'île heureuse de la mer, où les perles abondent, oh! oh! oh!

— Oh! oh! oh! où les perles abondent.

— Pendant que Singeri nous garde si longtemps loin de chez nous, oh! oh! oh! si longtemps! oh! oh! oh!

— Loin de chez nous... oh! oh! oh!

— Et nous jeûnons depuis longtemps, oh! oh! oh! depuis si longtemps, oh! oh! oh! Nous mourons de faim, bana Singeri!

— Depuis si longtemps! oh! oh! oh! si longtemps, bana Singeri!

— Mirambo est en guerre pour combattre les Arabes. Arabes et Vouangouana sont en guerre pour combattre Mirambo.

— Oh! oh! oh! pour combattre Mirambo. Oh! Mirambo! Mirambo! pour combattre Mirambo!

— Mais l'homme blanc nous rendra joyeux. Il retourne chez lui et nous rendra joyeux... Oh! oh! oh!

. —L'homme blanc nous rendra joyeux, oh! oh! oh!

Il est impossible, ajoute Stanley, de rendre le ton, l'accent passionné de ce chant d'un rhythme parfait, exécuté par ces hommes, qui ont tant de plaisir à chanter en chœur. »

Enfin la petite troupe se mit en route. Livingstone voulut l'accompagner pendant quelque temps, mais il fallut en arriver à la séparation. Ce fut un moment de tristesse poignante pour Stanley: il eut comme un vague pressentiment que l'adieu devait être éternel, et des larmes mouillèrent ses yeux.

Le voyage s'accomplit sans incidents bien remarquables, mais non sans fatigue. Une pluie diluvienne, transformant les rivières en torrents impétueux et les plaines en marécages remplis de fondrières, assaillit les voyageurs peu de temps après leur départ et dura plusieurs jours. Tout le pays qu'ils avaient vu l'année précédente plein de richesse et d'animation se trouvait alors transformé en un véritable désert d'aspect lugubre. Simbamouenni, cette grande et belle ville, cette cité-lion si florissante n'existait plus : elle avait été emportée presque entièrement par les eaux, et la plupart de ses habitants étaient morts. Partout enfin se voyaient des amas de débris, des arbres arrachés; partout la solitude désolée.

Le 6 mai 1872, Stanley se retrouva à Zanzibar, où il s'occupa aussitôt de former la caravane qu'il devait envoyer au docteur Livingstone. Cinquante-sept hommes la composèrent et se mirent aussitôt en route sous le commandement d'un chef arabe. Ses engagements remplis, Stanley s'embarqua pour l'Angleterre, rapportant un journal écrit de la main du docteur Livingstone et toute une série de dépêches et de lettres.

La première impression, il faut le dire, ne fut pas favorable à l'intrépide voyageur. L'étonnant succès d'une entreprise où tant d'autres avaient échoué, et que l'on s'était habitué à regarder comme entourée d'obstacles insurmontables ; quelques détails singuliers, qui semblaient contraires au caractère, à la physionomie, en quelque sorte, du docteur Livingstone ; la qualité même et la profession de Stanley, le souvenir de supercheries restées fameuses dans l'histoire des voyages africains, tout, dans le premier moment, souleva une défiance universelle. La Société de géographie de Londres elle-même partagea cette défiance, et l'exprima sans beaucoup de ménagement.

Mais bientôt l'examen des nombreux documents rapportés par Stanley fit tomber tous les doutes, et justice fut rendue au courageux reporter américain. La Société de géographie lui décerna une médaille, et la reine Victoria lui fit présent d'une riche tabatière en or, en reconnaissance de l'énergie et de l'intelligence rares qu'il avait déployées dans l'accomplissement de sa hasardeuse entreprise.

Aucune nouvelle directe du docteur Livingstone n'était arrivée en Europe depuis le retour de Stanley, lorsque, vers la fin de l'année 1873, le bruit de la mort du célèbre explorateur se répandit en Angleterre. La triste nouvelle ne tarda pas malheureusement à être confirmée par une dépêche du consul anglais à Zanzibar.

Peu après, on apprit que l'illustre docteur, s'étant trouvé engagé pendant huit jours dans une région marécageuse, avait succombé aux suites d'une violente dyssenterie, le 27 avril 1873.

Les hommes de l'escorte ramenèrent le corps à Zanzibar dans les premiers jours de février 1874. Dans la crainte que ce précieux fardeaux ne leur fût dérobé par les indigènes des nombreux pays qu'ils devaient traverser, ils avaient eu soin de l'empaqueter comme une marchandise ordinaire, afin de ne pas éveiller les soupçons.

Le docteur Livingstone était, en effet, devenu, grâce à sa bonté et à sa douceur sans bornes, une sorte de divinité, de fétiche pour les peuplades au milieu desquelles il avait vécu ; dans l'esprit des nègres, il passait pour le protecteur du pays ; aucun malheur ne devait arriver tant qu'il y séjournerait. La nouvelle de sa mort et le départ du corps au su et au vu de tous, auraient donc pu susciter des troubles graves et peut-être des empêchements au retour de la caravane.

De Zanzibar, les dépouilles mortelles furent transportées en Angleterre et déposées, en grande pompe, dans l'abbaye de Westminster.

Si l'on se borne à ne considérer que le résultat de ses explorations, le docteur Livingstone a accompli l'œuvre la plus considérable qu'il ait été donné à un voyageur de mener à une fin satisfaisante. Il l'a accomplie seul et le plus souvent sans escorte. Ce n'était pas qu'il jalousât quelque émule; mais il avait la ferme conviction, à laquelle tous les géographes sont ralliés aujourd'hui, qu'un voyageur isolé, patient et consciencieux, fera plus et mieux que deux ou trois voyageurs qui s'embarrassent les uns les autres des accidents individuels dont ils peuvent être victimes et auxquels tous les membres de l'expédition sont forcés de se soumettre.

Quand on jette les yeux sur une carte de l'Afrique d'il y a vingt ans, on voit que la partie australe du continent africain était à peu près inconnue depuis l'équateur jusqu'aux limites de la colonisation européenne du cap de Bonne-Espérance. Les côtes seules étaient connues, quoique d'une manière très-imparfaite.

Aujourd'hui cet immense espace de régions problématiques, dans lequel l'Europe occidentale pourrait tenir à l'aise, est considérablement réduit. Toute la partie australe de l'Afrique a été éclairée d'une vive lumière à partir d'une ligne que l'on peut tirer de Zanzibar à l'embouchure du Zaïre ou Congo. Les grandes lignes de l'hydrographie sont tracées, et l'on peut déjà asseoir des conjectures sérieuses sur le régime des eaux de l'Afrique équatoriale.

Tel est l'immense résultat dû aux travaux du docteur Livingstone, pauvre et courageux missionnaire qui a lutté trente années contre toutes les misères de la civilisation pour se mettre en état de lutter pendant trente autres années contre les misères de la barbarie.

CHAPITRE X

VOYAGE DU CAPITAINE BURTON (1857 A 1859)

Les grands lacs de l'Afrique. — Une question à résoudre. — Départ du capitaine Burton, accompagné du capitaine Speke. — Zanzibar. — Kaolé. — Le pays de l'Ousagara et ses habitants. — Le pays de l'Ougogo. — Arrivée à Kasch. — Séjour forcé dans cette ville. — Détails sur les caravanes. — Les routes africaines. — Composition des caravanes. — Ordre de la marche. — La halte. — Le repas et la danse. — Une cantate. — Départ de Kasch. — Les femmes de Yombo. — Mséné. — La Terre de la Lune. — Mœurs et coutumes des indigènes. — Découverte du lac Tanganîka. — Son aspect. — L'Oujiji. — Une manière de priser. — Navigation sur le lac. — Tempête. — Retour à Kasch. — Excursion du capitaine Speke. — Il découvre le lac Victoria Nyanza. — Retour à la côte, puis en Angleterre.

Vers 1855, les rapports de deux missionnaires allemands attirèrent l'attention des savants sur l'existence d'un vaste lac qui, selon le dire des indigènes, couvrait toute la partie centrale de l'Afrique au sud de l'équateur. Les hommes compétents ne crurent pas à la réalité de cette sorte de mer intérieure et pensèrent que les missionnaires allemands confondaient en un seul plusieurs lacs distincts, désignés sur les anciennes cartes portugaises.

Toutefois la question offrait assez d'intérêt pour qu'on cherchât à la résoudre. Le capitaine Burton, attaché à l'armée des Indes, fut chargé de cette mission par la Société géographique de Londres. On lui adjoignit le capitaine Speke et, dans les premiers mois de l'année 1857, l'expédition débarqua à Zanzibar [1].

Le mot Zanzibar est tiré de zang, qui signifie nègre, et de bar, qui veut dire région. Les Arabes, dont le syllabaire ne possède pas le g dur, ont, en écrivant, changé le nom primitif en celui de Zanjibar, que toutefois ils prononcent Zangbar et qui pour eux est resté synonyme de terre des noirs. Autrefois le nom de Zanzibar s'appliquait indistinctement à la côte, à l'île et à sa capitale; aujourd'hui on ne l'emploie, sur les lieux, que pour désigner cette dernière. Les Arabes et les indigènes appellent l'île de Zanzibar tout simplement Kisikoua, île, par opposition à Bar el Moli, continent, qu'ils donnent à la côte.

De Zanzibar, le capitaine Burton se rendit, le 17 juin, à Kaolé, petite ville située sur la côte africaine, dans la portion que les Zanzibaristes appellent la Mrima. Il fut reçu au milieu des exclamations des hommes, des cris aigus des femmes, des remarques naïves des en-

---

[1] *Voyage aux grands lacs de l'Afrique*, par le capitaine Burton. Traduction de Madame Loreau. (Libr. Hachette et Comp.)

fants. Un chemin étroit, frayé au travers d'une jungle épaisse, entremêlée de champs de millet, le conduisit à une enceinte au centre de laquelle se trouvaient une douzaine de cases faites avec de la boue et des branches d'arbre. Ces cases, divisées en compartiments et séparées de leurs voisines par de grandes cours n'avaient pas de fenêtres; mais le toit, composé de nattes grossières, était assez élevé pour que l'aération des chambres fût tolérable. Un hangar, formé à l'extérieur par la projection du toit, abritait un large banc en pisé, recouvert de nattes, et servait d'atelier, de boutique et de parloir. Autour des habitations les plus considérables, une masse de cabanes constituait les communs.

Tout le pays de la Mrima était soumis à des chefs indépendants de Zanzibar. Ces tyranneaux jouissaient à l'égard des trafiquants du privilége d'exaction dans toute son étendue, et le concédaient à leurs administrés, qui pillaient les caravanes déjà mises à rançon. Aussi, l'escorte du capitaine Burton fut-elle bientôt saisie d'effroi en pensant aux difficultés du voyage, et ce ne fut pas sans de grandes difficultés que notre voyageur put se mettre définitivement en marche vers l'intérieur.

Durant le premier mois, l'expédition eut à traverser un pays presque uniformément plat, entremêlé de savanes, de terrains boisés et de vallées herbeuses, où les eaux, débordées au temps des pluies, laissent après elles une multitude de lagunes et de marécages couverts d'énormes roseaux, demeure infecte de myriades d'insectes et de reptiles. Elle entra ensuite dans l'Ousagara, belle région montagneuse, dont les vertes vallées, le climat sain, l'air pur rendirent à tous la force et la santé.

Les habitants de l'Ousagara, rapporte Burton, sont de beaux hommes, grands et robustes, dont la barbe est plus fournie que celle des autres indigènes; leur couleur est de nuances très-diverses : on en trouve de presque noirs et d'autres qui sont d'un brun chocolat.

Quelques-uns se rasent la tête; il en est d'autres qui portent la shoushah des Arabes, sorte de calotte plus ou moins grande. La majorité a l'ancienne coiffure des Égyptiens : les cheveux relevés sur le front ou bouclés et tombant jusqu'aux yeux, gardant toute leur longueur, et distribués en une multitude de petites torsades, composées chacune de deux mèches enlacées; la roideur de ces tire-bouchons les empêche de se confondre, et leur masse forme autour de la tête un rideau qui descend jusqu'à la nuque. Il n'est pas de coiffure plus caractéristique et d'un plus grand effet, lorsque surtout elle est revêtue d'une couche d'ocre et de mica, ornée de verroterie, de boules de laiton et d'autres objets de même nature, qui s'agitent, flamboient, s'entrechoquent et résonnent au moindre mouvement de tête. Les guerriers et les jeunes gens y ajoutent des plumes d'autruche, de vautour, ou de geai aux vives couleurs. Dans quelques tribus un fil rougeâtre est mêlé à chacune des torsades. Il est rare qu'on peigne ces cheveux à fond, ce travail demandant un jour entier pour une chevelure de moyenne épaisseur. Dès lors on n'est plus étonné du nombre de poux qui infestent le pays.

Personne, excepté les chefs, ne porte ni turban ni bonnet. Hommes et femmes ont les oreilles singulièrement distendues ; pratiqué avec une épine ou une aiguille, le trou percé dans le lobe est élargi au moyen d'un morceau de bois, d'un fragment de canne ou de plusieurs tuyaux de plumes , dont le chiffre s'élève peu à peu jusqu'à vingt ; dans l'ouverture qui en résulte on place un disque de laiton, d'ivoire, de bois ou de gomme, un rouleau de feuilles de bétel, ou un morceau de noix d'arec. Ainsi déformée, l'oreille sert à divers usages qui n'ont rien de commun avec ses fonctions organiques, et porte souvent une tabatière, une corne à bouquin ou autres menus objets. Lorsque la fente est vide, surtout chez les vieillards, ce lobe informe, pareil à la boucle d'un nœud coulant, tombe jusque sur les épaules.

Des cicatrices linéaires et confuses, pratiquées entre l'oreille et le sourcil, forment le signe caractéristique de la tribu ; quelques hommes, surtout dans l'est de la montagne, se liment les dents en pointe.

Le costume est composé de la skoukkah, dont les deux bouts viennent s'attacher sur la poitrine, où quelquefois ils sont maintenus par une corde, une lanière de cuir ou une torsade de fil d'airain ; c'est l'ouzar de l'Arabe. En voyage cette draperie est réduite à sa dernière expression afin qu'elle ne gêne pas la marche. Elle est en cotonnade bleu foncé, ou de calicot écru, teint d'un jaune fade. Toutefois l'étoffe est le privilége de la richesse ; la multitude porte un jupon court de fibre de baobab, et la dépouille assouplie des moutons et des chèvres.

Il est curieux que dans l'est de l'Afrique, où de temps immémorial on s'est couvert de pelleterie, et où certaines tribus font leurs tentes en peaux de bœuf, on n'ait pas trouvé, ou même importé les premiers éléments de la tannerie, mis en pratique chez la plupart des sauvages. Aussitôt que la bête est écorchée, la peau, fixée avec des chevilles pour empêcher qu'elle ne se retire, est étendue au soleil, le poil du côté de la terre, et demeure ainsi jusqu'à ce qu'elle soit complétement sèche. Les trous nombreux que les chevilles ont laissés à la marge lui donnent un semblant d'ornementation ; le poil est quelquefois enlevé, hormis une frange de six ou huit centimètres de large qu'on réserve au pourtour ; les élégants tiennent à conserver les jambes et la queue de l'animal. Ces peaux sont ensuite foulées et vigoureusement battues, afin de les assouplir. Une fois qu'elles sont amollies on les porte, et quelques jours après la graisse et la boue les ont presque tannées.

Cette espèce de manteau s'attache sur l'une ou l'autre épaule, soit au moyen d'une corde, soit en nouant les deux extrémités qui se rejoignent ; il laisse à découvert toute une moitié du corps, et flotte au gré du vent. En route, lorsque la pluie commence, il est ôté, plié avec soin et placé entre le fardeau et l'épaule, de sorte qu'en arrivant au kraal le voyageur délicat puisse avoir un vêtement sec.

Parmi les femmes, celles qui appartiennent aux familles les plus riches, portent la tobé, draperie de quatre mètres de long, qui passe sous les bras, serre la poitrine, en même temps qu'elle la voile, et revient s'attacher sur la hanche. Les cotonnades foncées, les indiennes bleues, les étoffes quadrillées s'emploient de préférence au calicot uni.

La masse féminine est vêtue d'une jupe de peau courte et graisseuse, mais décente, et d'un plastron du même qui prend au cou et descend jusqu'à la taille; l'enfant est porté sur le dos et soutenu par une large bande, également en pelleterie.

Dans les classes les plus pauvres le costume des hommes et des femmes se borne à l'étroit fourreau d'écorce fabriqué, dans la région maritime, avec les fibres du dattier sauvage, dans l'intérieur, avec celles du baobab, et qui, serrant le bassin, tombe à mi-cuisse.

Les enfants n'ont qu'un lambeau de frange, en guise de tablier, vêtement analogue à la courroie nubienne. Où la rassade abonde, on le remplace par un *shagélé*, petite bavette carrée, faite avec des perles, et soutenue par un fil de verroterie, qui forme ceinture. Le shagélé présente une foule de modifications; chez quelques marmots c'est un assemblage de petites plaques d'étain de la largeur du doigt; les plus jeunes n'ont pour la plupart d'autre vêtement qu'une corde, avec ou sans perles, et qui fait le tour de la taille.

Ainsi que tous leurs congénères, les habitants de l'Ousagara sont ornés de verroterie et de fil de laiton, et le poids et le nombre des bijoux est le signe de la richesse et de la respectabilité. Une bandelette de perles bleues et blanches leur entoure la tête, et des grains de verre ou de porcelaine en quantité considérable leur décorent la poitrine, les bras et les chevilles. Le kitindi, brassard en fil de laiton, s'étend parmi eux du poignet jusqu'au coude. Quelques élégants portent de petites chaînes avec pendeloques de cuivre ou de zinc, et les riches ont plusieurs rangs de fil de cuivre au-dessus du genou.

Ces naturels n'empoisonnent pas leurs flèches, mais les barbellent cruellement d'épines aiguës, fortes et longues, qu'ils fixent dans le fer profondément entaillé. Leurs lances et leurs javelines sont fabriquées avec de vieilles houes; la lame en est solidement attachée au bois par un anneau en cuir, fait d'un morceau de queue de vache, et qui, distendu avec effort et se resserrant ensuite, forme virole. La hampe de quelques javelines est renflée au milieu, probablement pour servir de *roungou*, sorte de massue en usage dans le pays. Il est rare que les hommes soient dehors sans une serpe de forme particulière, dont le manche dépasse la lame, qui, tranchante et pointue, se termine à angle droit.

Poursuivant sa route vers l'ouest, Burton traversa le territoire d'un assez grand nombre de peuplades formant autant de petits Etats ayant chacun leurs chefs particuliers. Le plus important de ces Etats est celui de l'Ougogo, dont les habitants, grâce à la salubrité du climat, forment une race très-vigoureuse.

Le signe national de la tribu est dans

L'AFRIQUE AUSTRALE. — Vue de Zanzibar.

l'arrachement des deux incisives médianes de la mâchoire inférieure, souvent d'une seule chez les hommes; toutefois on en reconnaît plus vite les membres à leurs prodigieuses oreilles. Il faut
dire que dans cette région l'oreille percée est, non la marque de l'esclave, mais
bien celle de l'homme libre.

Le tatouage n'a rien de caractéristique; on remarque seulement chez quelques femmes deux raies longitudinales
qui prennent au-dessous de la poitrine et
s'étendent sur tout l'abdomen. Les cheveux sont quelquefois entièrement rasés,
quelquefois coupés en brosse. La plupart
des individus en font une masse de petites nattes, et les enduisent, ainsi que
tout leur corps, de terre ocreuse et mica-

cée ; une couche de beurre fondu, brochant sur le tout, fait l'orgueil des puissants et des belles.

Parmi les jeunes femmes, il en est qui peuvent se dire jolies. Toutefois, si la partie supérieure du visage est souvent bien, les lèvres sont épaisses et d'une expression brutale ; le corps est heureusement proportionné jusqu'aux hanches, mais le reste est défectueux, la jambe est maigre, le mollet trop mince est placé beaucoup trop haut. Même chez le sexe faible et doux la physionomie est sauvage, la voix forte, stridente, impérieuse, et les paupières sont rougies et fréquemment éraillées par l'ivresse.

Comparé à celui de leurs voisins, le costume des habitants de l'Ougogo leur donne un certain air de civilisation ; il est aussi rare de voir chez eux un vêtement de pelleterie que de rencontrer, plus à l'ouest, un lambeau de cotonnade. Les enfants mêmes sont généralement vêtus. Presque tous les hommes ont une draperie d'indienne ou de tissu arabe quadrillé. Les femmes riches portent des étoffes voyantes de soie et coton : les pauvres du calicot écru. Les petites filles ont une espèce de tablier, ou plutôt de bandage, qui leur tombe jusqu'aux genoux, et qui a pour ceinture un ou deux rangs de grosses perles bleues, appelées soungomaji. Une bande de cotonnade d'une longueur de deux mètres est attachée par derrière à cette ceinture, ramenée par devant, et serrée à la taille ; à chaque mouvement rapide, les deux bouts de cette écharpe flottante, qui arrivent à mi-jambe, produisent beaucoup d'effet. Les deux sexes ont pour parure le

kitindi, les bracelets de fil de laiton, les anneaux de fer massif aux chevilles et aux poignets, les chaînes d'airain, les cercles et les disques d'ivoire, dont la matière est la source principale de leur richesse ; des courroies de pelleterie aux longs poils, serrées au poignet, au-dessus du genou et du coude ; enfin la verroterie, dont ils n'estiment que la plus chère : les perles roses et rouges.

Ainsi qu'ailleurs, les hommes ne sont jamais sans armes ; quelques-uns portent le couteau à double tranchant, véritable dague, servant dans le combat et dans les travaux usuels. On ne leur voit pas de bouclier. La lance dont ils se servent peut avoir un mètre vingt centimètres ; le fer s'y attache, à une hampe solide, par une encolure formant virole, et qui a la moitié de la longueur totale.

Les Arabes tiennent cette population pour une vilaine race, vaniteuse et violente, fanfaronne et pillarde. Certes ils n'ont aucune idée des convenances ; ils arrivent en foule sous la tente du voyageur, s'accroupissent devant lui, le regardent impudemment, et le raillent sans pitié des bizarreries qu'il présente. La multitude se presse sur vos pas, elle vous suit pendant plusieurs milles ; les femmes, la poitrine découverte, leurs poupons sur l'échine, où ils sont fixés par une peau de léopard, courent après vous en poussant des cris féroces ; les jeunes filles éclatent de rire et se moquent du voyageur avec l'insolence réservée aux gamins dans les contrées les plus modestes. Mais, cette curiosité même prouve qu'ils sont perfectibles ; les peuplades entièrement dégradées, ont trop d'apathie pour s'émouvoir de ce qu'elles n'ont jamais vu.

Il y a en outre chez les habitants de l'Ougogo une hospitalité qui, malgré sa rudesse, n'en existe pas moins ; l'étranger est salué par eux avec un certain empressement ; ils l'accueillent et l'acceptent pour frère ; le chef de famille lui donne son escabeau, s'assied par terre auprès de son hôte, lui apporte du laitage, lui prépare de la bouillie, et quand viennent les adieux, lui donne une chèvre ou une vache, si sa fortune le lui permet. Le facteur de caravane est presque toujours ivre tant qu'il séjourne dans l'Ougogo, et sans qu'il lui en coûte. Les femmes sont complaisantes pour l'étranger de couleur pâle, et selon toute apparence, avec la permission des maris ; si l'on en croyait les Arabes, l'époux de la fille serait, *de jure*, l'amant de la mère.

Quatre mois et demi après son départ de la côte, le 7 novembre 1857, Burton arriva à Kaseh, principal établissement des Arabes dans ces contrées, et capitale de l'Ounyanyembé. On lui avait prédit un mauvais accueil de la part des habitants ; la façon dont ils le reçurent fut au contraire des plus bienveillantes. Après lui avoir laissé un jour de repos, suivant l'usage, afin qu'il pût régler avec ses porteurs, tous les marchands de la ville, au nombre de dix ou douze, vinrent lui rendre visite.

Le capitaine fut retenu à Kaseh du 7 novembre au 14 du mois suivant, et ce fut pour sa patience une longue et rude épreuve. Le lendemain de l'arrivée, les porteurs, sans dire un mot, sans faire un

signe d'adieu, étaient partis pour se rendre dans leurs foyers, et il fallait par conséquent en trouver d'autres. Or la composition d'une caravane est, dans cette partie de l'Afrique, une des plus grandes difficultés qu'éprouvent les voyageurs. Le capitaine Burton donne, à ce propos, des détails très-intéressants.

« Depuis son enfance, dit-il, on entend parler des chameaux, des litières, des mulets, des chevaux ou des ânes qui composent une caravane ; mais le transport à dos d'homme a échappé jusqu'ici à la plume de l'écrivain. »

En Afrique, en effet, et surtout dans la partie orientale, la route, cette première attestation du progrès chez un peuple, n'existe pas ; les voies les plus fréquentées n'y sont que des pistes de vingt ou trente centimètres de large, frayées par l'homme dans la saison des voyages, et qui, suivant l'expression africaine, meurent pendant la saison des pluies, c'est-à-dire s'effacent sous une végétation exubérante.

Dans la plaine déserte, le sentier se divise en quatre ou cinq lignes tortueuses ; dans les jungles c'est un tunnel, dont la voûte branchue arrête le porteur en accrochant son fardeau ; près des villages, il est barré par une haie d'euphorbe, une estacade, un amas de fascines. Où la terre est libre, il s'allonge de moitié par mille détours. Le plus mauvais est encore celui qui borde les rivières, ou celui qui serpente sur le sol pierreux et déchiré qu'on trouve à la base des collines ; dans le premier cas, envahi par une herbe longue et touffue, surgissant d'une boue liquide, c'est un repaire de voleurs ; dans l'autre, c'est une suite de crevasses profondes, renfermant un ruisseau engourdi, marqueté de flaques de vase et plus difficile à franchir qu'un torrent.

Jusqu'à ces dernières années tous les négociants faisaient porter leurs marchandises par des esclaves qu'ils louaient sur la côte, ou dans l'île ; c'est encore la méthode en usage sur les routes qui du bord de la mer se rendent aux lacs Nyanza et Nyassa ; mais sur la ligne que suivit Burton, le transport s'effectue maintenant par les indigènes qui considèrent le portage comme une preuve de virilité ; c'est chez eux le même besoin que celui d'une profession parmi nous, la marque d'un caractère honorable, le signe de l'être fort.

Les enfants en prennent le goût avec le lait de leur mère, et dès l'âge le plus tendre, se chargent eux-mêmes d'un petit morceau d'ivoire. Porteurs de naissance, comme les chiens chassent de race, pliant sous le faix, les courageux bambins conservent toute leur vie les jambes arquées de l'animal qui a travaillé trop tôt. Mais le point d'honneur fait taire toute considération : « Il couve ses œufs, » disent les gens en parlant d'un homme dont la vie est sédentaire ; et « qui a vu le monde n'est pas vide de sens, » est l'un des proverbes qu'on entend citer le plus fréquemment.

En dépit néanmoins de leur amour des voyages, ces Africains ont la passion du sol natal, et rien ne prévaut contre le désir du retour, quand une fois il s'est emparé d'eux.

Au départ, quelle qu'ait été l'ardeur qu'ils ont mise à s'engager, leur présence ne tient qu'à un fil, tant qu'ils sont près de chez eux ; au moindre prétexte ils emballent leurs effets et disparaissent en masse. Quand on approche de leur pays, on leur prend tout leur avoir, on met leur étoffe et leur rassade avec les marchandises, et l'on fait garder le tout par des esclaves armés. Précaution excellente, mais souvent inefficace. La pensée qui les domine, et qui chez eux étouffe la raison, éveille leur intelligence pour tout ce qui concerne la fuite ; il est rare qu'ils aillent se joindre immédiatement à la caravane qui les entraîne ; ils craindraient que celui qui les a payés ne les fît poursuivre, et n'employât la force pour les contraindre à revenir.

Excepté dans les lieux où les voleurs et les bêtes féroces sont inconnus, les hommes ne désertent jamais la nuit ; et pourtant dès qu'on s'aperçoit de leur départ, il est presque inutile de les chercher. Ils ont toutefois leur délicatesse ; en partant ils laissent le fardeau qu'on leur avait confié. Double avantage sur l'esclave, qui disparaît avec sa charge, et qui vole son maître par sa fuite, alors même qu'il s'en va les mains vides.

Les caravanes, appelées *Safari* par les gens de la côte, du mot arabe *Safar*, qui signifie voyage, et par les Africains *rougendo* ou *lougendo*, c'est-à-dire *aller*, manquent rarement sur les routes principales. L'instant qu'on choisit de préférence pour le départ de la côte est la fin des deux moussons, époque où l'eau est copieuse, où les denrées sont abondantes, et qui, sur le rivage, arrive en juin et en septembre. Celui qui, avant de partir, laisse venir la sécheresse, doit compter sur beaucoup de privations ; il payera les vivres deux ou trois fois plus cher, et ses porteurs déserteront plus fréquemment.

Pour le retour on part en toute saison, excepté pendant les pluies ; il est très-difficile de décider les indigènes à quitter leurs champs entre les mois d'octobre et de mai, ce qui est le moment des travaux. Ils abandonnent volontiers la culture à leurs femmes et à leurs enfants, quand il s'agit de transporter leur propre ivoire ; mais à cette époque ils ne se dérangent pour les autres qu'à un prix excessif, et même alors ils ne s'engagent qu'avec hésitation.

Le taux des salaires que réclament les porteurs varie chaque année, et pour chaque caravane ; il se débat entre ces deux limites : la volonté du marchand, qui est de donner le moins possible, en exploitant les besoins de celui qu'il veut employer, et l'ambition du pagazi, qui est d'extorquer le plus possible en tirant parti de l'embarras de celui qu'il veut servir.

Quelquefois les porteurs surabondent à la côte, et l'enrôlement est facile. Quand ils sont peu nombreux les divers comptoirs se les disputent, chacun veut les accaparer au préjudice de la bourgade voisine ; et la querelle devient parfois sanglante.

Trois sortes de caravanes parcourent l'est de l'Afrique ; les unes se composent uniquement d'indigènes ; les autres ont pour chefs et pour escorte des métis, ou des esclaves commissionnés par leurs maîtres ou leurs patrons ; enfin les troisièmes sont commandées par les Arabes eux-mêmes.

Pas de désertion, pas de murmures dans les premières qui sont très-nombreuses, et le trajet s'y accomplit aussi vite que possible. On marche depuis le lever du soleil jusqu'à onze heures du matin ; parfois on continue la route dès que la grande chaleur est passée ; on travaille avec courage, on se met à deux pour les charges trop lourdes. Leur épaule est au vif par le poids du fardeau, leurs pieds sont déchirés ; ils n'en vont pas moins, presque nus, à travers les épines et les herbes tranchantes, réservant leur étoffe pour se parer chez eux. Tout leur fonds échangeable se compose de quelques vieilles houes, qu'ils troqueront pour le fer, contre un peu de grain, ou qu'ils donneront pour droit de passage, et d'un petit troupeau de génisses et de bouvards, qui aura le même emploi, s'il ne se perd pas en route.

Ils ne possèdent ni tentes, ni couvertures ; le plus grand nombre couche par terre ; ceux qui ont besoin de confort emportent, en surcroît de leurs charges et de leurs armes, une peau de bête qui leur sert de tapis, une marmite, une petite calebasse de beurre fondu, un tabouret, et une caisse d'écorce, qui renferme leurs vêtements et leurs perles.

Ils souffrent du climat, de la mauvaise nourriture, de l'excès de fatigue ; d'affreuses épidémies, la petite vérole surtout, les déciment lorsqu'ils approchent de la côte ; et malgré leur aspect décharné, ils supportent mieux le voyage qu'on ne pourrait s'y attendre.

L'Européen ne saurait accompagner

ces bandes indigènes, qui, de même que les Indiens de la Guyane, ne se détournent jamais, quel que soit l'obstacle qu'elles rencontrent.

« Quant à nous, dit Burton, en fait de marche, c'est ainsi que les choses se passent : tout est silencieux comme la tombe; chacun est endormi, jusqu'à l'homme de garde qui se balance à côté du brasier. Vers quatre heures, l'un de nos coqs, —nous avons parfois six de ces réveille-matin; favoris de toute la bande, ils perchent sur le balancier qui soutient la charge des porteurs, et ont à boire dès que la soif leur fait ouvrir le bec; — l'un de nos coqs bat des ailes et salue le point du jour; les autres lui répondent. Il y a déjà quelque temps que je soupire après la lumière, et quand je me porte bien, après mon déjeuner.

Aussitôt que l'Orient pâlit, j'appelle mes Goanais pour qu'ils me fassent du feu; ils grelottent en bâillant (le thermomètre est à quinze degrés centigrades) ils s'empressent d'obéir et d'apporter à manger. L'appétit n'est pas très-vif, à pareille heure, et demanderait à être sollicité par un changement de régime. Nous prenons du thé, du café quand il y en a, des gâteaux au levain de petit-lait, trempés dans de l'eau de riz, ou bien encore un potage qui ressemble à du gruau.

Les Béloutchis, pendant ce temps-là, chantent leurs hymnes sacrés autour d'un chaudron, placé sur un grand feu, et se réconfortent avec une espèce de couscoussou, des fèves grillées et du tabac.

Vers cinq heures le réveil est complet; les chuchotements commencent; c'est un moment critique : les porteurs avaient promis de partir de grand matin, et de faire une longue étape; mais changeants comme l'onde ou comme la femme, ils ne ressemblent plus, par cette froide matinée, aux hommes qui avaient trop chaud la veille : peut-être, d'ailleurs, plus d'un a-t-il la fièvre. Puis, dans toutes les caravanes il y a de ces paresseux à la voix haute, à l'esprit de travers, dont le seul plaisir est de contrecarrer toute chose; s'ils ont résolu de ne pas bouger, ils restent devant les tisons à se chauffer les pieds et les mains sans détourner la tête, ou en regardant sous cape le maître qui enrage.

Si la bande est unanime, vous n'avez plus qu'à rentrer sous votre tente. Si, au contraire, il s'y manifeste quelque division, un stimulant un peu actif mettra tout le monde en train. Le caquet s'anime, les voix s'élèvent et bientôt les cris volent de toute part : «Chargeons! chargeons! en route! en voyage! » et les fanfarons d'ajouter : « Je suis un âne! je suis un bœuf! un chameau! » le tout accompagné du bruit des tambours, des flûtes, des sifflets et des cors.

Quand nous en avons la force, mon compagnon et moi, nous montons sur nos ânes, conduits par ceux qui portent nos armes. Quand nous ne pouvons pas nous soutenir, deux hommes nous portent dans nos hamacs, suspendus à de longues perches.

Lorsque tout le monde est prêt, le guide se lève, prend sa charge qui est l'une des plus légères, son drapeau rouge, lacéré par les épines, et ouvre la marche.

suivi d'un porteur qui frappe sur des timbales en forme de sablier.

Notre guide, ou Kirangozi, est splendidement vêtu; il porte une bande de drap écarlate, d'une longueur de deux mètres, fendue au milieu, pour lui livrer passage à la tête, et qui flotte au gré du vent. Un bouquet de plumes de hibou, quelquefois de grue couronnée, surmonte la dépouille d'un singe à camail, ou celle d'un chat sauvage, qui lui couvre le chef et lui retombe sur les épaules, après lui avoir entouré la gorge. La queue de n'importe quel animal, attachée à sa personne de manière à faire croire qu'elle lui est naturelle, une broche en fer, appelée Komé, terminée par un crochet, décorée d'un fil de perles mi-parties, et une quantité de petites gourdes huileuses, renfermant du tabac, des simples et des charmes, constituent les insignes de sa charge. »

La caravane enfin complète, et formée en colonne, serpente, comme un boa monstrueux au flanc des montagnes, au fond des vallées, ou dans la plaine. En tête, immédiatement après le kirangozi, viennent les dignitaires du portage pesamment chargés d'ivoire, et fiers de leur fardeau; à la pointe de la défense est une clochette, pareille à celle que l'on voit au cou des vaches, et qui ne cesse pas de tinter; à l'autre bout sont une gourde, une natte, une caisse, un pot de terre, les bagages du porteur. Lorsque le faix est trop lourd, on le fixe à une perche, et deux hommes le transportent à la façon d'un palanquin.

Après l'ivoire, l'étoffe et la rassade, en ballots effilés, de deux mètres de longueur sur une épaisseur de trente centimètres, protégés par des bâtons formant bourriche, ayant en général une fourche à l'un des bouts pour faciliter le chargement et la mise en tas des fardeaux; énormes traversins qui se placent indifféremment sur l'une ou l'autre épaule, et quelquefois sur la tête pour reposer celle-ci.

Derrière la verroterie et l'étoffe est la plèbe, en longue file débandée, entremêlée d'esclaves et chargée de matières légères : dents de rhinocéros, cuir, sel, tabac, houes en fer, caisses et ballots, tentes et literies, nattes et calebasses, effets particuliers. Ici comme ailleurs, le plus fort prend la corde, et ce sont généralement les hommes les plus vigoureux qui ont la charge la moins lourde.

Avec ces derniers, mais formant des groupes distinctifs, marchent les gardes, leur mousquet à l'épaule, les femmes, les enfants qui trottinent sous le poids d'un petit fardeau, poids qui ne leur manque jamais, ne fût-il que d'une livre. Enfin les ânes portant leur faix sur un bât en peau de buffle ou de girafe.

Il est bien rare de trouver une caravane qui n'ait pas son mganga (sorcier, docteur et prêtre); le saint personnage ne dédaigne pas les fonctions de porteur, mais en vertu de son caractère sacré, il sollicite la plus mince de toutes les charges; et comme tous ses pareils, mangeant beaucoup, travaillant peu, c'est un homme gras et robuste, au crâne luisant, à la peau fine et douce.

L'arrière-garde est conduite par l'un des chefs de la caravane, ou par plusieurs d'entre eux, qui souvent ferment la marche afin de veiller sur les traînards, et de prévenir la désertion.

Tout le monde est mal vêtu ; celui qui ferait toilette en voyage serait certainement raillé. S'il vient à pleuvoir, chacun défait la peau de chèvre qui lui sert de manteau, la plie soigneusement et la place entre sa charge et son épaule. Quand on a distribué du grain, le porteur empaquette ses rations et se les attache au bas de la taille. Sur cette espèce de tournure, il fixe le tabouret qui doit lui éviter de s'asseoir par terre.

Une fois en marche, le bruit est la distraction normale ; c'est à qui rivalisera avec les tambours et les cors ; et chacun de siffler, de chanter, de crier, de glapir, de hurler, d'imiter les oiseaux, les bêtes féroces, de jeter aux vents des paroles qui ne se disent qu'en voyage, et de babiller sans cesse.

En cas de rencontre de deux caravanes, celle qui a pour chef un Arabe exige qu'on lui livre passage. Si toutes les deux sont composées d'indigènes, personne ne veut céder ; il en résulte une querelle ; mais les armes qu'on s'empresse de saisir n'ont pas l'effet meurtrier qu'elles pourraient avoir : l'arc et la lance agissent comme le fouet et le bâton.

Quand les caravanes sont amies, les deux guides s'avancent d'un pas théâtral, le jarret tendu, la tête en arrière ; ils s'arrêtent à chaque enjambée, en se jetant des regards obliques, et vont ainsi jusqu'à ce qu'il n'y ait plus entre eux qu'une certaine distance ; plongeant alors tout à coup, ils se précipitent l'un vers l'autre, et se heurtent le front comme deux béliers qui s'attaquent ; chacun suit leur exemple, et la mêlée devient générale. On croirait à une rixe furieuse ; mais le combat finit au milieu des acclamations et des rires, quand toutefois il n'y a pas eu de trop mauvais coups. La plus faible des deux caravanes cède le pas à l'autre, et reconnaît son infériorité en payant un léger tribut à la plus forte.

Vers huit heures, si l'on découvre un bouquet d'arbres, une place ombreuse ou un étang, le drapeau rouge se déploie, et le son du barghoumi, qui, de loin, rappelle celui du cor de chasse, parfois un coup d'arme à feu, annonce une halte.

Quand les logements sont prêts, les ânes déchargés, le bois entassé, l'eau apportée de la citerne ou du ravin, on s'occupe du repas. C'est plaisir d'entendre le chant des marmitons, celui des femmes qui écrasent ou décortiquent le grain, et le tintement du pilon de l'esclave qui broie le café, dont il croque une bonne part.

Trois pierres ou trois mottes d'argile placées en triangle composent le fourneau. Ce trépied supporte un pot de terre noire, qu'entoure un petit groupe de convives, en dépit du soleil qui les brûle.

Chez eux, où ils mangent à leur dépens, les indigènes se contentent d'un maigre plat de farine et d'eau ; mais comme tous les peuples sobres, ils ont la faculté de réparer le temps perdu : la marmite ne s'emplit que pour se vider, se remplir et se revider sans cesse ; ils mangent tant qu'ils ont à manger, dévorent en deux jours les provisions de la semaine ; après cela ils font les mécontents.

L'AFRIQUE AUSTRALE. — La Terre de la Lune.

Entre leurs douze repas, ils fument, ils chiquent, ils mâchent des cendres ou de la terre rouge provenant d'une fourmilière. La journée s'écoule ainsi autour de la gamelle. Quand, par suite de leur goinfrerie précédente, ils sont menacés d'un jour de jeûne, ils entourent le feu d'un air mélancolique, et fument avec irritation. En général, cependant, ils ont en réserve au moins une chèvre.

Arrive le soir ; on parque les vaches, on entrave les ânes, et l'on compte les fardeaux, opération difficile au milieu d'individus que rebute la moindre peine.

La besogne terminée, on se salue avec une gravité extrême ; en nulle autre occasion les indigènes ne sont aussi sérieux, aussi absorbés par le but qu'ils se proposent. On forme un cercle ; au milieu du cercle, un homme est debout et chante un solo, que tout le monde accompagne en sourdine. Le corps se balance avec lenteur, les pieds se lèvent alternativement ; au dernier temps de la période musicale, tous les danseurs frappent la terre, et le sentiment du rhythme est si prononcé chez eux, que les deux cents talons ne forment qu'un seul et même coup.

Peu à peu la voix s'élève, le cercle s'anime, les bras s'agitent, les corps se baissent, touchent le sol et rebondissent ; le groupe se condense, la voix grandit, le mouvement s'accélère, et une sorte de galop infernal emporte ce tourbillon satyriaque, aux gestes qui n'ont plus rien d'humain. Lorsque la frénésie est à son comble, le chant s'arrête et les danseurs, éclatant de rire, se jettent par terre pour reprendre haleine et se reposer.

Quelquefois un danseur de mérite, le bouffon du village, exécute un pas seul ; la tête, les bras et les jambes ornés de lanières de peau de vache, il s'avance au milieu des spectateurs, et fait flotter autour de lui ses banderoles poilues, en se démenant et en se contournant comme s'il avait les membres disloqués.

Quand on ne danse pas et qu'il n'y a plus moyen de manger, de fumer et de boire, les porteurs babillent autour du feu, et chantent quelque poésie dans le goût de celle qu'on va lire. Cette cantate fut sans doute composée en l'honneur de Burton, dans tous les cas on l'exécuta fréquemment dès qu'on eut la certitude qu'il pouvait la comprendre.

Il ne faudrait pas se scandaliser de l'épithète de *méchant* qui lui est appliquée ; c'est un éloge : le mot *bon* dans ces parages est synonyme de simple, il désigne l'un des membres de cette *buona famiglia* qu'estime le cuisinier italien, parce qu'on la plume sans qu'elle se plaigne, et qu'on l'écorche sans qu'elle regimbe.

Le méchant homme blanc vient du rivage,
    Pouti ! pouti [1] !
Nous le suivrons, le méchant homme blanc,
    Pouti ! pouti !
Aussi longtemps qu'il nous nourrira bien,
    Pouti ! pouti !
Nous franchirons et montagne et rivière,
    Pouti ! pouti !
Avec la caravane du grand négociant blanc !
    Pouti ! pouti !
    Etc., etc., etc.

Vers huit heures le cri : « sommeil ! sommeil ! » se fait entendre ; chacun s'empresse d'y obéir, excepté les femmes, qui parfois se relèvent à minuit pour jaser.

Peu à peu la caravane s'endort, et la scène devient imposante, surtout quand on bivaque dans les bois ; la flamme qui jaillit par intervalles du brasier languissant éclaire, parmi les troncs noueux et feuillus, des groupes de bronze variés de forme et d'attitude. Un ciel d'un bleu foncé, pailleté d'or, forme comme une voûte profonde, limitée par la nuit. Tout est calme et revêtu de cette sublimité que la nature imprime à ses œuvres.

Le 15 décembre, le capitaine Burton, plus mort que vif, se fit placer dans une litière et quitta Kaseh. Bientôt il atteignit Yombo, petit village récemment établi et formé de tentes circulaires en-

---

[1] Equivalent de : tra la la la.

tourées d'arbres ; il s'y arrêta deux jours.

Le soir, toutes les femmes du village, depuis l'aïeule jusqu'à la fille de douze ans, s'asseyaient en rond sur de petits tabourets ou sur des pièces de bois, et prenaient leurs grandes pipes à foyer noir. Elles fumaient avec une satisfaction intense, aspirant lentement la vapeur favorite et l'exhalant en légers tourbillons qui s'échappaient de leurs narines. De temps à autres elles se rafraîchissaient la bouche avec des tranches de manioc ou d'un épi de maïs vert, cuit sous la cendre ; puis quelque sujet d'entretien, d'une importance locale, faisait déposer les pipes, et un babil animé rompait tout à coup le silence.

« La pipe dont elles se servent, dit Burton, mérite de fixer l'attention ; non pas que la matière en soit précieuse (elle est d'argile à moitié cuite), mais la forme en est parfaite ; le cône renversé qui en constitue le fourneau est bien supérieur à la coupe sphérique des nôtres ; il donne son maximum de fumée tandis que le tabac est encore frais et pur, et en livre aussi peu que possible, quand il est altéré ; la pipe européenne fait précisément le contraire.

Parmi ces fumeuses, il y en avait trois qui auraient été belles en tout pays : l'ancien type grec dans toute sa pureté, le regard souriant, la taille digne de servir de modèle à un sculpteur, le buste de la Vénus coulé en bronze. Un jupon court en fibre de baobab, leur unique vêtement, faisait ressortir leurs charmes, plutôt qu'il ne les voilait ; et malgré l'absence de crinoline et de corsage, elles ne

soupçonnaient même pas que leur toilette pût être inconvenante. La question de rapport entre la longueur de la jupe et la modestie réelle n'est pas facile à résoudre ; il n'est nullement prouvé que celle-ci diminue en raison de l'exiguité de la première.

Pour en revenir à nos fumeuses, n'éprouvant ni honte, ni embarras de leur déshabillé, ces charmants animaux domestiques me souriaient avec grâce chaque fois qu'appelant à mon aide mon meilleur kinyamouézi, je leur présentais mes hommages ; et l'offre d'un peu de tabac que je me plaisais à leur donner, m'assurait un siége dans ce cercle peu vêtu. »

Après plusieurs étapes à travers une jungle, percée de terrains mis en culture, l'expédition vit tout à coup le fourré se déchirer et découvrir à l'ouest une plaine d'une fertilité admirable : on se trouvait dans le district de Mséné. La caravane s'arrêta pour se former en colonne, suivant l'usage, et reprit sa marche avec pompe jusqu'au village.

Le capitaine Burton y séjourna quinze jours. C'était un lieu de véritable débauche où l'orgie était en permanence ; chaque jour tout le monde y était ivre, depuis le chef et son conseil, jusqu'au dernier esclave ; le tambour ne cessait de battre et la danse remplissait tous les instants que n'absorbait pas le festin. Aussi fut-ce avec une difficulté incroyable que le capitaine parvint à remettre ses hommes en marche. Chacun d'ailleurs s'effrayait du voyage et se sentait moins disposé que jamais à en affronter les périls. Sur la route qu'on allait suivre, les villages étaient plus rares, plus mal construits et fermés aux caravanes.

Le pays où pénétra Burton a nom l'Ounyamuézi, ce qui veut dire Terre de la Lune. Une ancienne tradition représente ce pays comme ayant formé jadis un grand empire sous l'autorité d'un seul chef. Aujourd'hui ce n'est plus qu'un territoire morcelé, dont chaque fraction est soumise à un petit chef indépendant.

Mais si les provinces qui la constituent n'ont plus entre elles de lien politique, la Terre de la Lune n'en est pas moins restée le jardin de cette partie de l'Afrique ; elle repose agréablement la vue par sa beauté paisible ; ses villages sont relativement populeux, ses champs bien cultivés. Des troupeaux de bœufs s'y mêlent à des bandes considérables de chèvres et de moutons, dispersées dans les pâturages et donnent à la campagne un air de richesse et d'abondance.

Il y a peu de scènes plus douces à contempler qu'un paysage de la Terre de la Lune vu par une soirée de printemps. A mesure que le soleil descend à l'horizon, un calme d'une sérénité indescriptible se répand sur la terre ; pas une feuille ne s'agite ; l'éclat laiteux de l'atmosphère disparaît ; le jour qui s'éloigne couvre d'une teinte rose les derniers plans du tableau que le crépuscule vient enflammer. Aux rayons de pourpre et d'or succèdent le jaune, puis le vert tendre et le bleu céleste qui s'éteint dans l'azur assombri.

Les indigènes de la Terre de la Lune, industrieux et actifs, ont sur leurs congénères une supériorité réelle qui con-

firme ce que les anciens Portugais racontent de la civilisation dont jouissait autrefois ce pays. Ils sont en général grands, bien faits et d'un brun de sépia foncé ; leurs cheveux crépus et frisés parviennent néanmoins à une longueur de douze à quinze centimètres. Ils les divisent le plus ordinairement en nombreux tire-bouchons, dont ils s'entourent la tête comme d'une frange. Leur barbe est courte et rare, la moustache éparse et clair-semée. La plupart des hommes et presque toutes les femmes s'arrachent les cils.

La marque nationale est une double rangée de cicatrices linéaires, pratiquées, par un ami, à l'aide d'un rasoir ou d'un couteau ; ces cicatrices vont du bord externe du sourcil jusqu'au milieu des joues et descendent parfois jusqu'à la mâchoire inférieure ; chez quelques-uns, une troisième ligne part du sommet du front et s'arrête à la naissance du nez.

Cette espèce de tatouage se fait en noir chez les hommes, en bleu chez les femmes ; quelques élégantes y ajoutent de petites raies perpendiculaires placées au-dessous des yeux ; toutes, sans distinction, s'arrachent les deux incisives centrales de la mâchoire inférieure ; le sexe fort se contente d'enlever un coin des deux médianes supérieures. Hommes et femmes se distendent les oreilles par le poids des objets qu'ils y insèrent.

Dans beaucoup de districts, les chefs et les notables ont seuls des vêtements d'étoffe ; la masse est couverte de pelleterie. Les femmes riches portent une longue tunique qui prend à la taille et couvre parfois les épaules ; celles des classes inférieures ont sur la poitrine un plastron de cuir assoupli ; leur jupe, également en cuir, s'arrête au-dessus du genou. Chez les jeunes filles, la poitrine est toujours découverte ; et il est rare que les enfants ne soient pas complétement nus. Le bébé est, comme dans toute cette partie de l'Afrique, porté sur le dos maternel au moyen d'une peau, fixée par des courroies.

Des rangs nombreux de grains de verroterie, surtout rose et rouge, de grains de porcelaine, connus sous le nom d'œufs de pigeon, et fabriqués à Nuremberg, des kihouangoua, disques en coquillage venant de la côte ; des croissants d'ivoire d'hippopotame, faits sur les lieux et suspendus aux colliers, des perles écarlates ou mi-parties, enfilées dans la barbe quand elle est assez longue pour cela, des anneaux d'airain massifs, des bracelets de fil de laiton sur l'avant-bras, des cercles d'ivoire au-dessus du coude, ayant pour pendeloque un étui de même matière renfermant un rasoir ; une ceinture de fil métallique enroulé sur une torsade en crin ou en fibres ligneuses, des clochettes de fer aux chevilles, constituent les ornements en faveur ; ils se trouvent réunis chez quelques merveilleux. En voyage, on porte une corne à bouquin en bandoulière ; chez soi, un petit cornet la remplace, et contient des talismans consacrés par le mganga.

Les armes se composent de légers javelots, qu'on jette avec le pouce et l'index, en les faisant vibrer. Quelques-uns emploient la lance au même usage, et il est rare qu'un homme soit dehors sans son arc et ses flèches ; le fer de celles-ci n'a pas trempé dans le poison, mais il est curieusement et cruellement barbelé. Ils joignent à ces différentes armes le simé et diverses complications du roungou, sorte de massue, dont quelques-unes, par exemple, ont un fer de lance à la partie saillante. On leur voit aussi de petites haches de bataille. Enfin, ils ont un bouclier dont ils se servent rarement.

Ces indigènes ont peu de formalités civiles ou religieuses. Quand une femme est sur le point d'accoucher, elle se retire dans les jungles, et revient au bout de quelques heures, avec son enfant sur le dos, souvent une charge de bois sur la tête.

Lorsque la couche est double, ce qui, heureusement, est plus rare que chez les Cafres, l'un des jumeaux est invariablement tué ; l'usage veut, qu'à sa place, la mère emmaillotte une gourde qu'elle met dormir avec le survivant.

Si l'épouse meurt sans postérité, le veuf réclame à son beau-père le prix qu'il avait donné pour l'avoir ; si elle laisse un enfant, celui-ci hérite de cette somme. Chaque naissance, dès que le père en a le moyen, est célébrée par de copieuses libations ; du reste pas de cérémonies baptismales.

Les enfants appartiennent, non pas à l'oncle, mais au père, qui a sur eux un droit absolu, et peut les tuer ou les vendre, sans encourir le moindre blâme. Dans l'Ousoukouma (province du Nord) l'héritage est réclamé par les fils de la sœur du défunt ; sur le reste du territoire, les indigènes ont le singulier usage de tout laisser à leurs bâtards, à l'exclusion des enfants légitimes ; ceux-ci, disent-ils, ayant une famille, ont moins besoin de fortune que les premiers, qui manquent de parents et d'amis.

L'allaitement dure jusqu'à la fin de la seconde année. S'agit-il d'un garçon, dès qu'il peut marcher on commence à lui faire soigner le bétail ; après son quatrième été on lui donne un arc et des flèches, et on lui apprend à s'en servir ; sa dixième année révolue, on lui confie la garde du troupeau, il se considère comme majeur, se cultive un carré de tabac, et rêve de se bâtir une case dont il soit propriétaire. Il n'est pas, dans la tribu, un gamin de cet âge qui ne puisse suffire à ses besoins.

La position des filles n'est pas moins surprenante ; elles vivent sous le toit paternel jusqu'à ce qu'elles soient nubiles ; à cette époque elles se réunissent à leurs contemporaines, ce qui fait par village un groupe de huit à douze, et s'occupent, en commun, de la construction d'une grande case, éloignée de celles de leurs familles, où elles puissent recevoir leurs amis, sans que leurs parents s'en mêlent. Un seul fait vient détruire cette vie commune : s'il arrive que l'une d'elles est sur le point d'être mère ; le coupable, en pareil cas, doit l'épouser sous peine d'amende ; si elle meurt en couches avant le mariage, le père de la défunte exige que l'amant lui paye sa fille.

Tout jeune homme se marie dès qu'il a le moyen d'acheter une femme, ce qui lui coûte d'une à dix vaches ; et l'épouse est tellement sa propriété, qu'il a le droit, en cas d'adultère, de réclamer des dommages-intérêts au séducteur. Toutefois il ne peut vendre sa femme que lorsque ses affaires sont en mauvais état.

Les noces bien et dûment célébrées avec force bacchanales, le mari va s'établir chez la nouvelle épouse, jusqu'à ce qu'il lui plaise d'habiter la demeure d'une autre ; la polygamie est de règle pour tous ceux qui peuvent s'en donner le luxe. On comprend qu'avec de pareilles mœurs les liens de famille soient assez lâches, et qu'il y ait peu d'affection conjugale ; tel revient de la côte chargé de marchandises, qui refusera un lambeau d'étoffe à sa femme ; et celle-ci, malgré sa fortune personnelle, laissera son mari mourir de faim.

Dans la gestion des affaires domestiques, l'homme est chargé des troupeaux et de la basse-cour, la femme des jardins et des champs ; mais tous deux cultivent à part leur provision de tabac, chacun ayant peu d'espoir d'en obtenir de son conjoint.

Les veuves, qui ont quelque fortune, la dépensent en général à entretenir des amants. Elles attendent des cadeaux en échange ; d'où il résulte qu'on n'a jamais vu d'esclave, venant de la côte, posséder un chiffon en quittant l'Ounya-muézi.

Autrefois, lorsqu'il y avait un décès, le cadavre était pris par un voisin, ou un parent, qui l'emportait sur sa tête, et le jetait dans quelque fourré où l'hyène abonde ; coutume qui explique l'absence de cimetière dans le pays. Lorsque vinrent les Arabes, les indigènes trouvèrent mauvais qu'ils enterrassent leurs morts, prétendirent que c'était empoisonner le sol, et se réunirent en masse pour empêcher les funérailles. Les Arabes n'en persistèrent pas moins dans leur usage; et non seulement ils fondèrent leur droit de sépulture par l'autorité du fait accompli, mais ils finirent par avoir des imitateurs.

Quand un habitant de la Terre de la Lune décède en pays étranger, ses camarades, lorsqu'ils se donnent la peine de lui creuser une fosse, lui tournent la figure vers le village où demeure sa mère; attention qui prouve plus de sentiment qu'on ne leur en supposerait. Le corps est enterré debout, quelquefois replié sur lui-même, ou bien assis, et les bras serrant les genoux. Si le défunt est un homme riche, on tue un bœuf et un mouton pour le festin des funérailles; la peau du mouton lui est attachée sur la face, et le cuir du bœuf lui est posée sur le dos. Quand un chef meurt loin du pays, son corps est brûlé sur les lieux, sa tête est rapportée dans son village pour y recevoir la sépulture.

Les funérailles des chefs s'accomplissent devant une foule considérable, et sont accompagnées de rites cruels. On fait un trou profond; un caveau est ouvert, dans l'une de ses parois, et l'on y dépose le corps, voilé d'une peau de bête et couvert du manteau de cuir. Assis sur un tabouret, près d'un pot de bière, il tient un arc à la main; et trois de ses esclaves, l'une à sa droite, l'autre à sa gauche, la troisième devant lui, sont enterrées vivantes pour lui épargner les horreurs de la solitude. De copieuses libations, faites sur la terre amoncelée, terminent l'affreuse cérémonie.

Ce qui caractérise les villages de la Terre de la Lune, ce sont deux ivouanzas, bâtis en général aux deux extrémités du bourg; l'un appartient aux femmes, et l'on ne peut pas y entrer; l'autre est celui des hommes, et les voyageurs y sont admis, ce qui permet de le décrire.

Dû, sans doute, au penchant qu'éprouvent les deux sexes à vivre séparés l'un de l'autre, à leur besoin d'indépendance, à la liberté de leurs manières, l'avouanza, vaste case, plus solidement construite que ses voisines, est un lieu public, un véritable club.

Les murailles en sont mieux polies, mieux décorées que celles des maisons particulières. Des talismans suspendus à la porte : queues de lièvres, cornes de bouc, crinières de zèbre, etc., en protégent le seuil; un mrimba répand son ombre transparente dans la cour; et le toit de chaume est élevé en général d'un pied au-dessus du mur, ce qui dans le pays est un excellent moyen de ventilation. A l'extérieur, une forte barrière défend les abords de l'ivouanza contre les incursions du bétail; à l'intérieur est un énorme lit de camp, fait cette fois avec des planches, comme celui de nos corps de garde, et qui s'appelle oubiri. On y voit les trois cônes du foyer, ainsi que la pierre à moudre. Des flèches, des lances, des bâtons sont attachés aux solives, garnissent les râteliers et remplissent les coins, où ils se mêlent à des soufflets et d'autres bagatelles.

C'est dans l'ivouanza que tous les hommes du bourg vont passer la journée, souvent la nuit, même après leur mariage ; ils y dépensent leur temps à jouer, à boire et à manger, à fumer du tabac et du chanvre, à causer et à dormir, entièrement nus, se servant d'oreiller l'un à l'autre, et pêle-mêle comme une meute dans un chenil.

Au sortir de la Terre de la Lune, l'expédition eut à lutter de nouveau contre les joncs, les roseaux, les herbes tranchantes qui couvraient le pays dans la direction de l'ouest. Enfin, le 13 février 1858, après avoir escaladé à grand'peine une montagne escarpée, couverte d'arbres épineux, le capitaine Burton découvrit à l'horizon une ligne étincelante qui annonçait une surface liquide. C'était le lac Tanganika.

« La disposition des arbres, dit Burton, le soleil qui n'éclairait qu'une partie du lac, en réduisaient tellement l'étendue que je me reprochai d'avoir risqué mes jours, sacrifié ma santé pour si peu de chose ; et maudissant l'exagération arabe, qui avait encouragé ma folie, je proposai de revenir sur nos pas, et d'aller explorer le Nyanza. Je m'avançai néanmoins, la scène se déploya tout à coup, et me plongea dans l'extase.

Rien de plus saisissant que ce premier aspect du Tanganika, mollement couché au sein des montagnes, et se chauffant au soleil des Tropiques. A vos pieds des gorges sauvages où le sentier rampe et se déroule avec peine ; au bas des précipices, une étroite ceinture d'un vert d'émeraude, qui ne se flétrit jamais, et s'incline vers un ruban de sable, aux reflets d'or, frangé de roseaux, que déchirent les vagues.

Par-delà cette ligne verdoyante, le lac étend, sur un espace de trente à trente-cinq milles, ses eaux bleues, que le vent d'est argente de petits croissants d'écume. A l'horizon, une haute muraille d'un gris d'acier, coiffée de vapeurs légères, détache sa crête déchiquetée sur un ciel profond, et laisse voir, entre ses déchirures, marquées d'une teinte plus sombre, des collines arrondies qui paraissent plonger dans la mer. Au sud, en face de la pointe basse et longue derrière laquelle le Malagarazi décharge ses eaux violentes, les promontoires et les falaises de l'Ougouhha découpent une perspective océanesque, où le regard, en se dilatant, rencontre un archipel qui s'éparpille au loin.

Des hameaux, des champs cultivés, de nombreuses pirogues, enfin le murmure des vagues, donnent le mouvement et la vie au paysage. Pour égaler, sinon pour surpasser les plus belles scènes des régions classiques, il ne manque à ce tableau que des villas, des mosquées, des palais et des jardins, où l'œil puisse se reposer de cette nature exubérante.

Les riants abords de cette immense crevasse avaient pour nous d'autant plus de charmes qu'ils nous apparaissaient après les mangliers de la côte, la désolation du désert, la triste monotonie des jungles, des plaines desséchées, des roches brûlées par le soleil, ou des herbes putrescentes, et des nappes de fange noire.

Ce fut une ivresse pour l'âme et pour les yeux ; j'oubliai tout : danger, fatigue, incertitude du retour ; j'aurais accepté le double des maux que nous avions eus à

LES VOYAGEURS SPEKE ET GRANT

subir; et chacun partageait mon ravissement. »

En approchant du lac, Burton fut surpris de ne rien voir qui indiquât un centre populeux. D'après ce que lui avaient dit les Arabes, il s'attendait à trouver un port, un marché plus importants qu'à Zanzibar; au lieu de cela, il ne découvrit que quelques misérables huttes entourées de quelques champs de sorgho et de cannes à sucre. Telle était, à cette époque, ce qu'on appelait la ville d'Oujiji.

Les habitants, pour la plupart défigurés par la petite vérole, parurent au capitaine Burton plus forts et plus lourds que les autres peuples qu'il avait vus sur son passage. Ils avaient la main large, le pied grand et plat; leur voix était dure et stridente, leur regard impérieux et leurs manières quelque peu insolentes. Quant aux femmes, qui sont tenues en haute estime dans le pays, elles avaient encore plus d'emportement, de sans-gêne et de rudesse que les hommes. Prises de boisson, elles entraient dans la case des voyageurs, furetaient partout et emportaient ce qui leur convenait.

Une particularité du costume, fort élémentaire d'ailleurs, de ces indigènes est une petite pince en fer ou en bois qu'ils suspendent à leur cou, et dont l'usage n'est pas moins original que la présence. Il est rare qu'ils fument, prisent ou chiquent suivant la méthode ordinaire. Chacun d'eux est pourvu d'une petite gourde, tranchée à mi-corps, ou d'un pot minuscule en terre noire, presque rempli de tabac. Au moment d'en user, le priseur met de l'eau dans son petit pot, l'exprime du tabac qui s'en imprègne, se la verse dans le creux de la main, la renifle, et prend sa pince, avec laquelle il se ferme les narines ; sans cet instrument il serait obligé de se servir de ses doigts pour retenir le précieux liquide, ce qui paralyserait ses mouvements. Il faut beaucoup de pratique pour parler avec cette espèce de drogue ; même chez ceux qui en ont le plus l'habitude, la parole est à peine intelligible pendant la détention de la prise qui dure quelques minutes.

Malgré leur rudesse, les habitants de l'Oujiji ont néanmoins un certain cérémonial. Dès que le chef apparaît, il bat des mains, et les applaudissements éclatent parmi ceux qui l'entourent. Les femmes se font mutuellement la révérence, et plient le genou droit presque à terre.

Lorsque deux hommes se rencontrent ils se saisissent par les bras, se les frottent simultanément l'un à l'autre, pendant plusieurs minutes, en répétant à plusieurs reprises : « Es-tu bien ? Es-tu bien ? » Les mains descendent alors sur l'avant-bras et les salueurs de s'écrier : « Comment vas-tu ? Comment vas-tu ? » Enfin les paumes des mains se rejoignent et se frappent plusieurs fois.

Les enfants ont les manières et la physionomie peu attrayantes de leurs auteurs ; ils dédaignent toute civilité, passent leur vie en dispute, et, sans provocation, égratignent et mordent comme de petits chats sauvages.

Au demeurant c'est une race peu affectueuse, chez qui les relations de famille paraissent assez froides. La seule marque de tendresse que Burton ait observée entre père et fils, est l'habitude de se gratter, de se pincer mutuellement, sans doute à cause de la démangeaison chronique dont ils sont atteints : comme chez les singes, les ongles s'exercent dès que les poings se reposent.

Le capitaine Burton eut le désir bien naturel de faire une excursion sur le lac qu'il avait découvert. Il loua à cet effet deux canots, pouvant contenir l'un une trentaine de rameurs, l'autre une vingtaine. Les voyageurs gagnèrent d'abord la côte occidentale du lac, puis remontèrent vers le nord.

Les premières tribus qu'ils rencontrèrent ne le cédaient en rien aux habitants de l'Oujiji sous le rapport de la rudesse ; l'une d'elle, trop indolente pour tirer parti du sol le plus fertile du monde, pratiquait même le cannibalisme. Plus loin, les indigènes se montrèrent plus avenants et accueillirent le capitaine par des chants et des acclamations, accompagnés du son des cors, des tambours, des flûtes et des timbales.

Burton atteignit bientôt les dernières stations fréquentées par les Arabes. Il voulut pousser jusqu'à la rencontre du rivage septentrional du lac ; mais personne ne consentit à l'accompagner et il dut se résigner à revenir à son point de départ.

Pendant le trajet il fut assailli par une tempête subite. Le ciel était sombre, la chaleur étouffante ; de sourds grondements, accompagnés d'éclairs livides, s'échappaient des nuages, serrés en ligne vers le nord, et qui, à l'ouest, décrivaient un arc au-dessus des montagnes. Un vent froid traversa tout à coup l'obscurité croissante, et les éclairs de plus en plus vifs semblèrent rendre les ténèbres palpables. Le tonnerre, répété par les mille échos des gorges voisines, éclata et rugit de tous les points du ciel ; les vagues se soulevèrent. Par bonheur, la pluie, tombant d'abord en larges gouttes, puis en nappes torrentielles, fit cesser le vent ; sans cela les canots n'eussent pu résister à la lame déferlante qui caractérise les orages sur le lac Tanganika.

Les voyageurs revinrent sains et saufs de leur excursion. Quelques jours après, le 26 mai 1858, ils reprirent la route qui les avait amenés de la côte et se retrouvèrent, le 20 juin, à Kaseh. Là, ils subirent tous l'influence du climat : fièvres, maladies de foie, rhumatismes, ophthalmies, ulcérations. Le capitaine Burton, payant à chacun de ces maux un tribut plus fort qu'aucun de ses compagnons, fut cloué pendant plusieurs mois sur un lit de douleur.

Le délai qui s'ensuivit forcément permit au capitaine Speke de pousser une pointe droit au nord afin de vérifier les nombreux rapports qui lui avaient été faits par des Arabes sur un autre lac, au moins aussi vaste que le Tanganika et qui s'étendait dans cette direction. En effet, après vingt-cinq jours de marche pénible à travers une région que jamais encore n'avait foulée un pied européen, Speke découvrit, du haut d'une colline, une immense nappe d'eau appelée Nyanza (eau) par les indigènes, et à laquelle il donna le nom de Victoria. Il apprit, en outre, que ce lac s'étendait fort loin au nord, et que de son extrémité septentrionale s'échappait un cours d'eau qui devait probablement rejoindre le Nil.

De retour à Kaseh, Speke fit part de son heureuse et importante découverte au capitaine Burton, ajoutant qu'il croyait enfin avoir trouvé la solution du mystérieux problème des sources du Nil. Le capitaine Burton ne partagea pas la conviction enthousiaste de son compagnon, et, dans son récit, il s'exprime même sur ce point avec un scepticisme presque injurieux.

« Le capitaine Speke, dit-il, avait réussi dans son entreprise, il avait pénétré jusqu'au Nyanza, et lui avait trouvé une étendue qui surpassait ses espérances. Mais quel ne fut pas mon étonnement lorsqu'ayant à peine déjeuné, il m'annonça qu'il avait découvert les sources du Nil. C'était sans doute une inspiration ; dès qu'il avait aperçu le Nyanza, il avait eu la certitude que le fleuve mystérieux, qui fut l'objet de tant de conjectures, s'échappait de la masse d'eau qui s'étendait à ses pieds. Probablement ses sources du Nil étaient nées dans son cerveau. C'est assurément une chose satisfaisante que de révéler à un public admirateur, composé d'hommes d'État, d'hommes d'Église, de missionnaires, de commerçants, et surtout de géographes, la solution d'un problème qui est, depuis des milliers d'années, le premier *desideratum* de la science, enfin d'apporter le mot d'une énigme que les plus grands monarques ont eu vainement l'ambition de déchiffrer. Mais combien de fois, depuis un certain Ptolémée de Péluse, la source du Nil Blanc n'a-t-elle pas été découverte de la même manière !

Je crus néanmoins devoir suspendre la discussion, dont nos rapports commençaient à souffrir ; il devenait évident que je ne pouvais plus dire un mot au sujet du lac ou du Nil sans blesser mon camarade ; et, par un accord tacite, nous évitâmes de parler de sa trouvaille, même indirectement. Je n'y serais jamais revenu, si le capitaine Speke n'avait jeté le ridicule sur les résultats de notre voyage par cette prétendue découverte appuyée sur de si minces résultats, que pas un seul géographe ne les a discutés [1]. »

Le 26 septembre 1858, l'expédition reprit définitivement le chemin de la côte où elle arriva le 3 février 1859. Quelques mois après les capitaines Burton et Speke se retrouvaient en Angleterre.

[1] Les résultats de cette découverte furent si bien discutés et appréciés, qu'en 1860, comme nous le verrons, le capitaine Speke partit, sous le patronage de la Société de Géographie de Londres, pour compléter ce qu'il avait commencé.

CHAPITRE XI

LES SOURCES DU NIL. — VOYAGE DU CAPITAINE SPEKE (1860 A 1863)

Les sources du Nil. — Etat de la question chez les anciens. — Opinion d'Aristote. — Expédition organisée par Néron. — Ses résultats. — Un fait important. — L'ère des découvertes. — Le capitaine Speke. — Ses premières années. — Projets et préparatifs de voyage. — Départ pour l'intérieur. — Arrivée à Kasch. — Le pays du Karagoué. — Accueil bienveillant. — Un type de beauté féminine. — L'Ouganda. — Cérémonial de cour. — Audience royale. — Sa Majesté Mtésa. — Séjour au palais. — Visites à la Reine-Mère. — Nombreuses aventures. — Coquetteries sans conséquence. — Adieux et regrets. — Sur le Nil. — L'Ounyoro. — Six semaines chez le roi Kamrasi. — Continuation du voyage. — La route du Gani et du Madi. — Arrivée à Gondokoro. — Résumé des découvertes. — Retour en Angleterre. — Fin malheureuse du capitaine Speke.

L'*Egyptus* d'Homère, le fleuve qu'Hésiode le premier appela *Nil*, fut célèbre dès les premiers âges du monde ; il provient de la réunion de deux cours d'eau qui se confondent à la hauteur des frontières septentrionales de l'Abyssinie. Celui qui est situé à l'est, appelé Bahr-el-Azrak ou Nil Bleu, est le plus court ; celui qui est situé à l'ouest, appelé Bahr-el-Abiad ou Nil Blanc, par allusion à la blancheur de ses eaux, si on la compare à la teinte foncée de celles du Nil Bleu, est le plus important pour la longueur de son parcours de même que pour le volume de ses eaux et doit être regardé incontestablement comme étant le Nil proprement dit.

Les sources du Nil Bleu ne sont plus inconnues : l'Ecossais James Bruce les découvrit en 1770, en Abyssinie, et plusieurs voyageurs les ont visitées depuis.

Mais celles du Nil Blanc sont demeurées une énigme que les plus récentes découvertes n'ont encore déchiffrées qu'en partie.

Dans les temps les plus reculés, la recherche de ces fameuses sources faisait déjà le désespoir des savants. *Caput Nili quærere*, chercher l'origine du Nil, était pour eux une locution proverbiale toutes les fois qu'on voulait parler d'entreprises chimériques.

Ce curieux problème ne manqua pas de fixer tout particulièrement l'attention d'Hérodote. De tous les peuples avec lesquels cet historien s'était entretenu dans le cours de ses voyages, Egyptiens, Grecs ou Libyens, aucun, dit-il, ne se flattait de connaître l'origine du Nil. Un interprète de hiéroglyphes se prétendit seul mieux instruit. Il raconta au voyageur qu'à la frontière même de l'Egypte, entre Syène et Eléphantine, c'est-à-dire à la hauteur de la première cataracte, il y avait un gouffre dont on avait inutilement essayé de sonder la profondeur, et d'où les eaux s'épanchaient vers deux points opposés de l'horizon, une partie prenant sa direction au nord, à travers l'Egypte, l'autre partie s'écoulant au sud à travers ce qu'on appelait alors l'Ethiopie.

Il faut dire, à l'honneur d'Hérodote, qu'il regarda cette légende, qui se retrouve cependant dans d'autres auteurs de l'antiquité, comme parfaitement absurde. Il savait en effet qu'en remontant le Nil pendant quatre mois au-dessus de Syène, on arrivait non aux sources inconnues du fleuve, mais au point où son cours cessait d'être connu (un peu au-dessus de la position actuelle de Khartoum). Il résulte de cette indication qu'au temps d'Hérodote, c'est-à-dire vers 448 ans avant J.-C., et bien auparavant sans doute, les notions des Egyptiens sur le cours supérieur du Nil s'arrêtaient à peu près au même point que les nôtres, il y a une trentaine d'années.

Hérodote croyait d'ailleurs que le Nil venait de l'ouest. On trouve là déjà une tradition qui existe chez les peuples de la Nigritie, aujourd'hui comme au temps des Pharaons, à savoir que le grand fleuve du Soudan est le même que le Nil d'Egypte. Cette bizarre théorie, d'après laquelle tout le continent africain serait traversé d'une mer à l'autre par une immense coupure, fut soutenue (quatrième siècle av. J.-C.) par un certain Euthymène, contemporain de Pythéas, qui était parvenu, en descendant au sud

de la côte libyenne, à l'estuaire d'un grand fleuve (le Sénégal) où il avait vu des animaux pareils à ceux du Nil.

Aristote, qui rappelle cette particularité dans ses *Météorologiques*, ramène la communication des deux fleuves à une source commune, que d'après des informations dont on ignore l'origine, il place dans une montagne qu'il appelle la montagne d'Argent. Cette montagne d'Argent d'où Aristote fait descendre le Nil, a une singulière analogie avec la montagne Blanche des Arabes du moyen âge, et le massif neigeux du Kilimandjaro et du Konia, signalé de nos jours presque sous l'équateur, au-dessus de la côte de Zanzibar, là où le fleuve d'Egypte a certainement une de ses sources principales, et où se placent aussi, plus convenablement que nulle part ailleurs, les montagnes de la Lune de Ptolémée.

« Il y a comme cela en géographie, dit le savant géographe Vivien de Saint-Martin auquel nous empruntons ces curieux détails, des notions qui flottent dans l'air pendant des siècles, avant d'être fixées et précisées par des observations positives [1]. »

Un prince dont le nom reste frappé dans l'histoire d'un stigmate ineffaçable, Néron, poussé sans doute par Sénèque dont la prédisposition pour les choses géographiques était très-grande, s'occupa de la question des sources du Nil et envoya, vers l'an 60 de notre ère, une expédition à leur recherche. Pline et Sénèque, se complétant réciproquement

[1] *Histoire de la Géographie*, chap. XII. (Libr. Hachette et Comp.)

dans ce qu'ils rapportent de cette expédition, nous apprennent que les deux centurions qui en étaient chargés firent d'abord un long chemin et arrivèrent ensuite à des marécages immenses, dont les habitants ne connaissaient point et désespéraient de connaître jamais les bornes. « C'étaient des herbages entremêlés avec l'eau, qui formaient un marais si boueux et si embarrassé, qu'il était impossible de le traverser à pied, ou même en bateau, à moins qu'il ne fût très-petit et propre à contenir une seule personne. »

Près de dix-huit cents ans devaient s'écouler sans que l'on pût contrôler l'exactitude de ce rapport des explorateurs romains; dans ces derniers temps seulement, on a pu en reconnaître toute la valeur. Rien n'est changé dans le caractère physique de cette partie supérieure du bassin du Nil, non-seulement depuis l'entreprise de Néron, mais depuis l'époque bien plus ancienne où Eschyle, d'après les notions que l'on possédait en Egypte, dès les temps pharaoniques, sur ces hautes régions, parlait des marais lointains d'où sortait le fleuve.

Ces marais commencent presque immédiatement au-dessus du confluent du Saubat et s'étendent sur une longueur de plus de quatre-vingts lieues. On comprend que les tribus du nord, chez lesquelles s'arrêtèrent les envoyés de Néron, n'aient pu dire jusqu'où se prolongeait dans le sud cette suite infinie de marécages, que la saison périodique des pluies transforme en une vaste mer; on comprend aussi que les envoyés eux-mêmes aient dû arrêter leur recherche devant la difficulté et les dangers de cette partie du fleuve.

Il ressort de là ce fait très-important, que les explorateurs romains remontèrent non pas le fleuve Bleu ou Nil d'Abyssinie, mais bien le fleuve Blanc, ce qui prouve une fois de plus que de toute antiquité le bras de l'ouest, et non celui de l'est, fut regardé par les indigènes comme la branche mère et le corps même du fleuve [1].

Aujourd'hui le problème des sources du Nil, assoupi depuis près de deux siècles, est redevenu une des plus ardentes questions de la géographie. Une ère nouvelle, ère de découvertes dans la complète acception du mot, a commencé pour les parties du bassin du haut Nil, avec la reconnaissance du fleuve Blanc, ordonnée en 1839 par Méhémet-Ali, viceroi de l'Égypte. En 1841, une nouvelle expédition eut lieu et fut placée cette fois sous la direction de l'ingénieur français d'Arnaud; elle remonta le fleuve beaucoup plus haut que la précédente, et contribua à déterminer nettement que la grande branche du Nil ne vient pas de l'ouest comme l'ont cru pendant longtemps tant de géographes et de voyageurs.

Après d'Arnaud, l'Anglais Beke et deux Français, les frères d'Abadie, se préoccupèrent également de la question des sources du Nil; mais au lieu de remonter le fleuve, ils prirent par le midi des provinces abyssiniennes. Un autre Français, Brun-Rollet, navigua à son tour, en 1851, sur le Nil Blanc; mais le résultat, important d'ailleurs, de tous

[1] *Histoire de la Géographie*, chap. XXI.

ces voyages, ne fut que la découverte de plusieurs cours d'eau, supposés tout d'abord comme étant les sources du grand fleuve et reconnus depuis pour de simples affluents.

Le problème n'a fait un pas immense vers sa solution que dans ces dernières années, grâce aux découvertes de Speke et de Baker.

Second fils d'un propriétaire du comté de Somerset et né en 1827, John Hanning Speke fut élevé dans une école provinciale où se manifestèrent de bonne heure sa passion pour la chasse et les exercices du corps, son infatigable curiosité, son courage à toute épreuve, penchants innés qui le désignaient d'avance pour le rôle à lui désigné par la Providence.

Il n'avait pas plus de dix-sept ans, en 1844, lorsqu'il prit place dans les rangs de l'armée anglo-indienne, et fit comme officier subalterne la terrible campagne de Pendjab. Il mérita par ses brillants services, une fois la guerre finie, que les autorités militaires fissent d'amples concessions à son humeur aventureuse. Congés sur congés lui furent accordés. Il en profita pour explorer les parties les moins accessibles de l'Himalaya, et s'avancer, pionnier intrépide, dans certaines régions du Thibet, sur lesquelles on n'avait encore aucune notion précise.

Botaniste, géologue, mais surtout naturaliste passionné, il formait de précieuses collections, et rapportait de chaque voyage des cartes levées avec un grand soin. Ces heureux résultats autorisaient ses chefs à lui laisser une liberté à peu près complète.

Ainsi préparé, le hardi voyageur aborda la grande entreprise de toute sa vie : la découverte des sources du Nil. Profitant de quelques renseignements recueillis par deux missionnaires allemands, sur l'existence de grands lacs d'eau douce occupant plusieurs degrés, au sud et au nord de l'équateur, dans le centre du continent africain, il essaya d'y arriver par le nord. Ce fut l'objet d'une première expédition au pays de Somal.

Échappé par miracle à des mésaventures qui avaient failli lui coûter la vie, Speke se hâta de courir en Crimée, où il servit comme volontaire, dans les rangs des troupes fournies par le Sultan. Après la campagne, il eut d'abord l'idée d'étudier la faune du Caucase, mais renonçant à ce projet, il partit pour rejoindre le capitaine Burton qui allait pénétrer en Afrique.

Cette expédition conduisit, comme on l'a vu, les deux aventureux compagnons jusque sur les bords du lac Tanganîka, On sait aussi par quel heureux hasard Speke fut amené, se détournant de sa route, à constater l'existence du lac Nyanza qu'il appela Victoria Nyanza,

Sa découverte lui suggéra une hypothèse hardie ; il pressentit, il devina que cette mer intérieure, réservoir profond où se déversent les eaux des montagnes de la Lune, devait être le point de départ du grand fleuve dont il espérait fixer la mystérieuse origine. Vainement le capitaine Burton ne voulut voir, on se le rappelle, qu'un rêve dans cette conjecture sans preuves. Speke se promit de trancher à tout prix la question qui

L'AFRIQUE ORIENTALE. — Chez la reine de l'Ouganda : l'auge au vin de bananes. (Page 261.)

venait de se poser ainsi devant lui, et tel a été le but du voyage qui est résumé dans les pages suivantes [1].

Le 27 avril 1860 Speke s'embarqua en compagnie du capitaine Grant, son ami de longue date et son ancien compa-gnon de chasse dans l'Inde. Après un long voyage, durant lequel ils touchè-rent à Madère et à Rio-de-Janeiro, ils arrivèrent le 4 juillet au cap de Bonne Espérance. Le 16, ils firent voile pour Zanzibar et le 17 du mois suivant ils fu-rent à destination.

Aussitôt les préparatifs de voyage commencèrent sérieusement. Ils consis-

[1] *Voyage aux sources du Nil*, par le capitaine J.-H. Speke. Traduction de E.-D. Forgues. (Lib. Hachette et Comp.)

taient à éprouver les sextants, régler les montres, examiner les compas, passer les thermomètres à l'eau bouillante, fabriquer les tentes et les bâts, s'approvisionner de perles, d'étoffe et de fils d'archal, enrôler enfin les domestiques et les portefaix.

Speke eut la bonne fortune de retrouver plusieurs des nègres qui avaient servi d'escorte à Burton et à lui, pendant la précédente excursion de 1857-1859, entre autres un nommé Bombay, qui devait, quelques années plus tard, accompagner également Stanley dans son voyage à la recherche du docteur Livingstone. Ce Bombay, espèce de factotum très-intelligent, se chargea de recruter des hommes d'escorte et des pagazis ou porteurs. Sa tâche fut d'ailleurs rendue assez facile, grâce aux conditions avantageuses que le capitaine Speke faisait à tous ceux qui voulaient bien s'engager à le suivre jusqu'en Égypte d'où on les renverrait à Zanzibar : il leur comptait d'avance une année de paye, le reste devant leur être remis à l'expiration de leur engagement.

La caravane, composée de près de deux cents personnes, tant hommes d'escorte que porteurs, se mit définitivement en route le 2 octobre 1860. Elle se dirigea tout d'abord à l'ouest, traversa plusieurs petits pays dont les chefs exigèrent des tributs plus ou moins considérables, puis atteignit Kaseh le 24 janvier 1861.

Speke séjourna plusieurs mois dans cette ville. Les Arabes résidants étaient en guerre avec un terrible chef indigène, et cette circonstance ne lui permit de réunir que très-difficilement un nombre suffisant de porteurs destinés à remplacer ceux qui avaient fui ou étaient tombés malades.

De Kaseh, l'expédition partit dans la direction du nord, le 13 mai 1861, et ce ne fut que le 17 novembre qu'elle arriva dans le Karagoué, important royaume qui s'étend sur la rive occidentale du lac Victoria Nyanza. Toutes les difficultés cessèrent dès lors comme par enchantement. Le pays fertile et pittoresque se montrait couvert de riches villages situés au milieu de belles cultures, et, pour ajouter à la joie des yeux, la réception faite aux voyageurs était partout pleine de bienveillance.

Le roi du Karagoué, Roumanika, averti de l'approche du capitaine Speke, avait donné l'ordre à tous les chefs de village de pourvoir aux besoins de la caravane et d'assurer à chacun de ses membres la plus complète liberté. Le 24 novembre, arrivé à quelque distance du palais du roi, Speke reçut en présent un grand pot de pombé, sorte de vin de bananes, plus un paquet de tabac première qualité. Le lendemain, jour de la réception, une salve d'artillerie fut tirée par les hommes de l'escorte en l'honneur du gracieux monarque, et Speke et Grant furent introduits dans le palais.

Ils trouvèrent Roumanika assis sur le sol et les jambes croisées; autour de lui étaient rangés plusieurs personnages importants. « Il ne nous fallut qu'un instant, dit Speke, pour comprendre que les gens avec lesquels nous nous trouvions maintenant, ne ressemblaient en rien aux grossiers indigènes des districts voisins. Ils avaient ces beaux visages ovales, ces grands yeux, ces nez à haute courbe qui caractérisent l'élite des races abyssiniennes. Après une poignée de main tout à fait anglaise, ce qui est aussi dans les usages de ce pays, Roumanika, souriant toujours, nous pria de nous asseoir à terre en face de lui.

Il voulut savoir ce que nous pensions de Karagoué, de ses montagnes, qui, selon lui, devaient être les plus belles du monde, et du lac qui, sans nul doute, excitait notre admiration; il s'informa aussi des moyens que nous avions pour trouver notre chemin sur tous les points du globe. Nous l'étonnâmes beaucoup en lui apprenant que notre pays était au nord du sien, et que nous venions néanmoins lui demander passage pour nous rendre dans l'Ouganda, pays situé au nord du Karagoué. »

Le capitaine Speke établit son camp à l'extérieur du palais de Roumanika, dans un endroit ayant vue sur le lac. Un des jeunes princes reçut la mission de veiller sur lui. Son séjour dans le pays dura plus d'un mois; ce temps fut employé à faire quelques excursions aux environs.

On avait conté à Speke que dans le Karagoué les femmes du roi et des princes étaient soumises à un système d'engraissement tout particulier. Comme il avait à cœur de vérifier ce curieux détail de mœurs, il se rendit un jour chez le frère aîné du roi. On ne lui avait rien dit de trop : en pénétrant dans la hutte, il trouva le personnage et sa principale femme assis côte à côte sur un banc de terre gazonnée, au milieu de trophées

d'arcs, de javelines et d'assagaies suspendus aux poteaux qui soutenaient la toiture en forme de ruche. Devant eux, étaient placés un assez grand nombre de vases de bois remplis de lait.

Les dimensions tout à fait extraordinaires de l'opulente et plantureuse maîtresse du logis passaient toutes les idées admises; et cependant, sous ce débordement d'un embonpoint formidable, quelques traces de beauté subsistaient encore. Se tenir debout lui était complétement impossible; elle en eût été empêchée par le seul poids de ses bras, aux jointures desquels pendaient des masses de chair abondante et molle.

Speke s'enquit de la raison pour laquelle tant de pots de lait se trouvaient réunis dans la hutte. Le frère du roi lui expliqua que toute la rotondité de sa compagne venait de là. « C'est en les abreuvant de lait dès leur plus jeune âge, dit-il, que nous obtenons des femmes dignes de nous et de notre rang. »

Voulant étudier de plus près un de ces phénomènes d'obésité, Speke alla visiter une autre princesse qu'il examina en détail et dont il prit les dimensions : la hauteur du sujet était de 1 mètre 70 centimètres; le tour du bras, de 60 centimètres; le tour de la taille, de 1 mètre 30; le tour du mollet, de 50 centimètres.

Roumanika ne se contenta pas de traiter avec bienveillance nos voyageurs; il se montra également très-favorable à leurs projets et leur fournit des renseignements géographiques dont ils eurent, plus tard, l'occasion de vérifier l'exactitude.

Dans les premiers jours du mois de

janvier 1862, des envoyés du roi de l'Ouganda vinrent dire au capitaine Speke que leur souverain était très-désireux de le voir. Speke accepta ce message avec joie et fit aussitôt ses préparatifs de départ ; mais il dut, à son grand regret, laisser aux bons soins de Roumanika son fidèle compagnon le capitaine Grant que la maladie retenait au lit depuis quelque temps déjà.

Le pays de l'Ouganda, dans lequel le capitaine Speke pénétra au commencement de février, ne le cédait en rien au Karagoué en fertilité et en beauté. Sauf la traversée des étangs, pénible quelquefois et dans tous les cas trop fréquente, le voyage se continua dans d'excellentes conditions à travers de riches jardins dont les maîtres se sauvaient au bruit des tambours de la caravane, craignant d'être arrêtés et punis s'ils se permettaient de jeter les yeux sur les voyageurs devenus les hôtes du roi.

Arrivé au siége du gouvernement, groupe considérable de huttes gazonnées que de vastes enclos séparaient l'une de l'autre et qui couvraient toute la cime d'un coteau, le capitaine Speke voulut se rendre immédiatement au palais ; mais l'officier chargé de sa personne s'y opposa formellement sous prétexte que ce serait là, selon les idées reçues dans le pays, une inconvenance grave. Il fut alors conduit vers un groupe de huttes passablement malpropres, où les caravanes arabes avaient coutume de s'arrêter lors de leurs visites périodiques.

Cette assimilation ne lui convenant guère, Speke se mit à revendiquer ses droits de « prince étranger, dont le sang royal n'était pas fait pour de pareilles ignominies. » Il ajouta que le palais du souverain était sa véritable sphère, et que s'il ne pouvait y obtenir une hutte, il repartirait immédiatement sans avoir vu le roi. Terrifié par ce langage altier, l'officier se prosterna humblement et supplia Speke de ne pas compromettre les choses par une démarche précipitée. Le roi, dit-il, ne comprenait pas encore ce que pouvait être son hôte et demeurait inabordable. Il fallait donc que celui-ci se contentât provisoirement de ce qui lui était offert. Plus tard, sans aucun doute, le roi, mieux informé, satisferait à ses légitimes désirs, bien que nul étranger n'eût encore été admis à résider dans l'enceinte royale.

Speke céda aux supplications du brave homme, et fit nettoyer sa hutte à grand renfort de torches qu'on promenait sur le sol afin de détruire les petits insectes sauteurs dont les habitations, dans ces contrées caniculaires, sont toutes plus ou moins infestées. Quand il y fut installé, les pages de la maison royale vinrent lui rendre visite, et lui dire de la part du roi que, « désolée de n'avoir pu le recevoir à cause de la pluie, Sa Majesté le verrait dès le lendemain avec la plus grande joie. »

Le lendemain, en effet, un lever royal fut annoncé en l'honneur de Speke. Celui-ci prépara une toilette de circonstance. « Toutefois, dit-il, je dois avouer qu'elle faisait une assez pauvre figure quand on la comparait à celle des indigènes, toujours recherchés dans leur parure. Par dessus leur premier manteau d'écorce, dont l'étoffe rappelle nos plus fins croisés de laine jaune et se maintient comme si elle était légèrement empesée, ils portent, en guise de surtout, un second manteau de peaux d'antilopes cousues ensemble avec une habileté dont nos meilleurs gantiers pourraient être jaloux. Leurs turbans, ou plutôt leurs couronnes, généralement en tiges tressées, sont décorés de défenses de sangliers polies avec soin, de baguettes à talismans, de graines colorées, de verroteries ou de coquillages. Ils ont au cou, sur les bras, autour des chevilles, soit des ouvrages de bois qui représentent des charmes, soit de petites cornes garnies de poudre magique et retenues par des ficelles ordinairement revêtues de peau de serpent. Avec leurs boucliers à houppe et leurs longues lances au fer énorme, ces barbares ont quelque chose d'imposant qui fait ressortir le caractère étriqué de nos habits d'Europe. »

Les officiers du roi réclamèrent, comme un privilége de leur office, l'inspection préalable des présents destinés à Sa Majesté. Sur le refus catégorique de Speke, ils essayèrent d'élever une autre difficulté. Selon eux, il fallait absolument que chaque présent fût enveloppé dans un morceau d'indienne, les convenances ne permettant pas de laisser à découvert les objets qu'on offrait au monarque. Cette prétention également repoussée par Speke, les présents, consistant en fusils, munitions, boîtes de fer-blanc, écharpes de soie, verroteries, etc., furent portés au palais avec tout le cérémonial de rigueur.

L'étendard des Trois-Royaumes ouvrait la marche ; suivait la garde d'honneur, composée de douze hommes en manteaux de flanelle rouge, l'arme sous le bras et la baïonnette au bout du fusil. Le reste des gens venait derrière, chacun portant un des objets qui allaient être déposés aux pieds du roi.

Sur tout son passage, le cortége souleva des cris d'admiration ; parmi les spectateurs, les uns de leurs deux mains se prenaient la tête ; les autres, au contraire, s'en faisant un porte-voix, criaient à qui mieux mieux dans leur extase : « Irungi ! Irungi ! » ce qui équivaut dans le pays au « bravo » le plus énergique. On marcha ainsi jusqu'à une espèce de place où se trouvait la demeure royale.

« Nous entrâmes dans une cour, raconte Speke, et ma surprise fut grande à la vue de huttes gazonnées, dont la toiture en chaume semblait avoir passé par les ciseaux d'un de nos coiffeurs. De l'une à l'autre, et divisant en compartiments réguliers l'enclos de chacune d'elles, couraient des claies à la fois solides et légères, faites d'une espèce de roseaux très-communs dans le pays. Cette première cour une fois franchie, les exigences de l'étiquette semblèrent se compliquer. Les grands officiers venaient me saluer, chacun à son tour, en habits de fête. Des groupes d'hommes, de femmes, de taureaux, de chiens, de chèvres, défilaient de tous côtés, et les petits pages, avec leurs turbans de cordes, passaient en courant comme si leur vie eût dépendu de la promptitude avec laquelle serait rempli le message dont ils étaient porteurs.

La cour où nous étions maintenant précédait celle des réceptions, et il m'eût semblé naturel d'entrer sous la hutte où se tenaient les musiciens, qui tous, en chantant, jouaient de l'harmonica et des harpes à neuf cordes; mais les maîtres des cérémonies, qui s'obstinaient à nous mettre sur le pied des trafiquants arabes, me requirent de m'asseoir à terre en dehors de cette hutte, avec tous mes gens. Or, j'étais bien résolu à ne pas suivre, à cet égard, l'exemple des indigènes et des Arabes, encore que ceux-ci m'eussent averti qu'ils n'avaient pas osé enfreindre les usages de la cour. Je comprenais fort bien que, faute d'affirmer mon indépendance et ma valeur sociale, je perdrais pour tout le reste de ma visite les avantages que m'avaient donnés jusqu'alors ma supériorité sur le commun des trafiquants, et le rôle princier dont je revendiquais les priviléges.

Cependant, pour éviter le reproche de précipitation, et vu la crainte que manifestaient mes serviteurs en me trouvant si rebelle aux prescriptions de l'étiquette, j'accordai cinq minutes de réflexion aux officiers de la cour, les prévenant que faute d'un accueil plus convenable, je me retirerais à l'expiration de ce délai. Les malheureux, stupéfaits, ne bougeaient non plus que des poteaux. Mes gens, qui me connaissaient homme de parole, commençaient à me croire perdu. Les cinq minutes écoulées, ne voyant rien changer à l'ordre établi, je repris le chemin de ma hutte, après avoir enjoint à Bombay de me suivre, en laissant déposés à terre les présents que nous avions apportés.

Bien que le souverain soit réputé inaccessible, il apprit sans retard que je venais de m'éloigner dans un transport d'indignation. Son premier mouvement fut de sortir de son cabinet de toilette et de s'élancer après moi. Mais comme je marchais fort vite et que j'étais déjà loin, il changea d'avis et me dépêcha un certain nombre de ses officiers. Ces pauvres diables, galopant de leur mieux, finirent par me rejoindre, et me supplièrent, agenouillés, de revenir au plus vite, attendu que le monarque, à jeun depuis la veille, ne voulait manger qu'après m'avoir vu. Leurs touchants appels, dont je ne comprenais pas un traître mot, me causaient cependant une certaine émotion; j'y répondis en posant la main sur mon cœur et en secouant la tête d'un air pénétré, mais je n'en marchai que plus vite.

A peine dans ma hutte, je vis arriver tout en nage Bombay et plusieurs autres de mes hommes, chargés de m'apprendre que mes plaintes avaient été portées devant le roi qui, dans son désir de me témoigner tous les égards qui m'étaient dus, m'autorisait à faire apporter avec moi mon propre siége, bien que ce fût là un des attributs exclusifs de la royauté. Ayant ainsi partie gagnée, je me calmai à loisir par le moyen d'une pipe et d'une tasse de thé.

Lorsque je reparus au palais, j'y trouvai une agitation et un trouble extraordinaires, personne ne sachant au juste quelles pourraient être les conséquences d'une témérité comme la mienne. Les maîtres des cérémonies me supplièrent, avec les formes les plus courtoises, de m'asseoir sur le tabouret pliant que j'avais apporté; d'autres officiers se hâtèrent d'aller annoncer mon retour. Je n'attendis pas plus de quelques minutes pendant lesquelles les musiciens, vêtus de peaux de chèvres à longs poils et dansant à peu près comme les ours de la foire, s'efforcèrent de charmer mes loisirs. On m'annonça bientôt que le tout-puissant monarque siégeait sur son trône dans la hutte de cérémonie, située au centre de la troisième enceinte.

Je m'avançai donc, le chapeau à la main, suivi de ma garde d'honneur, à qui j'avais ordonné d'ouvrir les rangs, et derrière laquelle marchaient en bon ordre les porteurs de mes présents. Au lieu d'aller droit à Sa Majesté, comme pour lui serrer la main, je restai à l'extérieur de l'espèce d'enceinte que formaient les dignitaires du royaume, accroupis sur les trois côtés d'un carré. Tous étaient vêtus de peaux, la plupart de peaux de vaches. Je fus requis de faire halte à l'endroit où je m'étais placé moi-même, et de m'asseoir par conséquent en plein soleil; aussi me hâtai-je de mettre mon chapeau et d'ouvrir mon parasol, phénomène qui, par parenthèse, excita l'admiration et l'hilarité universelles ; puis je commandai à ma garde de serrer les rangs. Je m'assis enfin pour contempler à mon aise un spectacle si nouveau pour moi ; il avait quelque chose d'éminemment dramatique. »

Le roi, appelé Mtésa, grand jeune homme de vingt-cinq ans, doué d'une physionomie avenante, taillé dans de belles proportions, ayant disposé avec le soin le plus scrupuleux les plis de sa toge toute neuve, siégeait sur une couverture rouge recouvrant une plate-forme carrée qu'entourait un clayonnage de roseaux. Sa chevelure était coupée de fort près, sauf au sommet de la tête; là, de l'occiput au sinciput, elle dessinait un relief pareil à celui du cimier de certains casques, ou bien, la comparaison sera moins noble, à celui d'une crête de coq. Un large collier plat, une sorte de cravate plutôt, de petites perles agencées avec goût, un bracelet pareil, des anneaux alternés de bronze et de cuivre à chaque doigt et à chaque orteil, au-dessus des chevilles et jusqu'à la moitié du mollet, des bas ou guêtres en verroteries de la plus belle qualité, lui composaient un costume à la fois léger, correct et véritablement élégant.

Il avait pour mouchoir une écorce soigneusement pliée, et tenait à la main une écharpe de soie brodée d'or derrière laquelle il abritait à chaque instant son large sourire, et dont il se servait pour essuyer ses lèvres après avoir bu le vin de bananes que lui versaient à longs traits, dans de petites gourdes taillées en coupes, les dames de son entourage, à la fois ses sœurs et ses femmes. Placés près de lui, un chien blanc, une lance, un bouclier, une femme représentaient le blason national, le symbole héraldique de l'Ouganda. Il y avait aussi, sur la même plate-forme, à la droite du roi, un groupe d'officiers d'état-major avec lesquels il semblait bavarder volontiers ; de l'autre côté une bande de sorcières ayant sur la tête des lézards séchés et autour de la taille des tabliers de peau de chèvre fort exigus et bordés de clochettes.

« Au bout d'un certain temps, poursuit le capitaine Speke, je fus prié d'entrer dans l'espèce de carré formé par l'assistance, et au centre duquel se trouvait, sur un tapis de peaux de léopards, une énorme timbale de cuivre garnie de clochettes en bronze disposées sur des arceaux de fil d'archal, plus deux tambours de moindres dimensions, recouverts de coquilles et de verroteries artistement travaillées. Je brûlais d'engager l'entretien, mais d'abord la langue du pays m'était inconnue, et, d'autre part, pas un de mes voisins n'eût osé parler, pas un ne se fût hasardé à lever les yeux de peur qu'on ne l'accusât de regarder les femmes. Aussi demeurâmes-nous, Mtésa et moi, pendant plus d'une heure, nous contemplant l'un l'autre, sans échanger une parole; réduit pour ma part à un silence complet, je l'entendais discourir avec ses voisins sur la nouveauté de mon appareil, l'uniforme de ma garde, etc. On vint même me demander en son nom, pendant qu'il se livrait à ces commentaires, tantôt d'ôter mon chapeau, tantôt de refermer et d'ouvrir mon parasol, et mes gardes reçurent ordre de se retourner pour qu'on pût admirer leurs manteaux rouges, l'Ouganda n'ayant jamais rien vu de pareil.

Enfin, comme le jour baissait, Sa Majesté m'expédia son grand-maître des cérémonies, qui vint s'informer « si j'avais vu le monarque? » Je répondis que je prenais ce plaisir depuis une heure entière, et dès que ces paroles lui eurent été transmises, il se leva, la lance à la main pour se retirer, avec son chien qu'il tenait en laisse, dans les huttes de la quatrième enceinte.

La démarche du roi, au moment où il prenait ainsi congé de nous sans la moindre cérémonie, devait, parait-il, nous sembler majestueuse. C'est une allure traditionnelle de sa race qui, au dire des flatteurs, rappelle le pas du lion. Je dois convenir cependant que cette manière de jeter la jambe à droite et à gauche me faisait songer au dandinement maladroit des palmipèdes de basse-cour, et loin de me frapper de terreur, m'empêchait de prendre Sa Majesté tout à fait au sérieux. »

Un nouveau délai était imposé au capitaine Speke, mais l'humanité, cette fois, ne lui permettait pas de s'en plaindre; on lui avait révélé, sous le sceau du secret, que le roi, lié par son serment de ne pas rompre le jeûne avant d'avoir vu l'étranger, venait d'aller prendre son premier repas. Dès que cette réfection fut achevée, on passa à une autre exhibition des splendeurs de la cour.

Speke fut invité à aller trouver le monarque avec tous ses hommes. Ce dernier était debout sur une couverture rouge, adossé à la porte d'une hutte, causant et plaisantant, mouchoir en main, avec une centaine de ses femmes accroupies à ses pieds. Les gens de Speke n'osaient pas avancer tête levée, encore moins risquer le plus léger coup d'œil du côté des femmes; courbés en deux, le nez à terre, le regard oblique, ils rampaient derrière leur chef. Ne se doutant guère du sujet de leurs craintes, le capitaine s'impatientait de cette attitude qui les faisait ressembler à des oisons effarouchés, et après les avoir rabroués à haute voix, il resta debout, le chapeau à la main, l'œil fixé sur ces dames, jusqu'au moment où

L'AFRIQUE ORIENTALE. — Le transport de l'ivoire.

il reçut l'ordre de s'asseoir et de se cou-vrir.

Mtésa daigna alors s'informer de ce qu'on avait à lui dire de la part du roi Roumanika, son voisin. Ce fut le grand-maître des cérémonies qui prit la parole; après quoi, lui et les autres dignitaires firent force génuflexions, puis se jetèrent à plat-ventre, et se tournant par de brus-ques soubresauts, comme le poisson sur la grève, poussèrent de ces petits gé-missements entrecoupés par lesquels les individus de la race canine témoignent d'ordinaire leur plus vive satisfaction. Ils se relevèrent alors la face barbouillée de poussière, saisirent chacun une ba-guette, car les lances ne sont pas tolé-rées à la cour, et feignant de charger le roi, lui débitèrent, avec une rapidité surprenante, les assurances multipliées d'une fidélité à toute épreuve. Parmi les mots qu'ils prononçaient, celui de *nyanzig* était le plus fréquemment employé; aussi est-ce par ce nom générique qu'on désigne la manifestation qui venait d'avoir lieu.

Le jour baissant rapidement, la suite de la cérémonie fut menée avec moins de lenteur. Mtésa se transporta dans une autre hutte, où, s'étant assis sur son trône et toujours entouré de ses femmes, il fit venir Speke. Celui-ci procéda aussitôt au déballage des présents; le monarque, émerveillé, les contempla avec mille remarques puériles; puis, la nuit venue, il prit congé de son hôte en lui promettant de lui envoyer des provisions le lendemain matin.

Le plus grand désir de Speke était d'obtenir de Mtésa que des courriers fussent envoyés au capitaine Grant, retenu par la maladie, comme on se le rappelle, chez le roi Roumanika. Avant de poursuivre sa route au nord, il voulait naturellement être rejoint par son compagnon; mais le roi, trouvant très-agréable la société de l'homme blanc, ne se montra nullement pressé de satisfaire ce désir, et le capitaine Speke dut se soumettre aux caprices du jeune monarque.

Dès sa seconde entrevue avec Mtésa, Speke se plaignit de sa résidence qui n'était ni commode, ni salubre, ni en rapport avec son rang très-supérieur à celui des marchands arabes pour lesquels elle avait été construite. Il espérait qu'une fois logé dans le voisinage immédiat du palais, les dignitaires de la cour viendraient enfin lui rendre visite. Les lois du pays lui interdisaient, en effet, d'aller voir personne, sauf le roi lui-même; d'un autre côté, aucun habitant n'était autorisé à lui vendre des provisions, de telle sorte que ses gens en étaient réduits, pour se nourrir, tantôt à mettre au pillage tels ou tels jardins que leur désignaient les officiers du roi, tantôt à s'emparer du pombé ou des bananes apportés par les indigènes qu'ils rencontraient sur la route du palais. Ce système particulier de non-intervention, un des traits de la politique royale, avait pour but de réserver au souverain le monopole de l'exploitation à pratiquer sur ses hôtes.

Cependant, l'usage voulant que sur trois jours, deux fussent consacrés au roi et le troisième à la reine-mère, Speke fut invité à se rendre chez celle-ci. Pour donner à cette première visite toute la solennité requise, il prit avec lui, outre sa pharmacie portative, une offrande composée de bracelets, de verroteries et d'indienne; il emmena aussi sa petite garde d'honneur, sans oublier le siége, fait d'une herbe particulière, cadeau de Mtésa.

La résidence de Sa Majesté douairière présentait, sur une moindre échelle, les mêmes dispositions que celles du monarque; des gardes veillaient aux portes, garnies de grosses cloches d'alarme, et les officiers de service occupaient avec les musiciens les huttes de réception: toutes les autres étaient remplies de femmes.

On fit attendre Speke sous un hangar servant d'antichambre; mais il n'y resta pas longtemps, car la reine, prévenue, était prête à le recevoir, et, plus affable que son fils, elle lui gardait, au lieu d'une réception d'apparat, un simple lever de distraction. Aussitôt qu'on eut poussé la porte devant lui, Speke s'avança, chapeau bas, mais à l'ombre de son parasol toujours ouvert, et ne s'arrêta que pour s'asseoir en face de Sa Majesté.

Arrivée à la pleine maturité de l'âge, simplement vêtue, assise à terre sur un tapis, le coude nonchalamment appuyé sur un coussin, la reine avait pour tout ornement un collier et un fichu roulé autour de la tête. Un miroir à compartiments, fatigué par un fréquent usage, était ouvert à côté d'elle. Devant l'entrée de la hutte, une longue tige de fer en forme de broche, portant à son extrémité une coupe remplie de poudre magique, dominait quelques autres talismans du même genre ; à l'intérieur, quatre sorcières, dans un costume fantastique, et un grand nombre de femmes se pressaient autour de leur maîtresse. Comme pour varier le tableau, un orchestre fut introduit ainsi qu'une foule de courtisans appelés à faire leur cour.

Speke fut invité à s'approcher. Du vin de bananes circula alors de mains en mains, sablé d'abord par la reine, puis par l'assistance chacun à son tour. On se mit ensuite à fumer, et la musique commença. Au bout d'un instant, on fit évacuer la salle du trône, où il ne resta que trois ou quatre courtisans intimes, Sa Majesté prit aussitôt un petit faisceau de bâtonnets fort proprement arrangés, et, mettant à part trois d'entre eux, déclara à Speke qu'il aurait à la guérir de trois maladies différentes : « Ce premier bâton, dit-elle, représente mon estomac, dont je souffre beaucoup ; le second, que voici, est mon foie, qui m'envoie de tous côtés dans le corps des douleurs lancinantes ; et ce troisième est mon cœur, auquel je dois chaque nuit des rêves fâcheux à propos de mon défunt mari. »

Le capitaine répondit d'abord que les rêves ou plutôt les insomnies dont elle se plaignait, lui étaient communes avec la plupart des veuves, et ne se dissiperaient que dans le cas où elle se résignerait à contracter un second hymen. Quant à ses souffrances purement physiques, il lui fallait, avant qu'il pût risquer la moindre prescription, regarder sa langue, tâter son pouls et peut-être même, au besoin, poser les mains sur ses augustes flancs. Les courtisans se récrièrent à ces derniers mots, disant que cela ne pouvait se faire qu'avec l'autorisation du roi. Mais la reine, se soulevant sur son trône, rejeta bien loin l'idée de consulter un pareil jouvenceau, et se soumit d'avance à l'examen nécessaire. Speke exhiba alors deux pilules et prescrivit à la malade de les avaler le soir, en lui recommandant de se priver de nourriture et de vin de bananes jusqu'à nouvelle consultation. La présentation des cadeaux eut ensuite lieu avec les formalités accoutumées. La reine, ravie au-delà de toute expression, répéta cinq ou six fois que l'homme blanc lui plaisait beaucoup, excessivement, qu'elle n'aurait jamais assez de lui, et le congédia subitement en le priant de venir la revoir une autre fois.

Le capitaine Speke ne manquait pas, toutes les fois qu'il en trouvait l'occasion, de renouveler ses plaintes au sujet de sa demeure. Il voulait à toute force obtenir une hutte dans l'intérieur du palais, aussi bien dans l'intérêt de sa dignité personnelle et de son influence à la cour, que pour être à même d'étudier de plus près les mœurs et les coutumes de ce peuple étrange. Aussi n'était-il pas fâché de se voir convoqué par le monarque à des audiences presque quotidiennes, cet empressement de bon augure pouvant lui fournir le moyen de revendiquer sans cesse le privilége auquel il aspirait.

Cependant Mtésa paraissait ne pas vouloir tenir compte des réclamations de Speke; alors celui-ci tenta d'un stratagème hardi. Au lieu de se rendre à l'appel du souverain, il lui envoya un jour quelques-uns de ses hommes, alléguant « que malgré son vif désir de le voir, il ne saurait s'exposer si souvent aux rayons du soleil; que dans les autres pays par lui traversés, on lui avait reconnu le droit d'habiter un palais égal à celui du roi; que le traiter différemment, c'était lui manifester un certain mépris; que s'il insistait d'ailleurs pour qu'une demeure lui fût assignée à l'intérieur de l'enclos royal, c'était parce qu'il désirait se trouver le plus fréquemment possible auprès de Sa Majesté, l'entretenir à toute heure du jour, et lui expliquer en détail l'usage des divers objets qu'il lui avait offerts. » Le roi comprit à merveille les motifs de cette requête, et répondit qu'il n'aurait pas mieux demandé que de garder sans cesse auprès de lui l'homme blanc; mais que ses huttes étaient pleines de femmes, ce qui rendait la chose impossible; que si cependant l'homme blanc voulait prendre patience, on lui élèverait, aux environs, une habitation spéciale, honneur qui n'avait été fait à aucun des hôtes précédents.

Cette dernière proposition ne contenta que médiocrement le capitaine Speke. Mais après plusieurs autres démarches demeurées inutiles, il réussit enfin, grâce à un judicieux emploi de cette corruption administrative qui fleurit, paraît-il, dans tous les pays. Une certaine quantité de verroteries et de perles, et quelques bracelets de cuivre, envoyés au commandant en chef du palais, lui gagnèrent l'influence de ce haut fonctionnaire, et presque immédiatement plusieurs belles huttes situées dans un grand jardin de bananiers furent mises à sa disposition.

Son installation dans sa nouvelle demeure une fois terminée, Speke retourna chez la reine-mère avec quelques petits cadeaux qu'il se proposait de lui offrir. Il fut introduit sans le moindre retard, et trouva Sa Majesté assise sur un tapis de l'Inde, vêtue d'un peignoir de cotonnade rouge à bordure d'or, et gardant à côté d'elle une espèce de boîte à ouvrage décorée de jolis dessins en petites perles. Ses conseillers l'entouraient, et un orchestre complet, autour duquel étaient accroupis dans la cour une foule de personnages subalternes, faisaient de cette réunion un lever dans toutes les règles.

Maints et maints compliments s'échangèrent encore à l'occasion des présents que le capitaine avait apportés et qui furent universellement admirés; puis la reine et ses ministres, s'abandonnant aux charmes du vin de bananes, devinrent peu à peu très-bruyants et poussaient des éclats de rire que n'admet pas un décorum tant soit peu rigide. L'orchestre se mit alors à exécuter par ordre un air national qu'entonnèrent ensemble une douzaine d'instruments à vent, et dont cinq tambours, de taille et de sonorité différentes, marquaient bruyamment la mesure.

Cette scène, d'abord assez gaie, devenait à la fin ennuyeuse, lorsque Bombay, le factotum de Speke, insinua à la reine que la femme la plus laide peut sembler belle grâce aux recherches de la toilette. Sa Majesté se leva tout aussitôt, répondant à ce défi, et reparut au bout de peu d'instants avec un vêtement d'étoffe commune, à carreaux, une tiare de roseau, un collier de graines et son miroir à compartiments. Elle reçut, à peine installée, des mains d'une jeune fille complétement nue, une coupe de vin de bananes où surnageait un bouchon, et sur laquelle était étendue une espèce de serviette en écorce. Pour la remercier de la condescendance qu'elle avait mise à se montrer en négligé, les assistants se confondirent en salutations de toute nature.

Le ton de bonne humeur sur lequel la conversation était montée parut à Speke un encouragement à faire une discrète allusion au regret qu'il éprouvait de ne pas vivre sur un pied de familiarité plus grande avec les naturels du pays. La reine, dès qu'elle eut compris, se hâta de le présenter à son premier ministre, à son chancelier, aux gardiens de ses femmes, à ses bourreaux et à ses cuisiniers, tous composant la haute aristocratie du royaume. Speke dit à chacun d'eux quelques mots aimables qui parurent les mettre en grande gaieté. Sa Majesté elle-même devint plus bruyante que jamais.

Les petites tasses à vin ne se trouvant plus au niveau de la circonstance, on apporta une grande auge de bois que l'on remplit de liqueur. S'il en jaillissait quelques gouttes à droite ou à gauche, les courtisans se les disputaient à l'instant même, tantôt balayant la terre de leur nez, tantôt la grattant de leurs ongles pour ne pas s'exposer à perdre un atome de ce liquide, qui représentait à leurs yeux une faveur émanée du trône. L'auge une fois remplie, la reine y plongea sa tête, s'abreuvant à la façon des animaux immondes, et ses grands officiers tinrent à honneur de lui succéder tour à tour. Après cela, elle entonna une chanson que l'assistance répétait en chœur.

Le palais ne tarda pas à être transformé en un véritable pandœmonium. Tout ce tapage cependant ne suffisant pas, l'orchestre fut appelé de nouveau. Alors, comme possédés du même démon, le premier ministre et le reste des assistants se levèrent à la fois, et, saisissant leurs baguettes, en visite les lances ne sont pas de mise, ils accusèrent la reine, avec une colère feinte, « d'avoir livré son cœur au bel étranger ; » puis ils s'élancèrent dans la cour, et, la baguette haute, la voix menaçante, revinrent à deux reprises sur leur maîtresse comme pour punir de mort l'affection criminelle dont l'homme blanc était l'objet, mais en réalité pour manifester leur dévouement et leur jalouse tendresse.

Quant à Speke, fatigué de la posture contrainte que lui imposait un siége trop bas, et aussi quelque peu dégoûté du spectacle qu'il avait sous les yeux, il sollicita la permission de se retirer; mais Sa Majesté n'y voulut pas consentir, et demanda un supplément de vin de bananes. L'orgie recommença de plus belle et se continua jusqu'au soir.

Notre voyageur commençait à se trouver singulièrement embarrassé de tant de hauteurs et de caprices : il lui fallait néanmoins tenir bon, aussi bien pour les nécessités de la situation présente que pour ménager aux voyageurs futurs un accueil favorable.

Quelques jours après, il se rendit chez le commandant en chef. Celui-ci, comme pour s'attester à lui-même son importance, ne craignit pas de faire faire antichambre à Speke. C'était un grand garçon, d'une vingtaine d'années seulement; il était entouré de plusieurs anciens et causait avec eux de choses futiles, tandis que des musiciens célébraient par leurs chants, en s'accompagnant de leurs petites harpes, et la grandeur du monarque, et la venue de l'étranger, ses beaux habits, sa magnificence. Singeant de son mieux les façons de la cour, il promena de hutte en hutte le capitaine, pour mieux lui faire apprécier sa grandeur, et ensuite l'emmena dans un endroit séparé où se trouvaient ses femmes, au nombre d'une trentaine, toutes plus laides les unes que les autres. « Faites attention, s'empressa-t-il de dire, que c'est seulement pour regarder.»

Revenu auprès des autres visiteurs, Speke fut sollicité par l'un d'eux, dont le fils avait été récemment condamné à mort, de vouloir bien plaider la cause du pauvre diable et faire révoquer l'arrêt prononcé contre lui. Il crut devoir tout d'abord, dans l'intérêt de sa dignité, soulever quelques objections, basées sur ce qu'un homme tel que lui ne pouvait s'exposer à la chance d'un refus. Mais sur les assurances du commandant en chef qu'il ne risquait rien de pareil, il répondit qu'il aurait grand plaisir à intercéder pour le condamné.

En conséquence, étant allé le lendedemain faire visite au roi, chez lequel le signal de son arrivée (trois coups de fusil) avait fait aussitôt affluer une foule de courtisans parmi lesquels se trouvait le père du condamné, le capitaine tint sa promesse. Le roi, tout surpris de la faveur que sollicitait son hôte, donna immédiatement l'ordre de mise en liberté, au milieu des rires de l'assistance tout entière, moins toutefois le pauvre père qui, tout ému, les yeux pleins de larmes, vint tomber aux pieds de Speke pour lui témoigner sa reconnaissance.

Mis en belle humeur par cet incident, le souverain emmena son hôte au milieu d'une trentaine de frères qu'il avait et qui vivaient autour de lui dans une espèce de demi-captivité, sous le vigoureux contrôle d'un officier spécialement chargé d'empêcher toute intrigue. Les uns étaient adultes, les autres encore enfants. Quelques-uns portaient des menottes, d'autres étaient prisonniers sur parole. Tous voyaient l'homme blanc pour la première fois ; aussi fallut-il que celui-ci montrât ses cheveux, ôtât ses souliers, retroussât ses pantalons pour convaincre l'assistance que la peau de son corps était aussi blanche que celle de son visage.

Un autre jour, en arrivant au palais, Speke trouva Mtésa entouré de ses femmes et vêtu à l'européenne, avec des pantalons que la veille on lui avait empruntés tout exprès. Dieu sait comme ce costume allait à Sa Majesté. Le pantalon était trop court, les manches de la veste également trop courtes ; les pieds et les mains de ce géant nègre se projetaient au dehors de ses vêtements comme font les extrémités de ces quadrumanes qu'on voit gambader dans les foires.

« On fit alors défiler devant nous, dit Speke, une vingtaine de demoiselles dans le costume de notre mère Ève, chacune portant, en guise de feuille de figuier, un très-insuffisant tablier d'écorce. Toutes frottées de graisse et ruisselantes comme des miroirs, elles allaient prendre place dans le harem, tandis que leurs pères, se roulant aux pieds du roi, manifestaient par des contorsions insensées leur reconnaissance et leur bonheur.

Cette procession cythéréenne au milieu de mes gens, dont pas un n'osait lever la tête pour la regarder, me parut d'un effet si plaisant, que je partis d'un éclat de rire, et Mtésa, que mon hilarité gagnait, y répondit à l'instant de la façon la plus bruyante ; mais nous n'en restâmes pas là, car les pages, cédant pour une fois à leur instinct naturel, se mirent à éclater aussi ; mes gens pouffaient en dessous presque malgré eux, et les femmes elles-mêmes, portant les deux mains à leur bouche afin de n'être pas aperçues, s'associaient à cette gaieté contagieuse. Une vieille matrone grave et posée, se leva alors de l'endroit où elle était accroupie, et son impérieux « par file à gauche, en avant! » mit fin à cette scène grotesque.

Grotesque, ai-je dit, mais dans ce milieu d'esclavage sans limites et de despotisme sans frein, le sort de ces femmes tourne souvent au tragique. Voici déjà quelque temps que j'habite l'enceinte de la demeure royale, et que, par conséquent, les usages de la cour ne sont plus pour moi lettre close. Me croira-t-on cependant si j'affirme que depuis mon changement de résidence, il ne s'est pas passé de jour où je n'aie vu conduire à la mort quelquefois une, quelquefois deux et jusqu'à trois ou quatre de ces malheureuses femmes qui composent le harem de Mtésa? Une corde, roulée autour du poignet, traînées ou tirées par le garde du corps qui les conduit à l'abattoir, ces pauvres créatures, les yeux pleins de larmes, poussent des gémissements à fendre le cœur, et, malgré ces appels déchirants, pas une main ne se lève pour les arracher au bourreau, bien qu'on entende çà et là quelques spectateurs préconiser à voix basse la beauté de ces jeunes victimes sacrifiées à je ne sais quelle superstition ou quelle vengeance. »

Du reste, dans l'Ouganda, la justice est rendue de la façon la plus sommaire. A défaut d'affaires plus importantes, la cour se transforme pour ainsi dire en tribunal d'assises. Les officiers amènent les accusés et font leur rapport. La sentence est immédiatement rendue, sentence de mort, impliquant peut-être les tortures les plus atroces, sans autre forme de procès, sans investigations préalables, et probablement à l'instigation de quelque personnage en crédit, animé de passions plus ou moins malveillantes. Si le prévenu essaye de se justifier, sa voix est couverte aussitôt par une clameur réprobatrice, et la malheureuse victime entraînée le plus brutalement du monde par ces mêmes officiers, empressés de montrer leur zèle. De jeunes vierges, dans un état de nudité complète, mais tenant des deux mains, devant elles, par un reste de pudique scrupule, un petit carré d'écorce, sont offertes par leur père, soit en expiation de quelque offense commise, soit tout simplement pour alimenter le harem. Tel ou tel officier, de ceux à qui sont confiées les arrestations, reçoit l'ordre de traquer certains personnages de la cour, coupables de quelque délit, et de confisquer leurs terres, leurs femmes, leurs enfants, en un mot tout ce qu'ils possèdent. Tel autre, dont le salut n'est pas absolument régulier, est désigné comme devant être livré au bourreau ; chacun de ceux qui l'entourent se lève à l'instant même, les tambours battent pour couvrir ses cris, et le malheureux, garrotté en quelques secondes, est emporté par une douzaine d'assistants. Un troisième subira bientôt après le même sort pour avoir, en s'asseyant par terre, exposé aux regards un ou deux pouces de sa jambe nue, ou parce que son manteau n'est pas noué tout à fait selon l'ordonnance.

Chèvres, vaches, volailles, arrivent à la file : ce sont des amendes qui rentrent au trésor. Celui qui s'acquitte ainsi, les caresse d'abord du plat de la main, qu'il applique ensuite à son visage, pour montrer que le don volontaire ne récèle aucun principe malfaisant, aucun mauvais esprit ; il remercie en même temps le roi de le tenir quitte à si bon compte, et se retire en souriant, heureux, pardonné, dans les rangs des courtisans accroupis. Parfois ce sont d'immenses troupeaux, de longues chaînes de femmes et d'enfants, produits d'une razzia victorieuse ou de plusieurs saisies pratiquées coup sur coup au détriment d'individus rebelles. Pour apaiser la colère du monarque, nul don n'est aussi efficace que celui de quelques jeunes beautés qui, après avoir habité le harem, seront distribuées comme récompense de quelques services éclatants à des officiers dévoués.

Il n'y pas, en effet, de mariage proprement dit dans l'Ouganda ; l'union de l'homme et de la femme n'a rien de permanent ni de solennel ; c'est la promiscuité la plus brutale. La femme cependant n'est point, dans ce pays, un article de commerce, bien que les pères parfois échangent leurs filles, et que certaines femmes, pour s'être mal conduites, soient vendues comme esclaves. En général, on se contente de les flageller ou de les faire passer du rang d'épouse à celui de servante, en leur attribuant la besogne la plus pénible.

Un matin, Speke fut réveillé par un tumulte effroyable. De tous les côtés arrivaient des troupes nombreuses de guerriers ; ils étaient peints de diverses couleurs, et ceints autour du front de feuilles de bananier, et autour des reins de petites peaux de chèvre ; ils portaient un

Sir Samuel White Baker

bouclier et brandissaient leurs lances en chantant le *Tamburé*, sorte de marche dont le refrain ramène incessamment le mot *mkavia*, qui signifie monarque. Une grande revue devait avoir lieu ce jour-là.

Quand toutes les troupes furent rendues sur la place du palais, le roi sortit avec lance et bouclier, et précédé par son chien favori ; puis il se tint debout au milieu de son état-major accroupi en rond autour de lui. Le régiment, comprenant environ trois compagnies de deux cents hommes chacune, reçut l'ordre de se porter au pas de course, sur une seule file, de la gauche du champ de manœuvre à l'extrémité opposée, pour s'y reformer de nouveau.

« L'imagination, rapporte Speke, n'invente rien d'aussi sauvage et d'aussi fantastique que le spectacle que j'eus alors sous les yeux : des hommes presque nus, recouverts seulement de peaux de chèvres ou de bêtes félines attachées à la ceinture, barbouillés de couleurs, chacun selon sa fantaisie, les uns ayant la moitié du corps colorée en rouge, les autres en noir, les autres en bleu, mêlés sans ordre, et de façon à produire les contrastes les plus violents. Chaque guerrier avait les mêmes armes : deux lances et un bouclier qu'il tenait comme dans la bataille, et tous s'avançaient de la sorte sur trois lignes, séparées par une distance de quinze à vingt pieds, avec la même animation, le même pas allongé.

Une fois tous les hommes en branle, les capitaines des compagnies partirent à leur tour, revêtus de costumes encore plus extravagants. Le grand colonel fermait la marche ; vrai Robinson Crusoé, il portait de longues peaux de chèvres à poil blanc, un bouclier de cuivre ayant la forme d'un violon à six pointes, sur lesquelles flottaient des touffes de poils blancs ; à ses genoux pendaient d'autres longues houppes de poils ; son casque enfin, couvert de riches verroteries de toutes couleurs et d'un excellent goût, était surmonté d'un bouquet de plumes rouges, d'où s'élançait une espèce de tige recourbée portant à son extrémité une aigrette de poils de chèvre.

Après le défilé, les guerriers chargèrent par compagnies, s'avançant et reculant tour à tour ; enfin les officiers les plus âgés vinrent jusqu'auprès du roi lui faire de violentes protestations de fidélité qui furent, comme de droit, fort applaudies ; après quoi, la parade achevée, chacun se retira chez soi. »

Cependant Speke, au milieu de tous les soucis que lui occasionnaient ses rapports avec le fantasque Mtésa, ne perdait pas de vue le but de son voyage, et ne négligeait rien pour hâter l'arrivée de son compagnon, le capitaine Grant. Il finit par obtenir que des messagers fussent envoyés à ce dernier, afin de lui faciliter la route.

Sur ces entrefaites, il vint à l'esprit du roi une idée subite qui ne fut pas sans causer un vif plaisir à notre voyageur : il s'agissait d'une chasse à l'hippopotame sur les bords du Nyanza. Sans donner le temps aux gens de sa suite de se préparer, l'impétueux tyranneau ordonna le départ, qui s'effectua dans l'ordre suivant : la musique en tête, puis toute la foule des courtisans courant pêle-mêle sans s'inquiéter des obstacles, ensuite le roi suivi de ses femmes, distribuées par ordre de beauté : les plus présentables marchant en avant, et le menu fretin à l'arrière-garde avec les lances, le bouclier du monarque et les pots de vin de bananes sans lesquels il ne bouge guère.

Speke prit place derrière Mtésa et en tête des femmes. Pour tromper l'ennui de la route, il se mit en coquetterie réglée avec celles-ci, ce qui ne manqua pas de surprendre beaucoup tous les assistants. On traversait un pays marécageux et coupé de nombreux cours d'eau sur lesquels on avait jeté autrefois des ponts, assez mal entretenus, cela va sans dire. Le premier que l'on rencontra n'offrait plus que quelques vestiges de pilotis, tout au plus bons à faire trébucher, et que chaque homme en passant enfonçait du talon dans la vase pour faciliter le chemin à ceux qui suivaient. Le roi rendit ce service à Speke, qui à son tour en fit autant pour les femmes qui venaient derrière lui. Surprises de cette galanterie à laquelle rien ne les préparait, elles ne purent s'empêcher de rire, ce qui attira l'attention du roi et mit tout le monde en alerte, attendu que jusqu'alors pas un homme vivant n'avait osé communiquer avec les femmes de Sa Majesté.

Un peu plus loin, au bord d'un ruisseau assez profond, Speke proposa par signes à ces dames de le leur faire traverser sur ses épaules. La première en tête hésita d'abord, puis s'enhardissant peu à peu, finit par accepter. Celle qui venait après donna à sa physionomie une expression si suppliante et tendit les deux mains avec un laisser-aller si parfaitement irrésistible, que, malgré son désir de ne pas attirer l'attention par une halte trop prolongée, Speke ne put s'empêcher de faire droit à cette requête silencieuse. Tout ceci n'échappa pas à Mtésa ; mais au lieu de se fâcher, il prit la chose en plaisanterie, et, courant au commandant en chef, qu'il avertit par un coudoiement significatif, il lui raconta tout bas ce qui venait d'arriver, comme s'il se fût agi de quelque secret. Le confident ne put maîtriser sa surprise, et ce fut bientôt dans toute la troupe une agitation indescriptible.

Pas un bateau ne se trouvait à l'embarcadère, et ce fut seulement après la nuit tombée, au bruit des tambours et de la mousqueterie, qu'une cinquantaine de gros bâtiments vinrent s'amarrer le long du rivage. Peints en rouge avec de l'ar-

gile, ils avaient de dix à trente rameurs chacun. Leurs longues proues se redressaient comme le cou d'un cygne ; ils étaient décorés à leur sommet d'une paire de cornes d'antilope, entre lesquelles une touffe de plumes se trouvait piquée comme sur un bonnet de grenadier.

Le lendemain, de fort bonne heure, l'embarquement eut lieu ; on traversa d'abord l'embouchure d'un profond marécage encombré de roseaux, puis on se dirigea vers le lac. Ses eaux magnifiques, s'étendant à une énorme distance, rappelaient, dit Speke, la baie de Rio-Janeiro, moins les hautes montagnes qui en forment l'arrière-plan, et qui étaient remplacées ici par des collines de l'aspect le plus agréable.

Après avoir fouillé un à un tous les coins et recoins du rivage sans trouver le moindre hippopotame, Mtésa donna l'ordre de se diriger vers une île afin d'y prendre quelque repos. Là, il fut donné à Speke de juger la folie sanguinaire du roi et son étrange irritabilité. Une fois à terre, le cortége s'était dispersé dans une espèce de verger où chacun s'était mis à moissonner des fruits. Une des femmes de Mtésa, charmante créature, suivant le voyageur, eut la malheureuse idée, croyant lui être agréable, de présenter à son seigneur un fruit qu'elle venait de cueillir. Aussitôt, celui-ci, comme pris d'un accès de rage, entra dans la plus violente colère. C'était la première fois, disait-il, qu'une femme se permettait de lui offrir quelque chose ; et là-dessus, sans alléguer d'autre motif, il enjoignit à ses pages de saisir la coupable, de lui lier les mains, et de la faire exécuter sur-le-champ.

A peine ces mots prononcés, tous les jeunes drôles à qui le roi s'adressait, déroulèrent en un clin d'œil les turbans de cordes qui ceignaient leurs têtes et, comme une meute de bassets avides, se précipitèrent sur la pauvre négresse. D'abord indignée que de pareils enfants osassent porter la main sur sa royale personne, elle essaya de les repousser comme autant d'importuns moucherons, tout en adressant au roi des remontrances passionnées ; mais, en quelques minutes, ils l'eurent saisie, renversée, et, tandis qu'ils l'entraînaient, elle suppliait Speke de lui prêter aide et protection. La sultane préférée s'était jetée aux genoux du roi, et toutes ses compagnes, prosternées à ses pieds, sollicitaient le pardon de leur pauvre sœur. Plus elles l'imploraient, plus semblait s'exalter sa colère, jusqu'à ce qu'enfin, s'armant d'une espèce de massue, il en voulut frapper la tête de la malheureuse victime.

Le capitaine avait toujours pris le plus grand soin de n'intervenir dans aucun des actes arbitraires du souverain; mais il y avait dans ce dernier accès de barbarie quelque chose de si profondément odieux, qu'il s'élança vers lui et, au risque de perdre la vie, lui demanda la grâce de la négresse. Cette intervention arracha un sourire au despote africain, et la prisonnière fut immédiatement délivrée.

L'excursion sur le Nyanza ne fut pas de longue durée ; elle ne servit d'ailleurs en rien les projets de notre explorateur.

De retour au palais, Speke trouva une vingtaine de naturels qui prétendaient avoir dépassé le capitaine Grant sur la route du Karagoué à l'Ouganda. Cette nouvelle lui causa une vive satisfaction, et bientôt il apprit que son compagnon n'était plus qu'à une journée de chemin, arrêté momentanément par suite des impénétrables considérations de l'étiquette locale. Enfin, le 27 mai 1862, pendant qu'il était en visite chez le roi, des détonations lointaines lui annoncèrent l'arrivée de Grant. Inutile de dire toute la joie de cette réunion, après tant d'anxiétés et de regrets mutuels.

Il ne faut pas perdre de vue qu'en prolongeant son séjour chez Mtésa, et par toutes ces négociations si difficiles à mener de sang-froid, Speke se proposait toujours le même objet, celui de se faire montrer le Nil à sa sortie du Nyanza, et de constater ainsi un phénomène sur lequel, depuis longtemps, son esprit ne conservait aucun doute. Sans le consentement, sans le concours même du capricieux sauvage auquel il avait affaire, il ne devait pas songer à la réalisation de ce projet. L'occasion, cette fois, lui semblant favorable, il risqua une requête directe tendant à obtenir des embarcations pour essayer de se rendre par eau vers le Gani ou pays situé au nord de l'Ouganda, en supposant que le lac et le fleuve fussent navigables sur leur parcours entier. Malheureusement cette requête, attentivement écoutée et parfaitement comprise, n'obtint aucune réponse directe.

Plus d'un mois se passa encore avant que les instances réitérées du capitaine pussent décider le monarque à faciliter la reprise du voyage vers le nord. Enfin, dans les premiers jours de juillet, les plus grandes difficultés parurent aplanies. Speke et Grant se rendirent chez Mtésa pour lui offrir quelques présents d'adieux, en ajoutant que tout ce qu'il pouvait désirer lui serait envoyé plus tard. Le roi demanda à son tour aux voyageurs combien de vaches et de femmes ils voulaient emmener ; ils répondirent que cinq vaches et autant de chèvres leur suffiraient amplement, mais qu'ils ne pouvaient accepter les femmes. Ils se levèrent alors pour s'incliner à l'anglaise, la main sur le cœur, et Mtésa leur rendit exactement leur salut, geste pour geste, à l'instar d'un véritable singe.

Le lendemain de cette entrevue, au moment du départ, Sa Majesté voulut une dernière fois passer la revue des hommes de l'escorte, dont il loua la tournure martiale ; il échangea ensuite de nouveaux adieux et s'éloigna précipitamment, tandis que la plus jolie de ses femmes, la sultane favorite, plus émue que ses compagnes, dont aucune, cependant, ne se montrait tout à fait indifférente, envoyait avec ses petites mains des signes d'amitié et de regret aux voyageurs.

« Enfin, je me trouve sur le Nil ! écrit Speke dans son journal, à la date du 21 juillet ; rien de plus beau que le spectacle alors offert à mes yeux. J'y vois réunis par la nature tous les effets de perspective auxquels vise le propriétaire du parc le mieux tenu ; un courant magnifique de six à sept cents mètres de large, émaillé çà et là de récifs et d'îlots, ceux-ci occupés par des huttes de pêcheurs, ceux-là par des hirondelles de mer. Des crocodiles se chauffent au soleil ; d'autres courent entre de hautes berges recouvertes d'un épais gazon et derrière lesquelles, parmi de beaux arbres, on peut voir errer de nombreux troupeaux d'antilopes. Le commandant du district est par malheur absent de chez lui ; mais je prends possession de ses huttes fort vastes et fort bien entretenues, et une fois installé en face du fleuve, il me semble qu'un séjour de quelque durée n'y serait vraiment pas désagréable. »

Huit jours après, en traversant un pays complétement ravagé par les éléphants, Speke arriva au but final de son voyage, c'est-à-dire au point où le Nil s'échappe du Nyanza, en formant une cataracte de douze pieds de hauteur environ sur quatre à cinq cents de large. Cinq barques, chacune de cinq planches reliées ensemble et calfeutrées par des lambeaux de drap d'écorce, constituèrent la flottille sur laquelle il s'embarqua aussitôt pour descendre le fleuve et se rendre dans l'Ounyoro, dont le souverain, nommé Kamrasi, s'intitulait le Père ou le Chef de tous les rois. Le 9 août, il put contempler le palais de ce haut personnage ; c'était une hutte massive, écrasée, qu'entouraient une quantité d'autres huttes plus petites.

Comme dans l'Ouganda, le capitaine Speke eut toutes les peines du monde à obtenir une audience ; il n'y réussit qu'après quinze jours d'attente. Kamrasi le reçut dans une petite hutte construite tout exprès pour la circonstance : il était assis sur un tabouret de bois que supportaient, au sommet d'un tertre gazonné, deux tapis superposés, l'un de peaux de vache et le second de peaux de léopard. Enveloppé de drap d'écorce, calme, impassible, muet, on aurait dit un pape dans toute la majesté de son rôle pontifical. Ses cheveux, longs d'un demi-pouce, formaient de petits nœuds autour de sa tête; ses yeux étaient très-fendus, son visage étroit et son nez proéminent. Autour de lui étaient groupés seulement douze ou quinze courtisans.

Speke exposa immédiatement sa requête. Il dit que s'il arrivait par le Karagoué au lieu de remonter le Nil, c'était parce que les gens du nord avaient jusqu'à présent contrecarré toutes les tentatives des hommes blancs pour se frayer cette voie vers l'Ounyoro; que le but de sa visite était de savoir s'il ne conviendrait pas à Sa Majesté de commercer avec l'Angleterre et d'échanger de l'ivoire contre des marchandises européennes; que, s'il y consentait, des trafiquants viendraient chez lui; que les rois voisins comprenaient déjà les avantages d'un pareil état de choses, etc. Mais au lieu de répondre directement, Kamrasi, du ton le plus paisible, se mit à parler d'une foule de choses absurdes.

Pendant les six semaines que nos voyageurs furent forcés de passer auprès de ce monarque superstitieux et fourbe, ils eurent à supporter tous les ennuis imaginables. Ils durent plusieurs fois lui tenir tête, sous peine d'être privés de toutes leurs ressources. Lors de leur dernière entrevue avec lui, il leur demanda s'ils avaient un remède pour empêcher les enfants de mourir en bas âge, et un autre remède pour attacher les sujets à la personne de leur souverain. Selon sa coutume, Speke lui donna des pilules, en ajoutant que l'intelligence d'un gouvernement, sa prudence, son respect pour tout ce qui est juste sont les meilleurs, les uniques remèdes dont les souverains doivent faire usage pour gagner le cœur de leurs sujets.

Avant son départ, qui eut enfin lieu le 10 novembre 1862, le capitaine Speke avait sollicité la permission, qui lui avait été accordée, de continuer sa route sur une rivière appelée la Kafour, voisine de la résidence du roi. Bientôt, passant de leurs légers canots sur une grande barque, les voyageurs se trouvèrent dans ce qui leur sembla un lac oblong; ce lac n'était autre chose que le Nil, dont la Kafour est un affluent. Dix jours de navigation les conduisirent en vue des chutes de Karuma, sorte d'écluse naturelle qui précipite les eaux entre deux roches. A partir de ce point, le fleuve se dirige à l'ouest vers le lac Nzighé, à travers une série de chutes et de rapides qui le rendent impraticable. Ces circonstances et l'hostilité des tribus riveraines, interdisant aux voyageurs de descendre cette partie du fleuve, ils continuèrent leur route droit au nord.

Ils traversèrent les pays du Gani et du Madi, qui occupent toute la contrée à l'est du Nil, et ne tardèrent pas à rencontrer une caravane de Turcs. « Il faut avoir subi, dit Speke, un long exil chez les barbares pour comprendre le battement de cœur par lequel un voyageur salue l'approche du moment où il va se trouver parmi ses frères en civilisation. A chaque instant nous nous sentions plus émus. Un cortége militaire venait de se former et sortit du camp, précédé par trois grands drapeaux rouges, au bruit des tambours et des fifres. Je fis faire halte pour attendre ceux qui venaient ainsi au-devant nous. Quand ils nous eurent rejoints, un officier, portant l'uniforme égyptien, vint se jeter dans mes bras et semblait vouloir me donner le baiser de bien-venue. Je lui rendis vigoureusement son étreinte. »

Le 15 février 1863, après une nouvelle et longue série d'étapes à travers un pays dévasté par les brigands du nord qui usurpent le titre de négociants, Speke arriva à Gondokoro. Là, il rencontra sir Samuel Baker qui allait, lui aussi, à la recherche des sources du Nil; il s'empressa de lui faire part des résultats de ses voyages, lui parla du lac Nzighé vers lequel le Nil se dirigeait, et le décida à diriger ses efforts de ce côté.

De Gondokoro, Speke gagna Alexandrie, où il licencia son escorte. Quelques semaines après, il se retrouvait en Angleterre. Son retour fut salué d'un cri de triomphe, bien que la solution du problème géographique dont tant de savants s'étaient tour à tour préoccupés, fût envisagée par beaucoup comme encore incomplète. Le hardi explorateur avait cru pouvoir affirmer que le grand cours d'eau qui s'échappe au nord du lac Victoria-Nyanza, est bien le vrai Nil, le père des fleuves; mais ce n'était cependant qu'une hypothèse, car il n'avait pas côtoyé constamment ses rives. La Société royale de géographie lui décerna néanmoins une médaille d'honneur, et il devint le point de mire de tous les regards, l'objet de toutes les curiosités. Son comté natal le revendiqua comme une de ses illustrations par l'organe d'un de ses députés, qui tint à honneur d'appeler l'attention de la chambre des Communes sur les éclatants services de son compatriote ; lord Palmerston releva le gant au nom du pays tout entier, et la reconnaissance nationale promettait à notre voyageur les plus magnifiques récompenses, lorsque la mort vint brusquement l'arracher aux enivrements de sa célébrité naissante.

Le capitaine Speke a péri, comme James Bruce, comme Dumont d'Urville, victime d'un accident vulgaire. Il chassait en compagnie d'un de ses amis, lorsque, essayant de franchir un mur de clôture, il reçut en plein corps la charge de son fusil, malheureusement accroché dans un buisson voisin ; la mort fut presque instantanée.

Si l'exaltation du triomphe, dit notre éminent géographe Vivien de Saint-Martin, bien naturelle en une heure d'enthousiasme, si les ovations que l'Angleterre lui a décernées n'ont pas été tout à fait justifiées par l'étendue de ses observations et la nature de sa relation ; si Speke, en un mot, n'a pas « découvert « les sources du Nil, » comme ses amis et lui-même l'ont proclamé un peu trop complaisamment, il n'en a pas moins accompli, lui le premier, un des plus mémorables voyages dont se glorifiera notre époque.

On peut maintenant longer à l'ouest,

à une certaine distance cependant, ce lac Nyanza que coupe l'équateur, et sous cette zone équatoriale que les anciens regardaient comme inhabitable, à cause des chaleurs torréfiantes d'un soleil vertical, reconnaître, non sans quelque étonnement, un climat non-seulement très-supportable, mais qui pourrait être cité parmi les plus beaux du monde, n'étaient les pluies diluviennes qui durent neuf mois de l'année. Ce sont ces pluies équatoriales, on le sait actuellement, qui produisent les débordements du Nil, dont l'époque et le retour régulier furent si longtemps, pour les théoriciens de la science aussi bien que pour le vulgaire, un sujet d'étonnement et de hasardeuses spéculations. Ici, sur les pas du voyageur, on voit des pays dont la population est nègre, mais dont les chefs appartiennent d'origine à une autre race, la race blanche des Gallas, dont le foyer est au sud de l'Abyssinie, ce qui paraît avoir produit, dans une mesure qu'on ignore encore, un certain développement de race mixte dont les aptitudes se montrent très-supérieures à celles du nègre pur. Il y a là des faits et des questions d'ethnologie africaine qui ne peuvent manquer de s'éclaircir promptement maintenant qu'elles sont posées. Enfin il est établi qu'une rivière considérable sert de déversoir au Nyanza et court droit au nord. Pour le voyageur, cette rivière est l'origine principale du Nil. L'identité serait plus sûre si la caravane n'avait pas été forcée de quitter la vallée du grand courant pour ne le rejoindre qu'à cent milles plus loin, laissant dans ce long intervalle la rivière se porter à l'ouest vers une région qui n'a pas été reconnue, et où il est non-seulement possible, mais probable qu'elle se grossit de quelque grand affluent.

La tâche, comme on le voit, est loin d'être terminée; mais ce que n'a pas fait et n'a pu faire le vaillant voyageur, est devenu, grâce à lui, une entreprise comparativement facile. L'impartialité historique, qui donne à tout, hommes et choses, sa véritable place, ne fera de Speke ni un Humboldt ni un Burckardt, mais elle n'attachera pas moins à son nom une renommée désormais impérissable, à côté des plus grands et des plus beaux noms dont s'honore l'histoire contemporaine des découvertes géographiques...

L'AFRIQUE ORIENTALE. — Le roi Katchiba en voyage.

CHAPITRE XII

VOYAGE DE SIR SAMUEL WHITE BAKER (1861 A 1865)

Projets d'exploration. — Départ. — Excursion en Abyssinie. — De Khartoum à Gondokoro. — Arrivée des capitaines Speke et Grant. — Instructions de Speke touchant un lac non visité. — Dispositions pour son exploration. — Rébellion de l'escorte. — La bande du turc Ibrahim. — Diplomatie et traité. — Le Latouka et ses habitants. — Mœurs et usages. — Le district d'Obbo. Séjour dans cette ville. — Le roi Katchiba. — Son art magique. — Les frontières de l'Ounyoro. — Kamrasi et sa cour. — Départ pour le lac. — Sa découverte. — Navigation et souffrances.

— Intentions perfides des indigènes. — Tactique de Kamrasi. — Le pavillon anglais. — Invasion de l'armée de Mtésa. — Dans le sentier de la guerre. — Détresse de Kamrasi. — Retour à Gondokoro et à Khartoum. — Le Nil dépouillé de ses voiles. — Adieux à l'Afrique.

« Au mois de mars 1861, je me mis en route pour une expédition dont le but était de découvrir les sources du Nil ; j'espérais rencontrer les capitaines Speke et Grant, qui parcouraient l'Afrique orientale, et qui étaient partis de Zanzibar, envoyés par le gouvernement anglais pour le même motif. Je n'avais pas la présomption de faire connaître l'objet de mon voyage, car jusqu'alors les sources du Nil semblaient enveloppées d'un voile mystérieux ; mais ma résolution intime était de surmonter cette tâche si difficile au péril même de ma vie. Dès ma jeunesse, je m'étais endurci à la fatigue et aux privations dans les climats des tropiques, et lorsque j'étudiais la carte de l'Afrique, j'éprouvais une vague espérance mêlée d'humilité, qu'à force de persévérance je pourrais pénétrer jusqu'au cœur du continent. Ainsi on voit le ver le plus insignifiant percer le bois le plus dur.

Selon moi, rien au monde ne pouvait résister à une force de volonté bien arrêtée, pourvu que la santé et la vie ne fissent pas défaut. Je n'étais pas surpris du peu de succès de toutes les tentatives précédemment faites pour arriver aux sources du Nil ; dans ces expéditions, en effet, composées de plusieurs personnes, les moindres difficultés aboutissaient généralement à des avis opposés et à la retraite. Je résolus donc de partir seul, me fiant à la conduite de la Providence divine et à la bonne fortune qui quelquefois accompagne une résolution inébranlable.

Je pesai avec soin les chances de l'entreprise. Devant moi, la portion inexplorée de l'Afrique ; contre moi, les obstacles qui avaient défié le monde depuis sa création ; pour moi, un tempérament robuste, une liberté absolue, une longue expérience de la vie sauvage, le loisir et les ressources que je me proposais de consacrer sans restriction à mon objet. L'expédition commandée par les capitaines Speke et Grant était la seule que l'Angleterre eût envoyée pour découvrir les sources du Nil. Bruce avait réussi à reconnaître celles du Nil Bleu ou du Nil inférieur ; l'honneur de cette découverte appartenait donc à l'Angleterre ; Speke, parti du sud, était déjà en route ; et j'avais la conviction que mon courageux ami, plutôt que d'accepter l'humiliation de l'insuccès, ferait le sacrifice de sa vie. J'aimais à croire que mon pays ne se laisserait pas distancer dans cette voie, et quoique je n'osasse guère espérer réussir là où d'autres voyageurs meilleurs que moi avaient failli, je décidai de tout risquer pour arriver à mes fins.

Si j'avais été seul, la perspective de mourir sur la route où je m'aventurais le premier ne m'eût pas effrayé ; mais je devais songer à celle qui, tout en étant la source de ma plus grande consolation, réclamait aussi mes soins les plus assidus. Je frissonnais en pensant que l'éventualité de ma mort l'abandonnerait seule et sans protection au milieu des déserts ; et c'est avec bonheur que je l'eusse laissée environnée des douceurs du foyer au lieu de l'exposer aux privations qui lui semblaient réservées en Afrique. En vain je la suppliai de rester ; en vain je lui peignis les difficultés et les périls en couleurs plus sombres que je me les figurais moi-même ; avec la constance et le dévouement de son sexe, elle était résolue à partager tous mes dangers et à me suivre dans le sentier rugueux de la vie sauvage qui s'ouvrait devant moi.

Ainsi accompagné par ma femme, je partis du Caire le 15 avril 1861, et remontai le Nil. Un vent fort soufflait du nord, nous voguions contre le courant dans la direction du sud, contemplant ces eaux mystérieuses avec la ferme résolution d'en poursuivre la trace jusqu'à leur origine éloignée... »

C'est en ces termes que sir Samuel White Baker expose, au début de sa relation, ses projets d'exploration des sources du Nil [1].

Sir Baker était ingénieur de son état, mais voyageur d'instinct et chasseur de passion. Ses premières aventures eurent pour théâtre l'île de Ceylan. Les grandes forêts et leurs chasses vraiment royales le retinrent huit années entières sur cette terre splendide. De retour en Europe, il se livra à des travaux d'une autre nature : il dirigea la construction d'un chemin de fer du bas Danube à la mer Noire.

Mais sa passion de chasses et d'aventures le reprit de nouveau et le poussa cette fois en Afrique. C'était le moment où le capitaine Speke, revenu des grands lacs de l'Afrique centrale en 1859, avec le capitaine Burton, entreprenait son nouveau voyage à la recherche des sources du Nil. Il y avait entre les deux voyageurs plus d'un motif de sympathie. Tous deux chasseurs déterminés, éprouvés l'un et l'autre par le soleil de l'Inde, d'une nature également énergique et propre aux entreprises difficiles, ils étaient faits pour affronter les mêmes épreuves et courir les mêmes hasards.

Ne pouvant se joindre au capitaine Speke, ce qui eût été son rêve, Baker voulut du moins se porter vers la région équatoriale à la rencontre de l'expédition, dans la pensée qu'un auxiliaire bien ravitaillé pourrait, même à la dernière heure, ne pas être inutile à des explorateurs épuisés. Sa prévision, comme nous le verrons, n'a pas été déçue ; et il y a gagné de plus cette heureuse fortune d'être lui-même entré dans la voie des grandes découvertes [1].

Six semaines après son départ du Caire, notre voyageur atteignit Berber, ville importante située sur le Nil. Le peu d'expérience qu'il avait acquis pendant ce trajet, le convainquit que le succès de son expédition serait impossible s'il ne connaissait pas la langue arabe. Il était absolument sous le pouvoir de son drogman, et il résolut de se rendre, aussitôt qu'il le pourrait, indépendant de tout interprète. En conséquence, il forma le projet de consacrer une année

[1] *Découverte de l'Albert Nyanza*, par Sir Samuel White Baker. — Traduction de Gustave Masson. (Librairie Hachette et Comp.)

[1] Vivien de Saint-Martin. *Année géographique.* 1865.

entière à explorer les affluents du Nil, depuis les montagnes d'Abyssinie. Dans l'intervalle il aurait appris assez d'Arabe pour commencer son voyage vers le sud, à la recherche des capitaines Speke et Grant.

De retour de cette importante excursion, dans les premiers jours de juin 1862, il s'arrêta à Khartoum, ville située au confluent du Nil Blanc et du Nil Bleu, jusqu'au milieu de décembre 1862. A cette époque, il se remit en campagne pour remonter le Nil Blanc. Au moment de partir, un officier turc vint réclamer l'impôt personnel que le gouverneur général levait sur les habitants de Khartoum, ajoutant que, si cet impôt était refusé, l'expédition ne partirait pas. Baker ordonna aussitôt de hisser le pavillon anglais sur chacune de ses trois embarcations, et envoya présenter ses compliments à l'employé égyptien, lui disant qu'il n'était ni un sujet turc, ni un négociant, mais simplement un voyageur anglais; qu'il n'avait rien à démêler avec l'impôt réclamé et que, si un fonctionnaire turc essayait d'entrer sur un bateau que protégeait le pavillon britannique, il prendrait la liberté de le jeter à l'eau. Ce message parut si pratique, que l'officier déguerpit en toute hâte, tandis que l'expédition s'éloignait du rivage.

Le 2 février 1863, Baker se trouva à Gondokoro, station de marchands d'ivoire et endroit où le Nil cesse d'être navigable. Il eut la joie d'être rejoint douze jours après par les capitaines Speke et Grant. « Dès que j'eus rencontré les voyageurs, dit la relation, ma première impression fut que mon expédition était par cela même terminée, et qu'ils avaient découvert les sources du Nil; mais lorsque je les félicitai de l'honneur qu'ils avaient si noblement acquis, ils me donnèrent, avec la plus grande générosité, un tracé de leur voyage, montrant qu'ils n'avaient pu compléter l'exploration du Nil proprement dit, et qu'une partie de son cours restait encore à déterminer. »

On se rappelle, en effet, qu'arrivés aux chutes Karuma, Speke et Grant avaient cessé de côtoyer les rives du fleuve qui se dirigeait alors à l'ouest. Selon les naturels du pays, il allait se jeter dans un grand lac nommé Nzighé; ce lac venait du sud. Le Nil y entrait à l'extrémité nord pour en ressortir aussitôt et continuer son cours vers le nord à travers les pays de Koshi et de Madi. Speke et Grant attachaient tous deux la plus grande importance au lac Nzighé et regrettaient vivement de n'avoir pu le visiter; mais ils avaient pris des renseignements le plus soigneusement possible, complété leur carte et dessiné le lac dans sa position hypothétique, en suivant le cours du Nil d'après les explications données par les naturels.

« Je m'étais senti découragé, dit Baker, par l'idée que le grand œuvre était accompli et qu'il ne restait plus rien à explorer. J'avais même dit à Speke : « N'y a-t-il donc pas la moindre feuille « de laurier pour moi? » J'apprenais maintenant, non seulement que le champ était encore ouvert, mais que le voyage d'exploration prenait un caractère nouveau d'intérêt; car le Nil sortait d'un grand lac, le lac Victoria-Nyanza; mais évidemment il se grossissait des eaux d'un autre lac encore inconnu, dans lequel il entrait à l'extrémité nord, tandis que la partie principale du lac venait du sud. Le fait qu'une immense nappe d'eau s'étendait en ligne directe du sud au nord, tandis que le système général du Nil suivait la même direction, prouvait de la manière la plus certaine que, si le Nzighé avait la forme qu'on lui supposait, il devait occuper une position importante dans le bassin du Nil. Mon expédition avait naturellement été assez coûteuse, et comme elle se trouvait maintenant en excellent ordre, il eût été navrant de retourner sans résultat aucun. Je pris donc des mesures immédiates pour mon départ, et Speke écrivit avec la meilleure grâce dans mon journal les instructions qui pouvaient m'être utiles.»

Baker, malheureusement pour lui, était regardé par les trafiquants d'ivoire comme un espion déguisé dont la mission secrète consistait à surveiller leur conduite. Ils croyaient que, s'ils réussissaient à gagner l'intérieur, le commerce du Nil Blanc cesserait d'être un mystère; que la traite des nègres serait éventée, et, selon toute probabilité, supprimée par l'intervention des puissances européennes. Aussi conspirèrent-ils pour l'empêcher de poursuivre sa route et pour ruiner entièrement son expédition. Les employés des différents marchands d'esclaves avaient décidé que pas un Anglais n'irait dans l'intérieur; ils fraternisèrent donc avec les gens de Baker, leur disant que ce dernier les affamerait, qu'il les conduirait Dieu sait où! qu'il les laisserait même mourir en pays étranger.

Ces calomnies produisirent leur effet, et, lorsque notre voyageur voulut rassembler son escorte, l'émeute éclata. Cependant devant l'attitude pleine de résolution de leur chef; les uns s'enfuirent, les autres capitulèrent; ceux-ci furent aussitôt désarmés et licenciés. Baker eut alors la pensée d'abandonner à Gondokoro tout son bagage et de pousser hardiment dans l'intérieur du pays, accompagné seulement de trois ou quatre serviteurs fidèles; mais il reconnut bientôt qu'un tel projet n'était pas réalisable. Entre Gondokoro et le pays de Latouka, qu'il voulait atteindre, se trouvait une tribu très-puissante retranchée dans des montagnes. Le chef de cette tribu avait autrefois massacré cent vingt individus faisant partie d'une caravane; il était allié des gens d'un trafiquant turc, nommé Ibrahim, et ceux-ci, qui étaient sur le point de partir, avaient dit qu'ils soulèveraient la tribu entière contre l'homme blanc.

Baker se trouvait dans une position extrêmement critique. L'idée de retourner à Khartoum sans aucun succès lui était insupportable; le présent et l'avenir lui apparaissaient sous les couleurs les plus sombres; mais il s'était toujours attendu à des difficultés extraordinaires, et il voulait les surmonter autant que possible. L'inaction ne présentait aucun espoir de succès; sa seule ressource était de marcher au travers des obstacles sans calculer les risques. Il prit donc le parti de chercher à persuader à quelques-uns des rebelles de le suivre, leur promettant de leur pardonner leurs méfaits passés. Dix-sept y consentirent, à la condition toutefois qu'on se dirigerait à l'est et non au sud. Baker feignit d'accepter cette condition absurde et contraire à tous ses projets ; son plus grand désir était de quitter promptement Gondokoro, et de soustraire ainsi ses gens à l'influence pernicieuse des trafiquants. Il espérait, à force de tact et de prudence, ramener tout le monde à la soumission, et, après s'être éloigné momentanément de son chemin naturel, revenir de l'est au sud par une marche détournée sur le théâtre de ses opérations projetées.

Le 26 mars 1863, dans la soirée, le départ définitif s'effectua tant bien que mal. La petite troupe rencontra, après deux heures d'une marche forcée, la caravane du trafiquant Ibrahim ; elle la dépassa et alla camper à une assez grande distance. Le lendemain, elle se remit en route dès la première heure, afin de prendre les devants et de traverser le pays d'Ellyria avant que les Turcs n'eussent le temps de communiquer avec son chef. Malheureusement la contrée était peu favorable à une marche rapide. On se trouvait au pied d'une chaîne de hautes collines rocheuses où les torrents, pendant la saison des pluies, avaient creusé des ravines innombrables, en se précipitant vers les basses terres, et comme on suivait une direction parallèle à ces collines, on croisait chaque ravine à angle droit. Cela occasionnait de fréquents accidents : les chameaux dégringolaient, et, avec eux, sacs, pots, casseroles, boîtes, etc. Il fallait alors relever l'animal, le conduire au bord opposé, transporter après lui, puis rajuster pièce à pièce une véritable avalanche de baga-ges. Pour éviter la répétition de ces catastrophes, on déchargeait les chameaux au bord de chaque ravin, et lorsqu'ils avaient atteint l'autre bord, on les rechargeait. Cette opération appliquée à environ sept cents livres de colis de toute espèce, faisait perdre un temps précieux.

Cependant, toute difficile que fût la marche, nos voyageurs étaient soutenus par l'espérance de trouver bientôt une route unie et en bon état. La question vitale se réduisait pour eux à ces termes: traverser la contrée avant les Turcs. Baker prit les devants avec sa femme, afin de faire une reconnaissance. Arrivé au sommet d'une montagne, il aperçut, s'étendant à quatre cents pieds au-dessous de lui, une immense vallée jonchée d'une masse de débris d'immenses quartiers de rochers et offrant partout des villages entourés d'épaisses palissades de bambou. Le pays entier pouvait se comparer à une suite de forts naturels, habités par une nombreuse population. Un coup d'œil sur la scène qui s'offrait à ses regards, lui suffit pour le convaincre qu'avec une poignée d'hommes et encombré comme il l'était, il ne pouvait songer à s'ouvrir un passage de vive force. Il se demanda alors s'il ne serait pas d'une bonne politique de se risquer seul avant l'arrivée de toute la troupe, et d'aller trouver hardiment le chef du pays, mais le caractère sauvage des indigènes qu'il avait déjà rencontrés le fit hésiter, et il résolut d'attendre que ses hommes l'eussent rejoint.

« Pendant longtemps, dit Baker, nous contemplâmes devant nous la vallée qui recélait le secret de notre destin, et nous nous sentions pleins de joie d'avoir ainsi déjoué les plans de ces sauvages de Turcs. Pas le moindre bruit, cependant, annonçant l'approche des chameaux ; le délai devenait intolérable, surtout en songeant que nous avions traversé, ma femme et moi, plus d'un endroit difficile, dont chacun devait entraver d'une manière sérieuse la marche de nos bêtes de sommes.

Enfin, nous les entendons dans le lointain ; le son de la voix humaine arrive distinctement jusqu'à nous, et nous nous réjouissons de ce qu'ils soient si près du dernier obstacle ; une fois ce ravin traversé, tout sera comparativement facile. J'entends le bruit des pierres sous leurs pas, et regardant le ravin, je vois à moins de cinquante mètres de distance, sortir de dessous le feuillage des arbres, le drapeau rouge et le croissant, ce drapeau détesté, à la tête de la caravane de Turcs ! Nous étions distancés ! Pendant que ces misérables défilaient devant moi ; j'avais peine à contenir mon indignation ; je brûlais d'agir, quelque petite que fût la chance en ma faveur. Enfin le chef Ibrahim parut, conduisant l'arrière-garde. Comme il s'approchait, il affecta de ne pas nous accorder la moindre attention, mais regarda droit devant lui avec l'air de l'insolence la plus déterminée.

À ce moment critique ce fut madame Baker qui sauva notre expédition. Elle me conjura de l'appeler, d'insister sur une explication complète, et de lui offrir un présent, capable de lui faire conclure avec nous un arrangement amiable. Je ne pouvais me résoudre à adresser la parole à ce bandit. Il était sur le point de passer, et le succès dépendait de cet instant. Madame Baker l'appela elle-même. D'abord il ne fit aucune attention, mais lorsque j'eus à mon tour prononcé son nom d'une voix plus forte, il tourna son âne vers nous et mit pied à terre. »

Les trafiquants sont tous une race vénale, aussi est-ce sans peine que Baker gagna Ibrahim. Il lui promit un fusil à deux coups et de l'or, lui démontra que poursuivant des buts tout à fait différents ils ne pouvaient se nuire mutuellement, qu'au contraire, en découvrant de nouveaux pays, il ne ferait que lui procurer le moyen d'étendre son commerce d'ivoire ; que d'ailleurs, s'il se montrait hostile, le gouvernement anglais ne manquerait pas de l'envoyer à la potence. Ibrahim n'hésita pas à conclure un traité d'amitié. Sûr maintenant de traverser sans encombre le pays, Baker fit aussitôt rejoindre à sa petite troupe la caravane turque, qui se composait d'environ cent cinquante hommes armés de fusils, et d'un nombre double d'indigènes chargés de verroteries, de munitions et des bagages.

Cette troupe bariolée, défilant un à un et couvrant environ un demi-kilomètre, offrait un singulier coup-d'œil ; les uns à âne, les autres montés sur des bœufs, la plupart à pied, y compris soixante femmes esclaves. Ces malheureuses portaient toutes des fardeaux pesants, et plusieurs d'entre elles avaient en outre des enfants attachés sur leur dos avec des courroies. Après une marche un peu longue, beaucoup de ces femmes se sentaient épuisées et avaient les pieds meurtris ; leurs maîtres impitoyables les faisaient alors avancer à coups de fouet. La caravane était régulièrement organisée : d'abord un drapeau, gardé par huit ou dix hommes auprès desquels marchait un des indigènes portant une caisse de cartouches ; ensuite venaient les porteurs escortés, de place en place, par des soldats. Les munitions de guerre étaient au centre, portées par environ quinze nègres, sous la surveillance d'un fort peloton. L'arrière-garde était terminée par un second porte-drapeau ayant aussi pour sa défense un détachement de six ou huit hommes avec une réserve de cartouches.

C'est dans cet ordre que nos voyageurs arrivèrent en vue de Tarrangollé, capitale du Latouka. Cette ville, suivant Baker, compte trois mille huttes environ. Non-seulement elle est environnée de palissades de bois de fer, mais chaque hutte est elle-même défendue par une petite cour fortifiée. Quelques-unes ont la forme de cloches ; les autres ressemblent exactement à de grands éteignoirs de vingt-cinq pieds de hauteur. La porte n'ayant que deux pieds deux pouces de hauteur on ne peut y entrer qu'à quatre pattes. L'intérieur est très-propre mais sombre, car les architectes de la localité ne savent pas ce que c'est qu'une fenêtre. Chose singulière, la forme circulaire est la seule adoptée pour la construction des huttes parmi toutes les tribus de l'Afrique centrale, aussi bien que par les Arabes de la haute Égypte ; et quoique la forme du toit présente des différences plus ou moins notables, nulle

part on n'est encore parvenu à faire une fenêtre. La ville de Tarrangollé a plusieurs portes en forme de voûtes, ménagées sous les palissades ; à la nuit tombante on ferme ces portes au moyen de grandes branches d'une sorte de mimosa à fortes épines. La principale rue est large ; mais toutes les autres sont construites exprès pour n'admettre qu'une seule vache de front entre de hautes barrières. De la sorte, en cas d'attaque, ces passages étroits peuvent être facilement défendus, et il serait difficile de chasser les nombreux troupeaux de bœufs excepté par la grande rue. Les vastes kraals à bestiaux sont tous disposés de manière à communiquer avec cette voie, et l'entrée de chaque kraal est une petite porte voûtée pratiquée dans la palissade de bois de fer et assez étroite pour ne laisser passer qu'un bœuf à la fois. Suspendue à la clef de voûte se trouve une cloche faite de la coque du fruit du palmier, et, en entrant, chaque animal donne forcément du dos ou des cornes contre cette cloche. Chaque tintement annonce le passage d'un bœuf, et par ce moyen on compte les troupeaux le soir, lorsqu'ils reviennent des pâturages.

La description de la toilette des naturels n'offre pas de difficultés ; celle des hommes est très-simple, se réduisant à ce qui couvre la tête ; le reste du corps est entièrement nu. Il est curieux de remarquer la vanité que toutes ces tribus déploient dans leur coiffure ; chacune a sa mode différente et invariable, et les détails en sont si compliqués, que la coiffure est là une véritable science. Les dames Européennes seraient étonnées

L'AFRIQUE ORIENTALE. — Dans le sentier de la guerre.

d'apprendre que huit ou dix ans suffisent à peine pour terminer l'agencement de la chevelure d'un Latouka. L'opération doit être ennuyeuse, mais le résultat est parfait. Les Latoukas portent des casques du travail le plus exquis, entièrement faits de leurs propres cheveux, et par conséquent fixés sur la tête. Au premier abord, on ne le croirait jamais ; mais un examen très-minutieux prouve avec quelle persévérance le travail des années a dû se prolonger afin de produire un résultat incommode. Les cheveux épais et crépus sont entrelacés avec une espèce de ficelle faite de l'écorce d'un arbre, le tout formant un épais réseau de fourrure. A mesure que les cheveux poussent à travers cette sorte de natte, ils sont arrangés de la même façon jusqu'à ce que, au bout d'un certain nombre d'années, le sommet de la tête se trouve surmonté d'une substance compacte ressemblant à un feutre, d'environ un pouce et demi d'épaisseur et de la forme d'un casque. On fabrique un rebord solide, de deux pouces en cousant les cheveux avec du fil; puis le devant du casque est protégé par un morceau de cuivre poli, tandis qu'une seconde pièce du même métal, ressemblant à la moitié d'une mitre d'évêque et longue d'environ un pied, forme le haut. Quand le casque est ainsi terminé, il reste à l'embellir de verroteries, si le propriétaire de la tête est assez riche pour se passer cette fantaisie. Les perles les plus recherchées sont les porcelaines rouges et bleues grosses comme des petits pois. On les coud sur la surface du feutre et on les arrange si bien en sections alternatives bleues et rouges que le casque entier semble fait de perles, et le morceau de cuivre poli surmonté d'une plume d'autruche donne à cette coiffure laborieuse l'air le plus digne et le plus martial. Aucun casque ne passe pour complet s'il ne porte pas un rang de coquilles de cauris cousues autour de l'extrémité de manière à former un rebord solide.

Les Latoukas n'ont ni arcs ni flèches; leurs armes consistent en une lance, une terrible massue à tête de fer, un couteau ou un sabre à longue lame, et en un affreux bracelet de fer garni de lames de couteaux d'environ quatre pouces de long sur un demi-pouce de large. Les hommes se servent de ce bracelet pour frapper lorsqu'ils sont dé-sarmés, et pour déchirer la chair de leurs ennemis lorsqu'une lutte s'engage. Leurs boucliers sont faits de cuir de buffle ou de peau de girafe; cette dernière est fort prisée comme très-dure quoique légère, réunissant ainsi les deux qualités requises pour un bon bouclier. Ces armes défensives ont généralement quatre pieds six pouces de long sur deux pieds de large, et sont les plus grandes qu'on rencontre. Somme toute, les Latoukas sont parfaitement préparés pour le combat.

Quoique les hommes mettent tant de peine à se coiffer, les femmes sont fort simples. Il est assez singulier que, tandis que leurs maris sont remarquables par leur beauté, elles le sont, elles, par leur laideur. Ce sont d'immenses créatures avec des membres gigantesques, et généralement d'une taille de cinq pieds sept pouces. La supériorité de leur force musculaire, comparée à celle des femmes des autres tribus, peut s'apprécier par les dimensions des jarres d'eau qu'elles ont à porter; ces ustensiles ont une capacité double de celle des vases qu'on voit ailleurs, et contiennent en moyenne quarante-cinq litres; les femmes les remplissent d'eau à une source située à environ un mille de la ville. Elles portent de très-longues queues, comme celles des chevaux, faites de cordes très-fines, puis enduites d'ocre rouge et de graisse. Ces appendices leur sont fort utiles lorsqu'elles rampent à quatre pattes dans leurs chaumières.

Un long morceau de cristal est passé à travers leur lèvre inférieure. Aucune femme latouka, ayant la moindre prétention au bon genre, ne voudrait vivre sans cet ornement; pour l'empêcher de tomber, on le fixe au moyen d'un peu de ficelle attachée dans l'extrémité intérieure, et comme cette extrémité s'avance dans l'espace vide formé par l'extraction de quatre dents, la langue la met en mouvement, ce qui produit l'effet le plus ridicule durant la conversation. Il est difficile de comprendre pourquoi les tribus du Nil Blanc se font toutes arracher ainsi les quatre dents de la mâchoire inférieure; la véritable beauté, il est vrai, n'a pas de définition : ce qui est un défaut ici, est un charme plus loin. En Europe, par exemple, on regarde les cicatrices sur la figure comme une imperfection; en Afrique, au contraire, il n'est pas de beauté parfaite si les tempes et les joues ne sont pas lacérées de blessures. Les Arabes se font à la joue trois blessures qu'ils frottent avec du sel et une espèce de pâte (*asida*), afin de produire de véritables bourgeons charnus; toutes les esclaves femelles, prises par les chasseurs d'hommes, sont ainsi défigurées pour qu'elles puissent être reconnues et aussi pour augmenter leurs charmes. La position et la forme de la cicatrice varient suivant les tribus. Les Latoukas font subir la même opération au front et aux tempes de leurs femmes, mais ils ne cherchent pas à produire ces excroissances que les Arabes aiment tant.

La polygamie, comme de raison, est la coutume générale ; le nombre des femmes est en proportion de la richesse de chaque individu, exactement de même que la quantité de chevaux en Angleterre. Il n'existe rien ici qui rappelle l'amour ; le sentiment n'existe pas, il ne se comprendrait pas dans le sens que nous y attachons nous-mêmes. Tout ici est essentiellement pratique ; rien de romanesque. Les femmes sont appréciées à raison de leur valeur comme animaux d'exploitation. Elles préparent la farine, vont chercher l'eau, ramassent le bois de chauffage, cimentent le plancher de la chaumière, font la cuisine et propagent l'espèce ; mais ce sont de véritables esclaves, et c'est à ce titre qu'elles ont du prix. Une jeune femme vigoureuse, de bonne mine, capable de porter une lourde cruche d'eau, vaut dix vaches ; ainsi un homme riche en bétail peut se procurer une grande quantité de bonheur domestique, puisqu'il a les moyens d'acheter un grand nombre de femmes. Quelque charmante que soit une nombreuse famille de filles en Europe, ce sont des trésors coûteux ; dans le Latouka, au contraire, et les autres pays sauvages, les filles sont des sources de gros bénéfices. D'après la règle des proportions, il est clair que, si une fille vaut dix vaches, dix filles en valent cent ; donc, une nombreuse famille est une preuve de richesses. Les filles amènent les vaches et les garçons sont chargés de les traire. Comme la nudité est complète, les frais de toilette sont nuls, et les enfants servent de bergers comme au temps des patriarches. La multiplicité des femmes, en augmentant la famille, augmente, de la sorte, la richesse. C'est là un résultat pratique, qui entravera, pour longtemps, l'œuvre des missions. Un sauvage tient à ses vaches et à ses femmes, mais surtout à ses vaches. Dans une bataille, il résistera rarement pour défendre les premières, mais il fera tout au monde afin de conserver les autres.

Un mois environ après son arrivée à Tarrangollé, Baker reçut la visite de quelques naturels d'un pays nommé Obbo, situé vers le sud-ouest ; ils apportaient des présents de la part de leur chef qui, dirent-ils, serait très-heureux de voir l'homme blanc. Comme c'était précisément cette direction que Baker avait voulu suivre tout d'abord, il résolut de profiter de l'occasion favorable qui se présentait, et de partir sans retard. Le 2 mai 1863, il se mit en route.

Il rencontra bientôt Katchiba, le roi de l'Obbo, venant à sa rencontre. Cet illustre personnage, ne pouvant pas très-bien marcher, était monté sur les épaules d'un sujet vigoureux ; il était accompagné d'un homme de rechange et d'une de ses femmes, sorte d'Hébé portant sur la tête une jarre de bière. Aussitôt rendu dans la ville, Baker entendit résonner le nogara, espèce de tambour des indigènes. Chalumeaux et flûtes se rassemblèrent alors de tous côtés, les trompes se mirent à braire, et des foules compactes d'individus des deux sexes accoururent, tandis que Katchiba lui-même, grandement agité, donnait des ordres pour la fête qui allait avoir lieu en l'honneur des étrangers. Environ cent hommes se réunissent en cercle ; chacun tient à la main gauche un petit tambour de bois en forme de tasse, creusé d'un côté seulement, l'autre étant recouvert de la peau d'une oreille d'éléphant très-tendue. Au centre du cercle est le *premier sujet*, portant attaché à ses épaules un immense

tambour, recouvert comme les autres. On commence : d'abord c'est un chant exécuté en chœur sur un air sauvage mais agréable, le grand tambour marquant la mesure, tandis que les autres battent à certains intervalles avec tant de précision qu'on dirait un seul instrument. La danse est très-animée, les figures varient sans cesse, et se terminent par un grand galop exécuté par deux cercles concentriques de danseurs courant avec la plus grande vitesse et en sens contraire l'un de l'autre. L'effet en est excellent.

Quoique les hommes d'Obbo portent une peau rejetée sur les épaules et sur les seins, les femmes sont presques nues ; au lieu de *se draper* du tablier de cuir et de la queue en usage chez les Latoukas, elles se contentent d'une petite frange de rognures de cuir d'environ quatre pouces de long sur deux de large, attachée par une ceinture. Les filles sont entièrement nues ; mais si leurs moyens pécuniaires le permettent, elles portent comme jupon trois ou quatre rangs de petites perles blanches formant un ensemble d'environ trois pouces de longueur. Les dames âgées sont de vieilles Èves vêtues autour des reins d'une ficelle à laquelle est suspendu un bouquet de feuilles vertes avec les tiges en haut. On voit peu de jeunes filles porter ce bouquet de fleurs par pruderie ; elles l'adoptent faute de mieux, car ce n'est pas une parure à la mode. L'avantage du costume-feuille est qu'il est toujours frais et propre ; le buisson le plus voisin (s'il n'est pas épineux) fournit l'étoffe.

Les naturels d'Obbo formaient avec

ceux du Latouka un contraste très-agréable, car ils ne demandaient jamais de cadeaux. Quoique le vieux chef, Katchiba, se conduisît plus en bouffon qu'en roi, ses sujets le respectaient beaucoup. Son autorité est celle d'un faiseur de pluie et d'un sorcier. Si un de ses sujets lui déplaît, ou refuse de lui faire un petit don, il maudit ses poulets et ses chèvres, et menace de faire dessécher ses récoltes. La crainte de ces calamités réduit les mécontents. Il n'y a pas de taxe spécifique, mais de temps en temps le roi fait au peuple un appel pour un certain nombre de chèvres et d'autres provisions. Chacun s'exécute volontiers, car Katchiba est fin diplomate, et il demande ce dont il a besoin en temps convenable. Par exemple, lors des semailles, si la pluie est trop abondante ou si la sécheresse se prolonge, il convoque ses sujets, et leur dit que c'est avec le plus grand regret qu'il s'est vu forcé de leur envoyer un mauvais temps, mais que c'est entièrement leur faute. S'ils sont assez avares ou assez gourmands pour négliger de lui assigner un budget convenable, comment peuvent-ils s'attendre à ce qu'il s'occupe de leurs intérêts? Il lui faut des chèvres et du blé. « Point de chèvres, point de pluie, dit Katchiba; vous savez, mes enfants, que tels sont les termes du contrat. Je puis attendre, et j'espère que vous le pouvez aussi. » Ses sujets se plaignent-ils de trop de pluie? il les menace d'orages et d'éclairs *à perpétuité*, s'ils ne lui donnent pas quelques centaines de paniers de blé. C'est ainsi qu'il conserve son empire.

Personne ne songerait à se mettre en route sans la bénédiction du vieux chef, et on regarde comme indispensable de recevoir de ses mains magiques une espèce de formule qui préservera le voyageur contre toute attaque des bêtes sauvages. En cas de maladie, on l'envoie chercher, en sa qualité de docteur, non pas en médecine mais en magie; et il gratifie tout à la fois la cabane et le malade de charmes avec ces chances aléatoires de succès contre la mort, qui accompagnent toute opération, même celles de la sorcellerie. Ses sujets ont la plus grande confiance en son pouvoir; telle est même sa réputation, que des tribus éloignées le consultent, et sollicitent son secours comme magicien. De cette manière le vieux Katchiba conserve son pouvoir sur un peuple sauvage mais crédule. A force d'en imposer au public il s'en impose à lui-même, et, malgré des *fiascos* très-fréquents, il se croit vraiment un sorcier émérite.

Afin de se le rendre propice, ses sujets lui donnent souvent les plus jolies de leurs filles; de cette façon le cercle de sa famille se développe tellement qu'il a été obligé de multiplier ses foyers pour prévenir toute querelle domestique parmi ces dames. Voici comment il s'y prend : il distribue dans tous ses villages un certain nombre de ses épouses; de sorte qu'en quelque endroit de son territoire qu'il se trouve, il est toujours chez lui. Cette multiplicité de femmes a eu les plus heureux résultats; Katchiba avait lors de la visite de Baker *cent seize enfants* tous bien portants. Autre preuve de sorcellerie, à ce que disaient ses sujets. Une de ses femmes, qui n'avait pas eu de rejeton, vint demander à Baker de la médecine afin de corriger quelque pernicieuse influence qui la rabaissait dans l'estime de son mari. La pauvre femme était dans la plus grande affliction ; elle se plaignait de ce que Katchiba la traitait cruellement, parce qu'elle n'avait pas pu apporter jusque-là sa part contributive à sa famille. Mais elle était persuadée que l'homme blanc avait des sortiléges qui la rétabliraient dans sa dignité. Pour se débarrasser d'elle, Baker fut obligé de lui donner la première pilule qui lui tomba sous la main en ouvrant sa pharmacie portative; elle s'en retourna satisfaite.

Katchiba est tellement affermi dans le pays non-seulement comme sorcier, mais comme *père de famille*, que chaque village est gouverné par un de ses fils. Ainsi l'administration entière est essentiellement domestique. Les fils, comme de raison, croient aux talents magiques de leur père. Quoique les habitants n'aient pas la moindre idée d'un Être suprême, ils se prosternent tous devant la sorcellerie. Quelle singulière distinction entre la foi et la crédulité! Ces sauvages qui ne croient pas en Dieu, qui n'ont pas même une trace de ce qu'on appelle superstition, croyait fermement que les affaires de la vie et le contrôle des forces de la nature sont entre les mains de leur vieux chef; ils ne le servent ni par affection ni par religion, mais par un instinct matériel qui guide toujours les sauvages; ils se le rendent propice en vue de ce qu'ils croient pouvoir obtenir de lui. Ce qui rend la conversion des nègres au christianisme si difficile, c'est

précisément ce sentiment invincible dont ils sont toujours possédés; le sauvage ne croit à rien qu'à ce qui peut lui rendre un service précis et immédiat.

Baker se vit obligé de séjourner dans l'Obbo à cause de la saison des pluies qui rendait impossible toute tentative de se diriger vers le sud. Sa position ne tarda pas à devenir très-difficile par la faute des Turcs qui, suivant les expressions de Katchiba, dévoraient le pays. « L'Obbo, dit Baker dans son journal, est maintenant une terre de famine. Les naturels refusent la verroterie, et ne veulent rien nous fournir, si nous ne leur donnons pas de bétail. Telle est la malédiction que les Turcs ont amenée sur le pays en volant les bestiaux, puis en les distribuant à profusion. Nous n'avons, strictement parlant, à manger que du *tullaboun*, petite céréale amère, dont les naturels font usage au lieu de blé ; il n'y a pas de gibier, et s'il y en avait, il serait impossible d'aller à la chasse, car l'herbe est impénétrable. J'apprends que les Turcs se proposent de faire une razzia dans le pays de Shoggo près Farajoke ; s'il en est ainsi, ils créeront des embarras pour moi partout où je passerai, et ma petite caravane ne pourra ni s'avancer seule, ni même séjourner paisiblement ici. Je serai vraiment heureux de quitter cette terre abominable; jamais je n'ai vu des coquins plus mauvais que ceux de l'Afrique, de cette partie du Soudan surtout. Il est impossible d'engager comme domestique aucun de ces drôles; leur apathie et leur impertinence, jointes à leur saleté, dépassent toute description, et leur horreur de tout ce qui ressemble à la discipline ajoute aux sentiments de haine que les Européens leur inspirent. Je n'ai pas un seul homme avec moi qui mérite le nom de serviteur. Les bêtes de somme sont négligées et meurent en conséquence. Si je venais à mourir moi-même, ils seraient au comble de la joie, car ils se réuniraient sur-le-champ aux Turcs pour faire la chasse aux bestiaux et aux esclaves. De charmants compagnons dans les moments de danger !... Ils empoisonnent toutes les joies du voyage et en aggravent les fatigues. On ne saurait s'imaginer les ennuis, les embarras auxquels nous sommes exposés, sans compter l'ignoble désagrément de dépendre jusqu'à un certain point d'une bande de voleurs. Mon quartier-maître est tout à fait responsable de cette situation. Si ma première escorte était demeurée fidèle, je me trouvais indépendant, et avec mes bêtes de somme, j'aurais pu pénétrer dans le sud, avant le commencement de la saison pluvieuse. Je suis bien dégoûté de cette expédition ; je continuerai pourtant avec persévérance ; Dieu seul sait comment cela finira. Que je serai reconnaissant si je puis revoir un jour la vieille Angleterre ! »

Pendant plusieurs mois, Baker et sa femme traînèrent ainsi à Obbo une misérable existence. Faute de quinine, dont la provision était épuisée, la fièvre devenue intermittente, conduisit plusieurs fois notre voyageur aux portes du tombeau. Les effets de cette maladie sont terribles. Pendant quelques jours on ressent un malaise général indéfinissable ; point de symptômes spéciaux, excepté un ou deux jours avant la crise ; alors il survient une grande lassitude avec une envie irrésistible de dormir. Douleurs rhumatismales dans le côté, le dos et les articulations, accompagnées d'une sensation de très-grande faiblesse ; frisson si terrible qu'il affecte immédiatement l'estomac : vomissements pénibles ; les yeux sont fatigués et douloureux ; chaleurs et maux de tête. Extrémités pâles et froides, pouls très-faible ; l'action du cœur est très-imparfaite et la prostration générale. Les frissons et les vomissements continuent pendant deux heures environ, avec une grande difficulté de respirer. Puis, survient la fièvre ; les envies de vomir avec respiration difficile, une faiblesse extrême, un malaise général subsistent pendant environ une heure et demie. Alors, si les remèdes ont réussi, viennent des sueurs abondantes et le sommeil. La crise cesse, mais l'estomac demeure très-faible. La fièvre intermittente ; chaque crise survenant à la même heure, de deux jours l'un, le malade est bientôt réduit à l'état de squelette, l'estomac n'agit pas et la mort s'ensuit. Tout violent effort de l'esprit, tout mouvement de colère ou de chagrin est presque à coup sûr suivi de fièvre.

Cependant Baker fit ses préparatifs pour son voyage vers le sud ; il passa un marché en vertu duquel Ibrahim devait lui fournir des porteurs contre une certaine valeur de bracelets de cuivre ; il devait, en outre, l'accompagner avec cent hommes dans l'Ounyoro, royaume de Kamrasi, à condition qu'aucun dégât ne serait commis par ses gens. Au moment de partir, Baker vit paraître Katchiba dans un état de grande excitation. Ses sujets, disait-il, se conduisaient fort mal envers lui ; ils voulaient faire leurs semailles et lui cherchaient noise parce qu'il ne leur avait pas envoyé quelques ondées. Il y avait, en effet, près de quinze jours qu'il n'était pas tombé d'eau.

« Je demandai au roi, raconte Baker, pourquoi, puisqu'il avait l'art de faire la pluie et le beau temps, il n'accordait pas à ses sujets ce qu'ils souhaitaient.

« Leur donner de la pluie, me dit-il, quand ils me refusent des chèvres ! Vous ne connaissez pas ces gueux-là, si j'étais assez sot pour leur envoyer une ondée d'avance, ils me laisseraient mourir de faim. Non, non ! qu'ils attendent ! s'ils ne m'apportent pas des provisions de blé, de chèvres, de volailles, d'ignames, de *merissa* et de tout ce dont j'ai besoin, il ne tombera jamais une seule goutte de pluie à Obbo ! mes sujets sont d'impertinentes brutes !... Vous ne le croiriez jamais ; ils ont positivement menacé de me tuer si je ne leur donne pas d'eau ! ils n'en auront pas une goutte ! je détruirai les récoltes, et j'appellerai la peste sur leurs troupeaux ! j'apprendrai à ces misérables ce qu'il en coûte de m'insulter ! »

Malgré toutes ces menaces, je crois que le vieux Katchiba ne savait que faire. Il aurait donné tout au monde pour une averse, mais il ne savait comment se tirer de cette difficulté. C'est une habitude assez commune dans toutes ces tribus de sacrifier leur faiseur de pluie, s'il ne réussit pas. Soudain il changea de ton. « Avez-vous de la pluie dans votre pays ? me demanda-t-il. — Oui, de temps en temps. — Comment vous la procurez-

vous ? Êtes-vous faiseur de pluie, vous ? » Je lui répondis que chez nous on ne croyait pas aux faiseurs de pluie, mais que nous savions mettre les éclairs en bouteille (l'électricité). « Je ne mets pas mes éclairs en bouteille, répondit Katchiba fort tranquillement ; j'ai une maison pleine de tonnerre et d'éclairs. Mais si vous pouvez mettre les éclairs en bouteille, vous devez savoir faire de la pluie. Que pensez-vous du temps d'aujourd'hui ? » — Je vis de suite où ce vieux rusé de Katchiba voulait en venir ; ce qu'il lui fallait, c'était un bon conseil d'un homme du métier. Je lui répondis qu'en sa qualité professionnelle de faiseur de pluie, il savait beaucoup mieux que moi quel temps il allait faire. — Sans doute, mais je voudrais avoir votre avis. — Eh bien, lui dis-je, je ne crois pas que nous ayons une pluie prolongée, mais dans trois ou quatre jours je pense qu'il surviendra des averses (j'avais pendant plusieurs après-midi remarqué des nuages qui s'accumulaient à l'horizon.) — C'est justement mon avis ! s'écria Katchiba enchanté, dans trois ou quatre jours je compte leur envoyer une averse, une seule ! oui. Je m'en vais dire à ces vauriens que s'ils veulent m'apporter des chèvres ce soir et du blé demain matin, d'ici à quatre ou cinq jours ils peuvent compter sur une seule averse. » Pour donner du poids à cette déclaration il siffla deux ou trois fois dans un sifflet magique. « Vous servez-vous de sifflets dans votre pays ? » me demanda Katchiba. En manière de réponse, je me mis les doigts dans la bouche et fis entendre un bruit si perçant que Katchiba se boucha les oreilles ; puis, avec un sourire d'ad-

L'AFRIQUE ORIENTALE. — Retour d'une razzia.

miration, il s'avança sur le seuil et regarda vers le ciel pour voir si quelque effet se produisait. « Encore un coup, » me dit-il. Je recommençai comme le sifflet d'une locomotive. « C'est bien, nous aurons de la pluie sans nul doute. » Puis, le vieux faiseur de pluie, fier d'avoir obtenu l'avis d'un confrère, alla retrouver ses sujets impatients. Au bout de quelques jours un orage soudain et violent mêlé de tonnerre et de pluie vint ajouter au renom de Katchiba, et après l'averse on sonna de la trompe et on battit les *nogaras* en l'honneur du chef. Entre nous, mon sifflet fut regardé comme infaillible. »

Le départ s'effectua dans les premiers jours du mois de janvier 1864; l'intention de Baker était d'atteindre le pays de Kamrasi et de se procurer, par le moyen de ce chef, des guides qui le conduiraient au lac Nzighé. Le 22 janvier, il atteignit les chutes de Karuma, découvertes précédemment par Speke, et qui formaient les frontières de l'Ounyoro. Il lui fallut longuement parlementer avant d'obtenir des indigènes l'autorisation de traverser le fleuve, et lorsqu'il se trouva sur l'autre bord, il eut à subir encore de nouveaux délais fort longs. Le roi du pays, le fameux Kamrasi, déjà visité par Speke et Grant, voulait s'assurer, avant de laisser Baker pénétrer dans l'intérieur de son royaume, qu'il était vraiment blanc et Anglais. Au bout de quelques jours, en effet, une députation arriva, chargée d'examiner et d'interroger le voyageur.

« Le chef, rapporte Baker, est accompagné d'une suite nombreuse dans laquelle se trouvent trois des déserteurs de Speke ; un d'entre eux a été créé chef par Kamrasi, qui lui a fait présent de deux femmes. Je les reçois debout, et, inspection faite, on me reconnaît, à la satisfaction générale, pour le *frère de Speke*. Cependant tout n'est pas terminé, un long discours m'annonce un nouveau délai de quatre jours, indispensable pour avoir la réponse de Kamrasi au rapport satisfaisant qu'on lui adresse sur mon compte. Perdant toute patience, j'éclate : je déclare que Kamrasi n'est qu'une misérable créature, tandis qu'un blanc est un roi en comparaison de lui ; j'ordonne que l'on transporte sur-le-champ mon bagage au canot, et je déclare que je vais retourner dans mon pays ; je ne

tiens plus à voir un rustre comme Kamrasi, et pas un autre homme blanc ne viendra désormais visiter son royaume. L'effet de ces paroles est magique. Je me lève en hâte comme pour partir ; les chefs suppliants m'arrêtent : Kamrasi, disent-ils, les tuera tous si je m'en vais. Pour empêcher ce malheur, ils ont fait enlever secrètement le canot. Ma colère s'en accroît ; craignant une sérieuse querelle, près de quatre cents nègres témoins de la scène se dispersent de tous côtés. Je dis aux chefs que rien ne pouvant plus me retenir, je m'emparerai du canot de force, si ma caravane tout entière n'est pas transportée sur-le-champ de ce côté de la rivière. On accepte mes conditions. Un des hommes d'Ibrahim et l'un des déserteurs de Speke, agissant au nom de Kamrasi, échangent et boivent du sang tiré simultanément du bras droit de chacun d'eux. De cette façon, la paix étant tout à fait cimentée, plusieurs canots partent de suite, et avant le coucher du soleil plus de soixante de nos hommes ont traversé le fleuve. Cependant, par précaution, les naturels ont éloigné leurs femmes. »

Dès le lendemain, on se mit en route dans la direction de Mrouli, capitale de l'Ounyoro, située au confluent de la portion du Nil découverte par Speke et de la rivière Kafour. C'était là que résidaient Kamrasi et sa cour. Baker, aussitôt arrivé et quoique souffrant atrocement de la fièvre, voulut avoir une entrevue immédiate avec le roi. Ce ne fut pas chose facile que de décider cet important personnage à procurer des guides et des porteurs. Sans paraître faire attention aux questions de Baker, il le pria de s'allier avec lui pour attaquer un roi voisin son ennemi. Baker lui répondit qu'il ne pouvait pas se mêler de semblables querelles; que son seul but était le lac. Sur ce, le roi doutant des bonnes intentions du voyageur, lui demanda d'échanger du sang avec lui comme preuve de son amitié et de sa sincérité. Trouvant que cette demande passait les bornes de l'étrangeté, Baker s'empressa de répliquer que cela était impossible, parce que dans son pays on regardait l'effusion du sang comme une preuve d'hostilité; mais il offrit un de ses hommes pour le remplacer. Chacune des parties contractantes se découvrit un bras, y fit une piqûre et lécha le sang de l'autre : l'alliance se trouva conclue.

« Dans l'état de faiblesse où nous étions, dit Baker, c'était courir à une mort certaine que de passer une année de plus en Afrique. Il fallait rattraper le temps perdu, le pays que nous devions parcourir était une terre vierge, et les distances tout à fait incertaines. Je priai donc Kamrasi de nous congédier, car nous n'avions pas une heure à perdre. Avec un incroyable sang-froid il me répondit : « Je vous ferai conduire au lac comme je vous l'ai promis; mais il faut que vous laissiez votre femme avec moi. » En ce moment nous nous trouvions entourés par un grand nombre de nègres et cette insolente requête confirma les soupçons de trahison que m'avait fait concevoir la conduite de Kamrasi. Si mon expédition devait se terminer en ce lieu, ce moment devait être aussi le dernier de la vie de Kamrasi; tirant tranquillement mon *revolver*, je le dirigeai à moins de deux pieds de sa poitrine, et le regardant de l'air du plus profond mépris, je lui dis que si je touchais à la détente, tous ses hommes réunis ne pourraient le sauver, et que s'il avait l'impudence de renouveler son insultante demande, je le tuerais net. J'ajoutai que dans mon pays une injure comme celle-là ne se lavait que dans le sang; mais que je le regardais comme un bœuf stupide, et que son ignorance seule le sauvait de la mort. Ma femme, saisie d'indignation, s'était élancée de son siége, et emportée par l'impression du moment, elle lui adressa un petit discours en Arabe (langue dont il ne comprenait pas un seul mot), mais qu'interprétaient clairement le ton et les traits de l'orateur. Cette mise en scène le frappa d'autant de stupéfaction que s'il eût vu apparaître la tête de Méduse ; notre négresse, Bachita, quoique sauvage, avait pris pour elle l'insulte adressée à sa maîtresse, et elle ouvrit sur Kamrasi un feu roulant de gros mots traduisant aussi fidèlement que possible l'apostrophe mordante de la jeune Gorgone.

Je ne saurais dire si ce coup de théâtre avait convaincu Kamrasi de l'indépendance des dames anglaises, au point de le dégoûter du marché qu'il me proposait, mais il me dit de l'air du plus profond étonnement : « Ne vous fâchez pas ? je n'avais pas l'intention de vous offenser en vous demandant votre femme; je vous en donnerai une, si cela peut vous obliger, et je croyais que, par réciprocité, vous n'auriez aucune objection à me céder la vôtre; j'ai l'habitude de donner de jolies femmes à ceux qui me font visite, et je croyais que nous pourrions faire un échange. Ne vous fâchez pas pour si peu; si cela ne vous plaît pas, il n'en sera plus question. » Je reçus très-froidement cette apologie pratique, et je me bornai à insister pour notre départ immédiat. Confus de sa sottise, il appela ses gens et leur ordonna de se charger de mes bagages. Ceux-ci à leur tour firent venir des femmes que la curiosité avait amenées là, et leur commandèrent de porter tous les fardeaux jusqu'au prochain village où se trouverait un relai de porteurs. J'aidai ma femme à monter sur son bœuf, j'adressai à Kamrasi un adieu très-froid et je m'éloignai de Mrouli avec le plus grand plaisir...

..... Depuis quelques jours nos guides nous affirmaient que nous approchions du lac, et maintenant ils affirmaient que nous y arriverions le lendemain. J'avais remarqué fort loin, vers l'ouest, une haute chaîne de montagnes et je croyais que le lac se trouvait de l'autre côté; on m'apprend au contraire que ces montagnes forment la limite occidentale du Nzighé, qui positivement est à moins d'une marche de notre camp. Je ne pouvais me croire si près de l'objet de nos recherches. Le guide Rabonga parut et nous annonça que si nous partions le lendemain de bonne heure, nous pourrions nous baigner dans le lac à midi.

Je dormis à peine cette nuit-là. Depuis plusieurs années déjà je m'étais efforcé d'atteindre les sources du Nil. Mes rêves durant ce voyage pénible ne m'avaient prédit que de l'insuccès, et maintenant

après tant de persévérance et de labeurs, la coupe touchait à mes lèvres, et avant le coucher du soleil j'allais boire à cette source mystérieuse, à ce grand réservoir de la nature qui, depuis tant de siècles, avait déjoué tous les efforts faits pour le découvrir. J'avais espéré, prié et lutté parmi des difficultés de toute espèce; j'avais bravé la maladie, la faim et la fatigue pour atteindre cette source cachée; lorsque le succès semblait impossible, nous avions résolu ma femme et moi de périr plutôt que de renoncer à notre projet. Était-il possible que nous fussions si près du but, et que le lendemain il nous fût permis de dire : « Notre tâche est accomplie! »

Le soleil du 14 *mars* 1864 n'était pas encore levé que je donnais de l'éperon a mon bœuf, le guide avait pris les devants, car mon enthousiasme s'était communiqué à lui, grâce à la promesse d'une double solde de verroterie dès notre arrivée. Le jour était magnifique; après avoir traversé une profonde vallée entre les collines, nous gravîmes le versant opposé. En toute hâte j'atteignis le sommet, et soudain le prix de nos efforts se déploya devant mes regards. Bien au-dessous de moi, comme une mer de vif argent, s'étendait le lac, bornant l'horizon au sud et au sud-ouest, et étincelant sous les rayons du soleil de midi. A l'ouest, à une distance de cinquante ou soixante milles, des montagnes bleues semblaient sortir des eaux et s'élever à une hauteur de 7,000 pieds (2,150 mètres). Impossible de décrire les sentiments de triomphe que j'éprouvais; je voyais la récompense de tous mes travaux, de toutes les années pendant lesquelles j'avais obstinément poursuivi mes recherches dans l'Afrique centrale. L'Angleterre avait découvert les sources du Nil !

Avant d'arriver, nous étions convenus, mes gens et moi, de pousser trois hurrahs à l'anglaise en l'honneur de la découverte ; mais maintenant que je contemplais cette vaste mer intérieure située au cœur même de l'Afrique, venant à me rappeler les vaines tentatives que les hommes avaient faites pendant des siècles pour atteindre ce point du globe, et songeant que j'étais l'humble instrument choisi pour éclaircir une partie au moins d'un grand mystère inabordable pour tant d'autres meilleurs que moi, je me sentais oppressé par des pensées trop sérieuses pour pousser de vains cris de joie, et je remerciai du fond de mon cœur Dieu, qui à travers tant de dangers, nous avait soutenus jusqu'au bout. J'étais à environ 1,500 pieds au-dessus du niveau du lac, et du haut d'une paroi escarpée de granit, je ne pouvais détourner mes regards de ces eaux bienfaisantes, de ce vaste réservoir qui nourrissait l'Égypte et fécondait le désert ; de cette grande source si longtemps cachée aux millions d'êtres humains pour lesquels elle est un bienfait et une bénédiction. C'est une des merveilles du globe et je résolus de la baptiser d'un nom illustre. En souvenir impérissable d'un homme dont la mort récente a été déplorée par notre gracieuse Reine et par l'Angleterre tout entière, j'appelai ce grand lac l'Albert Nyanza. Les lacs Victoria et Albert sont les deux sources du Nil.

Le sentier en zigzag que nous devions suivre pour descendre jusqu'au bord de l'eau était si escarpé que nous fûmes forcés de laisser derrière nous nos bœufs sous la conduite d'un guide chargé de les ramener à Magungo, et d'y attendre notre arrivée. Nous commençâmes à descendre à pied. J'ouvrais la marche, appuyé sur un fort bambou. Après une descente laborieuse d'environ deux heures, affaiblis par une fièvre qui durait depuis des années , mais maintenant fortifiés par notre succès, nous atteignîmes la plaine unie au pied des rochers. Une marche d'environ un mille à travers un sol plat, sablonneux et friable, parsemé d'arbres et de buissons, nous conduisit au bord de l'eau. Les vagues se brisaient sur un lit de cailloux blancs ; je me précipitai dans le lac, et, altéré par la chaleur et la fatigue, je bus à longs traits, avec un long sentiment de reconnaissance, *aux sources du Nil !* »

A quelque distance du lac se trouvait un village de pécheurs appelé Vacovia. Baker s'y installa avec ses compagnons. Là tout sentait le poisson, tout faisait songer à la pêche. Contre les chaumières des harpons étaient appuyés ; des lignes aussi épaisses que le petit doigt étaient étendues pour sécher, armées d'hameçons en fer, qui donnaient une idée formidable des monstres marins du lac. Dans les huttes, se trouvait une quantité considérable d'ustensiles de pêche : des lignes très-bien faites en fibres de bananier, des harpons pour la chasse aux hippopotames.

Comme il était de la dernière importance pour Baker d'achever son voyage le plus tôt possible, car son retour en Angleterre dépendait absolument de la possibilité d'atteindre Gondokoro avant le départ des bateaux pour Khartoum, il se mit en devoir de se procurer immédiatement de grands canots. Pendant le premier jour, le voyage fut délicieux : l'eau était calme et le paysage charmant. Les bateliers pagayèrent courageusement et abordèrent, quand la nuit fut venue, sur une grève élevée de sable fort propre. Le lendemain, dès la première heure, Baker voulut se remettre en route ; mais, à son grand désappointement, ses bateliers avaient tous déserté. Il les attendit vainement pendant plusieurs heures, et, ne les voyant pas revenir, il dut partir seul avec ses gens. Avec deux bambous, il fabriqua un mât et une antenne sur laquelle il fixa un grand plaid écossais en guise de voile. Les jours se succédèrent ainsi : du lever du soleil jusqu'à midi, on naviguait ; puis, survenait régulièrement une rafale accompagnée de tonnerre, qui forçait à s'arrêter.

Deux semaines après son départ de Vacovia, Baker avait terminé son voyage maritime. Au point où il se trouvait alors, le lac n'avait plus que quelques kilomètres de largeur, et vers le nord le pays ressemblait à un delta. L'abord des deux rives était obstrué par d'immenses bancs de roseaux ; c'était un véritable désert de végétation. Après avoir cherché longtemps un point de débarquement, on découvrit une sorte de chenal qui amena les canots devant un rivage de roc nu. Un bruit de voix humaines se fit entendre, et bientôt apparurent un grand nombre de naturels venant avec leur chef d'un village voisin appelé Magungo.

« Arrivés dans ce village, situé au sommet d'une petite montagne, nous eûmes le plus beau coup d'œil, dit Baker, lorsque nous regardâmes vers le lac. A quelques kilomètres au nord, se trouvait une ouverture dans la chaîne de montagnes, et le lac s'allongeait vers l'ouest, mais en pointe fort resserrée, tandis que la chaîne de montagnes au nord de cette ouverture se dirigeait vers le nord-est. Au nord et au nord-est, le pays était tout à fait plat, et à perte de vue s'étendaient des roseaux d'un vert brillant, marquant le cours du Nil à sa sortie du lac. Jusqu'à présent tous les renseignements que j'avais obtenus de Kamrasi et de ses sujets avaient été exacts. Ils m'avaient dit que le voyage de Mrouli jusqu'au lac prendrait vingt jours, il m'en avait pris dix-huit. Ils avaient ajouté que le Nil coulait de Karuma directement vers le lac, et qu'il en ressortait presque immédiatement pour traverser les tribus de Koshi et de Madi. Je voyais maintenant le fleuve sortir du lac à moins de dix milles de Magungo et les pays de Koshi et de Madi semblaient alors tout près de moi, bordant le Nil à l'est et à l'ouest. Kamrasi étant le roi, il semblait tout simple qu'il connût bien la conformation de son propre pays ; mais quoique le chef de Magungo et tous les naturels m'assurassent que cette eau stagnante à mes pieds était la même rivière bruyante que j'avais traversée au-dessous des cataractes de Karuma, je ne pouvais comprendre qu'une masse d'eau aussi considérable pût entrer dans le lac Albert sous cette forme d'eau morte. Le guide et les naturels se moquaient de mon scepticisme, et déclaraient que cette eau stagnante s'étendait à une certaine distance du lac, mais qu'une immense cataracte descendait de la montagne, et qu'en amont le fleuve ne formait qu'une suite de chutes d'eau pendant l'espace entier de six jours de marche jusqu'à Karuma. Ce que je désirais, c'était de descendre le Nil en canot depuis le point où il tombe dans le lac, avec mes gens seuls comme bateliers, et d'atteindre ainsi les cataractes dans le pays de Madi; là j'abandonnerais les canots ainsi que tout mon bagage, et me dirigerais sur Gondokoro, emportant avec moi seulement mes armes à feu et nos munitions. Je savais, d'après les renseignements donnés par les naturels du pays, que le Nil était navigable jusque dans le voisinage de l'arbre de Miani dans le pays de Madi, et Speke avait déterminé par une observation astronomique la position de cet arbre par 3° 34' de latitude; de ce point, il n'y aurait donc que sept jours de marche jusqu'à Gondokoro, et par un trajet aussi direct, je serais sûr d'arriver à Khartoum à temps pour les bateaux. Mais j'avais promis à Speke d'explorer à fond la partie douteuse du fleuve, qu'il avait été obligé de négliger depuis les cataractes de Karuma jusqu'au lac. Cette eau stagnante au point de jonction m'intriguait moi-même; d'un autre côté, je sentais que les habitants du pays devaient avoir raison, car c'était leur rivière à eux, et ils n'avaient aucun intérêt à me tromper; je résolus donc de sacrifier tout autre désir pour m'acquitter de ma promesse et

résoudre complétement le problème du Nil. On m'avait dit que le Nil sortait du lac, et j'en étais sûr maintenant par mon inspection personnelle; de Magungo je contemplais les deux contrées de Koshi et de Madi à travers lesquelles il passe; il me fallait traverser ces pays et atteindre encore une fois le Nil avant d'arriver à Gondokoro. Ainsi le seul point qui restait à éclaircir était la partie comprise entre les cataractes de Karuma et le lac. »

Baker se mit à l'œuvre sans retard. Il s'embarqua de nouveau et prit la direction de l'est. Bientôt la nappe d'eau, qui semblait, à cause de son immobilité, n'être qu'un bras sans issue du lac Albert, se rétrécit considérablement. Des collines couvertes de forêts et s'élevant à près de deux cents pieds de chaque côté, remplacèrent alors les immenses bancs de roseaux, et un courant faible mais perceptible se fit sentir; il allait vers l'ouest, c'est-à-dire vers le lac. En même temps, le bruit d'une chute d'eau dans le lointain arriva aux oreilles des voyageurs. Ils poussèrent vigoureusement en avant, et après avoir tourné un coude que faisait le fleuve, le spectacle le plus grandiose s'offrit à leurs yeux. De chaque côté, s'élevaient à pic des rochers magnifiquement boisés d'une hauteur de trois cents pieds environ; des blocs énormes sortaient du milieu d'un feuillage du vert le plus intense, et la rivière précipitant sa masse énorme à travers une échancrure de ce mur naturel, était comme étranglée dans une écluse de cinquante mètres à peine de largeur; s'élançant avec furie dans ce défilé, elle plongeait d'un seul jet de la hauteur d'environ cent vingt pieds au fond d'un sombre gouffre. La cataracte, d'une blancheur éblouissante, formait un magnifique contraste avec les noirs rochers qui encaissaient le fleuve, tandis que les palmiers gracieux des tropiques et les plantins sauvages ajoutaient de nouveaux charmes au paysage. En l'honneur du président de la Société royale de géographie de Londres, Baker donna à cette cataracte le nom de Murchison. De là, il se rendit, en longeant le fleuve, jusqu'à un point assez éloigné d'où il fut transporté dans une île appelée Patouan. Il y apprit qu'il lui serait impossible d'aller le long du bord du fleuve jusqu'aux chutes de Karuma, parce que le pays entier était en guerre et qu'il ne pourrait par conséquent se procurer des porteurs. Peu soucieux de rester prisonnier dans l'île de Patouan, il se fit ramener sur le rivage ; mais là les indigènes l'abandonnèrent complètement dans une vieille cabane à moitié démolie.

« Une diète affreuse, dit Baker, l'épuisement où nous étions par suite de la fièvre, nous avaient tellement rendus incapables de tout effort, que pendant près de deux mois nous restâmes étendus, ma femme et moi, sur nos couchettes sans pouvoir marcher. A demi morts, notre amusement était de converser d'une manière folle sur les bonnes choses que l'on trouve en Angleterre, et mon idéal de la félicité était en ce moment un bifsteck et une bouteille de *pale ale*. Affamé, comme je l'étais alors, j'aurais vendu mon droit d'ainesse pour ces deux articles de luxe. Nous étions de vrais squelettes, et il était vexant de voir combien nous souffrions du régime auquel nous nous trouvions réduits, tandis que nos gens paraissaient engraisser. Ils avaient abondance de piment sauvage, et ils semblaient aimer beaucoup un mélange de pâte et de légumes à la sauce piquante. Ils étaient surpris de nous voir dépérir malgré cette nourriture, mais ils reconnurent la force de mon argument, lorsque je leur dis que là où un âne s'engraissait un lion mourrait de faim.

Nos gens firent plusieurs excursions dans le pays pour tâcher de se procurer des provisions ; mais en deux mois de temps ils ne purent obtenir que deux chevreaux ; la guerre entre Kamrasi et Fowouka avait fait fuir tous les habitants. Nous avions abandonné tout espoir de jamais retourner à Gondokoro, et nous étions déjà résignés à notre sort, qui était, j'en avais la conviction, d'être enseveli dans la terre de Chopi. En vue de cette catastrophe, j'avais inséré dans mon journal mes dernières instructions et recommandé à mon homme de confiance de remettre, à tout prix, au consul anglais à Khartoum, mes cartes, mes observations et tous mes papiers. C'était là mon seul souci, car je craignais que toute ma peine fût perdue si je mourais dans ce pays. Je n'avais aucune appréhension pour ma femme ; elle était aussi malade que moi, et si l'un de nous succombait, l'autre ne pouvait tarder à partager son sort : de fait, nous avions résolu qu'il en serait ainsi, de peur qu'à ma mort elle ne tombât entre les mains de Kamrasi. Nous avions lutté pour la victoire ; grâce à Dieu, nous avions

L'AFRIQUE ORIENTALE. — La garde des moissons.

triomphé; si la mort devait survenir, nous n'en avions pas moins atteint le but; et nous regardions tous deux sans amertume l'idée de la mort, car elle comportait celle de repos. Plus de souffrance, plus de fièvre, plus de long voyage qui, dans notre présent état de fatigue, nous semblait une calamité. Notre seul désir était de déposer notre fardeau. La lutte entre les instincts animaux et l'âme est une chose singulière! La mort nous eût semblé une délivrance, et pourtant j'aurais désiré, avant d'expirer, de savourer ce fameux bifteck anglais et la bouteille de *pale ale*.

Nous avions sans nul doute été abandonnés par l'ordre de Kamrasi, car tous les sept ou huit jours un de ses chefs venait nous dire que le roi n'était qu'à quatre jours de marche avec son armée; qu'il se préparait à attaquer Fowouka ; mais qu'il réclamait mon concours, et qu'avec mes quatorze fusils nous remporterions une grande victoire. Cette conduite perfide m'indignait, surtout après la promesse qu'il m'avait faite de me diriger immédiatement sur Shoua. Nous avions perdu l'occasion des bateaux à Gondokoro, et nous nous trouvions fixés dans ce pays pour une autre année, si nous survivions, ce qui n'était guère probable ; non-seulement ce monarque brutal nous avait trompés, mais en nous affamant il voulait nous contraindre à accepter ses conditions ; son but était d'obtenir le concours de mes gens contre son ennemi. Il me prit une fois une violente tentation de me réunir à Fowouka contre Kamrasi, mais repoussant l'idée qu'un moment de colère m'avait inspirée, je résolus de résister jusqu'à la fin aux propositions de ce dernier. Il était certain que le roi se trouvait à moins de trente mille de nous, et qu'il savait notre dénûment ; il en tirait parti pour nous forcer à devenir ses alliés. »

Pour sortir de la détresse dans laquelle il se trouvait, Baker se décida à faire partir son homme de confiance; il lui dit d'aller directement chez Kamrasi, de le tancer vertement en son nom pour les avoir abandonnés, et de lui faire comprendre que s'il voulait obtenir son alliance, il devait venir traiter avec lui en personne. Ce stratagème réussit pleinement, et, quelques jours après, Baker se trouva installé à Kisouna, résidence de guerre de Kamrasi. Plusieurs se-

maines s'étaient déjà écoulées pendant lesquelles le roi n'avait cessé d'importuner Baker par ses demandes, lorsqu'un jour la nouvelle se répandit subitement que le terrible Fowouka, accompagné d'une forte troupe de Turcs, n'était plus qu'à quelques kilomètres de Kisouna. Aussitôt Kamrasi, en proie à un effroi abject, vint supplier Baker de le sauver. Celui-ci se contenta de faire hisser le pavillon anglais au mât élevé qu'il avait fait dresser dans sa cour; il expliqua au roi que lui et son pays étaient désormais sous la protection de ce drapeau, et qu'aucun danger n'était à craindre. Puis il envoya des messagers aux Turcs qui accompagnaient Fowouka. « Affectant une grande autorité, dit Baker, je leur demandai comment ils osaient attaquer un pays qui était sous la protection du pavillon britannique ? L'Ounyoro m'appartenait par droit de découverte, et j'avais concédé au Turc Ibrahim le privilége d'y commercer, pourvu qu'il ne fît rien de contraire à la volonté de Kamrasi, le monarque régnant. Ibrahim avait rempli ses engagements, on m'avait guidé jusqu'au lac, j'en étais revenu, et nous recevions positivement nos vivres du roi. Puis voici que des sujets Turcs, alliés à une tribu hostile, venaient soudain nous envahir et insulter le drapeau anglais! Je leur dis que non-seulement je repousserais toute attaque dirigée contre Kamrasi, mais que lors de mon retour à Khartoum, je ferais aux autorités turques un rapport sur cette affaire, et que si un seul coup de feu était tiré dans les États de Kamrasi, si on y enlevait un seul esclave, je ferais pendre le chef de la troupe. » Ces paroles eurent un plein succès ; Fowouka et les Turcs se retirèrent immédiatement.

Ainsi débarrassé de ses ennemis, Kamrasi était comme pétrifié d'étonnement ; mais persistant dans ses habitudes de mendier, au lieu de remercier Baker, il lui demanda le pavillon anglais qu'il considérait comme un talisman. Baker se contenta de lui répondre que ce talisman perdait tout son pouvoir entre les mains des lâches et que, par conséquent, il ne lui serait d'aucune utilité.

Le camp de Kisouna retomba dans sa monotonie ordinaire. Les nègres, libres de tout souci, passaient leur temps à danser et à boire ; il était presque impossible de dormir pendant la nuit, car depuis le coucher du soleil jusqu'au matin des bandes d'individus ivres ne cessaient pas de hurler en chœur, de sonner de la trompe et de battre le tambour. Les femmes ne prenaient aucune part à ces divertissements, par la raison qu'en Ounyoro les hommes ne font rien tandis que leurs épouses travaillent aux champs. Ainsi exténuées de fatigue elles étaient enchantées de pouvoir se reposer, pendant que leurs maris passaient les nuits en orgies tumultueuses. Le mode ordinaire de leur chant est un solo rapidement exécuté, mêlé par intervalles d'un chœur étourdissant, accompagné de trompes et de tambours. Les trompes sont des calebasses immenses que leur forme particulière et leur extrémité en goulot de bouteilles permettent de convertir aisément en instrument de musique. De temps en temps le cri *au feu !* poussé au milieu de la nuit, variait l'ennui de l'existence ; les huttes étaient jonchées de paille sur laquelle les nègres à moitié ivres tombaient tout endormis avec leurs pipes allumées, et un incendie s'ensuivait. Dans ce cas, la flamme se communiquait d'une hutte à l'autre avec une rapidité incroyable ; souvent quatre ou cinq cents cabanes du camp de Kamrasi étaient détruites par le feu, puis rebâties en peu de jours. Ceci ne laissait pas Baker sans inquiétude pour sa poudre, car dans ces circonstances, la paille flambait si vite que rien ne pouvait échapper et l'explosion de ses munitions l'aurait laissé entièrement sans défense. Aussi, il profita du premier accident de feu, arrivé dans son voisinage, pour exiger qu'aucune hutte indigène ne fût élevée à moins de trente mètres de sa demeure ; les nègres ayant voulu s'y refuser, il fit lui-même démolir leurs cabanes par ses gens, et se débarrassa ainsi de voisins ivrognes et dangereux.

Un matin, Baker vit arriver Kamrasi, en proie à une excessive agitation : il venait d'apprendre que Mtésa, le roi de l'Ouganda, marchait contre lui à la tête d'une grande armée ; il était, disait-il, à quelque distance seulement de Kisouna et voulait, après l'avoir tué, annexer l'Ounyoro à ses États. Baker arrêta aussitôt un plan d'opérations qui consistait à aller établir sur la falaise qui dominait les chutes de Karuma un camp parfaitement fortifié ; mais Kamrasi, abandonnant, comme toujours, toute idée de résistance, préféra gagner une île où il s'était déjà réfugié autrefois. Le camp de Kisouna fut immédiatement sens dessus dessous ; les tambours battirent de tous côtés, les trompes sonnèrent, hommes et femmes poussèrent des hurlements; on mit le feu aux cabanes, et à la lumière de l'incendie des centaines de nègres, armés et équipés pour la guerre, coururent çà et là comme des fous, gesticulant, faisant semblant de se combattre les uns les autres; on eût pu les croire pleins d'ardeur et impatients d'en venir aux mains avec l'ennemi.

Le lendemain, avant l'aube, une lueur extraordinaire, accompagnée d'une immense colonne de fumée, s'élevant dans la direction où se trouvait le quartier du roi, apprit qu'on avait mis le feu au camp selon l'habitude, et que la retraite était commencée. Des milliers de huttes de gazons flambaient, et Baker ne pouvait s'empêcher d'admirer la sottise des nègres qui donnaient ainsi aux ennemis avis de leur retraite, par un signal que l'on devait voir à plusieurs kilomètres à la ronde, tandis que leur succès dépendait de la rapidité et du secret de leur retraite. Bientôt après, des troupes d'hommes, de femmes, de vaches et de chèvres, suivis du bagage, s'avançèrent en une longue file. Il pleuvait à verse et les femmes chargées de leurs enfants glissaient à chaque instant dans la boue, tandis que des troupes d'hommes armés et de portefaix passaient près d'elles et les rudoyaient sans cérémonie. Enfin le brave Kamrasi lui-même parut, accompagné d'un grand nombre de ses femmes; quelques-unes trop grasses pour marcher étaient en litière. Le défilé des nègres et des bestiaux dura plus d'une heure, enfin le dernier traînard passa à son tour. Baker demanda alors où étaient les

porteurs qu'on lui avait promis, car pas un homme ne s'était présenté; on lui répondit que tous les indigènes étaient saisis d'une telle panique qu'il avait été impossible d'en retenir un seul. La vérité était que Kamrasi abandonnait Baker et ses gens de propos délibéré, dans la pensée que si l'ennemi arrivait ceux-ci supporteraient le premier choc et protégeraient ainsi la retraite. Tant de ruse, et de fourberie irritèrent tellement notre voyageur qu'il songea sérieusement à fraterniser avec l'ennemi; il fit dire au roi que si on ne lui envoyait pas immédiatement des porteurs, il attendrait Mtésa et s'unirait à lui. Cette menace eut un effet répondant aux désirs de Baker; il put se mettre en route, mais il ne tarda pas à être abandonné encore une fois par ses porteurs.

Cependant il n'y avait pas de temps à perdre. Le bruit des tambours se faisait entendre à une faible distance : c'était l'armée de Mtésa qui approchait. Baker, abandonnant tous ses bagages, repartit aussitôt. Pendant quelques heures, il suivit un sentier étroit, bordé de hautes herbes, et atteignit une bifurcation; tandis qu'il délibérait sur ce qu'il avait de mieux à faire, il entendit des voix dans l'éloignement. Ce ne pouvaient être que celles des ennemis. Il envoya deux hommes afin de tâcher de s'en assurer. Après dix minutes d'un silence complet, un cri affreux le fit soudain tressaillir; ce cri partait du fourré où un des hommes s'était engagé. Il y courut précipitamment et vit deux hommes qui s'approchaient. « L'un d'eux, dit Baker, était un des nôtres; il tenait à la gorge un nègre et le forçait à marcher. Il paraît que tandis qu'il était accroupi sous un buisson à l'entrée du sentier principal qui conduisait à travers le fourré, il avait remarqué un homme se glissant le long d'un bouquet d'arbres voisin.

Attendant, sans être vu, que cet homme l'eût dépassé, il s'était précipité sur lui par derrière, lui avait saisi sa lance de la main gauche, tandis que de la droite il lui comprimait la gorge. Une attaque aussi subite et aussi inattendue d'un ennemi invisible avait terrifié le malheureux nègre au point de lui faire pousser le hurlement extraordinaire qui nous avait frappés. Notre homme le conduisit en triomphe, mais le pauvre diable était tellement bouleversé qu'on l'eût dit en proie à un accès de fièvre. J'essayai de le rassurer, et je finis par reconnaître toute l'importance de notre capture. Loin d'être un ennemi, il venait précisément de Fowera, où nous voulions nous rendre, et avait été renvoyé pour espionner l'armée de Mtésa. Nous avions donc un guide sur lequel nous pouvions compter. Ce petit intermède à notre marche nocturne nous rafraîchit comme un verre de Xérès, et nous en rîmes de tout notre cœur. »

Parvenu à Fowera, Baker y apprit que Kamrasi, ses femmes et ses principaux chefs étaient exposés, dans leur île, à toutes les misères que peuvent infliger les moustiques et la fièvre; la maladie et la faim réunies faisaient de nombreuses victimes. Le pauvre sire supplia Baker de venir à son secours; mais celui-ci s'empressa de répondre qu'il n'en ferait rien. Sur ces entrefaites, une troupe de Turcs étant arrivée aux chutes de Karuma, et s'étant mise en rapport avec Kamrasi, les choses prirent une autre tournure. L'armée ennemie, peu soucieuse d'une rencontre avec les Turcs, battit vivement en retraite, et Kamrasi, redevenu très-belliqueux, sortit de son île. Son premier soin fut de se venger de tous ceux qui avaient, à quelque degré que ce fût, aidé Mtésa dans son attaque. Chaque jour des exécutions avaient lieu; les victimes étaient saisies, amenées devant le roi et torturées en sa présence sans aucune forme de procès.

« Jamais, dit Baker, il n'y a eu de despote plus absolu que Kamrasi; non-seulement les biens, mais les personnes lui appartenaient; il se vantait d'avoir tout à sa disposition : aussi dans ses accès de libéralité, distribuait-il à ses favoris ce qu'il prenait à ses sujets. Se plaignait-on? Point de procès; le *soulier* ou la peine de mort. Le soulier était une punition favorite du roi : le coupable, un pied pris dans un morceau de bois d'environ quatre pieds de long sur dix pouces d'épaisseur, un vrai tronc d'arbre, languissait ainsi jusqu'à ce que la mort vînt mettre un terme à ses souffrances; impossible à lui de s'asseoir, presque impossible de se coucher, car l'aide d'un homme était indispensable pour ajuster le billot aux mouvements du corps. Le pouvoir de Kamrasi était le résultat d'un système complet d'espionnage par le moyen duquel il savait tout ce qui se passait dans son royaume. De plus, un corps de cinq cents hommes, jouissant du droit de piller le pays à discrétion, maintenait son autorité. C'est ainsi que le tyran régnait sur une population si timide qu'elle se soumettait docilement à son caprice. »

Le 17 novembre 1864, Baker quitta enfin ce pays de barbares et prit la route du retour. Il se dirigea au nord, et se retrouva au bout de quelques mois à Gondokoro, où il s'embarqua sur le Nil.

« Le courant, dit la relation, nous emportait en silence, et nos avirons nous retenaient au milieu du lit du fleuve. Les marais interminables n'avaient plus ce triste aspect qu'ils nous présentaient autrefois, lorsque dans notre voyage à Gondokoro nous avions eu à lutter si péniblement contre la force des eaux, Pendant que nous avancions au milieu de ces roseaux gigantesques et des nombreux troupeaux d'hippopotames qui fréquentent le fleuve dans cette saison, j'avais tout le loisir de régler ma correspondance avec l'Angleterre, et de récapituler les résultats de mon expérience pendant les années précédentes. Mes lettres devaient être mises à la poste dès mon arrivée à Khartoum.

Dégagé de ses longs mystères, le Nil est un problème d'une simplicité relative. Le bassin supérieur du fleuve est à peu près circonscrit par le 20° et 37° méridien à l'est de Paris, et par le 3° degré au sud de l'équateur. Toutes les eaux de cette aire immense sont recueillies par le fleuve égyptien ; les lacs Victoria et Albert sont les récipients de tous les affluents nés au sud de la ligne ; et le lac Albert reçoit de plus le tribut de tous ceux qui, au nord de l'équateur, lui sont envoyés par les Montagnes Bleues. L'Albert Nyanza est donc le grand réservoir du Nil. La distinction à établir entre ce lac et le Victoria Nyanza est celle-ci : Le lac Victoria est alimenté par les affluents de la section orientale du bassin du Nil, et son déversoir aux cataractes de Ripon peut être regardé comme la *source* la plus élevée du fleuve. Mais le lac Albert reçoit non-seulement par les Montagnes Bleues, les eaux de la section occidentale du même bassin, mais encore tout le trop plein du lac Victoria, enfin tout le *drainage équatorial* du Nil. On peut dire que ce fleuve ne devient *lui-même* qu'à sa sortie du lac Albert ; en amont il n'est pas le Nil complet. Un coup d'œil jeté sur la carte suffit pour faire voir l'importance relative des deux grands lacs. Le lac Victoria, après avoir recueilli toutes les eaux de l'est, les déverse dans l'extrémité nord du lac Albert ; ce dernier, par son caractère et sa position, est le réservoir central de toutes les eaux appartenant au bassin équatorial du Nil. Ainsi le lac Victoria est la source première du fleuve, qui, en sortant du lac Albert, devient tout à coup le grand Nil Blanc.

Je n'ai pas l'intention d'attribuer à ma découverte plus d'importance qu'elle n'en a réellement ; encore bien moins voudrais-je en aucune façon déprécier le mérite des efforts de Speke et de Grant ; mon but a toujours été de confirmer et de soutenir leurs découvertes, et d'ajouter ma voix au concert de louanges qu'ils ont méritées à si bon droit. Mon exploration confirme tout ce qui a été révélé par Speke et Grant ; ils ont parcouru le pays depuis Zanzibar jusqu'au bassin d'écoulement septentrional de l'Afrique, commençant à peu près au troisième degré de latitude sud, à l'extrémité méridionale du Victoria Nyanza. Leur description générale du pays était parfaite; mais comme ils n'avaient pas visité le lac occidental dont on leur avait parlé, il leur était impossible de comprendre l'importance de ce grand réservoir dans le système du Nil. Maintenant que la tâche d'explorer cette mer intérieure est accomplie, la question géographique des sources du Nil se trouve résolue. Ptolémée avait parlé des sources du Nil comme sortant des deux grands lacs alimentés par les neiges des montagnes d'Éthiopie. Il y a plusieurs cartes anciennes sur lesquelles ces lacs sont représentés; quoiqu'il y ait une grosse erreur dans la latitude, le fait de deux grands lacs regardés comme existant dans l'Afrique équatoriale, n'en est pas moins acquis à la géographie ancienne; ces lacs étaient alimentés par des torrents descendant de hautes montagnes, et de ces réservoirs sortaient deux cours d'eau dont le confluent formait le Nil. Le principe général était vrai, quoique les détails fussent inexacts. Il est presque certain que dès les temps anciens les Arabes des bords de la mer Rouge faisaient le commerce avec les naturels de la côte vis-à-vis de Zanzibar, et que les gens qui se livraient à ce commerce avaient pénétré assez loin dans l'intérieur pour pouvoir déterminer l'existence des deux grands lacs; c'est ainsi que des notions géographiques sur ce sujet avaient pu, dans l'origine, arriver jusqu'en Égypte. »

Baker descendit le Nil jusqu'à Berber, d'où quatre ans auparavant il était parti pour son excursion en Abyssinie avant d'entreprendre, comme on se le rappelle, son voyage d'exploration des sources du Nil. De Berber, il résolut de gagner l'Égypte par la mer Rouge; il se rendit en conséquence à Souakim, petit port sur ladite mer, et s'étant embarqué sur un navire à vapeur destiné au transport des troupes, il se trouva cinq jours après à Suez.

« Des lettres d'Angleterre, dit notre voyageur, m'attendaient au Caire, au bureau du consulat; la première que j'ouvris m'apprit que la Société royale de géographie m'avait décerné la médaille d'or Victoria, en un moment où on ne savait encore si j'étais mort ou vivant, et si mon excursion s'était terminée heureusement. Cette appréciation de mes efforts formait la bienvenue la plus agréable qui pût accueillir mon retour à la civilisation après tant d'années passées au sein de la barbarie; elle me rendait la découverte des sources du Nil doublement précieuse, puisque j'avais rempli l'attente que la Société de géographie avait si généreusement conçue, en m'accordant le prix avant la fin de ma tâche. »

Notre voyageur a-t-il véritablement découvert les sources du Nil? Pour lui cette découverte semble un fait acquis, certain, hors de discussion; mais écoutons sur cette grande question, fort agitée dans le monde scientifique, la voix si compétente de notre éminent géographe Vivien de Saint-Martin.

N'oublions pas, dit-il [1], ce qu'est le Nil dans la partie extrême de son bassin,

[1] *Année géographique.*

où se trouvent ses origines. Ce n'est plus, comme en Nubie ou en Égypte, un canal unique contenu dans une vallée sans affluents ; c'est un vaste réseau de branches convergentes, venant de l'est, du sud et du sud-ouest, et toutes ensemble se déployant probablement en un immense éventail qui embrasse peut-être la moitié de la largeur de l'Afrique sous l'équateur. Quelle sera, parmi ces branches supérieures, celle que l'on devra considérer comme la branche mère ? Là est la question.

Il est de fait que l'opinion locale, et l'on a sur ce point des témoignages fort anciens, a toujours regardé le fleuve Blanc comme le corps principal du fleuve; mais en admettant cette notion comme physiquement exacte, il reste encore à constater, par des reconnaissances directes, l'importance respective des branches supérieures dont se forme le fleuve Blanc. C'est alors qu'il sera possible de se prononcer en connaissance de cause sur la question des sources du Nil. Ce n'est pas au hasard, ni avec précipitation, qu'un tel problème, soulevé depuis tant de siècles, doit être résolu. Puisque la solution a été réservée à notre âge, elle doit avoir un caractère rationnel et scientifique. Elle doit être basée uniquement sur la raison physique.

Si incomplète que soit encore en ce moment la connaissance des parties intérieures de l'Afrique australe, et en particulier de la zone qui s'étend presque d'une mer à l'autre, sur une largeur de plusieurs degrés, aux deux côtés de l'équateur, les explorations récentes suffisent déjà pour mettre en évidence ce fait très-important que l'origine de tous les grands fleuves de l'Afrique converge vers la zone équatoriale. Cette disposition est un trait caractéristique de la configuration africaine. Les détails sont encore inconnus, mais on peut se rendre compte de l'ensemble. La conséquence évidente, c'est que cette zone centrale, d'où rayonnent tous les grands cours d'eau qui vont aboutir aux trois mers environnantes, est la partie la plus élevée du continent ; il doit y avoir là tout un système d'Alpes africaines.

Or, c'est une loi générale des pays d'alpes, qu'il s'y trouve un nœud, un massif culminant, d'où sortent les plus grands cours d'eau dans toutes les directions : les Alpes d'Europe en offrent un exemple. Une conséquence naturelle se tire de ces considérations : c'est que s'il existe en effet, comme tout l'indique, un massif culminant au cœur de la zone équatoriale analogue au massif du Saint-Gothard dans les Alpes helvétiques, celle des branches dont se forme le fleuve Blanc qui sortirait de ce massif devrait être regardée, à l'exclusion de toutes les autres, comme la vraie tête du Nil. Ceci éloigne tout arbitraire et coupe court à toute controverse.

GUILLAUME LEJEAN

CHAPITRE XIII

LA NUBIE ET LE SOUDAN ÉGYPTIEN.

Voyage de P. Trémaux. — Les environs du Caire. — La vallée du Nil et ses ruines. — Les almées d'autrefois et celles d'aujourd'hui. — Une représentation. — Un intérieur. — La Nubie. — Le désert de Korosko. — Rencontre d'une caravane d'esclaves. — Marche pénible. — Un Éden. — Mœurs nubiennes. — Les courtisanes. — Songe et réalité. — Un campement de pasteurs. — Complément de l'hospitalité. — Khartoum. — La forêt vierge et ses hôtes. —

Ce fut un concours de circonstances rares et imprévues qui amena P. Trémaux à entreprendre le lointain voyage [1] dont il est question dans les pages suivantes. Après avoir été couronné par l'Académie, Trémaux quitta la France avec l'intention d'aller compléter ses études architecturales sur la terre classique de Rome et dans d'autres contrées où l'antiquité à laissé ses plus intéressants monuments. Il visita d'abord l'Algérie et la régence de Tunis, qui lui donnèrent un avant-goût des explorations. De là il comptait se rendre en Italie ; mais, ne trouvant pas de navire qui dût faire voile pour ce pays, il accepta l'offre que lui fit un capitaine de navire de le conduire en Égypte. Les monuments des Constantin, des Titus et des Caracalla ne tardèrent pas à faire place, dans son imagination, aux ruines plus anciennes et plus mystérieuses qui attestent les magnificences des Sésostris et des Rhamsès, et il résolut de se livrer à l'étude de ces ruines jusque dans la Nubie où elles sont si peu connues. A la fin de janvier 1848, il quitta le Caire et s'embarqua sur le Nil.

Rien n'est plus riant que ce beau fleuve aux abords de Boulac, petit village qui sert de port à la ville du Caire. De blanches villas couvertes en terrasses émaillent ses rivages et sont à demi enfouies dans des masses d'une belle végétation ; çà et là, les capricieuses fantaisies de l'architecture arabe attirent et captivent la vue. Seulement la plupart des fenêtres et des balcons en saillie sont fermés et grillés ; ils ne permettent pas au regard indiscret du passant de pénétrer dans l'intérieur.

Il est interdit, par la religion de Mahomet, de voir le visage des odalisques que renferment ces villas ; l'infraction que commet l'odalisque qui se laisse voir est encore bien plus grave. Le costume des femmes au dehors n'est pas moins discret que ces grillages, dont il est le complément ; il dissimule si complétement les formes et les traits, qu'il n'est guère possible de distinguer si elles sont jeunes ou vieilles, belles ou laides, grosses ou minces. C'est ainsi que se traduisent les craintes jalouses chez les Orientaux ; et la femme qui ne se verrait pas soumise à une réclusion sévère se croirait délaissée, penserait que son mari ne l'aime pas puisqu'il négligerait de s'assurer de sa fidélité.

Bientôt, en remontant le Nil, les maisons disparaissent ; on ne voit plus que quelques villages épars dans la plaine de deux ou trois lieues de largeur qui forme la vallée du Nil. De nombreux restes de temples et autres ruines, indiquant les points où existèrent les cités antiques, signalent cette vallée. Ce sont d'abord les gigantesques masses des pyramides de Giseh, dont les sommets dépassent la chaîne des montagnes ; ces immenses monuments commencent à donner une idée de la puissance prodigieuse de l'an-

[1] *Voyage au Soudan oriental*, par P. Trémaux. (Libr. Hachette et Comp.)

cienne civilisation de cette contrée. Puis vient Luxor dont l'obélisque qui décore aujourd'hui la place de la Concorde, à Paris, a popularisé le nom en France. Après Luxor, Karnak avec sa forêt de colonnes dont la grandeur est telle, que, sur le chapiteau de chacune, on a calculé que cent hommes pourraient trouver place.

Au sortir de ces ruines, notre voyageur, reprenant sa route, arriva à Esneh. Là, il songea à se donner un spectacle plus animé, il voulut voir les almées, ces danseuses courtisanes que le gouvernement égyptien a exilées dans la haute Egypte pour préserver les mœurs de la capitale où le goût de ce spectacle se répandait dans toutes les classes de la société. Pourtant, dans l'origine, les almées avaient un rang plus relevé, elles étaient les véritables artistes de l'Orient. On les nomma almées, mot qui veut dire savantes.

Elles formaient autrefois une société célèbre. Pour y être reçue, il fallait bien posséder sa langue, en connaître les règles et pouvoir sur-le-champ composer et chanter des couplets adaptés aux circonstances. Les almées savaient par cœur toutes les chansons nouvelles et leur mémoire était meublée des plus jolis contes. Il n'était point de fêtes sans elles, point de festins dont elles ne fissent l'ornement. Après avoir chanté pendant le repas, elles descendaient d'une tribune où on les avait placées et formaient des danses dont les nôtres ne sauraient donner une idée. C'étaient des ballets pantomimes, par lesquels elles représentaient les actions de la vie commune.

Les almées étaient appelées dans tous les harems : elles apprenaient aux femmes les airs nouveaux ; elles leur racontaient des histoires et déclamaient en leur présence des poëmes d'autant plus intéressants qu'ils offraient le tableau de leurs mœurs. Elles les initiaient aux mystères de leur art, et les instruisaient à former des danses lascives. Ces filles avaient une conversation agréable, elles parlaient avec pureté, l'habitude de se livrer à la poésie leur rendait familières les expressions les plus douces, les plus sonores; elles récitaient avec beaucoup de grâce. Dans le chant la nature était leur seul guide; mais c'était dans le pathétique que se déployait leur talent. Ces improvisatrices assistaient aux cérémonies de mariage et marchaient devant l'épouse en jouant des instruments. Elles figuraient aussi dans les enterrements, et accompagnaient le convoi en chantant des airs funèbres; elles poussaient des gémissements et offraient tous les signes de la douleur et du désespoir. Elles se faisaient payer fort cher, et n'allaient que chez les grands et chez les riches. D'après ce qu'étaient autrefois ces femmes, il faut convenir qu'aujourd'hui les almées sont grandement déchues de leur ancienne position.

« Nous étions dix Européens, dit notre voyageur, et nous fîmes réunir ce qu'il y avait de plus en renom pour nous donner une représentation aussi complète que possible de ce curieux détail de la vie orientale. Nous avions parmi ces danseuses les deux plus célèbres que leurs longs services ont fait surnommer par dérision *Luxor* et *Karnak*. Rien ne fut négligé pour les préparatifs de la soirée. Arrivés au lieu de réunion, nous prîmes place sur des coussins autour d'une grande salle, l'orchestre était déjà installé dans un angle de la pièce ; il se composait d'un tambour, d'une sorte de violon grossier à deux cordes et de quelque chose qui ressemblait à une guitare montée sur une calebasse. Les musiciens mêlaient, en outre, leur voix nasillarde au son de leurs instruments. Nous fûmes d'abord gratifiés d'une ouverture qui nous faisait désirer l'arrivée des almées ou tout autre intermède.

Celles-ci parurent bientôt toutes resplendissantes dans leurs brillants costumes chamarrés des couleurs les plus vives. Luxor et son amie Karnak, en leur qualité de danseuses les plus en renom, promenaient autour d'elles un regard qui semblait dire : « Nous voici, admirez-nous ! » Leurs yeux vifs, bordés de cohul, se dessinaient fortement sur leur peau mate plutôt que blanche ; un diadème de pièces d'or ceignait leurs fronts, et de nombreuses pièces du même métal scintillaient dans leurs cheveux en retombant sur leurs épaules ; un pantalon flottant, orné de paillettes brillantes, venait se réunir sous la ceinture à une veste ouverte sur la poitrine et brodée d'or sur un fond de damas vert ; une large ceinture de cachemire enveloppait négligemment la taille et mêlait ensuite ses amples franges aux plis des pantalons. Un flot de gaze s'agitait autour d'elles et atténuait un peu ce que leur costume avait de trop vif,

En voyant entrer les héroïnes de cette fête, l'orchestre reprit ses accents langoureux qui finirent par s'animer progressivement. Les danseuses, avant de se profaner par un entretien vulgaire avec leur auditoire, débutèrent par quelques pas lents et mesurés en tournant autour de la salle et en donnant à leurs bras des mouvements et des contours gracieux ; quelquefois la musique devenait plus douce et laissait ressortir le cliquetis des castagnettes et le bruissement des pièces d'or semées dans la chevelure des almées ; celles-ci, les pieds nus et les jambes ornées de larges anneaux, glissaient ou frappaient alternativement sur le tapis. Peu à peu, leur danse devint plus vive, les figures s'animèrent, les deux danseuses s'approchaient l'une de l'autre, se retiraient, se croisaient et revenaient sur elles-mêmes comme pour se provoquer à des combats amoureux ; elles se complaisaient dans les poses les plus lascives.

Sans discontinuer la danse, une première pièce de leur vêtement fut enlevée et jetée sur le tapis après qu'elles lui eurent fait faire plusieurs circonvolutions autour d'elles ; c'était la danse dite de l'*Abeille*, et la danseuse semblait chercher cet insecte sous son vêtement. Une seconde pièce du costume suivit la première, et laissa voir jusqu'à la ceinture, sous une simple gaze, le buste des actrices. Souples comme le roseau, elles tournoyaient et venaient prendre, en face l'une de l'autre, des poses voluptueuses ; puis, sans discontinuer ces mouvements, qui devinrent de plus en plus lascifs, les dernières pièces du vêtement suivirent les premières. Alors, ne gardant que leur longue écharpe de gaze qui continua seule de voltiger autour de chacune des danseuses, on eût dit des bacchantes antiques célébrant leurs saturnales. Il est impossible d'imaginer une pantomime plus animée, des attitudes plus entraînantes que celles que prenaient ces femmes. Après un certain temps de cet exercice, elles reprirent peu à peu leurs vêtements sans interrompre leur danse, qui ne cessa que lorsqu'elles eurent revêtu entièrement leur costume.

Lorsque ces bacchantes modernes furent descendues de leur autel, c'est-à-dire quand leur représentation fut terminée, elles vinrent familièrement s'asseoir à nos côtés pour fumer le chibouk, prendre le café, puis les liqueurs qu'elles dégustèrent parfaitement, malgré la défense de la loi musulmane. Ces mêmes femmes, qui fussent restées dans notre mémoire comme un souvenir des bacchantes d'autrefois, si elles se fussent retirées, ou tout au moins si elles eussent gardé quelque réserve après leur représentation, tombèrent complètement du haut de leur piédestal lorsqu'elles nous eurent montré impudiquement le côté dégradé et avili de leur position. Cependant, à part un décolleté par trop grand qui, au lieu d'ajouter de l'attrait, ôtait une grande partie du charme qu'eût laissé à cette danse un grain de décence, à part la position par trop dégradée des artistes, cette scène avait quelque chose de bien senti dans son genre. Quant à la musique, dire qu'elle était sans charme n'est pas assez, elle était parfois fatigante. En consultant, du reste, les mœurs toutes sensuelles, toutes matérielles des Orientaux, on doit s'attendre à ce résul-

tat. Leurs danses parlent au sens matériel, le seul qu'ils comprennent. La musique parle principalement à l'âme, et c'est leur côté faible. »

Pendant toute la navigation en Égypte, on se trouve environné des magnificences de l'homme et de la nature. Le Nil, ce roi des fleuves, présente une largeur imposante ; sa surface, unie comme une glace, reflète les profondeurs et les astres du ciel ; sa rive, couronnée de palmiers et semée tantôt de villages, tantôt de ruines simples et grandioses, semble une frange suspendue dans l'espace, et le navire, en glissant sur le fleuve entre le monde réel et le monde reflété paraît naviguer dans les airs. Chaque soir, lorsque le soleil disparaît, le plus magnifique effet de crépuscule se présente aux yeux éblouis. Des vapeurs empourprées enveloppent la nature de leurs mille nuances transparentes ; les bords de l'horizon semblent éclairés par les reflets d'un vaste incendie du désert, derrière les croupes sombres des montagnes. Par une transition insensible, cet horizon empourpré du ciel se fond dans l'azur étoilé de la voûte, et la lune, remplissant l'espace de ses pâles clartés, donne une apparence vaporeuse à tous les accidents de la campagne.

La longue région que baigne le Nil dans le milieu de son cours, change d'aspect comme de nom. Cette région s'appelle Nubie depuis les temps les plus reculés. Une zone granitique, qui comprend la première cataracte et les îles qui s'étendent à environ une lieue plus haut, a établi une puissante ligne de démarcation entre les populations, les idiomes et même les produits naturels de cette contrée. Le Nil se resserre et devient tortueux ; des montagnes noires percent les plaines de sable qui le bordent. Ce n'est plus le Nil aux rives fécondes ; c'est encore un fleuve majestueux, mais coulant avec tristesse dans la solitude.

De loin en loin surgissent de chétifs villages dans des bouquets de palmiers dont les troncs se bifurquent à plusieurs reprises sans presque aucune différence de grosseur entre le . tronc principal et les branches bifurquées. Les maisons, ou plutôt les cabanes, ont presque toutes la même forme, et sont d'une simplicité toute primitive. Les murs se font en terre broyée ; une couche de roseaux appuyée sur des traverses horizontales forme la couverture et les jours qui résultent de l'imperfection de celle-ci sont. les seules ouvertures par lesquelles la lumière puisse pénétrer. Du côté de l'entrée, un grand vase de terre est placé dans l'épaisseur du mur ou à côté de la porte ; il contient de l'eau pour le double usage des habitants du logis qui peuvent y puiser de l'intérieur, et du passant qui peut s'y désaltérer de l'extérieur sans rien demander ni rien voir à l'intérieur. Cette disposition satisfait à deux prescriptions du Coran, l'une qui fait une loi rigoureuse de l'hospitalité , l'autre qui défend aux femmes de se laisser voir par tout autre que leur mari et leurs proches. L'extérieur de ces maisons est chose facile à inspecter ; mais il n'en est pas de même de l'intérieur, quand les femmes s'y trouvent. Cependant notre voyageur parvint à satisfaire sa curiosité. Dans une première pièce il trouva, pour tout

meuble, une masse de terre sèche, pétrie en forme de divan avec une mauvaise natte étendue dessus. Dans une seconde pièce , il vit quelques grands pots de terre grossièrement façonnés et rangés contre le mur, des ustensiles, des nattes et des peaux étendues sur le sol pour s'accroupir le jour et dormir la nuit. Une femme était agenouillée devant son ouvrage et à peine vêtue. Un lambeau de linge sale tourné autour de ses hanches descendait un peu sur les cuisses, tout le reste du corps était nu ; elle ne semblait nullement s'attendre à l'indiscrétion du voyageur, aussi leva-t-elle brusquement un angle de son linge devant son visage, s'efforçant de cacher ses gros traits presque noirs et ruisselants de sueur.

C'est dans ces contrées que l'on rencontre souvent des Rebecca modernes drapées avec l'antique simplicité biblique et portant la bure sur la tête. Leur air dégagé et réservé en même temps, leurs yeux noirs et modestes rappellent ces images de l'histoire sainte que chacun a vues : seulement au lieu d'une étoffe vivement coloriée , la femme nubienne porte une pièce de toile de coton bis sale et souvent déchirée ; cette étoffe est d'ailleurs si naturellement drapée et si fièrement portée, qu'elle ne le cède en rien aux modèles antiques. La principale occupation de ces femmes est d'aller chercher la provision d'eau ; à chaque repas, d'écraser le grain et faire le pain ; elles s'occupent aussi de la culture.

Presque à la limite de la Nubie commence le désert de Korosko. C'est d'abord une suite de passes tortueuses à travers des montagnes de grès brun disposé par couches horizontales, où nuls végétaux, nuls insectes ne se montrent. Plus on avance, plus les circuits se multiplient. De nombreux défilés se présentent dans toutes les directions et découpent tellement les montagnes qu'elles ressemblent à une agglomération de formes coniques sortant de terre. A chaque passage difficile on rencontre des carcasses d'animaux qui, partis de l'autre extrémité du désert, n'ont pu atteindre leur but. Quelques petits cailloux et quelques pierres plantés sous le sol indiquent que des hommes ont subi le même sort et qu'ils reposent sous le sable.

L'aspect de ces lieux a quelque chose de sinistre. Toutes les éminences de terrain, de quelque côté que l'on tourne les regards, sont d'une désespérante égalité ; pas une ne dépasse l'autre, pas une ne se distingue de sa voisine par une surélévation quelconque, et la vue se perd à l'horizon, sans rien rencontrer qui puisse servir de jalon pour la route du voyageur. Mais si cette vue est navrante pour l'œil du touriste égaré, en retour elle est charmante et d'une rare originalité pour celui dont la pensée est libre de toute préoccupation. De longues coulées de sable ruissellent sur tous les versants opposés à la direction des tempêtes qui les déposent. Ces sables présentent eux-mêmes des sortes de vallons ou ondulations arrondies, et leur base vient se marier par des courbures gracieuses aux sables qui nivellent le fond des vallons, dont le réseau se croise dans tous les sens entre les montagnes. Çà et là se montrent des carcasses d'animaux ; la plupart n'offrent pas, comme on pour-

rait s'y attendre, des débris osseux ou des charpentes d'épines dorsales, supportant deux rangées de côtes blanchies ; ce sont des corps entiers recouverts de leur peau et ayant conservé presque entièrement leurs formes naturelles. Ces restes ne répandent aucune odeur ; ils ont pris une telle consistance, un tel degré de solidité, que les plus grosses pierres jetées sur eux rebondissent avec un bruit sonore, sans les entamer.

Aux montagnes et à leurs défilés pénibles succède la plaine, grande, immense. La chaleur devient torride ; l'atmosphère pèse comme le plomb. Le chameau marche péniblement sur le sable qui cède sous ses pas ; il sent autour de lui le vide, à l'horizon un espace interminable qui le décourage ; son œil est terne, à demi fermé ; sa tête est basse, l'écume sort de sa bouche ; mais nul cri, nulle plainte ne se fait entendre : hommes et animaux cheminent silencieusement. Le vague bruissement du sable est le seul son qui frappe l'oreille. Cette plaine monotone n'est pourtant pas sans intérêt ; de temps à autre on voit des effets de mirage, quelquefois même de plusieurs côtés et plusieurs à la fois. Ils semblent mettre sans cesse des flaques d'eau en avant du voyageur, comme pour aiguiser la soif ardente qu'il ressent toujours au désert ; mais, à mesure que l'on approche, ces apparences trompeuses fuient ou disparaissent.

On avance. Tout à coup on voit poindre à l'horizon, devant soi, quelque chose qui paraît animé. L'objet semble grandir peu à peu et changer de forme. Bientôt on distingue une caravane : c'est le retour d'une razzia chez les nègres, ce sont des esclaves que l'on conduit au Caire. Les malheureux cheminent péniblement, sous la surveillance de leurs conducteurs, qui, à coups de courbache, raniment ceux dont l'épuisement ralentit les pas. Il y en a de tout âge et de tout sexe. Les jeunes filles et les plus jeunes garçons sont groupés sur des chameaux, tandis que des nègres, dont la barbe courte et grisonnante se dessine en blanc sur leur noir visage, suivent péniblement leurs compagnons. C'est qu'il s'agit de conserver fraîche la partie féminine de la marchandise ; les vieillards, au contraire, ne valent guère plus la peine que l'on se donne pour leur faire traverser le désert.

Lorsqu'il compare sa position avec celle de ces recrues de l'esclavage, le voyageur trouve moins pénibles les souffrances qu'il endure. Cependant ses membres engourdis, son échine rompue par le mouvement de va-et-vient de la marche du chameau, lui font désirer ardemment le repos ; mais il faut suivre la consigne du désert : il faut marcher, marcher sans cesse, et arriver avant que l'air brûlant, d'une part, la soif de l'autre, n'aient complétement vidé les outres ; il faut marcher si l'on ne veut pas laisser blanchir ses os au milieu des sables. Un jour, deux jours, trois jours se passent : on va presque mécaniquement, plongé dans une sorte de lourde somnolence. Soudain, un bruit nouveau, inattendu se fait entendre, bruit sec, strident, qui secoue, réveille et se perd bientôt en un bourdonnement lointain : c'est une compagnie d'oiseaux qui vient chercher sa nourriture sur la route des caravanes. L'eau et l'ombrage sont donc tout près ! Le courage renaît alors comme par enchantement. La joie n'a plus de bornes ; les chameliers se mettent à chanter et à battre des mains en cadence ; les animaux eux-mêmes semblent comprendre ce qui se passe, ils redressent la tête, leur allure devient plus dégagée, leur pas plus assuré. Enfin un rideau de verdure se développe aux yeux, et un vaste murmure produit par les eaux du Nil contre les rochers de granit qui accidentent son cours vient chanter aux oreilles.

En sortant du désert, Trémaux campa sous l'ombrage d'un bosquet de palmiers, agréablement situé au bord du fleuve, ce qui lui parut l'Eden le plus ravissant de la terre. La voûte épaisse que formait le feuillage répandait une ombre pleine de douceurs ; le sol était uni comme les allées d'un jardin et la surface brillante de l'eau miroitait à travers les arbres.

Tout cela avait un charme indicible, que peut seul apprécier, dans toute sa valeur, le voyageur qui vient de faire une longue marche dans un désert brûlant.

« J'avais ouï dire, rapporte Trémaux, que dans cette région les mœurs étaient très-dissolues et très-libres, pourtant rien encore, depuis que nous étions dans ce pays, ne m'avait permis de les apprécier, Il est vrai qu'au lieu de très-dissolues, c'était surtout très-différentes des nôtres qu'il eût fallu dire. Mon but étant de connaître autant que possible tout ce qui pût nous éclairer sur ce sujet comme sur tout autre, je pris le parti de provoquer moi-même quelques éclaircisse-

L'AFRIQUE ORIENTALE. — Une ferme en Nubie.

ments, Je m'avisai d'envoyer de la main un baiser à une femme, qui me le rendit aussitôt et sans hésitation, de la même manière. Je ne sus s'il fallait voir là une liberté ou un simple échange de politesse. Le salut des Égyptiens se faisant par un mouvement assez rapproché, elle avait pu prendre le mien pour un salut étranger, comme l'était l'homme qui le lui faisait. Je me promis de renouveler la tentative à la première occasion. Elle s'offrit bientôt, mais cette fois, la personne à laquelle je fis le même signe se remit au travail sans répondre. Une troisième fois, celle à qui je m'adressai se montra plus effarouchée et s'enfuit timidement; de sorte que je commençais à douter de l'exactitude des renseignements qu'on m'avait donnés. Pourtant, j'aperçus une jeune femme assise dans un champ sur le bord du fleuve ; je lui fis le salut que j'avais fait aux autres. D'abord elle ne bougea pas et me regarda attentivement. Je recommençai : alors elle me fit signe d'aller dans une cabane qu'elle me montrait ; mais la caravane arrivait derrière moi, et je dus poursuivre mon chemin sans trop savoir si j'avais été bien compris.

Une autre fois, en traversant un village dont les petites maisons carrées étaient disséminées dans des bouquets de palmiers, je vis pardessus une clôture une femme dans un désordre de toilette tel, qu'il laissait fort peu à désirer à l'œil le plus indiscret. Elle avait de grands yeux fortement dessinés et une figure certainement jolie pour le pays. Elle était assise devant sa maison, sous une espèce de portique formé par des troncs de palmiers, soutenant une couverture de chaume. Un homme, son mari sans doute, se trouvait à quelques pas, séparé d'elle par une natte formant rideau. C'était grâce à la hauteur de mon chameau que, dominant la clôture, mon regard avait pu découvrir la belle Nubienne. Aussitôt qu'elle m'aperçut, elle releva subitement devant elle son ferdah, morceau de toile bise roulé autour de son corps. Comme je ne pouvais être vu que par elle, je mis en essai le langage des signes ; bientôt la jeune femme me répondit de manière à me convaincre que le langage mimique lui était beaucoup plus familier qu'à moi. Elle avait interprété mon signe de simple curiosité dans un sens beaucoup plus

étendu que je m'y attendais. En même temps elle m'indiqua la porte pour entrer ; et, avant que j'eusse eu le temps de réfléchir à la singularité de cette proposition, elle s'adressa à son mari. Aussitôt celui-ci s'empressa de venir à moi en joignant ses instances à celles de sa moitié. Qu'on juge de mon étonnement ! Ne pouvant en croire mes yeux et craignant de faire quelque grossière méprise, je saluai poliment et je continuai mon chemin.

Plus loin, en traversant la ville de Berber pour gagner le lieu de notre campement sur la rive du Nil, nous fûmes abordés par des courtisanes, la plupart Egyptiennes, qui, très-ostensiblement et sans s'inquiéter de nombreux témoins, vinrent nous faire leurs offres de service. Au reste, les indigènes paraissaient y prêter peu d'attention. L'insuccès des courtisanes, ce jour-là, ne les rebuta pas, et nous les retrouvâmes le lendemain matin, dans leurs plus beaux atours, à la porte même de nos tentes. Elles n'étaient nullement intimidées par la présence de nos gens, des chameliers, des soldats et des autorités de la ville, qui étaient venus pour nous faire visite. On dit sévèrement à ces femmes de se retirer, elles ne bougèrent pas ; on les menaça du bâton, mais la menace ne produisit quelque effet sur elles que lorsqu'elles virent prendre en main l'instrument de correction. A côté de ces femmes impudiques, brillamment accoutrées de chiffons turcs et parfois voilées, on en voyait d'autres passer, presque nues et le visage découvert ; celles-ci nous regardaient sans affectation et par simple curiosité. Parmi elles, on voyait de belles jeunes filles qui, pour tout costume, n'avaient qu'une ceinture, dont les franges fines, en tombant tout autour des hanches , remplissent bien juste le but que ce vêtement doit atteindre. Malgré leur nudité presque complète, ces jeunes personnes circulent sans crainte et sans affectation entre les hommes; mais, si l'on s'avisait de leur adresser quelques paroles équivoques, elles seraient bien vite effarouchées et s'enfuiraient timidement.

Arrivé à Naga, poursuit notre voyageur, le chef de ce village mit à ma disposition une chambre , dont l'unique meuble était un petit lit de sangle. Cette chambre était percée de deux portes : l'une donnait sur une grande cour où reposaient les animaux; l'autre communiquait à une petite cour de derrière; mais ni l'une ni l'autre de ces ouvertures n'était close. Le soir, en prenant le frais sur un banc de terre placé à la porte de ma chambre, ce chef admira mes effets, et particulièrement un burnous blanc et fin de la régence de Tunis, qui paraissait lui faire fort envie. Son insistance à revenir sur ce sujet me parut singulière ; elle me fut expliquée le lendemain par mon guide; mais n'anticipons pas sur notre récit. Moi aussi j'avais trouvé un sujet d'admiration dans la demeure de ce chef : c'étaient de grandes belles filles, au teint moitié bronze, moitié or, qui se promenaient presque nues dans la cour devant nous. Leur seul vêtement était une ceinture à franges, posée sur les hanches, et un collier qui se balançait sur leur poitrine. Ces jeunes filles réalisaient à mes yeux l'idéal des bronzes antiques.

Je quittai avec regret le banc de terre de la cour pour gagner mon gîte. J'aurais voulu voir encore les belles jeunes filles se promener à la douce lueur de la lune qui commençait à nous éclairer. Ce fut donc pour ne pas paraître indiscret que j'allai m'étendre sur mon lit en prenant congé de mon hôte.

De son côté il porta encore la main sur le pan de mon burnous, qu'il ne pouvait se lasser d'admirer. Une lampe, faite avec une mèche roulée dans un morceau de graisse, et posée sur un débris de terre cuite, éclairait faiblement la pièce où je reposais. Pour essayer de dormir, je me retournai contre le mur : vains efforts, le sommeil ne venait pas. J'entendis faiblement des pas, provenant de pieds nus, marchant près de moi. Je me retournai et je vis une femme rôder dans ma chambre, ce qui me surprit assez ; puis elle pénétra dans la cour, revint encore à plusieurs reprises, s'approcha vers la tête de mon lit et arrangea la lampe qui était à mon chevet. Je ne saurais exprimer le trouble et l'admiration qui remplissaient mon âme, en voyant auprès de moi ce bronze vivant. Sachant combien les Orientaux sont jaloux de leurs femmes, je ne comprenais rien à ces démarches ; enfin, pendant que je réfléchissais à la singularité de cette situation, l'apparition enchanteresse disparut.

Ma lampe s'éteignit, je m'assoupis un instant; mon imagination, vivement surexcitée, peupla mon sommeil des plus ravissants fantômes. Une fois, je crus avoir senti quelque chose me toucher ; j'entrouvris les yeux, et je vis, ce n'était pas un rêve, se dessiner sur le demi-jour de la porte l'élégante silhouette de l'une de mes hôtesses ; elle semblait retenir sa respiration, et se penchait en avant, comme pour m'observer. Je restai un moment en extase. Enfin les tresses de ses cheveux s'agitèrent légèrement ; elle avança de mon côté, j'entr'ouvris les bras, mais je n'embrassai que le vide. Elle avait glissé comme une ombre, et s'était enfuie dans la cour. Devais-je attendre son retour ? devais-je la suivre ? Ne serait-ce pas enfreindre les lois de l'hospitalité, si sacrés dans ce pays ? Je me relevai, bien décidé à ne plus me recoucher. Je sortis dans la grande cour, où dormaient nos hommes, étendus sur la terre nue. En route ! criai-je en les éveillant ; il se dressèrent un peu étourdis, et, bientôt après, nous partîmes ; il était minuit.

Après quelques heures de marche silencieuse, m'étant trouvé près du guide, il me fit compliment de l'honorable réception que m'avait faite le chef du village d'où nous sortions. Je le regardai, ou plutôt, j'attendis, un peu surpris, une nouvelle explication qui ne se fit pas attendre : « Oui, me dit-il, vous avez été honoré de la plus belle de ses femmes, et c'est rarement que l'on offre ce que l'on a de mieux ; mais il tenait vivement à ce que vous lui fissiez cadeau de votre beau manteau, qu'il avait tant admiré ; aussi, voyant que la première femme qu'il vous avait envoyée ne vous convenait pas, il s'est décidé à vous envoyer ce qu'il avait de mieux. Croyez-vous que cela se fait pour tout le monde ? Non, on offre ordinairement celles auxquelles on est le moins attaché. » Qu'on juge de mon

étonnement en entendant ce récit. En effet, mon hôte m'avait vu admirer ses femmes, ce qui était assez naturel de ma part, n'étant pas habitué à voir d'aussi belles personnes, et dans un pareil déshabillé. Il avait donc cru faire un marché tacite en admirant de son côté mon burnous de fine laine, et en me faisant ensuite une politesse qui, selon ce que j'appris, est tout simplement un usage de ces pays, une des conditions de l'hospitalité bien entendue.

Les éclaircissements que l'on venait de me donner furent pour moi un trait de lumière à l'égard de la scène bizarre qui m'avait tant intrigué quelques jours auparavant, alors qu'après une conversation mimique avec une gracieuse Nubienne en grand négligé de toilette, son mari ou son maître était venu m'engager à accepter l'hospitalité. Tel es sont les mœurs d'hommes qui traitent la femme comme une marchandise, une esclave ; qui en prennent une ou plusieurs, selon leurs moyens, et qui, après en être rassasiés, les vendent, les livrent ou les répudient sans scrupule. Il me restait encore un point douteux : quelle était la position des femmes qui remplissaient cette partie de l'hospitalité nubienne ? Pour m'en assurer, je demandai s'il n'y avait pas de femmes chargées de faire ce genre de politesse. On me répondit négativement ; les femmes ne voient là que l'accomplissement d'un devoir. Cela paraît être ainsi en effet chez ces pasteurs où le luxe ne va pas jusqu'à posséder plusieurs femmes. Pourtant j'appris plus tard que là où règnent la polygamie et l'aisance, la chose se passe autrement.

C'est ordinairement une femme dont le rôle de favorite est fini, et que néanmoins le maître ne veut pas réduire à un état trop pénible, qu'il destine à cet usage. »

Poursuivant sa route au sud, notre voyageur atteignit Khartoum, ville située au confluent du Nil Blanc et du Nil Bleu ; il n'y fit qu'un très-bref séjour et s'embarqua sur le Nil Bleu. Les bords de ce fleuve sont, pendant la saison sèche, le rendez-vous obligé de toute espèce d'animaux domestiques ou sauvages qui viennent s'y abreuver. Les troupeaux de moutons surtout sont innombrables ; les chameaux se comptent par milliers. Des amphibies, crocodiles et hippopotames, se montrent çà et là, et d'immenses bandes de grues couvrent les plages. Bientôt se présentent de vastes forêts dont les arbres, serrés et élevant perpendiculairement leurs troncs, ressemblent à des fûts de colonnes supportant des voûtes de feuillages ; en ces endroits, le sol est uni et complètement dénué de petite végétation ; d'autres fois, des branches en quantité prodigieuse, se projettent et se croisent dans tous les sens, soit au-dessus de la tête, soit au niveau même du sol. Il est alors impossible de marcher debout ; on n'avance qu'à la condition de se faire reptile.

Ces forêts ne sont pas absolument inhabitées par l'homme ; on y rencontre parfois des groupes de cabanes d'une construction pittoresque. Les délicieux ombrages et la merveilleuse nature qui entourent champs et cabanes, semblent faire de ces retraites de véritables édens. Il n'en est rien cependant. Les nombreux singes et la multitude d'oiseaux qui pullulent sous ces ombrages et égayent ce paradis terrestre, en sont en même temps le fléau. Les singes sont si multipliés, que la surveillance la plus active ne garantit pas de leur vol, de leur pillage ; la maison même n'en est pas exempte. De même des oiseaux. Pour garantir son bien au moment de la maturité, le cultivateur est obligé de recourir au moyen suivant : au centre de son champ, il dresse sur trois ou quatre piquets où perches, une estrade grossière, assez élevée pour dominer tout l'espace qu'il s'agit de protéger. Cette estrade a un tablier où l'homme monte à l'aide des nœuds ou tronçons de branches saillantes de l'un des piquets ; au-dessus de sa tête, un abri de branchages le garantit de l'ardeur du soleil. A partir de cette estrade, des cordages menus rayonnent de toutes parts vers le pourtour du champ, où ils sont attachés soit à des piquets élevés, soit aux arbres qui l'entourent. A ces cordages sont suspendus des objets propres à épouvanter les oiseaux ; le gardien demeure sur l'estrade sans la quitter d'un instant, depuis le point du jour jusqu'à la nuit close ; et de là, comme une araignée au centre de sa toile, il agite, de temps à autre, les cordages et les épouvantails qui éloignent la multitude des ravisseurs. Sans cette précaution, aucune récolte n'arriverait à maturité, et, malgré tout, elle est souvent encore endommagée.

Notre voyageur fit son entrée à Sennar. Cette ville est bâtie en terre ou en fascines. Les plus belles maisons ne sauraient rivaliser ni pour l'aspect, ni pour la solidité avec les métairies un peu soignées de France, et on rencontre, en parcourant la cité, de grands espaces libres, des monceaux de ruines, qui montrent que la population actuelle est insuffisante pour occuper l'espace qu'elle remplissait autrefois. Le peuple de Sennar, quoique très-mélangé, est en général d'assez belle stature; les hommes sont grands et robustes; les femmes ont de beaux yeux et l'air agréable; les enfants sont gracieux et même jolis. Hommes et femmes ont une belle démarche, et dans le maintien quelque chose de noble. Le costume est le même que celui des autres populations de la Nubie. Les jeunes filles portent seulement une ceinture ornée de petits coquillages; une plus grosse coquille est placée en avant au milieu de la ceinture : elle est le symbole de la virginité. Quand une fille devient nubile, on y ajoute une étoffe rouge en peau ou en soie, ce qui annonce en quelque sorte que c'est une fille à marier. Les mœurs à Sennar sont très-libres et présentent des traits particuliers et même tout à fait étrangers aux autres parties du globe; on y trouve des pratiques aussi étranges que cruelles, inspirées autant par la sensualité que par la jalousie de l'homme, et par la vénalité et l'avilissement de la femme.

Le Nil Bleu, aux environs de Sennar, est peuplé de nombreux crocodiles. Cet amphibie, qui atteint quelquefois la longueur énorme de sept à huit mètres, naît d'un œuf ayant à peu près la grosseur de celui de l'oie. Sa férocité est extrême; il rôde toujours près des endroits où l'on vient puiser de l'eau, et si une personne, se trouvant isolée, s'avance trop loin dans le fleuve pour puiser un breuvage plus pur, elle court les plus grands dangers; elle est renversée par un coup de queue du crocodile et emportée aussitôt.

En continuant à remonter le Nil Bleu dans la province de Sennar, on rencontre de hautes montagnes granitiques, en partie recouvertes de belles forêts et qui étaient naguère encore habitées par des populations nègres; mais depuis la domination égyptienne, ces populations se sont dispersées ou ont été emmenées en esclavage. Trémaux eut l'occasion d'assister au retour d'une de ces razzias. Quelques-uns des malheureux nègres avaient le cou passé dans une espèce de fourche, dont les branches rapprochées derrière la nuque, ne laissaient que l'intervalle nécessaire à la respiration du patient. A la suite du convoi, venaient les femmes; ces pauvres créatures étant plus faibles, les liens étaient moins rigoureux.

Parmi elles, se trouvaient une jeune fille avec sa mère, d'un âge déjà avancé, et, de plus, impotente. Les Turcs n'avaient consenti à emmener celle-ci que pour ne pas trop nuire par des chagrins au physique de la fille, marchandise précieuse. Mais la malheureuse femme ne pouvant bientôt plus marcher, fut abandonnée à la première occasion. Quelque temps après, on s'aperçut de la disparition de la jeune fille. La nature qui fait, au besoin, d'une mère une tigresse pour défendre ses enfants, avait fait de la faible fille un être assez adroit, assez fort pour rompre ou défaire ses liens. Aussitôt on se mit à la recherche de la fugitive. Hélas! on ne tarda pas à la découvrir ; elle était accroupie auprès de sa mère, et paraissait lui prodiguer des soins. Immédiatement saisie et garrottée, elle fut entraînée plutôt qu'emportée, et attachée à la selle d'un chameau comme un simple colis. La mère, ne pouvant la suivre, fit des soubresauts inutiles, puis se souleva sur un bras, gesticulant de l'autre, et faisant entendre quelque chose qui ressemblait plutôt à des hurlements entrecoupés de sanglots, qu'à des paroles humaines. Tout à coup elle se redressa, le regard anxieusement tourné vers un point fixe ; elle venait d'apercevoir une dernière fois sa fille. Ses yeux blancs, vitreux, s'ouvrirent comme s'ils eussent voulu sortir de leur orbite noir ; elle tendit la main, et un cri aigu, prolongé et déchirant, s'échappa de sa poitrine ; puis elle retomba sur le sol, sans mouvement, le bras encore tendu vers le point où son enfant avait disparu pour toujours.

C'est sous l'impression de ces douloureuses scènes de l'esclavage, que notre voyageur pénétra dans le pays auquel l'usage a donné le nom de Soudan égyptien. Les populations y sont des plus variées, tant par suite des éléments primitifs qui les ont constituées, que par l'effet des influences locales et des croisements.

Toutefois l'élément nègre y entre pour une grande part. Ces populations ne font usage d'aucun vêtement jusqu'à l'âge de puberté. Alors seulement les garçons portent une chemise, les filles une ceinture, espèce de pagne court en toile. Les deux sexes vivent ensemble, au travail comme à la maison. Si l'homme n'épouse la femme qu'après avoir vécu avec elle et en avoir eu un enfant, pour s'assurer qu'elle est féconde, cela est considéré comme une importante et bonne condition pour le mariage. Dans ce cas, ils restent ensemble et vivent définitivement en union matrimoniale. Le douaire en bétail que l'homme doit à la famille de sa fiancée, reste presque entièrement au père ; une très-faible part seulement revient à la fille. Aussi les naturels aiment-ils mieux voir la naissance d'une fille que celle d'un garçon, parce que, disent-ils, la première remplit l'étable, tandis que le second la vide.

Du Soudan égyptien, Trémaux se dirigea vers le nord ; il explora plusieurs contrées de l'Afrique septentrionale, puis il revint en France, rapportant de son lointain et pénible voyage de précieux matériaux pour l'histoire de l'antique civilisation sur les bords du Nil.

CHAPITRE XIV

L'ABYSSINIE ET LE HAUT BASSIN DU NIL. — VOYAGES DE GUILLAUME LEJEAN (1860-1864)
ET DU Dʳ SCHWEINFURTH (1869-1871).

Guillaume Lejean. — Ses premiers voyages. — Il se rend en Abyssinie. — Quelques mots d'histoire.
— Première entrevue de Lejean et du Négus Théodoros II. — Portrait physique et moral du
Négus. — Réception officielle. — Les lions de la cour. — Revers et barbarie. — Lejean est
arrêté et mis aux fers. — Sa délivrance. — Excursion à Gondar. — Les couvents en Abyssinie.
— Le couvent de Goéref. — Le lac Tana. — Un caprice du Négus. — Expulsion de Lejean. —
Mœurs et coutumes des Abyssins. — La fin de Théodoros. — Mort de Lejean. — Le docteur
Schweinfurth. — Ses explorations à l'ouest du Nil Blanc. — Les pays des Chillouks, des Dinkas,
des Niams-Niams, des Dioûrs, des Bongos. — Mœurs et coutumes de ces peuples. — Résultats
du voyage.

Guillaume Lejean naquit, en 1828, à Plouégat-Guerrand (Finistère), d'une famille d'agriculteurs. De bonne heure, le goût des voyages s'empara de lui ; il visita d'abord la Turquie d'Europe ; puis, entraîné par une infatigable ardeur, il forma le projet de remonter le Nil jusqu'à ses sources.

Grâce à l'appui d'un haut personnage, il parvint à réunir les capitaux nécessaires pour cette grande entreprise, et partit dans les premiers jours de 1860 pour l'Afrique. Prévoyant des lenteurs par la voie du Nil, il s'embarqua à Suez et arriva le 1ᵉʳ mars à Souakin, petit port sur la mer Rouge. Il en repartit quelques jours après, à dos de chameau, à destination de Kassala, capitale du Taka. De là, après avoir franchi l'Atbara, affluent du Nil Blanc, il se rendit, à travers d'immenses savanes, à Khartoum où il séjourna quelques mois. Il s'embarqua ensuite sur le Nil Blanc, le re-

monta le plus loin possible, mais ne parvint pas à résoudre le problème de ses sources. Il ne dépassa pas les environs de Gondokoro, et, quel que fût son désappointement, il se vit dans la nécessité de rétrograder vers le nord et de revenir en France.

En 1862, Guillaume Lejean se retrouvait dans le bassin du Nil. Il était chargé cette fois d'une mission diplomatique près de Théodoros, le trop fameux Négus d'Abyssinie. C'est de Khartoum qu'il se mit en route pour aller rejoindre ce souverain, à Debra-Tabor[1]. Il suivit d'abord une route latérale au Nil Bleu, toucha à Sennar ; puis, se dirigeant à l'est, arriva à Gallabat, après avoir traversé plusieurs cours d'eau affluents du Nil Bleu.

Gallabat est la principale cité d'une curieuse petite république du même nom,

[1] *Voyage en Abyssinie* (1862-1864), par Guillaume Lejean. (Le Tour du Monde, année 1865).

L'AFRIQUE ORIENTALE.— Guillaume Lejean arrêté par ordre du Négus Théodoros (p. 325).

fondée par des nègres musulmans et gouvernée par un sheick semi-héréditaire, semi-électif. Lejean s'empressa d'aller rendre visite à ce haut personnage; il le trouva en train de balayer la cour de sa maison : « Il me fit servir les rafraîchissements d'usage, dit notre voyageur, mais n'interrompit pas sa besogne. » — « Le travail avant tout, monsieur... », furent ses seules paroles.

Après quatre jours de séjour à Gallabat, Lejean partit pour l'Abyssinie et atteignit bientôt Voehné, premier village abyssin, fameux par son marché hebdomadaire. De là, il se rendit directement à Debra-Tabor, où il se trouva vers la fin de janvier 1863.

L'Abyssinie était, dans les temps anciens, l'une des vastes régions comprises sous le nom d'Éthiopie. La fameuse reine de Saba, que l'Écriture nous montre venant vers Salomon du fond de l'Orient, paraît être Makéda, souveraine d'Abyssinie. Cette reine eut du roi juif un fils qui, selon la tradition, fut élevé à Jérusalem. Il ramena en Éthiopie une colonie de Juifs et de Phéniciens. Plus tard, au temps des Ptolémées, plusieurs colonies grecques vinrent s'établir sur le littoral de la mer Rouge, et fondèrent des établissements dont les ruines subsistent encore. D'autres vestiges grecs dans l'intérieur des terres se rapportent à la même période de splendeur. Au moyen âge, les Indes et Venise eurent en Abyssinie des comptoirs d'échange et de commerce. Ce fut sans doute en ce temps que les dgins donnèrent naissance aux premiers fondateurs de Souakin.

Le judaïsme, que la reine Makéda avait introduit en Abyssinie, ne fut pas abandonné par toute la nation lorsque le christianisme se propagea dans ce pays. Les juifs, concentrés dans les pays montagneux de Semiène, entre le Tigré et l'Amarah, refusèrent de reconnaître l'autorité du roi chrétien. Une femme, descendante des rois juifs, qu'ils avaient mise à leur tête, parvint à chasser la dynastie régnante, et occupa le trône sans pouvoir empêcher cependant le nombre des chrétiens d'augmenter chaque jour. Les descendants de la reine juive furent contraints d'abandonner le sceptre à des rois chrétiens de la race de Salomon, après une longue période de trois cents ans. Les nouveaux souverains eurent à soutenir contre les Musulmans une lutte acharnée. Ils parvinrent à écarter ces nouveaux et redoutables ennemis, jusque vers le milieu du seizième siècle. A cette époque, l'invasion du mahométan Gragne porta un coup funeste à la prospérité de l'Abyssinie. Chassés, à la suite de nombreux combats et de plusieurs défaites, des plus belles provinces, expulsés de leurs villes où ils avaient vu leurs temples et leurs palais s'écrouler dans les flammes, les rois abyssins cherchèrent un refuge au milieu des montagnes, et appelèrent les Portugais à leur secours. Ce fut Christophe de Gama qui leur amena des troupes européennes, avec l'aide desquelles ils défirent Gragne et le tuèrent.

Cette victoire en rendant à l'Abyssinie la liberté, ne lui restitua pas le calme et la prospérité dont elle avait joui. Les Gallas, que l'espoir du pillage avait faits les alliés de Gragne, ne cessèrent pas, après la mort du Musulman, d'inquiéter l'Abyssinie; puis les Portugais amenèrent les missionnaires jésuites qui prêchèrent l'intolérance et donnèrent naissance aux persécutions et à la guerre civile. Le commerce s'affaiblit et disparut presque entièrement. Enfin les ras ou chefs d'armée, usurpèrent une partie du pouvoir, et l'autorité royale déclina rapidement. L'Abyssinie démembrée et morcelée consuma tristement dans la guerre civile l'énergie et l'activité qui auraient pu être utilisées avec fruit pour la prospérité de la nation [1].

La première entrevue de Lejean avec Théodoros fut empreinte d'une certaine

[1] *Voyage en Asie et en Afrique*, par Eyriès et Alfred Jacobs.

aménité. « On m'avait averti, dit notre voyageur, que le Négus, que je n'avais jamais vu, devait faire l'essai d'un obusier que les missionnaires bâlois lui avaient fabriqué, et, à tout hasard, j'avais passé mon uniforme de consul. Vers les dix heures (25 janvier 1863) on vint chez moi me dire : « Voici Sa Majesté qui arrive ! » Je sortis aussitôt et me trouvai face à face avec un cortége tumultueux de grands officiers portant la tunique brodée des grands jours. Au milieu d'eux, il y avait une sorte de paysan de bonne mine, tête et pieds nus, vêtu d'une toge de soldat qui n'était pas de la première blancheur, un sabre de cavalerie à la ceinture, et à la main une lance sur laquelle il s'appuyait en marchant. Un homme familier avec les usages abyssins, eût reconnu à l'instant le rang du personnage à un simple détail : il était le seul des assistants qui eût les deux épaules couvertes de la toge. Cet homme, plus que simplement vêtu, était Théodoros II, roi des rois d'Éthiopie.

En me voyant, il m'adressa d'un air de bonne humeur le salut abyssin : « Comment avez-vous dormi ? » L'étiquette ordonne de ne pas répondre et de saluer profondément. Il me demanda ensuite, après quelques mots de courtoisie, quand il me plairait d'être officiellement reçu. Je répondis, bien entendu, que j'étais entièrement à la disposition de Sa Majesté. Le Négus alors me fixa le lendemain pour me recevoir avec les honneurs dus au pays que je représentais, et leva la séance. Telle fut ma première entrevue avec le roi des rois. »

Théodoros II, à l'époque du voyage de Lejean, était un homme d'environ quarante-six ans. Nul ne savait d'ailleurs au juste son âge, à commencer sans doute par lui-même. Il était de taille moyenne pour un Abyssin, et bien prise, de figure ouverte et sympathique. Son teint était à peu près noir, son front développé, ses yeux petits et vifs. Son nez et son menton rappelaient le type juif, et lui servaient à appuyer ses prétentions de descendre de David et de Salomon : prétention fort gratuite, car la généalogie impériale, dont il s'enorgueillissait, n'avait été trouvée, par les poëtes et les docteurs abyssins, que depuis qu'il était sur le trône. Son extérieur était imposant et annonçait ce qu'il était réellement, un homme doué d'une agilité et d'une vigueur infatigables, avantages dont il était assez fier. Un de ses malicieux passe-temps était de grimper ou de descendre d'un pas rapide, appuyé sur sa fidèle lance, un coteau un peu ardu, et d'obliger ainsi ceux qui l'entouraient à le suivre du même pas, également à pied : c'était l'étiquette. Il n'y avait pas moyen de rester en arrière, on aurait été impitoyablement foulé aux pieds de la cavalerie. A cheval, il ne se connaissait plus : ce n'était plus un roi, mais un gaucho enivré d'air et de mouvement. Sa mise ordinaire était d'un négligé tel, qu'on aurait pu le croire affecté ; mais c'était simplement le dédain d'un soldat pour la superfluité du costume. Il était habituellement mis comme le plus simple officier, la tête et les pieds nus ; il avait la coiffure caractéristique des guerriers renommés, les cheveux tressés et formant trois grosses touffes sur le front et les côtés de la tête, et retombant gracieusement sur les épaules. Parfois il portait un bandeau blanc, comme les rois homériques pasteurs des peuples.

Tel était l'homme physique. L'homme moral était moins aisé à connaître. C'était une sorte de paysan rusé, sans scrupules, orgueilleux, très-dévot jadis, mais devenu une sorte d'athée mystique, et ayant un culte servile pour la mémoire de David, son douteux ancêtre, qu'il n'imitait malheureusement qu'en deux choses: les massacres et Bethsabée. De Bethsabées, il en avait six ou sept, et comme il savait fort bien qu'on en jasait, il feignait des retours à la vertu devant sa cour assemblée aux grands jours de fête et de pénitence. « N'est-ce pas, ô mes enfants, disait-il, que je suis un grand pécheur, un pilier de scandale dans toute l'Éthiopie? » Silence général : il aurait été peu prudent de faire la réponse du gendarme Pandore. « Ah! je n'ai pas toujours été ainsi, poursuivait-il ; mais que voulez-vous? Je crois que le démon a triomphé de moi. Il faut que je m'amende... » Et il s'amendait en prenant une nouvelle dame et en gardant les anciennes.

Ce qui pouvait le justifier un peu, c'était le caractère de sa femme légitime, la belle impératrice Toronèche, mot qui signifie pureté. On la représentait un peu comme une de nos anciennes reines, Anne de Bretagne : petite, charmante, spirituelle, instruite, dévote, orgueilleuse, opiniâtre et vindicative. Il l'avait beaucoup aimée un an ou deux, un peu par passion réelle, beaucoup par orgueil d'avoir une femme si admirée ; puis un

jour ils s'étaient brouillés pour une bagatelle, où lui, de l'aveu de tout le monde, avait eu tort, et étaient restés ennemis. Comme au fond il l'aimait toujours, il allait de temps à autre la voir et passer une heure à s'entendre dire une foule de choses désagréables, dont nul en Afrique ne lui aurait dit la centième partie. Après quoi il s'en allait, justifié à ses propres yeux, sans doute, par l'impossibilité de vivre avec une femme pareille.

Le lendemain de la première entrevue de Lejean avec le Négus, la présentation officielle eut lieu, et notre voyageur remit les lettres qui l'accréditaient en qualité de consul. Théodoros, qui était un grand amateur de mise en scène et qui entendait d'ailleurs supérieurement cet article, se montra dans toute sa majesté, entouré de magnifiques lions d'aspect aussi farouche qu'ils étaient débonnaires au fond. Au milieu de l'audience, un de ces animaux vint familièrement surprendre Lejean par derrière et lui poser les pattes sur les épaules. Le pauvre consul n'était nullement préparé à ce jeu, et fut sur le point de tomber en avant. Il sut cependant réprimer un mouvement de frayeur, et sortit avec dignité de cette pénible réception.

Dans les premiers jours de février 1863, Lejean se vit moralement obligé de suivre le Négus qui partait pour la province de Godjam, afin de soumettre plusieurs chefs rebelles. Mais après quelques revers, celui-ci, plus démoralisé que battu, ordonna la retraite. Lejean, voulant alors obtenir l'autorisation de gagner Massaoua, petite île de la mer Rouge, qui était son poste de consul, demanda une audience. Il se rendit vers la colline royale.

« Le Négus me vit venir, dit-il, et comme, selon l'étiquette, je m'étais arrêté à mi-côte, le chapeau sous le bras, il me fit demander ce que je voulais. Je répondis que je désirais parler à Sa Majesté elle-même. Il appela alors trois Européens qui parlaient la langue officielle de l'Abyssinie, et les envoya me demander de quoi je voulais l'entretenir. Je répondis:

« — Je désire aller à Massaoua, qui est mon poste, parce que j'apprends que les gens de Massaoua se plaignent de n'avoir pas encore vu un fonctionnaire qui est nommé depuis onze mois ; en second lieu, je désire convoyer moi-même deux caisses de présents destinés à Sa Majesté par mon souverain, et qui doivent y être arrivées. Je voudrais partir immédiatement pour être de retour avant les pluies. »

Pour comprendre l'incroyable scène qui suivit, il faut savoir trois choses : Théodoros, humilié par un sujet rebelle, venait d'apprendre que les Égyptiens, qu'il redoutait fort, ayant été honteusement battu par eux en 1848, avaient occupé la province de Gallabat. A cette surexcitation, s'en joignait une autre plus physique. Le Négus a le cognac fort mauvais, et il n'est pas très-habile de l'aborder passé deux heures après-midi. Or, ce jour-là, m'a-t-on dit, il était ivre. En dernier lieu, il avait confié, en 1855, à un touriste russe de passage, une lettre pour « son frère de Russie, » où il lui proposait une coopération militaire qui leur permettrait de se partager le monde.

Le czar avait, comme bien on le pense, jeté au panier cette lettre extravagante, si toutefois il l'a jamais reçue ; et il paraît que le Négus, craignant un pareil accueil du souverain français, voulait au besoin se réserver un otage.

Quoi qu'il en soit, à peine les trois interprètes eurent-ils parlé, que Théodoros, au paroxysme de la colère : « Je le retiendrai à tout prix ! Qu'on le prenne, qu'on le mette aux fers, et s'il cherche à fuir, qu'on le rattrape et qu'on le tue ! » Le colonel à qui il s'adressait passa derrière la colline pour requérir un demi-bataillon qui y stationnait. « Qu'est-ce que cela ? dit le Négus. Cinq cents hommes pour en arrêter un ! — Que Votre Majesté remarque, dit le colonel tremblant, qu'il a sous le bras quelque chose de très-brillant (c'était mon chapeau dont le galon d'or brillait vivement au soleil couchant), et que c'est peut-être une machine formidable qui peut nous tuer tous. — Idiot, ne diras-tu pas bientôt qu'il peut vous tuer avec ses sourcils ? Six hommes, et qu'on le prenne ! » Les hommes commandés, accompagnés des trois Européens, vinrent à moi, qui étais bien loin de supposer ce qui avait eu lieu.

Pendant que les interprètes me balbutiaient quelques mots que je ne pus comprendre, les autres passèrent sournoisement derrière moi, et l'un d'eux me jetant les bras autour de la poitrine, me serra si violemment, que je pouvais à peine respirer ; deux autres m'ôtèrent mon chapeau et mon épée, et deux autres enfin me saisirent les poignets. Je fus aussitôt entraîné violemment derrière la colline ; mon guide nubien, également garrotté, venait derrière moi. On me fit arrêter à trente pas de la tente royale, et asseoir sur une grosse pierre. Je n'avais rien compris à ces brutalités ; mais j'y vis plus clair quand on apporta une lourde chaîne, terminée par deux grossières menottes, et qu'un officier de marque m'en fit passer une au poignet droit, et, armé d'une grosse pierre, se mit en devoir de me la river.

Je ne sais si aucun de mes lecteurs connaît cette sensation, plus morale encore que physique, d'avoir eu les fers rivés au poignet, et d'avoir ressenti chacun de ces coups de marteau dans ses oreilles et dans sa chair à la fois. C'est au cerveau surtout que ces coups secs retentissent comme des coups de tonnerre : je ne connais rien de plus irritant et de plus douloureux. Ma surexcitation, d'abord violente, fit subitement place à un calme singulier. Je n'étais guère en voie de réflexion, mais trois choses se dessinèrent vigoureusement dans le miroir de ma pensée : mon innocence, mon caractère officiel, l'honneur de la grande famille à laquelle j'appartenais parmi les nations. Je compris qu'ici, comme en bien d'autres cas, le rôle d'offensé était encore matériellement préférable à celui d'offenseur, et j'assistai avec sang-froid et une sorte de curiosité bizarre à tous les détails brutaux de l'opération. La chose faite, on attacha à l'autre bout de la chaîne un pauvre diable chargé de répondre sur sa tête que je ne m'évaderais pas, et je fus ramené toujours en grand uniforme, à ma tente, qu'on avait dressée à quinze pas de là, et qui fut aussitôt entourée de gardiens armés pendant qu'une douzaine d'autres s'installaient à l'intérieur.

Le lecteur me fera grâce de mes vingt-cinq heures de fers. On comprendra, sans que je l'exprime, la situation ridicule et pénible que me faisait, à chaque instant, mon compagnon de chaîne. Le lendemain matin, il obtint du chef de mes gardiens qui n'était pas un méchant homme, un congé de deux heures. Cela m'apporta un grand soulagement suivi bientôt d'un autre plus sensible. J'avais payé cruellement une particularité dont je n'ai jamais été fier, la petitesse de ma main. Pour être bien sûr, après divers essais, qu'elle ne passerait pas à travers la menotte, l'homme à la chaîne avait trouvé prudent de la river si serré, que la pointe de fer m'entrait à chaque mouvement dans les chairs du poignet. Mon aimable geôlier ce voyant, s'empressa de la faire desserrer de quelques millimètres, et ma situation devint supportable.

Ce qui m'était le plus pénible, c'était l'abandon absolu où me laissaient mes serviteurs et les trois Européens du camp. Pour ces derniers, je savais sous quelle terreur ils vivaient ; quant à mes serviteurs, je sus la vérité plus tard. Mon drogman, sorte d'ecclésiastique, qui avait fait trois ans de fers pour sa religion ou pour autre chose, et que je gardais un peu par pitié pour ce qu'il avait souffert, avait menacé mes serviteurs de la colère du roi, s'ils restaient au service d'un suspect comme moi. Il agissait ainsi par servilité ou plutôt par méc'.ancété naturelle, car jamais je n'ai vu plus insigne coquin en Abyssinie. Les pauvres gens, qui s'étaient d'abord sauvés au bois, n'avaient pas voulu le croire sur parole. Ils étaient allés aux informations; ils avaient appris que le Négus n'avait jamais songé à eux, et s'étaient remis à leur besogne. Dès le premier soir, j'eus bon espoir en voyant la toile de ma tente se soulever et les figures de mes fidèles apparaître tour à tour.

Je ne perdais pas cependant de vue le Négus, et je comptais sur une de ces réactions communes chez les ivrognes. Je lui écrivis en anglais, un mot poli, mais sec, où je lui demandais un instant d'explication. Mon geôlier se chargea de le lui faire passer, et il tint parole, car peu après, je vis arriver à ma tente les Européens marchant comme à un enterrement. Ils étaient chargés de me dire que je serais libre, si je voulais promettre au Négus mon amitié d'abord; puis de rester sur parole à Gafat jusqu'au retour de son agent. J'hésitais et je voulais parlementer; mais sur les instances d'un des Européens, je donnai la parole demandée et je fus libre. »

Lejean obtint la permission de voyager dans le centre de l'empire partout où le conduirait sa fantaisie. Il ne pouvait manquer d'aller rendre visite à la capitale, c'est-à-dire à Gondar. La situation de cette ville, sur une colline qui s'étend comme un promontoire vers le lac Tana, distant de quatre lieues environ, est son principal attrait pour un Européen. On est déjà dans les rues, que l'on n'aperçoit rien encore qui annonce une ville; ce ne sont que cinq ou six grosses bourgades, séparées par des terrains vagues semés de ruines. Au centre s'élève le Palais impérial, majestueuse construction en partie détruite.

Les divers éléments de la population de Gondar ne manquent pas non plus d'une certaine physionomie originale. A côté des musulmans actifs et dans les mains desquels l'industrie et le commerce sont concentrés, et des chrétiens occupés, pour la plupart, aux études théologiques et savantes, on ne remarque pas sans intérêt les juifs ou Pélachas. Ceux-ci, qui peut-être sont les descendants sans mélange des Abyssins de la reine de Saba et de Salomon, ont su conserver d'importants priviléges, tels que l'exemption d'impôts et l'affranchissement du service militaire; ils pratiquent librement la religion de Moïse, observent le repos du samedi, et se livrent en paix à toutes les superstitions de leur culte. Par un contraste notable avec leurs coreligionnaires de tous les pays, ils dédaignent le commerce et s'occupent de fabriquer des outils et de bâtir des maisons, et sont les hommes les plus industrieux de l'Abyssinie.

Gondar, au dire de ses habitants, est le centre des lumières, de l'intelligence et du travail, la métropole du commerce. Là le soldat vient acheter ses armes, l'ouvrier ses outils; le debtera, c'est-à-dire celui qui se livre aux choses de l'esprit, y achève ses études; là seulement les femmes ont de l'élégance dans leur toilette. La dame de Gondar ne va pas nu-pieds comme une provinciale; elle porte des babouches, et le bas de sa jambe est toujours orné d'une chaînette en argent. Par-dessus sa tunique blanche, elle revêt un riche burnous en soie bleue, qu'il est du dernier bon ton de parsemer de plaques d'argent ciselées et dorées. Pour peu qu'elle doive aller à quelque distance, elle monte à mule, soutenue par un esclave, conduite par un autre. Le grand genre consiste à se faire suivre dn soubrettes, les unes à mule, les autres à pied, et de fermer la marche par une troupe d'hommes armés de lances et de boucliers. Les femmes du monde et les courtisanes sont seules en évidence, comme dans bien d'autres pays du reste ; mais ces dernières paraissent obtenir plus de considération que partout ailleurs ; elles doivent sans doute cet avantage au privilége qui leur est exclusivement réservé d'improviser des chants et de composer des poésies. Les femmes des négociants se livrent sans réserve aux soins de leur ménage, et celles des artisans sont chargées des travaux les plus pénibles, tels que porter l'eau et le bois, moudre le grain, faire le pain.

Aux environs de Gondar se trouvent de nombreux couvents, la plupart en ruines. Ils sont généralement situés au centre de grands massifs de genévriers. La considération dont ils jouissent n'est plus la même que par le passé : ils possèdent encore, cependant, le droit d'asile. Lejean visita celui de Goéref, placé sous le vocable du grand saint national d'Abyssinie, saint Thekla Haïmanot. « C'était, dit-il, une des plus jolies retraites que pût désirer, je ne dis pas une congrégation d'ascètes ayant fait vœu de mortifications en tout genre, mais un groupe de philosophes, amis d'une solitude stu-

dieuse, embellie de tous les accessoires que peut offrir la nature à ses admirateurs délicats. Au bord d'une limpide rivière, adossé à un coteau tapissé d'une épaisse forêt, dormait le monastère, ou plutôt le village monastique. Qu'on se figure un hectare environ de terrain clos d'une haie vive, renfermant douze ou quinze enclos également fermés de haies et contenant chacun une cabane de moine : entre tous ces jardinets, une ruelle étroite formant une sorte de labyrinthe et faisant communiquer toutes les cellules avec l'église abbatiale. Le tout était d'une douceur gracieuse et riante, et ne portait guère à l'ascétisme. Les moines qui demeuraient là étaient de fort honnêtes gens, sincères et convaincus, comme tous les moines abyssins, et devaient fermer les yeux volontairement à toute cette nature aux séductions pénétrantes, pour nourrir leur esprit des contes bleus dont la sottise superstitieuse du clergé copte a infecté le christianisme en Abyssinie.

L'hospitalité nous fut aisément accordée ; mais ce fut une fort grosse affaire de laisser entrer ma mule dans le clos sacré. « Elle est du sexe féminin, dit le moine portier, et vous comprenez... » Je comprenais, en effet, car je me rappelais une page d'un voyageur qui trouva parmi les moines du mont Athos les mêmes puérilités puritaines, et qui consterna les pieux personnages en leur révélant gravement qu'il avait trouvé une contrevenante dans la presqu'île sainte : une chatte, rien que cela ! Cependant la consigne est un peu moins rigoureuse à Goéref ; je logeai chez les bons moines

LE DOCTEUR GEORGE SCHWEINFURTH.

et je partageai leur souper, entièrement composé de légumes. La nuit je fus réveillé par les offices qu'on psalmodiait dans l'église voisine et je ne trouvai pas ces chants dépourvus de charme. »

Non loin de Goéref, le lac Tana ou Dembea, ce dernier nom est celui de la province dans laquelle il est situé, étend sa belle nappe d'eau, large de vingt lieues environ sur dix-huit de longueur. Un trait particulier de ce lac, ce sont dix ou douze îles microscopiques qui sèment sa surface et semblent, aperçues de la terre, des corbeilles flottantes, pleines d'une vive et sombre verdure. Vus de près, ces bouquets sont de belles futaies, cachant dans leurs massifs des monastères ou des églises vénérées. C'est à quelque distance du lac, vers l'ouest, que le Nil Bleu prend sa source au milieu d'une petite clairière pleine de joncs et d'herbes aquatiques.

Lejean employait ainsi à explorer le pays les loisirs que lui faisait sa résidence forcée auprès du Négus, lorsque le 30 septembre 1853 il reçut subitement l'ordre de sortir d'Abyssinie dans le plus bref délai. Craignant un contre-ordre, il se hâta de faire ses préparatifs de départ et put enfin gagner son poste de Massaoua.

Il y avait quelque temps déjà que Guillaume Lejean était rentré en France lorsqu'eut lieu la catastrophe finale du règne du despote Théodoros. On sait quelle fut la cause de cette catastrophe. Le consul anglais et une vingtaine d'autres Européens avaient été, contre tout droit, mis aux fers et menacés de mort. A l'ordre qui lui avait été plusieurs fois intimé de rendre à la liberté les prisonniers, Théodoros n'avait répondu que par l'insulte. L'Angleterre n'avait pas hésité alors à sacrifier plusieurs millions pour aller au secours de ses enfants. En quelques jours, toutes les forces du Négus furent broyées. Sir Robert Napier, commandant de l'expédition, délivra les captifs, s'empara de Magdala, mais ne prit pas vivant le farouche Négus, qui, voyant tout crouler autour de lui, s'était tiré dans la tête un coup de pistolet pour échapper à lá honte d'une reddition. Ce n'était certes pas une âme banale que cet homme à demi-sauvage, assez grand pour ne pas vouloir survivre à son empire; il est de ces morts héroïques qui rachètent la défaite et font pardonner les plus coupables erreurs.

A part les dangers que lui avait fait courir à tout instant la nature fantasque de Théodoros, Lejean, pendant son séjour en Abyssinie, n'avait eu à supporter aucun de ces désagréments si fréquents dans les autres contrées de l'Afrique. Les Abyssins sont, d'ailleurs, une population possédant beaucoup de bienveillance naturelle. Cette disposition favorable aux étrangers a cependant besoin d'être entretenue par des cadeaux. La société abyssine se divise en plusieurs classes nettement tranchées : ce sont d'abord les nobles, possesseurs d'une sorte de fief héréditaire et exempt d'impôts; après viennent les cultivateurs, qui jouissent d'une grande estime et exercent une véritable influence. La classe des lettrés vient ensuite. Les marchands occupent l'échelon inférieur; on les estime peu, mais ils font fortune et se voient recherchés des princes et des grands. Au-dessous de cette classe se trouvent celle des domestiques, que le maître nourrit à sa table, traite paternellement et appelle ses enfants, et enfin celle des esclaves qui sont employés aux durs travaux. En dehors de ces classes, il existe une catégorie de gens nommés Azmaris qui rappellent, par leur vie indépendante et leur métier, nos anciens trouvères; ils vont de ville en ville, jouant d'un instrument assez grossier, et amusant les populations par leurs danses et leurs récits. La musique des Abyssins est monotone, mais leurs chants ne manquent ni de charme, ni de poésie. Toutes les classes de la population se montrent sensibles aux improvisations des Azmaris, et quand ces chanteurs nomades se présentent à la porte d'une maison ou d'une chaumière, ils sont sûrs d'être bien accueillis.

De retour de Massaoua, Lejean, toujours emporté par le démon des voyages, revit la Turquie, le Kachmir et d'autres parties de l'Asie occidentale ; mais cette existence de privations, d'incessants labeurs, usa bientôt toutes les forces vives de son corps. Atteint au commencement de l'année 1871 d'une fièvre terrible, il vint mourir le 8 février, dans sa ville natale, à Plouègat-Guerrand.

Tandis que disparaissait ainsi, modestement, humblement dans une maisonnette de campagne, ce courageux voyageur, le docteur George Schweinfurth, un autre explorateur de l'Afrique, se disposait à revenir en Europe, après avoir accompli un voyage qui tiendra désormais une place importante parmi ceux qui ont le plus contribué à élargir le cercle des connaissances géographiques sur l'intérieur du continent africain.

Né à Riga en 1836, George Schweinfurth se voua, très jeune encore, à l'étude de la botanique, devint docteur ès sciences naturelles, et fut chargé de classer et de décrire les plantes qu'un voyageur avait rapportées, en 1860, de la région du haut Nil. Enthousiasmé par les richesses que renfermait cette collection, le docteur Schweinfurth partit pour l'Égype, herborisa dans le Delta, parcourut la mer Rouge pendant plusieurs mois dans son propre bateau, franchit la côte, suivit la frontière d'Abyssinie et arriva à Khartoum. Sa bourse étant vide, il revint en Europe, ne songeant plus qu'à reprendre, aussitôt qu'il le pourrait, la suite de ses travaux.

En 1868, il put mettre son projet à exécution. Il partit d'Europe au milieu du mois d'août, et se retrouva à Khartoum à la fin du mois de novembre. S'écartant de la ligne ouverte par Speke et si heureusement suivie par Baker, il résolut de se jeter résolûment à l'ouest du Nil Blanc, dans une région que l'on regarde encore comme le domaine des fièvres et des cannibales. C'est là que coule le Diour, fréquenté par les traitants d'ivoire ; c'est de là que vient le Bahr-el-Ghazal, affluent du Nil Blanc et qui prend aujourd'hui dans l'hydrographie africaine une importance que l'on n'avait pas soupçonnée.

A Khartoum, le gouverneur général du Soudan égyptien se montra très-favorable à l'entreprise et usa de son influence pour mettre le voyageur en rapport avec un nommé Ghattas, un des principaux traitants d'ivoire dans la région du Diour, à l'ouest du Nil. Sans l'appui et le concours de ce Ghattas, qui jouit d'une grande prépondérance près des chefs et des populations indigènes, il n'y aurait pas eu, dit le docteur, de réussite possible.

Le 5 janvier 1869, Schweinfurth quitta Khartoum pour remonter le Nil ; il s'embarqua sur un bateau d'une construction toute spéciale et comme il n'en existe que sur le haut Nil. Le bois dont sont faits ces bateaux est une sorte d'acacia beaucoup plus dur et plus lourd que le chêne. En raison de sa texture irrégulière et de ses ramifications nombreuses, il est impossible d'en tirer des planches de plus de dix pieds de longueur, ce qui même est assez rare. Les mâts et les vergues sont donc faits par assemblage. Mais l'acacia n'est pas seulement court et tortu; il est tellement dur qu'il faut le débiter quand il est vert. D'autre part, la scie est rarement employée par les Nubiens, qui dès lors ne savent pas s'en servir ; il en résulte que les planches sont faites sans la moindre prétention à la régularité. Ces défauts toutefois sont rachetés par la ténacité remarquable et l'indestructibilité du bois. Les flancs des barques ont un pied d'épaisseur ; ils sont formés de plusieurs couches de planches de longueurs diverses qui se soutiennent mutuellement. A l'endroit où elles se rejoignent, les planches, dont les extrémités s'imbriquent, sont retenues par des clous d'une longueur suffisante pour traverser au moins deux couches de bois. De cette manière, à force de soins et de mesurages, on obtient l'incurvation voulue. Un mât d'une vingtaine de pieds porte la seule voile de la barque, voile latine attachée à une vergue gigantesque, en général de quatre-vingt-dix pieds.

La première station que rencontra notre voyageur fut celle de Fachoda, siége d'un moudir ou gouverneur chargé de maintenir l'autorité du Khédive parmi les indigènes nouvellement assujettis. Tous les bateaux qui arrivent à Fachoda sont obligés d'y passer plusieurs jours. Ils ont, d'une part, à compléter leur provision de grain; de l'autre, à soumettre aux agents du fisc les papiers du bord, formalité nécessaire pour la perception des droits qui se prélèvent sur chaque homme de l'équipage, mariniers et soldats. « J'étais constamment stupéfait, dit le docteur, de la bouffonnerie de tous les gens des bateaux, y compris les

miens. Rire, plaisanter, railler semblait être pour eux l'une des conditions de l'existence. Rien ne se faisait sans jeux de mots (le calembour en Afrique!); rien n'arrêtait ces drôleries perpétuelles, pas même la nuit. La bière, qu'on leur servait dans des gourdes d'assez belle taille, n'était pas sans concourir à cette folie permanente ; mais ces gens-là ont réellement la passion du badinage. Et ce n'est pas seulement la jeunesse qui se livre à ces facéties ; les hommes faits, même ceux d'un âge avancé, ont la gaieté naïve des enfants. »

Les Chillouks, au milieu desquels se trouvait alors le docteur Schweinfurth, habitent sur la rive gauche du Nil Blanc un territoire d'environ deux cent cinquante kilomètres de longueur sur quinze de largeur. Leur asservissement à l'Égypte a fait procéder au recensement de tous leurs villages. Le dénombrement s'est élevé au chiffre d'environ trois mille villages, chacun renfermant de quarante-cinq à deux cents huttes. Chacune de ces dernières abrite une famille de quatre ou cinq membres; total, douze cent mille âmes. Nulle part en Afrique, la population n'est aussi compacte ; mais peut-être n'y a-t-il pas d'endroit au monde où les conditions d'existence soient aussi favorables. L'agriculture, l'élève du bétail, la chasse, la pêche, tout contribue là au développement d'une vie exubérante.

Sur toute la rive, jusqu'aux dernières limites du territoire, les bourgades des Chillouks semblent ne former qu'un seul village dont les quartiers seraient séparés par des intervalles de mille pas au maximum, et parfois de trois cents pas tout au plus. Les cases, bâties avec une régularité remarquable, sont tellement rapprochées qu'à première vue on compare leurs groupes à des amas de champignons. Leur forme étroite et leur toiture, qui, au lieu de se terminer en pointe, a le sommet arrondi, ajoutent à la ressemblance et rendent la comparaison fort juste. Ces bourgades n'ont pas de clôture extérieure; elles sont divisées par des sortes de cloisons qui courent entre les huttes et enferment le bétail. Au milieu du village est un espace circulaire, où, tous les soirs, les habitants se réunissent. Là, couchés sur des peaux de bœuf, ou accroupis sur des nattes d'ambatch, ils fument le tabac du pays dans d'énormes pipes à fourneau d'argile, et respirent les exhalaisons des tas de bouse auxquels on a mis le feu pour éloigner les moustiques. Sur la place, il y a généralement un tronc d'arbre auquel sont accrochés des tambours destinés, en cas d'alerte, à prévenir les bourgades voisines.

Bien qu'étrangers aux raffinements de la parfumerie européenne, les Chillouks n'en ont pas moins leurs cosmétiques, à savoir une couche de cendre qui les protége contre les insectes. Lorsque la cendre provient d'un bois quelconque, l'individu est absolument de couleur grise, ce qui est la livrée des pauvres; quand elle est faite avec de la bouse, elle donne au corps une teinte rousse qui fait reconnaître les riches. La cendre, la bouse et l'urine de vache sont ici les éléments indispensables de la toilette; le dernier de ces trois produits

sert, en outre, au lavage de tous les récipients du lait, sans doute pour suppléer au manque de sel. Comme la plupart des Africains peu vêtus, les Chillouks donnent la plus grande attention à leur coiffure. Chez les hommes, l'application répétée d'argile, de gomme et de bouse de vache agglutine et raidit si bien la chevelure que celle-ci prend et conserve la forme voulue : soit une crête, soit un casque ou un éventail. La plus grande variété s'observe à cet égard. On voit beaucoup de gens avec une bande transversale de la hauteur de la main, bande qui va d'une oreille à l'autre et constitue un nimbe de couleur grise, terminé, derrière la tête, par deux pendeloques circulaires. Une forme assez commune, et qui produit l'effet le plus grotesque, est l'imitation du casque de la pintade. De temps en temps on rencontre des têtes à peu près rases. Est-ce par suite d'une maladie, ou de quelque chute qui aura brisé l'édifice? En pareil cas on voit souvent un curieux appendice attaché sur le front, une sorte d'abat-jour taillé dans la crinière d'une girafe. Cette visière de poil n'est pas étrangère aux Cafres du sud.

Quant aux femmes, on ne leur voit sur la tête que de petites boucles naissantes, pareilles aux frisons de l'astrakan. Mais si leur coiffure est simple, elles ne sont pas, comme leurs maris et leurs frères, d'une nudité complète; un tablier de peau de veau, attaché à la ceinture, leur descend jusqu'aux genoux.

Aux Chillouks confinent au sud les Dinkas. C'est au milieu de cette peuplade que se trouvait le principal poste du traitant Ghattas, sorte de village, appelé Meschéra-el-Rek et composé de huttes en paille comme tous les centres d'habitation de cette région. Meschéra était situé près du Bahr-el-Ghazal, fleuve considérable formé par la réunion du Bahr-el-Arab et du Diour, le premier venant de l'ouest, le second du sud, tous deux alimentés par de nombreux affluents. Ce poste devint le quartier général du docteur Schweinfurth; ce fut de là qu'il partit dans différentes directions pour se livrer à des études suivies sur les peuplades avoisinantes.

Les Dinkas, suivant notre voyageur, ont, comme tous les hommes de marais, la jambe longue et décharnée qui caractérise l'espèce. Leur corps est nerveux, carré, surmonté d'épaules anguleuses et horizontales. Un long cou, légèrement contracté à la base, correspond chez eux à la forme de la tête, qui se déprime au sommet et par derrière, et qui, en général, est étroite et aplatie. Ordinairement la mâchoire est très-large. Néanmoins il règne dans tout l'ensemble une harmonie qui frappe l'observateur. Les Dinkas, ainsi que les Chillouks, se barbouillent de cendre avec délices, ce qui altère le noir foncé de leur couleur naturelle. Lorsque, dépouillée de son badigeon, leur peau est frottée d'huile, ou simplement lavée, elle a un éclat pareil à celui du bronze; mais il est rare de rencontrer cette nuance; lorsque la peau est nue, elle s'écaille, et devient grise après la chute de l'épiderme.

L'uniformité apparente des traits et de la physionomie est illusoire; elle provient de l'inexpérience de l'œil, bien plus que d'une ressemblance positive. Les hommes, pour la plupart, sont mieux que les femmes du même âge. Toutefois les traits agréables, pour ne pas dire les figures humaines, se rencontrent rarement. Des contorsions hideuses, accrues par des grimaces, des sourcils courts, un front bas, donnent à la majorité des visages un aspect qui ne vaut guère mieux que celui des singes. Il y a cependant des exceptions, et l'on rencontre parfois des traits d'une régularité remarquable. La toison des Dinkas est presque toujours très-pauvre; elle est généralement coupée ras, excepté au sommet de la tête, où l'on garde une touffe de laine qui se décore de plumes d'autruche, pour imiter l'aigrette du héron. Les plaques de petites mèches sont également fort à la mode. Quelquefois de petites nattes forment sur le crâne des lignes transversales et parallèles.

Puis il y a les caprices des élégants. Ceux-ci se font remarquer par la longueur insolite de leurs cheveux. Soumise à un peignage continuel, divisée, lissée, maintenue au moyen d'épingles, la toison du nègre perd beaucoup de sa frisure; c'est ainsi que les fashionables Dinkas traitent la leur. Les mèches, de six pouces de longueur environ, raidies et pointues, leur donnent un cachet d'autant plus diabolique, qu'elles sont d'un roux fauve. Cette nuance est le résultat de fréquentes lotions faites avec de l'urine de vache.

Hommes et femmes s'arrachent les incisives de la mâchoire inférieure; il est difficile de deviner le but de cette hideuse coutume qui les rend repoussants, surtout quand ils sont vieux. Chez les deux sexes les oreilles sont percées en plusieurs endroits et portent des anneaux de fer, ou des bâtonnets dont la pointe est ferrée. Les femmes ont également la lèvre parée d'un grain de verroterie, que retient une épingle en fer. Elles sont scrupuleusement vêtues d'une couple de tabliers qui descendent jusqu'à la cheville, et qui, tout autour, sont bordés de clochettes, de petits anneaux et de rangs de perles.

L'âge actuel est pour les Dinkas le véritable âge du fer; c'est leur métal précieux ; chez eux le cuivre est moins estimé. Des anneaux de fer, couvrent les poignets et les chevilles des femmes. Certaines épouses d'hommes riches ont sur elles un demi-quintal de ces ornements sauvages. La parure favorite des hommes consiste en épais anneaux d'ivoire qui entourent la partie supérieure du bras. Chez quelques-uns une série des mêmes anneaux forme un brassard allant du coude au poignet. Les gens moins riches ont des ornements de cuir, lanières tressées, mises autour du cou, et bracelets d'une seule pièce, en peau d'hippopotame. Les queues de chèvre et celles de vache sont recherchées par tous les hommes, qui s'en font des parures très-séantes et qui s'en servent pour décorer leurs armes.

Parmi ces dernières, la plus importante est la lance; néanmoins ils lui préfèrent le bâton et la massue qu'ils font en ébène de la contrée. Cette préférence, qu'ils partagent avec les Cafres, les rend un objet de risée pour les autres peuplades, et leur a valu, le nom d'A-

Tagbondos, qui signifie Gens du bâton. Chez eux elle a fait naître une arme défensive, qui leur est particulière et dont il y a deux modèles. L'un consiste en une pièce de bois sculptée, ayant près d'un mètre de longueur, et creusée au centre pour que la main soit à l'abri; c'est ce qu'on appelle le *kouaire*. L'autre, qui se nomme *dank*, ressemble à un arc, et doit, en raison de l'élasticité et de la résistance de ses fibres, remplir parfaitement son office, qui est de briser la violence du choc. A ces deux instruments de défense, les Dinkas joignent un bouclier pareil à celui des Cafres, c'est-à-dire un long ovale en peau de buffle, dont un morceau de bois, inséré à ses deux bouts dans l'épaisseur du cuir, constitue la poignée.

Ce qui caractérise tout particulièrement les Dinkas, c'est leur amour du bétail; ils n'ont pas d'autre pensée que d'acquérir des bêtes bovines, pas d'autre ambition que de les multiplier. Ils paraissent avoir pour elles une sorte de respect; même leurs excréments sont considérés dans le pays comme une chose précieuse. Lorsqu'une vache est malade, elle est conduite à l'infirmerie et traitée sous l'œil du maître avec les plus grands soins. Jamais une bête bovine n'est abattue ; on ne mange que celles qui périssent de mort naturelle ou par accident. Ces coutumes pourraient être regardées comme les vestiges d'un ancien culte, si les Dinkas ne mangeaient pas très-volontiers d'un bœuf que l'on a tué, quand celui-ci n'est pas à eux. C'est donc pour le plaisir de les posséder, non par superstition, qu'ils respectent leurs troupeaux. Le chagrin qu'éprouve un Dinka de la perte de son bétail est indescriptible. Il fera, pour le racheter, les sacrifices les plus grands, car il le préfère à tout, voire à sa femme et à ses enfants.

Les Dioûrs, qui vivent dans les hautes terres, sur un plateau de grès rouge abondant en fer, et dont le nom signifie hommes des bois, forment un contraste remarquable avec leurs voisins les Dinkas. Si ceux-ci sont tous pasteurs, ceux-là sont tous forgerons. Avec une persévérance admirable ils ouvrent de place en place des tranchées d'une dizaine de pieds de profondeur, où ils se procurent le minerai de fer. Les fourneaux dont ils font usage pour fondre ce minerai sont des cônes d'argile qui n'ont pas plus de quatre pieds d'élévation et dont la partie supérieure s'élargit en gobelet. A mesure de la fusion, le métal traverse le brasier et tombe dans un creuset ménagé au-dessous du fourneau. Le temps voulu pour assurer le succès de l'opération est d'environ quarante heures. Le dépôt du métal est refondu ; et la portion la plus lourde est de nouveau soumise au feu dans des creusets d'argile. Ces parcelles, chauffées au rouge, sont alors battues avec une grosse pierre, et réunies en un seul lingot dont un martelage suffisant chasse les dernières impuretés.

Les Dioûrs ont des familles nombreuses, et si les Nubiens, qui tous les ans leur prennent la moitié de leurs récoltes, n'étaient pas venus chez eux, il y a longtemps que leur territoire serait aussi peuplé que celui des Chillouks. Ils ont, comme ces derniers, l'adresse de pourvoir à leurs besoins par tous les moyens possibles. Quant aux travaux agricoles, ils sont abandonnés aux femmes ainsi que les travaux du ménage, y compris la bâtisse et la fabrication de divers ustensiles. Les affections de famille, amour paternel et filial, sont beaucoup plus développées chez les Dioûrs que dans aucune autre peuplade de la contrée. Ils ont pour coucher leurs enfants des corbeilles de forme allongée qui rappellent nos berceaux. Non-seulement ils soignent leur progéniture avec tendresse, mais ils respectent les vieillards, ce que l'on voit dans chacun de leurs villages.

De tous les habitants de la région, ceux avec lesquels Schweinfurth eut le plus de rapports sont les Bongos ; il put s'initier à leurs habitudes, s'approprier leur idiome dans une certaine mesure, et de la sorte arriver à les mieux connaître. Le pays de cette peuplade a, suivant le voyageur, à peu près la même étendue, comme superficie, que la Belgique ; mais, sous le rapport de la population, il peut être comparé aux plaines de la Sibérie.

Les Bongos sont d'un brun rouge. Moins complétement nus que les Dinkas et les Dioûrs, ils ont remplacé le petit tablier de cuir dont ils se servaient naguère encore par une bande d'étoffe passée dans la ceinture et dont les bouts retombent par devant et par derrière. Quant aux femmes, une branche souple et feuillue, parfois un bouquet d'herbe, renouvelé chaque matin, est leur costume habituel. De temps à autre elles y ajoutent une queue, pareille à celle d'un cheval et composée de filaments de plantes teints en noir. Cette simplicité du vêtement n'exclut pas toutefois l'amour de

L'AFRIQUE ORIENTALE. — Sur le Nil, navigation dans les hautes herbes.

la toilette; elles ne se contentent pas d'une masse de verroterie et de ferraille qui les annonce de loin par un cliquetis spécial, leurs oreilles sont ourlées d'anneaux et de petits croissants de fer ou de cuivre, auxquels s'ajoutent parfois cinq ou six pendeloques. A peine mariée, la jeune épouse se perce la lèvre inférieure et en élargit peu à peu l'ouverture, de manière à pouvoir y introduire soit un clou, soit une plaque ou un anneau de métal, voire un fragment de chaume d'un pouce de diamètre. Des brins de paille sont insérés dans les narines, jusqu'à trois de chaque côté. Un anneau passé dans le cartilage du nez est en grande faveur. Chez les coquettes la bouche est ornée aux deux coins d'une agrafe, ou plutôt d'un crampon que l'on croirait destiné à l'empêcher de s'étendre. Le haut du bras est tatoué ou couturé de lignes parallèles, de zig-zags, de rangées de points ou de boutons ; et il n'est pas une saillie de la chair, pas un pli de la peau qui ne serve de prétexte à l'introduction d'un fétu ou d'une cheville. On voit des élégantes décorées de la sorte en une centaine d'endroits. La place, il est vrai, ne leur manque pas : une femme Bongo adulte a la cuisse de la grosseur du corps d'un homme, et mesurée autour des hanches elle rendrait des points à la Vénus hottentote. Les beautés qui pèsent quatre cents livres ne sont pas rares dans le pays.

Le docteur Schweinfurth était installé depuis quelque temps déjà aux environs du poste de Ghattas, se livrant à la chasse et à l'herborisation, lorsqu'il fut invité par un traitant d'ivoire du bassin du Bahr-el-Ghazal, à accompagner une expédition dans le pays des Niams-Niams. Il accepta avec empressement, et l'on partit à la fin du mois de janvier 1870.

Dans leur extérieur et leurs habitudes, les Niams-Niams ont une physionomie très-caractérisée. Ils portent des tresses de cheveux descendant jusqu'à mi-corps. Leurs grands yeux fendus en amande sont très-écartés l'un de l'autre ; le nez est large mais long, la taille est moyenne, le buste assez long. Ils s'aiguisent les canines en pointe, afin de s'en servir comme d'une arme dans leurs combats ; ils s'habillent de peaux et gardent la tête nue, à l'exception des chefs qui ont seuls le droit de s'orner le front d'une coiffure en peau de bête. Ils se servent peu de l'arc et de la flèche ; leurs armes habituelles sont la lance et une espèce de couteau en forme de faucille. Ils n'ont pas de bestiaux, mais ils entretiennent des chiens et des poules et ont un goût décidé pour la chair humaine. Ils obéissent à des chefs nombreux. Quant à la fameuse queue dont les ont gratifiés plusieurs voyageurs européens, elle existe à la vérité, mais comme simple ornement et se compose de morceaux de cuir bien ouvragés et maintenus dans une certaine position au moyen de petits morceaux de fer.

Le pays entier des Niams-Niams, qui s'étend très-loin dans l'ouest, représente, selon l'estime du voyageur, plus de 160,000 kilomètres carrés, presque le tiers de la superficie de la France. Au sud des Niams-Niams habitent les Mombouttous, anthropophages comme les premiers, mais plus intelligents. Ils ont un état social réglé et connaissent, paraît-il, plusieurs arts. Leur roi accueillit le docteur très-amicalement et donna même en son honneur des fêtes où figurèrent des Akkas. Les Akkas sont une nation naine qui demeure dans le voisinage des Mombouttous. La taille chez ce peuple ne dépasse pas un mètre et demi. Leur prognathisme est très-prononcé. Ils ont de petites mains et de petits pieds. Très-agiles de leur nature, ils se servent fort habilement de la lance et de l'arc pour chasser l'éléphant.

Le docteur Schweinfurth voulut emmener un de ces nains en Europe ; mais le sujet qu'il avait choisi mourut dans le cours du voyage de retour.

Revenu au poste de Ghattas, notre

voyageur employa plusieurs mois à de nouvelles excursions dans les territoires environnants. Le 8 juin 1871, il s'embarqua pour redescendre le Nil, et le 2 novembre, il revoyait le sol européen, après une absence de plus de trois ans. Les résultats de ce long voyage sont considérables; si le docteur Schweinfurth n'a apporté aucun éclaircissement nouveau au problème des sources du Nil, il a du moins donné sur la géographie de la Nigritie des notions d'autant plus précieuses, que cette immense région du centre de l'Afrique renferme, selon toute vraisemblance, le secret depuis si longtemps poursuivi. Les innombrables cours d'eau, dont quelques-uns ont l'importance de grands fleuves, qui viennent de cette partie du continent africain et grossissent le Nil Blanc, la direction des autres fleuves, tels que le Tchadda, branche orientale du Niger, l'Ogovaï, le Zaïre, tributaires de l'Océan Atlantique, et enfin le Zambèse, tributaire de la mer des Indes, tout porte, en effet, à supposer, avec raison, qu'il y a là, dans la zone équatoriale, un massif de hautes montagnes, tout un système d'Alpes peut-être, qui est le vrai nœud du problème. Ce qu'il s'agit de reconnaître, ce n'est pas tel ou tel lac d'une importance secondaire, puisqu'il ne saurait être que le récipient d'eaux supérieures, c'est le point de départ, la source de ces eaux supérieures.

Toutes les tentatives, dit notre géographe Vivien de Saint-Martin, ont été faites jusqu'à présent, du nord au sud, ou à l'inverse, du sud au nord, soit en remontant le Nil, soit en partant de l'Afrique australe, pour gagner Gondokoro et Khartoum : la ligne que nous voudrions voir aborder couperait le continent dans l'autre sens, de l'ouest à l'est. L'exploration nouvelle pourrait partir du Gabon et s'avancer hardiment vers le nord ou le nord-est, pour atteindre le plus vite possible les hauts pays, c'est-à-dire la région des sources.

C'est dans cette haute région, dont nul encore ne s'est approché, qu'est le grand intérêt de l'entreprise; l'intérêt tout à la fois physique, ethnographique et géographique; c'est là que sont réellement les recherches et les observations qui immortaliseraient le voyage et le voyageur, en conduisant directement et à coup sûr à la découverte de la vraie tête du Nil.

CHAPITRE XV

L'AFRIQUE SEPTENTRIONALE ET LE SAHARA OU GRAND DÉSERT.

Le littoral septentrional de l'Afrique. — La province de Tripoli et le Fezzan. — La régence de Tunis. — Les ruines de Carthage. — L'Algérie. — Le Maroc. — Le Sahara ou Grand-Désert et ses habitants. — Les Touaregs. — Voyages d'exploration dans le Sahara. — Mort tragique du voyageur Dournaux-Dupéré. — Conclusion.

L'Afrique septentrionale n'est pas, ainsi que nous l'avons dit au commencement de cet ouvrage, un pays entièrement nouveau dans l'histoire et dans la géographie. Cette partie du continent africain, civilisée par les Carthaginois, envahie par les Romains après la troisième guerre Punique, illustrée par Tertullien et saint Augustin, dévastée par les Vandales, conquise par les Musulmans, fameuse dans le moyen âge et dans l'histoire moderne par l'audace et les pirateries de ses habitants, rappelle et résume toutes les gloires : celles du commerce et de l'industrie, celles de la religion et de la guerre.

L'Égypte, les provinces de Tripoli et de Tunis, l'Algérie, le Maroc, sont les grands États qui occupent tout le littoral septentrional de l'Afrique. L'Égypte n'est guère connue que depuis le commencement de ce siècle; c'est notre expédition de 1798, à laquelle plusieurs savants avaient été attachés, qui fut le point de départ de l'étude des monuments anciens et de leurs inscriptions; étude qui, dès son début, a conduit à des résultats d'une haute importance pour l'histoire de l'antique civilisation. Depuis, cette contrée a été le théâtre le nombreux voyages et l'objet de nombreux travaux géographiques, et ce n'est plus maintenant qu'en simple touriste qu'on la visite.

A l'ouest du delta du Nil, s'étend la province de Tripoli, baignée au nord par le grand golfe de la Sidre, et dans la partie méridionale, le Fezzan, s'allonge dans le grand désert. Les premières informations un peu précises sur ce pays nous ont été transmises par le voyageur Hornemann, qui tenta, en 1799, de pénétrer par ce côté dans l'intérieur de l'Afrique. Tripoli, la capitale de la province, est bâtie dans une espèce de presqu'île, environnée de trois côtés par la mer, et rattachée au continent par une langue de sable. De fortes murailles l'entourent et, à son extrémité orientale, un château, qui sert de résidence au pacha, la protége. Aux environs de Tripoli, et sur tout le littoral du golfe de la Sidre, se voient encore de nombreuses ruines romaines. Il y eut, pendant l'empire, surtout du siècle des Antonins à l'invasion des Vandales, une période de prospérité telle, pour toute cette portion de l'Afrique, qu'après avoir bâti des villes et élevé des monuments qui accusent une extrême splendeur, au milieu des contrées fertiles, la population débordant toujours, inonda le désert et y fit naître la vie. Le Fezzan, au sud de la province de Tripoli, est formé d'une série d'oasis et de vallées qui portent la végétation et la verdure au sein du Sahara. Mourzouk en est la capitale; c'est de cette ville qu'en 1822, Denham, Oudney et Clapperton partirent pour se rendre dans le Bornou.

La province de Tunis, à l'est de celle de Tripoli, fut également une illustre contrée. Sur le promontoire qui s'avance, désert maintenant, vis-à-vis de la Sicile, se trouvait autrefois la riche et puissante Carthage, la rivale de Rome, la patrie d'Annibal, la ville voluptueuse où saint Augustin, païen encore, passa les années de sa fougueuse jeunesse. Puis, en allant toujours à l'ouest, on rencontre l'Algérie. Si la prise de possession de ce pays par la France, en 1830, fut un grand événement politique, ce fut aussi un grand événement géographique. « L'occupation de l'Algérie, dit Vivien de Saint-Martin, a fait entrer la région de l'Atlas dans le domaine de la géographie positive. Non-seulement elle nous a valu une masse de bons ouvrages sur la[1]

topographie du pays, sur ses antiquités, ses populations, leur histoire et leurs idiomes, indépendamment de cartes telles, qu'à la seule exception de la grande carte topographique de l'Égypte, qui est aussi une œuvre française, on n'en possède de semblables sur aucune autre partie de l'Afrique; non-seulement, disons-nous, on doit à la possession de l'Algérie, et à l'étude scientifique et militaire qu'on en a faite, cet ensemble déjà si remarquable de travaux officiels ou privés, publiés pour la plupart à partir de 1840; mais notre position a provoqué et facilité de bonnes publications sur les contrées limitrophes, le Maroc, et surtout la Tunisie, et elle nous a ouvert une porte sur les parties du désert qui confinent à l'Atlas Le Sahara, sa vraie nature et sa configuration n'ont commencé à être connus que depuis notre présence en Algérie. »

Ce n'est, en effet, qu'à partir de 1830, que des reconnaissances furent poussées, à l'est, sur la régence de Tunis; au sud, sur le Sahara et ses oasis; à l'ouest, sur le Maroc. Ce dernier pays fut plus souvent, il est vrai, le théâtre de guerres sanglantes que de pacifiques explorations; ses habitants semblent vivre dans un état constant de haine et d'irritation contre la France, depuis que notre drapeau a été arboré sur la citadelle d'Alger. Quelques voyageurs, entre autres C. Didier, parvinrent cependant à faire des excursions rapides, très-profitables à la géographie.

Les Maures, qui forment la majorité de la population du Maroc, rappellent encore aujourd'hui, par bien des traits

[1] Vivien de Saint-Martin. *Histoire de la Géographie.*

de leur caractère, ces Carthaginois auxquels les Romains reprochaient leur avarice, leurs ruses, leur perfidie; ils ont hérité de leurs ancêtres le goût des transactions commerciales et l'amour de l'argent, et forment la classe la plus riche des villes. A côté d'eux, vivent, exposés à toutes les vexations, les Juifs, qui sont également, aujourd'hui encore, ce qu'ils étaient au moyen âge. Leur regard est oblique et inquiet, ils parlent bas, comme s'ils avaient peur d'éveiller l'attention, se glissent le long des murs, s'enfuient si on les observe, et se disent misérables tout en ayant leur cave pleine d'or. On les condamne à porter un costume particulier, de couleur noire, qui les fait remarquer de loin, et qui attire sur eux les injures et les insultes des passants. Ils sont, d'ailleurs, pour la plupart, hideux; toutes les passions basses et l'humilité de leur condition se peignent sur leur visage.

Cependant, par un phénomène singulier, les femmes ont échappé à la dégénération physique dont les hommes sont frappés. En aucun autre pays, suivant le dire des voyageurs, on ne saurait voir de visages plus idéals et une plus grande perfection de formes. Leur beauté a, de même que la laideur des hommes, un cachet original qui ne se retrouve nulle part; il semble qu'on y distingue l'éclat oriental uni à la finesse européenne; elles joignent à une peau très-blanche de grands yeux noirs pleins de feu, et leur taille svelte et bien prise ressort admirablement sous l'ancien costume de leur nation qu'elles ont obtenu le privilége de conserver. La jupe,

de couleur éclatante, est ouverte par le bas et ornée de deux larges revers brochés en or, qui se renversent sur le genou; le corset, également brodé en fil d'or, se lace sur la poitrine, et elles le recouvrent d'une espèce de gilet vert, rouge ou bleu, qui n'a pas de boutons et flotte librement de chaque côté. Les larges manches de la chemise, les seules qui recouvrent leurs bras, sont pendantes et laissent voir jusqu'au coude leur peau fine et blanche; leurs pieds délicats restent nus dans des pantoufles rouges. Enfin sur la tête est placé un diadème de perles, d'émeraudes et d'autres pierres précieuses, attaché sur le front; il couronne la chevelure relevée des femmes, ou les longues tresses pendantes des jeunes filles.

Ces juives sortent peu de leurs demeures, car elles redoutent de la part des musulmans des insultes qui demeurent toujours impunies ou qui, si elles portent plainte, peuvent les faire elles-mêmes châtier; car on ne leur épargne pas le traitement le plus brutal pour la moindre faute, et quelquefois même sans presque nul prétexte. Quand l'une d'elles est convaincue ou même soupçonnée d'avoir enfreint l'un des mille règlements et prescriptions qui leur sont imposés, le premier soldat venu peut la saisir et la fouetter en pleine rue sans pudeur et sans pitié. Elles restent donc chez elles, vaquant aux tristes occupations de leur ménage, se livrant à des travaux de broderie; et leur unique société se compose de ces juifs hideux, leurs pères, leurs frères ou leurs maris.

Au Maroc, comme dans l'Inde, les

nombreux reptiles qui peuplent le pays ont donné naissance à une industrie bizarre exercée par une classe d'individus que l'on nomme Aïsaouas, du nom de Sidna-Aïser, leur chef et leur patron. Ces individus font profession de charmeurs de serpents. On les voit fréquemment se présenter au nombre de trois ou quatre sur les places publiques dans les villes, et tandis que deux ou trois d'entre eux produisent avec une sorte de flûte en roseau, percée à ses deux extrémités, une musique triste et étrange, l'enchanteur fait ses invocations; puis il tourbillonne dans une sorte de danse frénétique autour du panier de jonc qui contient les reptiles. Bientôt il s'arrête, plonge un bras dans le panier et en retire un effrayant animal qui gonfle sa tête en écartant les plaques qui la recouvrent, et entr'ouvre une bouche affreuse armée de crochets venimeux. L'enchanteur plie, replie, contourne ce corps verdâtre et gluant; il l'enroule en turban autour de sa tête, continue de danser, et le serpent, comme fasciné, obéit à tous les mouvements de l'homme.

Le charmeur tourne alors sur lui-même en cercles plus rapides et de plus en plus rapprochés, puis il plonge de nouveau la main dans le panier, et, cette fois, il en retire deux reptiles des plus venimeux; gros comme le bras d'un homme et longs de deux à trois pieds. Plus ardents et moins dociles que les autres, ces serpents se tiennent à demi-penchés, la tête de côté, prêts à l'assaut, et ils suivent d'un œil étincelant les mouvements du danseur. Ils se lancent sur lui, les mâchoires ouvertes, dardant leur corps avec une incroyable rapidité, sans que leur queue paraisse bouger de place, et se rejettent de suite en arrière. Le charmeur pare, quelques instants, à l'aide d'une longue baguette, les attaques dirigées contre ses jambes nues; mais bientôt il saisit un des reptiles en invoquant Sidna-Aïser, il lui entr'ouvre ses puissantes mâchoires, montre aux spectateurs ses crochets venimeux, et abandonne son bras aux morsures de la bête. Lorsque le sang coule, il appuie sa bouche sur la plaie, la serre entre ses dents, danse encore quelques instants et s'arrête enfin épuisé.

Si quelque spectateur incrédule pense que le serpent a été à l'avance privé de ses crochets venimeux, le charmeur fait venir une poule; l'animal mordu tournoie aussitôt sur lui-même, s'agite convulsivement, expire et sa chair prend une teinte bleuâtre. Comment expliquer le privilége que ces hommes possèdent de ne pas subir les conséquences funestes du venin? Probablement ils connaissent un antidote qu'ils savent appliquer, tout en dansant, à leur morsure. Ce qui semble justifier cette supposition, c'est que, de même, ils subissent impunément les piqûres du scorpion et de tous les autres animaux venimeux [1].

Les reconnaissances, d'abord isolées, poussées au sud des provinces algériennes, entrèrent dans une période plus importante à partir de 1858. Cette période fut principalement signalée par les longues et fructueuses explorations de Henri Duveyrier. Ce hardi voyageur quitta la

[1] *Voyage en Asie et en Afrique*, par Eyriès et Alfred Jacobs.

France au commencement de 1859, avec l'intention de parcourir dans toute son étendue le Sahara algérien et le Sahara marocain. Les circonstances ne lui ont pas permis de mettre complétement à exécution ses projets, mais ses courses n'en ont pas moins fourni à la science une foule de données neuves et précieuses sur l'existence des tribus qui occupent les parties habitables du Grand-Désert. Ces tribus formaient, avant l'invasion arabe du onzième siècle, une population compacte et souveraine, appelée Berber, qui couvrait toute la partie septentrionale de l'Afrique; mais aujourd'hui, elles sont disséminées : les unes se sont retranchées dans les gorges de Djerdjéra et dans les parties les plus difficilement accessibles de l'Atlas algérien, où elles se sont toujours maintenues depuis, et sont connues sous le nom de Kabyles; les autres se sont réfugiées dans le Maroc et le Sahara marocain, et sont désignées sous l'appellation collective de Chellouhs; d'autres, enfin, se sont enfoncées dans le désert, et sont appelées Touaregs.

Le pays des Touaregs était, il n'y a pas bien longtemps encore, absolument en blanc sur la carte; aujourd'hui, non-seulement il y apparaît couvert de noms et de détails, mais ces détails renversent toutes les idées que l'on se formait naguère de ce qu'on appelle, d'un terme générique, le Sahara. C'est toujours un immense désert, sans doute, et il reste comme le type et le point de départ à la fois de la longue zone de pays incultes qui court à travers l'ancien continent, depuis l'Atlantique jusqu'au fond de la

Tartarie; mais ce n'est plus le désert monotone et nu, la plaine toujours unie, partout sablonneuse, que l'imagination se représentait avec terreur. D'innombrables rivières temporaires, des lacs nombreux, des sources, des groupes de hautes montagnes, surmontées de pics sourcilleux, et, sur plusieurs de ces pics, des neiges qui se maintiennent durant plusieurs mois de l'année; tel est le spectacle que l'on a sous les yeux. Çà et là seulement, s'étendent à perte de vue des terrains plats, couverts de sables mouvants.

C'est au milieu de cette nature étrange que vivent les Touaregs, peuple également étrange, et dont le brigandage est la principale ressource. Ils sont généralement grands et bien faits, maigres, secs, nerveux; leurs muscles semblent des ressorts d'acier. Leur peau est blanche dans l'enfance; mais le soleil ne tarde pas à lui donner la teinte bronzée, spéciale aux habitants des tropiques. Le type caucasique est celui de leur figure. Les femmes, grandes aussi, au port altier sont généralement belles, mais de cette beauté à laquelle l'éducation ne donne pas de distinction. Leur physionomie les rapproche cependant beaucoup plus des femmes européennes que des femmes arabes. Un des caractères physiques auxquels un Touareg peut se reconnaître entre mille, c'est l'attitude de sa démarche grave, lente, saccadée, à grandes enjambées, la tête haute; attitude qui rappelle un peu celle de l'autruche ou du chameau en marche, mais qui est due principalement au port habituel de la lance.

L'AFRIQUE SEPTENTRIONALE. — Oran, vue prise du Château-Neuf.

Les Touaregs, nobles et serfs, ont les mêmes vêtements, plus ou moins beaux, plus ou moins nombreux, suivant leur richesse respective. Presque tous ont une chemise longue, à manches et en toile de coton blanc. Ceux qui n'ont pas la chemise portent une blouse large également en toile. Un long pantalon large, à la façon de ceux des anciens Gaulois, en toile de coton blanc, lustrée, provenant du Soudan, couvre la partie inférieure du corps de la ceinture à la cheville du pied. Une longue blouse, décorée de broderies, sert de pardessus. La coiffure consiste en une calotte rouge de Tunis, avec un gland en soie, et la chaussure en une forte et large semelle fixée aux pieds au moyen de courroies. Mais

le signe le plus caractéristique du costume des Touaregs, c'est le voile qui
couvre la tête, le front, la nuque, la
figure et le cou, et qui est arrangé de
façon que les yeux soient seuls visibles,
et encore sont-ils masqués par un large
pli qui forme en avant une sorte de visière.

Le voile est d'usage général chez les
Touaregs; ils ne le quittent jamais, ni
en voyage, ni au repos, pas même pour
manger, encore moins pour dormir. Il
est difficile de remonter à l'origine de
cette coutume et de lui assigner une
cause. L'usage du voile est hygiénique,
dit-on. Il préserve les yeux de l'action
trop intense du soleil, le nez et la bouche
de la poussière fine des sables, et il entretient l'humidité à l'entrée des deux
principales voies respiratoires, ce qui
est important sous un climat où l'air est
excessivement sec. Mais si une raison
exclusivement hygiénique a fait adopter
le voile, pourquoi les femmes ne le por-
tent-elles pas? Pourquoi les hommes ne
se débarrassent-ils pas la nuit, au repos,
quand il n'y a ni soleil, ni sables, ni air
chaud et sec, d'un vêtement toujours
gênant, malgré la grande habitude de le
porter? Un Touareg, quel qu'il soit, croirait manquer aux convenances en se dé-
voilant devant quelqu'un, à moins que
ce ne soit dans l'extrême intimité, ou
pour satisfaire à la demande d'un médecin à l'effet de constater une maladie.

Le costume des femmes est plus simple encore que celui des hommes. Il comprend une, deux ou trois longues blouses
de coton, serrées autour de la taille par
une ceinture de laine rouge. Par-dessus
ces blouses, une pièce de laine, tantôt
blanche, tantôt rouge, tantôt à bandes
rouges et blanches dans laquelle elles se
drapent à la façon orientale, achève de
couvrir leur corps. La coiffure consiste
en bandeaux faits avec les cheveux,
qu'elles recouvrent d'une pièce d'étoffe
plus ou moins riche. La chaussure est la
même que celle des hommes, mais plus
légère et plus ornementée.

Chose assez étrange, la femme touareg mariée jouit d'autant plus de considération, qu'elle compte plus d'amis parmi
les hommes; mais, pour conserver sa réputation, elle ne doit en préférer aucun.
Une femme qui n'aurait qu'un ami ou qui
témoignerait plus d'affection pour l'un
de ses adorateurs, serait considérée
comme pervertie et montrée au doigt. De
plus, les mœurs permettent, entre hommes et femmes, en dehors de l'époux et
de l'épouse, des rapports qui rappellent
la chevalerie du moyen âge : ainsi la
femme pourra broder sur le voile ou
écrire sur le bouclier de son chevalier,
des vers à sa louange, des souhaits de
prospérité ; le chevalier pourra graver
sur les rochers le nom de sa belle, chanter ses vertus, et personne n'y voit rien
de mal [1].

Du reste, les Touaregs ont encore, au
plus haut degré, quelques-unes des belles
vertus assignées à leur race, il y aura
bientôt six siècles, par un historien im-
partial, car il était Arabe. Leur fidélité
aux promesses et aux traités est poussée si
loin, qu'il est difficile d'obtenir d'eux des
engagements et dangereux d'en prendre,

[1] Henri Duveyrier. *Les Touaregs du Nord.*

parce que s'ils se font scrupule de manquer à leur parole, ils exigent l'accomplissement rigoureux des promesses qui leur sont faites. Il est de maxime chez eux, en matière de contrat, de ne s'engager que pour la moitié de ce qu'on peut tenir, afin de ne pas s'exposer au reproche d'infidélité. Leur bravoure est également proverbiale. Quoi qu'on en ait dit, ils n'empoisonnent jamais leurs flèches ni leurs lances ; entre eux, ils dédaignent l'emploi des armes à feu, qu'ils appellent armes de la traîtrise, parce qu'un homme embusqué derrière une broussaille peut tuer son adversaire sans courir aucun danger. Mais la défense de leurs hôtes et de leurs clients est leur vertu par excellence, et, si elle n'était érigée chez eux à l'état de religion, le commerce à travers le Sahara serait impossible.

Outre les Touaregs, ses farouches habitants, le Grand-Désert voit, en effet, fréquemment des caravanes qui le sillonnent en tous sens et portent à ses extrémités les marchandises que les diverses contrées de l'Afrique échangent entre elles. Ce sont généralement des Arabes qui conduisent ces caravanes. Répandus, depuis le premier siècle de l'hégire, sur toute la surface du continent africain, ils promènent ainsi dans toutes les régions de cette partie du monde leur religion et leurs habitudes, qu'ils ont fait adopter à un grand nombre de populations ; et ce sont eux qui ont établi des relations commerciales entre toutes ces contrées qui, même lorsqu'elles se trouvaient voisines, ne songeaient pas à augmenter leur bien-être par l'échange de leurs productions naturelles. En quelques points de l'Afrique, les Arabes se sont fixés, principalement dans la partie du désert qui confine à l'Algérie et que l'on nomme le Sahara algérien ; mais c'est là une exception et presque partout, dans l'Afrique australe comme au Soudan, comme dans les déserts qu'ils traversent en caravanes, comme dans l'Algérie, ils reproduisent un type uniforme et se présentent avec les habitudes traditionnelles de leur race et de leur religion. Ils passent des journées entières en marche avec leurs chameaux ou assis auprès de leurs troupeaux dans une rêverie et une observation profonde de la nature. Le soir ils se dédommagent de ce silence par ces récits et ces longs discours qui charment également leurs frères de la péninsule Arabique et des déserts de l'Asie : comme ceux-ci, ils font tout d'un coup succéder au long silence une causerie bruyante, un langage expressif et parfois éloquent.

Dans leurs rapports avec les étrangers, les Arabes et les Touaregs s'étaient montrés, jusqu'à ces derniers temps, d'une assez grande bienveillance ; mais l'état politique du Sahara s'est singulièrement aggravé depuis : la mort tragique des voyageurs français Dournaux-Dupéré et Joubert, arrivée tout récemment, en est malheureusement une preuve trop convaincante.

M. Dournaux-Dupéré était parvenu à Ghadamès, au mois de mars 1874, avec l'intention de traverser le grand désert ; mais il avait dû s'arrêter en apprenant que la route de Ghat était dangereuse. De vieilles discordes s'étaient ravivées entre les indigènes ; il fallait procéder avec une extrême prudence, et, pour parvenir à Ghat, faire un détour assez considérable qui permît d'éviter les embuscades dressées le long des chemins parcourus ordinairement par les caravanes. Le voyageur avait résolu de se jeter plus à l'est. Il s'était composé une escorte de quatre Touaregs de la tribu des Ifôgha, amie de la France, et dont le dernier chef, aujourd'hui décédé, Si-Othman, est venu à Paris en 1862. L'un de ces hommes, Klas, parent du chef suprême des Azdjer, héritier présomptif de Koussa, qui a succédé à Si-Othman, avait détourné M. Dournaux-Dupéré de son premier itinéraire, qui consistait à gagner Idélès par Timassanin, c'est-à-dire à s'engager vers le sud par la voie la plus directe. Timassanin est en effet un point central entre l'Algérie au nord, le Touat et In-Salah à l'ouest, l'Ahaggar au sud, la région des Azdjer et le Fezzan à l'est. Or, à la fin de l'année dernière et au commencement de cette année, tous ces pays étaient fort troublés par suite de diverses causes, au nombre desquelles il faut citer: l'hostilité propagée par les Arabes dissidents, les rivalités des tribus qui se disputent la prépondérance dans le pays des Azdjer, enfin des razzias réciproques entre les gens du Touat et du Fezzan.

On sait que la plupart des Arabes qui n'ont pas voulu se soumettre à la domination française se sont en grande partie réfugiés sur un territoire neutre, placé nominalement sous l'autorité du Maroc, mais en réalité complétement indépendant. C'est le territoire occupé primitivement par la tribu des Oulad-Sidi-Cheik, qui s'est grossie non-seulement des Arabes de l'Algérie, mais aussi de tous les mécontents du Maroc, et peut aujourd'hui compter un nombre considérable d'hommes en état de porter les armes. Ce sont eux qui ont fomenté la plupart des insurrections à l'ouest et au sud de l'Algérie. Les répressions même n'ont fait qu'aviver leur haine et leur donner des prétextes pour la communiquer à tous les pays dans lesquels la France a dû sévir.

Au nombre des ennemis les plus ardents que nous ont suscités ces luttes, il faut compter les rebelles de la tribu des Chamba, qui soutinrent en 1859 le soidisant chérif de Ouargla, Mohammedben-Abdallah, dans sa lutte contre les Français. Quand ce dernier, vaincu, dut abandonner Ouargla et le Sahara algérien, il emmena avec lui, au Touat, les rebelles ou plutôt les brigands qu'il avait recrutés chez les Chamba. Ces derniers ont poussé jusqu'à l'exaspération les défiances que les progrès de la France avaient fait naître dans les oasis et en particulier chez les habitants du Touat. Aujourd'hui, à In-Salah, capitale du Touat, on professe la haine la plus vive contre les chrétiens en général et les Français en particulier. Nous pouvons ajouter que cette haine, notamment en ce qui concerne les Français, a été attisée par des influences qu'on ne s'attendait pas à trouver en pays si lointain. L'explorateur allemand Gehrard Rohlfs, habilement déguisé en musulman, raconte que quand il se présenta au chef d'In-Salah, celui-ci lui dit : « Si un Français arrivait ici, je le livrerais à mes gens alors même qu'il serait porteur de lettres de recommandation du sultan de Constantinople et du sultan du Maroc; nous ne souffrirons aucun chrétien. » Tout récemment encore, M. Paul Soleillet, en dépit des recommandations du gouvernement et de la Chambre de commerce d'Alger, s'est vu obstinément écarté d'In-Salah.

Lorsqu'en 1862 la France signa une convention avec les Touaregs à Ghadamès, l'hostilité des gens de l'ouest s'affirma contre les gens de l'est, et réveilla peut-être des querelles oubliées dans le pays intermédiaire des Adzjer. Une lutte s'éleva entre les Imanân et les Oraghen, lutte à la suite de laquelle les Imanân vaincus durent se réfugier dans le Ahaggar. Peu de jours avant l'arrivée de M. Dournaux-Dupéré à Ghadamès, des gens étaient partis pour opérer une réconciliation. Or ces sortes de démarches ne se font qu'au moment où l'on redoute quelque reprise d'hostilités. Il est permis de conjecturer qu'en se réfugiant dans le Ahaggar, qui est au sud-ouest, les vaincus ont trouvé l'appui des gens de l'ouest, c'est-à-dire des ennemis de la France.

Ce qui tend à confirmer ces conjectures, c'est qu'à la fin de l'année dernière il y eut, dit M. Duveyrier, d'après les informations qui lui parviennent fréquemment du Sahara, une guerre entre les Touaregs du Touat et les Arabes du Fezzan. Les premiers firent une incursion dans le Fezzan et enlevèrent cent cinquante chameaux. Les Arabes du Fezzan, pour se venger, se mirent à leur tour en campagne, et rencontrèrent, à moitié route d'In-Salah, une caravane qui venait du Touat. Ils l'attaquèrent, lui prirent vingt charges de chameaux, consistant en plumes d'autruche, en or et en marchandises diverses. Ils pillèrent ensuite une autre caravane qui suivait la même ligne, mais en sens contraire, et tuèrent tous les hommes qui en faisaient partie, sans doute parce que ceux-ci étaient des gens du Touat.

Enfin, du côté de l'ouest, la guerre s'était rallumée entre les Arabes partisans de la France et nos ennemis, dont le chérif Bou-Choucha, qui dispose d'un parti considérable dans le Touat, paraît être le chef le plus influent. Si-Saïd-ben-Édriz, frère de l'aga d'Ouargla, fit une razzia, en août 1873, sur les tentes de Bou-Choucha, à Hassi-Targui, et là, de sa propre main, il brûla le cervelle à un chef des Touaregs du Ahaggar, Aâti, frère du chef de la tribu des Oulad-Mesaoud. De là une déclaration solennelle de guerre, dans laquelle il fut proclamé que, quiconque serait reconnu par les Touaregs-Mesaoud pour être des amis de l'aga d'Ouargla, serait impitoyablement mis à mort. Ainsi, à la fin de l'année 1873, l'hostilité contre la France et ses partisans s'était étendue fort à l'est dans le Sahara.

De ces indications diverses, il résulte que, du Maroc jusqu'au Sahara tripolitain, c'est-à-dire en face même de nos populations algériennes, nos entreprises pacifiques ne sauraient être poussées en ligne directe vers le sud. Elles doivent aller chercher quelques garanties de sécurité par un long détour, en passant par le Fezzan, c'est-à-dire par les dépendances sahariennes de la Tripolitaine. C'est là que nous pouvons, dans une certaine mesure, compter sur l'appui des Touaregs, qui ont signé avec la France la convention de Ghadamès, et en particulier sur le concours des successeurs de Si-Othman et du puissant chef des Adzjer, qui peut seul permettre de tourner l'obstacle : ce chef est Ikhenoukhen. Ainsi a fait M. Dournaux-Dupéré en agissant avec une prudence qui a été fort approuvée. On s'explique de la sorte l'itinéraire qu'il a dû suivre au début de son expédition et le long séjour qu'il a été forcé de faire à Ghadamès.

Indépendamment des quatre Touaregs dont nous avons parlé. M. Dournaux-Dupéré et son compagnon, M. Joubert, avaient adjoint à leur escorte d'autres personnes, qui leur avaient été recommandées, entre autres un nommé Naceur-ben-el-Tachar, qui avait déjà servi de guide au voyageur Henri Duveyrier. Naceur connaissait à fond l'état politique du Sahara. Il avait eu peut-être à choisir entre l'alliance de la France et celle de ses ennemis; peut-être avait-il cédé à une de ces influences lointaines sur lesquelles nos agents diplomatiques, politiques et militaires, ont depuis quelque temps l'œil ouvert; peut-être regrettait-il de n'avoir pas tiré de ses services auprès de Duveyrier le profit qu'il avait espéré. Ce qui paraît certain, c'est qu'il engagea M. Dournaux-Dupéré et son compagnon, M. Joubert, jusqu'à Ghadamès, avant de démasquer ses batteries. Là, il déclara que l'étape de Ghadamès à Ghat était impraticable si l'on ne payait pas à un parti de Touaregs (les Touaregs

Houggars), qui tenait la campagne, un droit de passage qu'il évaluait à 5,000 francs. Cette contribution parut exorbitante à M. Dournaux-Dupéré, qui soupçonna immédiatement son guide d'avoir une forte remise dans l'affaire. Il y eut une altercation très-vive, à laquelle prit part M. Joubert. Naceur s'entêta tout en faisant des restrictions en ce qui concernait M. Joubert. Quel que fût le motif de ces restrictions, elles confirmèrent les doutes qui s'étaient élevés dans l'esprit des deux Français. Pour savoir à quoi s'en tenir, on eut recours à un stratagème. Quelque temps après l'altercation, M. Joubert alla trouver Naceur, le prit à part et lui dit que M. Dournaux-Dupéré avait renoncé à poursuivre sa route et était déterminé à revenir sur ses pas. Quant à M. Joubert, il manifestait le désir de continuer le voyage, feignant une vive irritation contre M. Dournaux, qui, disait-il, l'abandonnait, et regrettant de l'avoir soutenu dans l'altercation qu'il avait eue avec Naceur. Ce dernier tomba dans le piége et offrit, si M. Joubert partait seul, de le conduire sain et sauf à Ghat sans qu'il eût aucun droit de passage à payer.

La mauvaise foi était manifeste. M. Dournaux-Dupéré fit rédiger par M. Joubert une déposition du dernier entretien qu'il avait eu avec Naceur, et la porta au caïmacam de Ghadamès, en exigeant que leur guide fût mis en état d'arrestation; ce qui fut fait. Les deux voyageurs jugèrent alors qu'ils n'avaient plus rien à craindre, et se préparèrent à continuer leur voyage. Le caïmacam de Ghadamès chercha à les en détourner, et, n'y pouvant parvenir, demanda à M. Dournaux-Dupéré qu'il lui rédigeât un acte explicite de sa détermination. Pour plus de garantie, il garda le guide sous les verrous, en sorte qu'à la première nouvelle de l'assassinat des Français, il pût l'envoyer à Tripoli pour le mettre à la disposition de notre consul de France, M. Delaporte. Soit que Naceur se fût déjà entendu avec les ennemis des Français, soit que, de sa prison de Ghadamès, il ait pu les avertir en les excitant à des représailles, on doit supposer qu'il n'est pas resté étranger à la catastrophe. Voici maintenant dans quelles circonstances l'assassinat fut accompli[1] : Le 14 avril 1874, MM. Dournaux-Dupéré, Joubert et leur serviteur, Ahmed-ben-Zerma, partirent de Ghadamès montés sur des chameaux, qui constituaient une petite caravane. Au nombre des loueurs de chameaux qui les accompagnaient figurait un certain Nassamr. Ce dernier fut témoin des faits et les rapporta dans leurs moindres détails.

La petite caravane était à sept jours de marche de Ghadamès lorsque, vers midi, elle se vit accostée par une troupe de sept individus en assez mauvais équipage. On se mit sur la défensive et l'on entra en pourparlers. Les nouveaux venus dirent qu'ils étaient de la tribu des Chamba; ils s'étaient égarés, disaient-ils, et voulaient se rendre à Ghat. Ils manquaient de vivres et mouraient de faim. Ces renseignements, joints à ceux qu'ils fournirent sur le pays dont ils étaient originaires, dissipèrent

les défiances des voyageurs. On les admit dans la caravane, on leur distribua quelques vivres et ils firent route de compagnie avec la petite expédition. Tout à coup, profitant d'un moment favorable à leurs desseins, les rôdeurs se jetèrent sur MM. Dournaux-Dupéré, sur M. Joubert et sur leur domestique, Ahmed-ben-Zerma, les criblèrent de coups et les dépouillèrent, laissant la vie aux chameliers, qui étaient sans doute en règle avec les écumeurs du désert. Tout fut mis au pillage, et sauf quelques livres imprimés en caractères européens, les brigands Chamba s'emparèrent de tous les bagages, dont ils allèrent tirer profit chez les Touaregs-Houggars.

Il est certain que la petite caravane avait été signalée, car elle était poursuivie à ce moment même par une dizaine de Touaregs-Houggars détachés d'une troupe qui venait de faire une razzia sur Ghadamès. Ces Touaregs rencontrèrent les assassins Chamba qui leur dirent que l'affaire était faite. Quelque temps après arriva un courrier de Tripoli, qui apportait aux voyageurs une lettre de la Société de géographie de Paris. Il se trouva en présence des cadavres, les reconnut, rebroussa chemin et fut le premier à donner l'alarme à Ghadamès. Plus tard revint Nassamr, le chamelier, qui fournit les détails que nous venons de donner. Les assassins sont des rôdeurs de la pire espèce du Chamba. Leur complicité avec les Touaregs-Houggars est évidente.

Cette catastrophe met en lumière un des traits les plus hideux de cette race arabe qui offre parfois le spectacle de

<hr>

[1] *Revue politique et littéraire du 25 juillet* 1874. (Libr. Germer-Baillière).

tant de grandeurs. Elle décèle une entente féroce entre tous ces gens du désert, qui ne reculent devant aucune intrigue et aucun crime pour fermer aux chrétiens et surtout aux Français les routes du Soudan. Le seul remède à l'état de choses actuel serait un chemin de fer exécuté avec le concours de toutes les forces et de toutes les ressources de la civilisation européenne. Ce railway, le creusement d'un certain nombre de puits, des postes militaires soigneusement ménagés et reliés par des communications rapides de tout genre peuvent seuls transformer le Sahara et y faire triompher la cause de la civilisation. On objectera que les profits n'équivaudraient pas aux dépenses : c'est une question sur laquelle il serait prématuré de se prononcer : autant la zone des sables est inféconde (et cependant on y trouverait des stations qui offriraient d'assez importantes ressources), autant la région qui les limite vers l'équateur est riche en produits précieux de tout genre. On économiserait d'autre part les dépenses énormes qu'entraînent la surveillance du désert, les expéditions continuelles et les razzias qui en sont la conséquence. Il y a là enfin un problème dont la solution peut changer la face de l'Afrique.

Il s'agit en effet de porter un coup décisif dans ce repaire de monstres qui ne vivent que de meurtres et de rapines et se rient de tous les efforts tentés par les puissances chrétiennes pour abolir la plus hideuse des spéculations qui souillent la face du soleil : la traite des noirs dans le Sahara. Le jour où l'on sera parvenu à faire une trouée dans le désert et à séparer en deux tronçons ces populations perfides et féroces, égout de l'expansion musulmane, l'humanité sera bien près d'affirmer qu'elle a conquis à la civilisation le globe qu'elle habite. Enfin et pour conclure par une raison d'intérêt économique, il est certain qu'une route sûre de l'Algérie au Soudan centuplerait des transactions qui se font aujourd'hui au prix non-seulement des plus grands périls, mais aussi des dépenses les plus considérables. Ces transactions sont cependant assez fréquentes, car il y a d'énormes bénéfices à réaliser pour le trafiquant qui a pu sauver sa vie et ses bagages. Pour qui connaît l'esprit des Musulmans et l'importance capitale qu'ils attachent au commerce, il est incontestable que toutes les populations industrieuses de l'Afrique seraient enchaînées par le seul bienfait qu'elles soient capables d'apprécier.

TABLE DES MATIÈRES

— — —

L'AFRIQUE

— — —

TABLE DES ILLUSTRATIONS

Paris. — Typ. de Rouge, Dunon et Fresné, rue du Four-Saint-Germain, 43.

LES

VOYAGES CÉLÈBRES

—

ASIE

PARIS. — TYPOGRAPHIE DE ROUGE, DUNON ET FRESNÉ,

rue du Four-Saint-Germain, 43.